Arnold Mindell
Der kosmische Tanz des Ursprungs

via nova
Verlag Via Nova

Arnold Mindell

Der kosmische Tanz des Ursprungs

Wie das Sein persönliche und weltweite Probleme löst

Verlag Via Nova

Übersetzung aus dem Amerikanischen von
Karin Petersen, Berlin

1. Auflage 2016
Verlag Via Nova, Alte Landstr. 12, 36100 Petersberg
Telefon: (06 61) 6 29 73
Fax: (06 61) 96 79 560
E-Mail: info@verlag-vianova.de
Internet: www.verlag-vianova.de
Umschlaggestaltung: Guter Punkt, München
Satz: Sebastian Carl, Amerang
Druck und Verarbeitung: Appel und Klinger, 96277 Schneckenlohe

ISBN 978-3-86616-338-6

INHALT

Liste der Abbildungen

DANK

Danke an die NASA, die US National Aeronautics and Space Administration, für die Bilder des Universums, die ich in diesem Buch abdrucke, und für Anhang 2.

Danke an den Apollo-14-Astronauten, Captain Edgar Mitchell, einen der 12 Astronauten, die ihren Fuß auf den Mond setzten, für seine Vision: „… Wenn unsere politischen Systeme und unsere politischen Führungskräfte die Erde jemals aus diesem Blickwinkel sehen könnten, hätten wir hier auf der Erde eine ganz andere Führung. Denn hier oben eröffnet sich ein Blick auf die Erde, der diese als kleinen Planeten in einem größeren Bild des Himmels zeigt." [1]

Danke an Albert Einstein dafür, dass er sagte: „Es scheint jetzt, dass der Raum als primäre Sache betrachtet werden muss und dass die Materie daraus entstanden ist, sozusagen als sekundäres Resultat. Der Raum hat jetzt seine Genugtuung… und frisst die Materie auf." [2]

Und für seine Aussage von 1920: „Gemäß der allgemeinen Relativitätstheorie ist ein Raum ohne Äther undenkbar…." [3]

Danke an den Physiker John Wheeler für seine Theorie der Schwarzen Löcher und dafür, dass er die Raumzeit mit dem Taoismus in Verbindung gebracht hat. Er zitierte aus einem Gedicht des Dichters Su Tungp'o über das Segeln aus dem 10. Jahrhundert: „Wir ließen unser Boot einfach treiben und spürten, dass wir im leeren Raum segelten und auf dem Wind ritten… wir waren so leicht, als ob wir die Welt verlassen hätten, und frei von jeder Stützkraft, wie jemand, der unsterblich geworden ist und aufsteigt im Raum…" [4]

Danke an Prof. Edwin Taylor vom MIT für die Zusammenarbeit mit Wheeler und ihr Buch *Exploring Black Holes. Introduction to General Relativity*.

Danke an Prof. Max Tegmark vom MIT für den Gedanken der mathematischen Demokratie. [5]

Danke an das Processwork Institute of Portland, die Institute für Prozessarbeit weltweit und die dort Studierenden für ihre kontinuierliche Unterstützung. Mein besonderer Dank gilt den Menschen, die dieses Buch bereichert haben, indem sie mir erlaubten, ihre Worte hier abzudrucken.

Danke an Susan Kocen für ihre Mühe beim Abtippen der Anmerkungen für diese Arbeit. Und danke noch einmal an Margaret Ryan für ihre unschätzbare Hilfe beim Lektorieren dieses Buches. Vielen Dank auch, Susan Newton, für die fachlich versierte und aufmerksame Unterstützung beim Lektorat!

Ich bin vielen Menschen zu Dank verpflichtet dafür, dass sie mir erlaubt haben, ihre persönlichen Erfahrungen in dieses Buch aufzunehmen. Danke für die Einsicht in das Phänomen der Islamophobie, der Entführungen in Kolumbien, Probleme auf den Philippinen, für Gespräche über Buddhismus, aufklärende Informationen über militärische Führung und viele andere persönliche, soziale und Organisationen betreffende Erfahrungen.

Dank schulde ich auch Dr. Max und Dr. Ellen Schubpach und Dr. Stanford Siver am Deep Democracy Exchange für ihren Einsatz für dieses Buch und die Unterstützung bei der Hausgabe der englischen Version weltweit.

Und mein Dank geht auch an Sie, liebe Leserinnen und Leser, dafür, dass Sie den *Tanz der Verbundenheit* auf weltliche Situationen anwenden.

Liebe Amy (Amy Mindell), ich danke dir dafür, dass du alle Facetten dieser Arbeit lebst, erforschst, diskutierst, mir erforschen und erleben hilfst und an andere weitergibst! Ohne dich wäre mir diese Arbeit nicht möglich gewesen.

11

TEIL EINS –
Der Tanz des Universums

KAPITEL 1
Der Prozessparadigmen-Wechsel

"… aus der Gesamtheit dieser unserer Existenz wird eines Tages deren einziges, zentrales, lebendiges Prinzip entspringen und so natürlich sein, dass wir zu uns sagen: Wie hätte es je anders sein können und wie konnten wir all die Jahre so dumm sein, es nicht zu erkennen?"

JOHN WHEELER (PHYSIKER, ENTWICKELTE DIE THEORIE DER SCHWARZEN LÖCHER)[6]

Fast jede und jeder von uns hat in seinem Leben mit vielschichtigen gesundheitlichen Schwierigkeiten, Beziehungsproblemen im privaten und beruflichen Bereich, Vielfaltsproblemen, Kriegen und klimatische Veränderungen zu tun. Wir alle wissen, dass wir viele Probleme einzeln, das heißt, unabhängig von anderen Problemen lösen können. Sie haben Kopfschmerzen? Nehmen Sie einfach ein Aspirin! Doch einige der Themen, die uns am meisten Kopfschmerzen bereiten, wie der globale Klimawandel, erfordern mehr, als die globale Temperatur zu senken, indem wir einfach weniger Kohle benutzen und weniger CO_2 produzieren. Die Reduzierung der globalen Erderwärmung ist deshalb so komplex, weil sie nicht *mono*kausal, das heißt durch eine einzige Ursache bedingt ist. Die Lösung globaler Fragen wie die des Klimawandels hängt zusammen mit weltweiten ökonomischen und sozialen Themen wie auch wissenschaftlichen Fakten. Mir wurde bei meiner Arbeit mit militärischen Gruppen, mit Regierungsmitarbeitern und Gruppen der Vereinten Nationen sowie offenen Foren in größeren Städten und deren Konflikten klar, dass wir für viele persönliche und globale Probleme mehr als eine Lösung und mehr als eine wissenschaftliche Fachrichtung brauchen. Wir brauchen mehr als Physik oder Psychologie, Politik oder Vielfaltsbewusstsein, Kosmologie oder innere Arbeit, um die heutigen Probleme zu lösen. Wir brauchen einen universellen, interdisziplinären Ansatz für die Lösung individueller und globaler Themen.

Wir brauchen für den Umgang mit individuellen und weltweiten Problemen ein globales systemisches Denken. Bessere Führungskräfte wären eine Hilfe. Aber wir brauchen nicht nur neue Führungskräfte. Wir alle müssen lernen, bei inneren Konflikten, wie Streitigkeiten zuhause und auf der Arbeit, wie auch bei den entscheidenden Problemen, mit denen unsere Welt konfrontiert ist, teilnehmender Zeuge

Der kosmische Tanz des Ursprungs

= FacilitatorIn sein zu können. Das ist eigentlich gar nicht so schwer! Die meisten Schritte könnten bereits im Kindergarten vermittelt werden. Zunächst einmal nehmen wir die beiden (oder mehrere) in einer Situation in Konflikt geratenen Sichtweisen wahr und bringen sie zum Ausdruck. Fast jeder von uns kann „die *Guten*" und „die *Bösen*" spielen! Dann gehen Sie zu beiden Standpunkten auf Distanz oder lösen sich davon, um genau zuzuhören, damit Sie jeder Seite gerecht werden und beide Standpunkte unterstützen können, sich präziser und gründlicher auszudrücken.

Was habe ich da gerade gesagt: „Gehen Sie zu beiden Standpunkten auf Distanz oder lösen Sie sich davon"? Ha! Klingt einfach, aber fast alle bevorzugen wir die eine oder andere Seite. Natürlich ist es auch wichtig, dass wir zunächst einmal die (unserer Meinung nach) bessere Seite vorziehen. Diese *gute* Ethik hat jedoch einen Haken. Nur selten erinnern die Guten sich daran, dass die so genannten Bösen die eigenen Ideen ebenfalls gutfinden und gehört werden müssen. Aus diesem Grund tragen die meisten von uns, ohne sich dessen bewusst zu sein, mit ihrer Einseitigkeit zu kleineren Streitigkeiten, großen Kämpfen und weltweiten Kriegen bei! Wie soll es uns dann jemals gelingen, bei Konflikten zu vermitteln, indem wir die beiden opponierenden Parteien verstehen und uns authentisch zwischen ihnen hin und her bewegen?

Dieses Buch nennt die Lösung für chronische, komplexe persönliche und globale Probleme den *Tanz der Verbundenheit*. Die Lösung ist kein fester Zustand; sie ist ein Prozess oder *Tanz*. Was ist dieser Tanz der Verbundenheit? Natürlich das Universum, aber auch Sie und ich! Ja, Sie sind dieser Tanz in Ihren tiefsten Träumen und auch Sie, die fast am Ende Ihres Lebens angelangt sind! Er ist Sie, wenn Sie 1000 Jahre leben würden. Er ist Sie, in einem entspannten, offenen Geisteszustand. Die Lösung für komplexe globale Probleme sind Sie im Zustand gelöstester Weisheit: Sie, den das Universum bewegt oder tanzt.

WAS? BEWEGT WERDEN VOM UNIVERSUM?

Ja! So wie die Erde vom Universum bewegt wird, werden auch Sie und ich, jedes menschliche Wesen, jede Lebensform und alle Dinge vom Universum bewegt. Dieses Bewegungsgefühl, das Gefühl vom Schwerefeld des Universums oder von dem, was Einstein *Raumzeit* nannte, spüren nicht nur Astronauten. Wir alle fühlen uns ständig bewegt von der Schwerkraft. Wenn Sie zulassen, dass die Schwerkraft Sie bewegt, wenn Sie von der Raumzeit bewegt werden, dann werden Sie vom Universum bewegt. Dann tanzen Sie den „Tanz der Verbundenheit" und sind in Kontakt mit dem Raum zwischen uns, mit der subtilen Erfahrung, bewegt zu werden von dem, was ich – wie ich später genauer erläutern werde – *Systemgeist* nenne, wahrscheinlich der kraftvollste Systemgeist, der uns allen zugänglich ist.

Jede und jeder von uns hat diesen Tanz der Verbundenheit in sich. Doch um ihn zu finden, müssen wir tief in unsere Gefühle, unsere Bewegungen und unsere Imagination hineingehen. Das ist nicht weiter schwer. Wir alle erleben unseren eigenen Traummacher oder unsere eigene Traummacherin in Aktion, wenn wir nachts träumen. Dieses Buch zeigt, wie dieser Traummacher sich auch in der Erfahrung zeigt, von der Schwerkraft, das heißt von Einsteins Raumzeit bewegt zu werden. Unsere Erfahrung, vom äußeren Raum bewegt zu werden, und unsere Erfahrung zu träumen sind ähnlich, wenn nicht gleich. Der Tanz der Verbundenheit ist Ihr Raumzeit-Träumen, Ihr Gefühl, vom Raum bewegt zu werden, und Ihre Meditation, vom Universum bewegt zu werden.

Teilnehmende ZeugInnen (FacilitatorInnen) brauchen den Geist des Traummachers, dieses universelle oder systemische Denken. Wenn Sie es mit globalen Problemen zu tun haben, brauchen Sie ein systemisches Denken, das alles einbezieht, was Sie beobachten können, und damit die gesamte Erde und nicht nur einen Teil oder eine Seite. In meinem früheren Buch über den Prozessgeist *Die Verbindung mit dem Urgrund des Seins* [7] erläuterte ich dieses systemische Denken in Bezug auf das Gefühl, von der Erde bewegt zu werden. Hier werde ich die Kräfte der Erde um die Kräfte der Raumzeit des Universums erweitern.

Weil dieses Raumzeit-Träumen in Ihnen und um Sie herum ist – tatsächlich umgibt es alle Menschen, unseren gesamten Planeten und das gesamte Universum –, ist es eine psychologische Erfahrung von einem globalen oder sogar universellen Systemgeist. Wir wollen uns diesen Prozessgeist oder Systemgeist einmal etwas genauer anschauen.

Jedes lebende System besitzt eine Art strukturierende Intelligenz. James Lovelocks *Gaia*-Hypothese ist ein Beispiel für einen planetarischen Systemgeist. Physiker wie Einstein und andere hofften, dass die Wissenschaft den Geist Gottes entdecken würde. [8] Überall suchen Menschen nach einheitlichen Feldern, die Ereignisse strukturieren. Manche sprechen hier von Gott und wenden sich durch Gebet oder Meditation an diesen *Geist*. Ich nenne die Intelligenz dieses Feldes den *Prozessgeist* und seine Kraft und Manifestation *Raumzeit-Träumen*. Das ist kein großes Mysterium. Wenn Sie auf Ihre Träume achten, fragen Sie sich vielleicht: „Welcher mysteriöse Geist gibt mir diese ungewöhnlichen Träume ein, die mich bewegen, mich in meinem Alltag neuen Dingen zuzuwenden und im Leben diese oder jene Richtung einzuschlagen?"

Ich sagte, es sei nicht weiter schwierig, Zugang zum losgelösten Tanz der Verbundenheit zu bekommen und auf diesem Weg Konflikte zu lösen! Ha, ha, ha! Manche spirituellen Traditionen sagen, wir müssten zehn Jahre oder gar ein Leben lang meditieren, um zu dieser Losgelöstheit zu gelangen. Diese neue Methode des Raumzeit-Träumens, die auf unserer Erfahrung, unserer Imagination des Raumes um uns herum sowie auf Schwerkraft und Raumzeit selbst beruht, bezieht jede und jeden von uns ein. Sie gibt sämtlichen Sichtweisen eine Chance und vermittelt jeder und jedem das Gefühl, Teil unseres Universums zu sein – was wir tatsächlich auch sind!

Meine Suche nach diesem natürlichen, verbindenden Prinzip begann nach meinem Abschluss am MIT (Massachusetts Institute of Technology, Anm.d.Ü.). Zunächst ging ich nach Zürich, um dort in den 1960er Jahren an der ETH (der Eidgenössischen Technischen Hochschule, dem Europäischen MIT) Physik zu studieren. Doch zu meiner großen Überraschung wurde ich schließlich jungianischer Analytiker. Warum? Die Wissenschaft als solche ignorierte Gefühle und Träume! Ich liebte an Jung dessen Faszination von Träumen und vom Prinzip der Synchronizität: das heißt der Verbindung zwischen Psychologie und Physik. Ich schätzte es, dass er und der Nobelpreisträger und Physiker Wolfgang Pauli versuchten, Psychologie und Physik zusammenzubringen. Auch sie waren auf der Suche nach einem interdisziplinären Systemgeist, um das Mysterium der Synchronizität zu begreifen und zu klären. [9] Sie hielten Ausschau nach einem Systemgeist, der die Psychologie wie die Physik einbezog!

Ein weiterer Nobelpreisträger, der Physiker Werner Heisenberg, wusste bereits Jahre zuvor intuitiv um diesen Systemgeist. Er wusste, dass Psychologie und Physik eine einzige Disziplin waren:

„Dieselben Struktur gebenden Kräfte, welche die Natur in all ihren Formen gestaltet haben, sind auch verantwortlich für die Struktur unseres Geistes." [10]

Ich nenne diese *organisierenden Kräfte* den Tanz der Verbundenheit oder Raumzeit-Träumen. Ziel dieses Buches ist, diese „Struktur gebenden Kräfte, welche die Natur in all ihren Formen gestaltet haben", zu finden und als „Zuhause" für unsere weltlichen Probleme zu nutzen. Wir müssen die Probleme in unserer Welt wieder nach Hause ins Universum bringen und sie mit unserem Gespür für den Tanz der Verbundenheit angehen.

Die Psychologie half mir, diese Kräfte zu verstehen; die Quantenphysik mit der nicht erklärbaren Selbstreflexion in ihren grundlegenden Gleichungen half mir zu begreifen, wie Bewustheit das Universum und die Kosmologie mit ihren gekrümmten Räumen möglicherweise durchdringt, und erinnerte mich an außergewöhnliche psychische Bewusstseinszustände. Physik und Psychologie sind jedoch nicht die einzigen, die auf diese veränderten Zustände hinweisen. Bereits vor 5000 Jahren sprachen die Taoisten vom „Tao, das nicht genannt werden kann." Für sie war dieses Tao die Essenz, die Mutter des Universums, das bereits vor Himmel und Erde existierte.

„Es gab etwas Formloses und
Vollkommenes,
bevor das Universum entstand.
Gelassen ist es und leer.
Einzig und unverständlich.
Grenzenlos und ewig verfügbar.
Es ist die Mutter des Universums.
In Ermangelung eines besseren Namens
nenne ich es das Tao." [11]

Ähnlich wie das Tao ist auch das Raumzeit-Träumen eine formlose Kraft, die sich im Tanz der Verbundenheit manifestiert. Diesem Tanz nähern wir uns am besten, indem wir wissenschaftliche, psychologische und spirituelle Disziplinen miteinander verbinden oder verweben. Doch unsere heutige Welt wird hauptsächlich von einzelnen Fachdisziplinen beschrieben. Wir tendieren mehr denn je dazu, in getrennten Universen zu leben, um es einmal so zu formulieren. Wenn Psychologen nach unseren Träumen fragen, wollen sie selten wissen, wie diese sich im Körper ausdrücken, und bringen sie kaum mit dem Gefühl der Schwerkraft zusammen. Mediziner fragen selten nach den Träumen, die Symptomen zugrundeliegen können. Physiker lernen meistens, sich an empirische Beobachtungen und nicht an Gefühle zu halten. Sämtliche miteinander im Konflikt stehenden Parteien sehen sich also in gewisser Weise in getrennten Welten leben. Mit anderen Worten, diese Trennung unserer Disziplinen ist, so wunderbar ihre Ergebnisse und Errungenschaften im Einzelnen sein mögen, auch Teil unseres augenblicklichen weltweiten Dilemmas.

Wir brauchen einen Paradigmenwechsel. Bisherige Paradigmen beruhen hauptsächlich auf der Trennung von Innen und Außen, Psyche und Materie, Körper und Geist, Individuum und Gruppe, sozial und universal und so weiter und sind *zustandsorientiert*. Wir brauchen einen Prozess, der Innen und Außen, Geist und Körper, Psyche und Materie, Du und Ich, die Guten und die Bösen einbezieht und sich in ihnen, zwischen ihnen und über sie hinaus

bewegt. Prozess? Ja. Unsere Wahrnehmung von Veränderung, von Prozessen, bewegt sich zwischen inneren Erfahrungen und *äußeren* Beobachtungen über den Körper, den Geist, die Psyche, Wissenschaft und Psychologie. Und das Beste daran ist, dass wir *Prozesse* einfach als Beobachtung von Signalen definieren können. Sie müssen nur dem Prozess folgen, indem Sie auf das achten, was Sie sehen, fühlen, hören und träumen. Prozess! Verfolgen Sie Ereignisse, verfolgen Sie, was Menschen tun, folgen Sie der Natur, folgen Sie dem Fluss.

Prozessarbeit ist Bewusstseinsarbeit: die Arbeit, sich bewusstzumachen, wie Individuen, Gruppen und die Natur als solche sich verändern, beginnend mit uns selbst. Wenn Sie zum Beispiel Ihre eigenen aggressiven Signale nicht beachten, denken Sie, Ihr Gegenüber sei aggressiv! Sobald Sie aber Ihre Signale verfolgen, sehen Sie, dass der Mensch, mit dem Sie plaudern, wer auch immer es sei, nicht nur in seinem eigenen Universum lebt. Er ist Teil Ihres Prozesses hier und jetzt. Die Guten und die Bösen vermischen sich! Ich finde das Prozessparadigma, das Psychologie, Medizin, Physik, kleine und große Gruppen und Organisationen, Innen und Außen miteinander verbindet, aufregend.[12] Ich liebe Kunst, Musik, Psychologie, Medizin, die Arbeit mit Organisationen, Chemie, Politik und Geologie, doch wenn die getrennten Paradigmen dieser Disziplinen nicht funktionieren, weil wir es oft mit sich überlagernden lokalen und globalen Systemproblemen zu tun haben, wird Prozessarbeit zur Notwendigkeit. Ich liebe all die einzelnen Lebensbereiche, die sich gliedern in dies und das, Physik und Psychologie, Chemie und Träume, aber manchmal ist diese Einteilung in einzelne Bereiche eher problematisch als hilfreich. [13]

Das Raumzeit-Träumen ist die Essenz der Prozessarbeit und gehört damit möglicherweise zu den einzigen Prinzipien, die Wheeler erwähnte. Erinnern Sie sich an das Zitat, das ich diesem Kapitel voranstellte:

„… aus der Gesamtheit dieser unserer Existenz wird eines Tages dessen einziges, zentrales, lebendiges Prinzip entspringen und so natürlich sein, dass wir zu uns sagen werden: Wie hätte es je anders sein können und wie konnten wir all die Jahre so dumm sein, es nicht zu erkennen? "

Ich hoffe, dass die Theorie und die Erfahrungen in diesem Buch Sie davon überzeugen, dass das Raumzeit-Träumen eines dieser Prinzipien ist.

In den folgenden Kapiteln zeige ich Ihnen, wie Sie mit Hilfe einer Reihe von etwa 40 meditativen Übungen zu innerer Arbeit, Beziehungen, Organisationen, Finanzen und Ökologie das Raumzeit-Träumen für sich nutzen können. Ich stelle Ihnen neue Übungen für das Erleben von Bewegung und Gefühlen vor, die ich im praktischen Unterricht mit SeminarteilnehmerInnen in Portland und bei der Arbeit mit Großgruppen in unzähligen Städten weltweit getestet habe. Diese vielen verschiedenen Erfahrungen bieten eine generelle menschliche Grundlage, auf der Sie kulturübergreifend und nicht ortsgebunden kommunizieren

können, um innere und äußere Konflikte zu lösen. Ich schlage Ihnen vor, dass Sie sich nach den einzelnen Übungen schriftliche Notizen machen, um Ihre Erfahrungen zu verfolgen. So können Sie diese Arbeit auf persönliche Probleme, körperliche Symptome, Beziehungen, Vielfaltsprobleme in Gemeinden, globale finanzielle und ökologische Themen wie auch die Schwierigkeiten anwenden, die Astronauten bei ihren Raumfahrten erleben.

ZUSAMMENFASSENDE DARSTELLUNG DER SECHS TEILE DIESES BUCHES

Ich habe dieses Buch in sechs Teile gegliedert.

Teil eins: Der Tanz des Universums

Hier gebe ich eine Einführung in den *Tanz der Verbundenheit*. Ich erläutere die Theorie und Praxis der Prozessarbeit und frage nach den Ursprüngen des Universums. Ich zeige auf, wie die Theorie und Praxis von Prozessen die Theorie der Parallelwelten, Einsteins universelle Raumzeit, Entropie und Quantentheorie einbezieht.

Teil zwei: Wer bin ich? Jung, Einstein, Pachamama und der Dalai Lama

Der Kosmologe Stephen Hawking fragt: „Warum gibt es statt des Nichts doch etwas?" In diesem Teil erläutere ich einige Grundlagen der Relativitätstheorie und ihre Zusammenhänge mit den tibetischen Bardos (Zwischenzuständen der Existenz) sowie Jungs Verständnis des alchemistischen *Unus Mundus* (die eine Welt). Hier erforschen wir zeitlose Körpererfahrungen im Tanz der Verbundenheit, wie dieser in Physik, Psychologie und verschiedenen spirituellen Traditionen zum Ausdruck kommt.

Teil drei: Symptome, Verrücktheit oder Welttanz?

In diesem Teil wenden wir uns mit Hilfe des Raumzeit-Träumens, das uns wie ein befreiter Flaschengeist bei körperlichen Symptomen helfen kann, unseren Ängsten vor diesen zu. Ich zeige auch auf, wie dieses neue Raumzeit-Träumen bei Zuständen helfen kann, welche die Medizin als „psychotisch" bezeichnet.

Teil vier: Beziehungen: Jenseits von Krieg und Frieden

Die schwierigsten inneren und weltlichen Probleme können auch verborgene Geschenke sein, die uns tiefgreifende innere Einsichten vermitteln! Diese Einsichten und die in diesem Abschnitt geschilderten Erfahrungen eröffnen Ihnen die Möglichkeit, sich von heftigen inneren oder weltlichen sozialen Problemen und Konflikten so weit zu lösen, dass Sie damit arbeiten können.

Teil fünf: Prozessorientierte Ökologie (POÖ)

POÖ vereint Psychologie, Erdsystemwissenschaft, Erfahrungen mit der Quantenwelt und dem Universum. POÖ ist eine Kunst wie eine Wissenschaft. Hier spreche ich von den Göttern, die im Müll wie in den Sternen wirken. Daraus erwachsen neue Überlegungen in Bezug auf die Anwendung des Raumzeit-Träumens auf Sozialarbeit, globale Finanzen und die planetarische Umwelt.

Teil sechs: Erde, Geld und das größere Bild

Psychologen, Ökonomen, Ökologen und Politiker, die ihre einzelnen Disziplinen mit anderen Fachgebieten *zusammen*bringen, haben ein größeres Bild. Hier zeige ich auf, wie dieses größere Bild aus den vorigen Kapiteln erwächst und bei erdwissenschaftlichen Themen, finanziellen Krisen und weltweiten Ereignissen praktische Anwendung finden kann.

Da ich dieses Kapitel mit einem Zitat von dem visionären Physiker John Wheeler begann, möchte ich es mit einem weiteren Zitat beenden, das er selbst benutzt hat. Dieser großartige Physiker, Mentor von Richard Feynman und Hugh Everett und Freund von Einstein, schrieb ein Buch über Reisen in die Raumzeit. Hier zitiert Wheeler ein Gedicht von Su Tung-p'o aus dem 10. Jahrhundert über das Segeln:

„Wir ließen unser Boot einfach treiben und spürten, dass wir im leeren Raum segelten und auf dem Wind ritten… wir waren so leicht, als ob wir die Welt verlassen hätten, und frei von jeder Stützkraft, wie jemand, der unsterblich geworden ist und aufsteigt im Raum…"[14]

Die Herausforderung sowie das Versprechen dieses Buches ist, diesen leeren Raum zu einer greifbaren und notwendigen Erfahrung zu machen. Alle, die wir auf dieser Erde wandeln, können spüren, wie wir von diesem Raum bewegt werden, was uns bei schwierigen Beziehungen und weltweiten Spannungen weiterhelfen kann.

RÜCKBLICK AUF KAPITEL 1

- Weltliche Probleme hängen miteinander zusammen. Wir brauchen eine neue Art von interdisziplinären FacilitatorInnen.
- Wir verwickeln uns in Teilaspekte und brauchen mehr Abstand, um das größere Bild sehen zu können.
- Um Probleme zu lösen, brauchen wir einen Paradigmenwechsel von den Teilen zum Prozess, um die Teile würdigen und auch darüber hinausgehen zu können.

- Wir alle können Einsteins Raumzeit-Universum als psychologisches und physisches Gefühl erfahren oder imaginieren: als Kraftfeld, das uns ebenso bewegt wie die Schwerkraft.
- Ich nenne dieses Feld *Raumzeit-Träumen*: Es bewegt uns zum *Tanz der Verbundenheit*.
- Das Raumzeit-Träumen ist ein interdisziplinäres Modell, das Psychologie, Physik, Politik und spirituelle Erfahrungen miteinander verbindet.

KAPITEL 2

Wunder, Vielfalt und Tanz des Universums

„Aus den meisten Wertvorstellungen würden Universen hervorgehen, die, auch wenn sie möglicherweise wunderschön wären, niemanden enthielten, der sich über deren Schönheit wundern könnte."

DER KOSMOLOGE STEPHEN HAWKING [15]

Ich hatte mit Menschen, die in verschiedenen Regierungen Politik machen, mit erstklassigen Wissenschaftlern und großen Organisationen in verschiedenen Nationen zu tun. Aus diesen unterschiedlichen Kontexten ergab sich für mich ein ganz wesentlicher Punkt: Unser Planet ist in Teile gespalten. Wissenschaftler leben in einer Welt, gewöhnliche Stadtbewohner in einer anderen, Politiker in wieder einer anderen und Geschäftsleute wieder in einer anderen Welt. Wir leben in getrennten Welten, und das ist einer der Gründe dafür, dass unser Planet so viele Probleme hat. Nicht nur, dass an vielen verschiedenen Schauplätzen Kriege stattfinden. Unsere gesamte globale Umwelt ist in einem katastrophalen Zustand, und die Wissenschaft befindet sich hier, die Regierung dort und die Wirtschaft wieder woanders. Zwischen ihnen gibt es wenig Verständnis und Verständigung.

Heute bevölkern sieben Milliarden Menschen diesen Planeten. Wenn die Entwicklung so weitergeht, werden es gegen Ende des 21. Jahrhunderts neun oder zehn Milliarden sein. Das ist ziemlich viel für unseren kleinen Planeten. Warum wachen wir nur so langsam auf? Warum geht es uns manchmal nicht besonders gut? Ein paar Menschen geht es sehr gut, doch für andere gilt das nicht und war auch nie anders. Warum ist das so? Natürlich hat jede und jeder von uns darauf eine andere Antwort, und diese Antworten sind wichtig. Wir müssen diese Fragen stellen und Antworten darauf finden.

Vielleicht hängen unsere Probleme mit der Natur unseres Universums zusammen? Wie kamen wir hierher? Wie entstand unsere Erde? Wo stehen wir mit unserer Suche nach Antworten auf diese großen Fragen? Stellen wir diese Fragen überhaupt? Die meisten Menschen nicht. Sie haben zu viele eigene Schwierigkeiten, um auch noch über solche Fragen nachzugrübeln. Aber es geht hier um wichtige Themen, denn wenn wir eine allgemeine Theorie oder ein allgemeines Glaubenssystem hätten, das wirklich funktioniert, hätten wir einen Systemgeist – und das wäre wirklich bemerkenswert!

Sie haben Ihren eigenen Geist und Ihre eigenen Träume in sich und Kräfte, die Ihnen die meiste Zeit eine Struktur geben. Was immer das für Kräfte sein mögen, Sie können damit in Berührung kommen und fühlen sich dann, zumindest vorübergehend, besser. Meine Hypothese ist, dass es einen Systemgeist im Hintergrund gibt, aber wir wissen nicht, wie wir ihn nutzen können, um die Dinge auf unserem Planeten zusammenzubringen.

Menschen werde geboren, Menschen sterben. Was geschieht beim Tod? Warum glauben viele Menschen weltweit an irgendeine Form von Leben jenseits der *Konsensusrealität* des Lebens hier auf dieser Erde als physische Geschöpfe? Wie ist diese Konsensusrealität überhaupt entstanden? Und wie haben wir uns so entwickeln können, dass wir unsere Welt in Milliarden von Teilen und Menschen spalten? Wir alle haben darauf unsere eigene Antwort. Später in diesem Kapitel werde ich Ihnen anhand einer Geschichte (aus einem meiner Seminare) meine eigene Antwort erläutern. Meine Geschichte bezieht sich auf fünf oder sechs allgemeine Themen, die Sie in vielen Schöpfungsmythen von Ureinwohnern aus verschiedenen Teilen der Welt finden. Sie entspricht auch bestimmten Aspekten der Quantenphysik und der Relativitätstheorie. Wenn wir eine Geschichte finden können, die für so viele Menschen zutrifft, haben wir einen Anfang – nur einen Anfang. Diese Geschichte muss ständig überarbeitet und auf den neuesten Stand gebracht werden, denn die eine, für immer feststehende Geschichte, die für alle und alles gilt, gibt es wahrscheinlich nicht.

In der Quantenwelt sprechen wir von Elementarteilchen. Was ist ein Elementarteilchen? Meistens stellen wir uns so ein Teilchen als etwas vor, das auf etwas anderes stößt, und dann macht es peng! In der Quantenphysik weiß ein Teilchen tatsächlich nicht genau, wohin oder wie schnell es sich bewegt. Da wir es nicht präzise messen können, existiert es in gewisser Hinsicht so lange nicht, wie es nicht beobachtet wird. Haben Sie das verstanden? Ein Teilchen ist so lange kein Teilchen, wie es nicht angeschaut wird. Es lohnt sich, darüber einmal nachzudenken. Das ist wie die Geschichte vom Baum im Wald – wenn niemand da ist, der den Baum zu Boden fallen hört, macht dieser dann ein Geräusch? Existiert überhaupt irgendetwas, bevor es jemand hört oder sieht?

In der Quantenphysik ist ein Teilchen nicht nur ein Teilchen, sondern hat auch wellenähnliche Eigenschaften. Was ist eine Welle? Mathematisch und grafisch gesehen, bewegt sich eine Welle auf und ab. Wenn Sie ein Teilchen wären, das heißt, ein festes Ding, wo sind Sie dann, bevor andere Sie beobachten? Jetzt sind wir bei der Psychologie. Wo sind Sie, bevor Sie sich selbst beobachten und plötzlich sagen: „Aha! Ich bin hier"?

Eine Teilnehmerin an meinen Seminaren antwortete darauf: „Schwanger!"

Arny: „Daran habe ich überhaupt noch nicht gedacht! Ein wunderbares Bild! Du bist ein Gefühl, dann etwas Kleines, das ausgebrütet wird, und dann: Schwupps! bist du hier."

Teilnehmerin: „In der frühen Kindheit gibt es eine Entwicklungsphase, von der es heißt, dass sich da das Ich herausbildet."

Arny: „Genau! Wie neue innere Gedanken befindet sich auch das Kind in einer traumähnlichen Einheit, und dann purzelt es plötzlich hervor und alle können es sehen!"

MEIN EIGENER SCHÖPFUNGSMYTHOS

In meiner eigenen Schöpfungsgeschichte war am Anfang, in den frühesten Phasen des Bewusstseins, etwas Wackelndes und Neugieriges, das sich über alles Mögliche wunderte. Ich stelle es mir als wackelnde Sinuskurve vor.

Dieses merkwürdige Etwas wunderte sich oder ahnte intuitiv etwas (im Englischen heißt erahnen „to devine" und zugleich bedeutet devine auch „göttlich", Anm.d.Ü.). Das englische Wort „divine" meint etwas Wunderbares und Spirituelles, doch ich benutze es hier mit der Bedeutung: nach etwas suchen. In meiner Geschichte ist am Anfang der Prozess des Sich-Wunderns, ein ahnendes Etwas, das den Dingen auf den Grund geht. Wir alle sind *Ahnende.* Wir wundern uns ständig und versuchen, Dinge zu begreifen. Schauen Sie sich kleine Kinder an: Sie spazieren durchs Leben und stellen unablässig Fragen: „Was ist dies? Was ist das?" Als ich noch am MIT studierte, schnüffelte mein Hund ständig an meinem Heft für Differentialrechnung und kaute auf den Seiten (was keine gute Sache war).

Ein Grund dafür, dass Sie manchmal Ihr eigenes Verhalten, Ihre Gefühle oder Ihre Träume nicht verstehen, ist, dass Sie den Ahnenden in sich nicht kennen, weil er eingeschlafen ist. Das größte Problem beim Verstehen von Träumen betrifft nicht deren Inhalte, sondern dass wir nicht wissen, wer die Fragen stellt, die der Traum beantwortet. Wenn Sie Ihre Träume besser verstehen wollen, machen Sie sich am besten vor dem Schlafengehen bewusst, welche Fragen Sie sich stellen: „Was frage ich mich? Was geht mir durch den Kopf? Betrifft es das Leben, die Arbeit, meine Beziehungen oder den Tod?" Schreiben Sie diese Antworten auf. Werden Sie zu bewusst Ahnenden.

Viele Geschichten fangen so an, dass am Anfang etwas „Mmh?" machte. Dieses

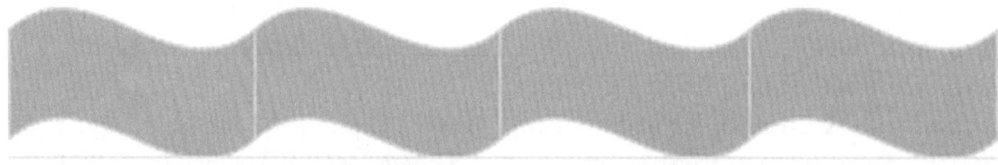

Abbildung 2.1 Oh Wunder, ein merkwürdiges Etwas wackelt herum!

Der kosmische Tanz des Ursprungs

Etwas wunderte sich, ahnte etwas, jedoch nicht sehr bewusst, und wollte etwas. Dann fragte es sich: „Wer bin ich?", und es gab einen Urknall! Einen mächtigen Urknall! Und das Etwas sagte: „Aha, ich bin dies und nicht das!" Und das ist die Kurzversion der Schöpfungsgeschichte von Bits, Stücken und Teilen. Die ursprüngliche Einheit des Wunderns brach sich selbst in Stücke. Bilder können uns helfen, diesen Gedanken besser zu verstehen. Die wellenähnliche Einheit des Wunderns ahnte etwas und summte…

Wieder und wieder wunderte sich die Welle:

„Wer bin ich?"
Dann entwickelte die Welle Teile

Und plötzlich gab es einen Urknall, und die Welle spaltete sich in einzelne Teile!

Jetzt gab es a+ und a-
Die ursprüngliche Einheit vergaß sich vorübergehend, da Plus oder Minus gegenseitig zu sich sagten:
ICH BIN NICHT DU!"

Die Welt begann also mit einem Urknall, und seitdem versuchen wir, uns an die ursprüngliche Einheit zu erinnern.

Ich weiß noch, wie meine Tochter Lara mit zwei, drei Jahren eines Tages morgens aufstand, herumspazierte, wie sie es immer tat, und dabei mit sich sprach und spielte. Und dann sagte sie zu mir: „Pappi! Ich bin Lara. Ich bin nicht Robin (mein Sohn)!" „Aber natürlich", sagte ich, „ja." „Nein! Nein!", protestierte sie, „Ich bin ich, ich bin nicht er!"

Bei meiner Arbeit mit Menschen habe ich im Lauf der Jahre immer wieder erlebt, dass kleine Kinder und auch ältere Menschen sagen: „Ich bin nicht das, ich bin dies!", und meistens gab es dann eine Art Urknall. Peng! Und die Welt beginnt. Und auch unsere Probleme fangen damit an, dass „ich ich bin und nicht du!"

Doch wenn wir uns als Psychologen Träume anschauen, raten wir unseren Klienten, nicht zu vergessen, dass sie selbst auch den anderen ähneln, die in ihren Träumen auftauchen. Der Prozess des Aufwachens mit dem Gefühl: „Ich bin ich, und ich bin nicht du!" ist ein großes psychologisches und globales Thema. Wie kommt es zu dieser Spaltung?

Wenn die ursprüngliche Symmetrie zerbricht und Teile entstehen, ist das der Augenblick eines Urknalls. Wir ziehen *Grenzen* zwischen Teilen von uns selbst und schaffen damit den Anfang eines Multiversums.

Multiversum ist ein physikalischer Begriff, der in Science-Fiction-Literatur als

Paralleluniversen auftaucht. Diese Paralleluniversen heißen so, weil Parallelen Linien bilden, die sich nie kreuzen; sie begegnen, berühren oder verbinden sich nie und auf keinerlei Weise. Unsere Einheit spaltet sich also in viele verschiedene Teile, die sich nicht verbinden, in parallele Universen und Psychologien.

Radikale Kosmologen sprechen von Paralleluniversen, das heißt, anderen Universen, die möglicherweise in unserer Nachbarschaft oder sehr weit entfernt parallel – das heißt, sich niemals überschneidend – zu unserem Universum laufen. Ich finde das aufregend! Mir ist in all den Jahren, in denen ich mit Menschen in allen möglichen Bewusstseinszuständen und Situationen, mit Familien, Organisationen und Städten arbeite, bislang noch nie klargeworden – und wenn ich das hier schreibe, macht es mich ganz atemlos –, dass wir die Probleme von Teilen im Sinne von Paralleluniversen begreifen können.

Wir alle haben die Tendenz, als Erwachsene in unserem Leben einen Standpunkt und eine feste Position zu vertreten und damit zu definieren, wer und was wir sind und was *nicht*. Wie ist unsere Welt an diesen Punkt gelangt? Meine Antwort lautet, dass es am Anfang eine Art Feld gab. Felder sind Kräfte, die Sie bewegen, wie ein Magnetfeld, ein Schwerefeld oder die Art Feld, welche die Taoisten das Tao nannten: Kräfte oder Energien, die uns in Bewegung bringen. Felder nehmen Raum ein und enthalten Energie, sodass es kein wirkliches Vakuum gibt. Felder füllen Raum, sodass jedes materielle Objekt in

diesem Feld eine Kraft auf sich einwirken spüren kann. [16]

Felder haben keine physikalische Form. Als in meinem Schöpfungsmythos das Feld sich selbst fragte: „Wer bin ich?", wurde also die Kraft der Formlosigkeit zu diesem und nicht zu jenem. In diesem Augenblick entstanden Paralleluniversen und damit Spaltungen!

Können Sie diesen Prozess im jüdisch-christlichen oder islamischen Denken wiederfinden? Nehmen wir die Schöpfungsgeschichte von Adam und Eva. Gott erschuf etwas: Wir wissen nicht im Detail, wie er oder sie dabei vorging, doch plötzlich gab es Menschen, zwei Männer oder zwei Frauen oder einen Mann und eine Frau namens Adam und Eva. Sie schmusten miteinander, als eine Schlage erschien und sagte: „Tut es! Esst von diesem Apfel und vergesst, was Gott euch riet!" Mit anderen Worten, vergesst die Einheit.

Woher kam die Schlange (zumindest in der jüdisch-christlichen Tradition)? Wenn Gott alles schuf, dann schuf die Einheit oder Gott auch die Schlange, die darauf aus war, Gottes Wünsche zu untergraben. Gott schuf sozusagen Paralleluniversen. In einigen Versionen der Heiligen Bücher geriet Gott oder das Wunder in Aufruhr, vergaß sich selbst und sagte: „Ihr beiden verlasst den Himmel und geht auf die Erde!" Der Planet Erde befindet sich dort und der Himmel hier. So entstanden Paralleluniversen. Und wir finden die Vorstellung von Paralleluniversen von frühester Zeit an in vielen Mythologien.

Wenn meine Psychologielehrer mich

fragten: „Was hast du letzte Nacht geträumt?", galt ihr Interesse dem, was sie als Paralleluniversum betrachteten, das heißt, meinem Traum von letzter Nacht. Sie sahen in mir nicht eine Mischung von Paralleluniversen, die wach sind und zugleich hier und jetzt im Körper träumen. Für sie war der Traum nicht hier und jetzt, sondern *dort*, im Unbewussten – eine phantastische Idee. Mir gefällt die Idee vom Unbewussten immer noch, aber ich möchte an dieser Stelle darauf hinweisen, dass Sie bei dieser Perspektive wahrscheinlich dazu neigen, Psyche und Materie als Paralleluniversen zu betrachten. Mit Bewusstheit hingegen können Sie Psyche und Materie als einen gemeinsamen Prozess oder eine Einheit begreifen, die sich in und um jede und jeden/m von uns befindet und zwischen uns fließt.

Die moderne Kosmologie, viele Religionen und psychologische Ansätze sprechen also von Spaltungen und damit von Paralleluniversen, ohne diese so zu nennen. Der Glaube an Paralleluniversen lässt Physiker sagen: „Physik ist nicht Psychologie", und Psychologen sagen: „Psychologie ist nicht Physik." Wir brauchen parallele Welten oder Universen, und wir brauchen Brücken zwischen ihnen, Brücken, die sonst zwischen uns fehlen. Wir brauchen Einheit und Differenzierung, das heißt, die Erfahrung, dies zu sein und nicht das. Doch es gibt heute enorm viel Differenzierung, Spezialisierung und Ansätze, welche die Dinge in Teile spalten. Was wir jetzt brauchen, ist eine Sichtweise, welche die Vielfalt schätzt und gleichzeitig die ursprüngliche Einheit wieder erlebt.

Wie ist es möglich, dass die Intelligenz des Universums, der universelle oder individuelle Prozessgeist, der Gott oder die Göttin oder der tiefste Kern in uns, von dem wir annehmen können, dass er vollkommen bewusst ist, sich selbst vergisst? Wir bewegen uns vielleicht deswegen in Paralleluniversen, weil der ahnende Prozessgeist sich offensichtlich vergessen will, damit Paralleluniversen existieren. Warum? Er braucht sie. Warum, glauben Sie, will der ahnende Prozess Paralleluniversen?

Er liebt Vielfalt!

Der Urknall hilft dem Universum aufzuwachen! Einheit braucht und liebt Vielfalt und Mannigfaltigkeit. Sie liebt – entschuldigen Sie, dass ich das hier sage –, sie liebt Konflikte. Autsch! Wer will denn Konflikte? Aber es gibt so viele, irgendjemand muss daran Gefallen finden! Ich bin hier einfach nur Empiriker! Ich muss sagen, wenn es so viel Konflikt gibt, muss irgendjemand sagen: „Hurrah! Konflikte!" Wenn mir das klar wird, fällt es mir leichter, mit Konflikten zu arbeiten. Paralleluniversen wollen parallel bleiben, und das gilt auch für die Unterschiede zwischen uns; die Natur möchte, dass ihre Vielfalt sichtbar wird. Vielfalt ist Teil der Schönheit des Universums. Sie zeigt sich in Form von scheinbar feststehenden Gegensätzen.

Wenn Sie als FacilitatorIn viel mit Konflikten arbeiten, kann der Gedanke, dass *etwas* diese Polaritäten braucht, um sich selbst erkennen zu können, hilfreich sein: Es benutzt sie, um *über sich selbst zu reflektieren*. Selbstreflexion scheint allem innezuwohnen, was im Universum existiert.

Physiker und Psychologen wissen noch nicht, woher Bewusstsein kommt, aber es ist da, in den Gleichungen. Ich sage jetzt, dass Bewusstsein entsteht, wenn Parallelwelten entstehen und gegenseitig über sich reflektieren. Können Sie mir noch folgen?

Teilnehmer: „Wollen Sie damit sagen, dass Einheit ohne Vielfalt im Feld nicht als Einheit erkennbar wird? Ohne diese ist es keine Einheit?"

Arny: „Ganz genau! Vielleicht wird es der Einheit mit der Zeit langweilig mit sich selbst. Wenn es Himmel und Hölle gibt, ist mehr zu tun und mehr Action erforderlich, und wir müssen die Einheit wieder finden! Etwas in unserem Universum will seinen Zustand der Einheit vergessen, will Vielfaltsprozesse und Konflikte schaffen und sich an das Bedürfnis nach Einheit wieder erinnern."

Teilnehmer: „Wenn es Vielfalt gibt und sie immer da ist und wir sie erzeugen, warum muss sie dann konfliktreich sein?"

Arny: „Nun, Konflikte erzeugen einen Knall! Sie wecken sich selbst und alle Beteiligten auf. „Huch! Die Dinge haben noch eine andere Seite!" Manchmal wachen Sie morgens aus einem schweren Traum auf. Dieser Traum sagt: „Heh! Vernachlässige mich nicht auch nur für eine Minute!" Wenn Sie also mit einem heftigen Traum aufwachen, sollten Sie stolz auf sich sein. Selbst ein Alptraum kann uns wunderbare Dienste erweisen, indem er uns an andere Kräfte in uns erinnert, Kräfte, die wir vergessen zu schätzen. Ohne Konflikte sind wir meis-

tens unbewusst oder einseitig, ohne es zu wissen."

All dies passt zu John Wheelers Wal. Dieser großartige Physiker, der vor einigen Jahren gestorben ist, fand für das Universum das Bild des Wales (ich habe das an anderer Stelle bereits erwähnt [17]). Wheeler sagte, das Universum sei in gewisser Weise wie ein Wal. Dessen Auge betrachtet die eigene Schwanzflosse und sagt: „Aha, die Schwanzflosse. Ich bin nicht die Schwanzflosse. Ich bin der Kopf. Ich sehe die Schwanzflosse." In diesem Augenblick hat der Wal sein Einssein vergessen. In Wheelers Bild sind wir alle Teil eines einzigen Körpers, vergessen das aber und fixieren uns stattdessen auf die Gegensätze in unserem Universum.

Dass wir eine Seite wählen und nicht eine andere, zeigt sich auch daran, dass wir uns unserem Alltagskörper zuwenden statt unserer Traumerfahrung. Das ist auch der Grund dafür, dass Menschen, die sehr krank oder dem Tod nahe sind, den Verlust des Körpers fürchten, der ein Teil von ihnen ist. Sie haben sich als Ganzheit vergessen, einschließlich ihrer Traumerfahrungen. Vieles in unserem Denken läuft so ab. Wenn wir lebendig sind, sind wir hier, so unser typisches Denken, und wenn wir tot sind, sind wir nicht hier. Wir könnten aber auch denken: „Vielleicht sind wir hier, wenn wir *lebendig* sind, und wenn wir *tot* sind, sind wir unseren Träumen näher und dem Feld des Einsseins." Wir vergessen und müssen uns deswegen manchmal erinnern an dieses Feld im Hintergrund, dieses Einssein.

Wo sehen wir Parallelwelten in der Theorie der Prozessarbeit? Es gibt hier sehr viele.

- *Primäre und sekundäre Prozesse*: Die Dinge sind unserer Bewusstheit näher und ferner. Aus diesem Grund sagen wir eher, Bewusstheit ist da, ist eins, statt von Bewusstsein und Unbewusstem zu sprechen, was eine Spaltung sein könnte.
- *Channels und Channeltheorie*: Ich sehe Dinge, und wenn ich sehe, fühle ich meistens nicht. Wenn ich aber meine sensorisch verankerte Bewusstheit einsetze, kann ich sehen, mich dann bewegen, fühlen, mich beziehen und so weiter in einem fließenden Prozess. Die meisten Menschen auf der Welt marginalisieren ihr Körpergefühl. Aus diesem Grund ist es für Menschen häufig ein großer Schritt, wenn wir sie anleiten, sich auf die Körpergefühle zu konzentrieren – ein anderer Channel ist wie eine andere Welt.
- *Konsensusrealität und Traumland*: Die Welt, von der alle sagen, sie sei *real*, und eine andere Welt, die Welt der Träume.
- *Doppelsignale*: Ein Signal senden Sie und realisieren das, und dessen *Double* bemerken Sie kaum. Wieder spielen sich zwei Welten gleichzeitig ab.

Wie Sie von meinen früheren Arbeiten vielleicht wissen, bezeichne ich die Gefühle, Gedanken und Signale, mit denen Sie oder *u* sich identifizier/en, als unseren *primären Prozess*. X ist eine Art Abkürzung für den *sekundären Prozess*, das, was nicht ich ist! Im Alltagskonsensus gibt es sowohl ein *u* als auch diesen anderen Teil von Ihnen, *X*, der dem Bewusstsein ferner ist und in Doppelsignalen und Träumen auftaucht wie eine Parallelwelt oder ein eigenständiger Bereich.

PARALLELWELTEN IN DER QUANTENTHEORIE

In der Quantenphysik können zwei gegensätzliche Realitäten simultan präsent sein. Laut Erwin Schrödinger können Sie, wie Sie vielleicht wissen, gleichzeitig tot und lebendig sein. Er veranschaulichte uns das am Beispiel einer Katze und sagte im Wesentlichen: „Die Möglichkeit, dass die Katze tot oder lebendig sein kann, ist mit Sicherheit ein Beweis dafür, dass meine quantenphysische Theorie von der Wellengleichung falsch ist." Aber falsch waren Schrödingers Selbstzweifel. In der Quantenphysik wie in Träumen können wir es mit Parallelwelten zu tun haben, und eine Katze kann, je nachdem, wer sie beobachtet, tot und lebendig sein. Zwei sehr unterschiedliche und offensichtlich unversöhnliche Zustände wie tot und lebendig können gleichzeitig gegeben sein.

Lassen Sie mich, um diese Theorie zu veranschaulichen, ein Beispiel aus meinem persönlichen Leben erzählen. Amy und ich waren gerade im Begriff, in Yachats (einer Stadt an der Küste von Oregon) aufzubrechen. Wir hatten uns an der Küste aufgehalten und dort gearbeitet, Seminare für Weltarbeit gehalten, Gemüse angebaut und Seelöwen und Wale beobachtet und brachen also nach Portland auf. Yachats kommt mir manchmal wie eine abgespaltene Parallelwelt vor, ganz anders und weit weg von der Parallelwelt von Portland. In Yachats gibt es den Ozean mit Walen, die ab und zu vorbeischauen, um Hallo! zu sagen. In Portland begegnen Ihnen kaum Wale. Aber in Portland gibt es Starbucks, die 23rd Avenue, viele Menschen und alle möglichen Dinge, die Sie in Yachats nicht zu sehen bekommen.

Ich hatte gerade die Idee von sich überlagernden Zuständen studiert, als Amy und ich im Begriff waren, nach Portland zu fahren. Stellen Sie sich das vor. Wir betreten die Garage, drücken den Schalter, damit sich die Garagentür öffnet. Aber es gab keinen Strom! Offensichtlich war in Yachats ein Baum umgestürzt, was zur Folge hatte, dass der Strom ausgefallen war. Wir hatten in Portland eine Verabredung, doch die Garagentür blieb geschlossen und bewegte sich ohne Strom nicht vom Fleck. Sie konnte sich nicht bewegen. Der Baum hatte die elektrischen Verbindungen unterbrochen und unsere Garagentür hatte keinen Strom und konnte sich nicht öffnen. Ich begann zu schwitzen und befürchtete, wir könnten nicht rechtzeitig in Portland ankommen.

Dann fielen mir die parallelen, getrennten Welten ein. Yachats = innen, und Portland = außen, wo wir alles Mögliche tun und machen. Gespaltene Welten. Und

dann fiel mir ein, dass möglicherweise beide existieren und sich gleichzeitig überlagern: Wie ist es möglich, dass ich wie Schrödingers Katze tot wie lebendig, innen wie außen gleichzeitig bin? Wie ist das möglich, und wie könnte diese tiefe Quantenwelt oder „Quantenwellenwelt" hier weiterhelfen?

Ich versuchte, die Garagentür mit den Händen anzuheben, aber die Mechanik war blockiert. Ich konnte die Garagentür nicht hochziehen. Ich würde einen Kran dafür brauchen. Wir waren schrecklich in Eile, und ich sagte mir: „Ich muss mich an mein tiefstes Selbst erinnern, meine Verbindung zum gesamten Universum." Jeder von uns tut das auf seine Weise. Ich ging tief in mich, bis ich spürte: „Oh, zwei parallele Welten überlagern sich, und der eine Teile ist innen und der andere Teil außen." Dann erinnerte ich mich daran, dass „ich weder innen noch außen bin, sondern diese Welten sich überlagern". Ich bin also innen-außen: beides gleichzeitig. Yachats und Portland sind beide gleichzeitig hier innen und außen in der Welt, ich bin bei Ihnen und ich bin nicht bei Ihnen. Sie alle stellen sich das auf Ihre Weise vor.

Ich ging tief nach innen-außen, und dann reichte mir Amy aus irgendeinem Grund eine Zange (keiner von uns hatte ein Wort gesprochen), und etwas in mir nahm die Zange und klopfte damit gegen die Garagentür. In einer Art Traumzustand schien meine Zange fast von selbst zu arbeiten, wie, konnte ich nicht sehen, und die Tür öffnete sich wie von Zauberhand zur „äußeren Welt"! Das klingt wie eine gute

Geschichte, aber es ist eine wahre Geschichte! Die Garagentür öffnete sich! Das passierte wirklich. Ich kann es nicht erklären und weiß nicht genau, wie das vor sich ging. Es ist kein besonders vernünftiger Gedanke, dass innen in Yachats und außen in Portland gleichzeitig präsent sind, aber hier haben wir eine Essenz oder Einheit, die über die Parallelwelten hinausgeht. Es ist, als könnten wir innen und verträumt sein, während wir gleichzeitig außen klar und präzise sind, ohne Hindernisse oder Garagentüren zwischen dieser inneren und dieser äußeren Seite.

Teilnehmer: „Und die Garagentür ließ sich wirklich auch wieder nach unten bewegen?"

Arny: „Ja! Ich kann das nicht erklären. Sie hatte ein Schloss und ein Getriebe, und irgendetwas passierte zwischen Schloss und Getriebe. Ich weiß nicht, wie es funktionierte, aber sie öffnete sich tatsächlich!"

Teilnehmer: „Würden Sie denken, das war wie eine Brücke zwischen den beiden Welten?"

Arny: „Ja genau, darauf will ich hinaus. Dieser tiefste Teil von uns kann wie Quantenwellen in zwei Zuständen gleichzeitig sein. Diese subtilen, wellenähnlichen inneren Erfahrungen scheinen die Brücke zu sein, die bei den Parallelwelten unseres Alltags fehlt. Mit dem Gefühl von Yachats und der Stadt Portland verbinde ich innere und äußere Welten. Und doch gibt es eine Art *Brücke* zwischen beiden. Ich nenne das den gemeinsamen

Grund von unterschiedlichen Teilen von mir und der alltäglichen Konsensusrealität. Wir müssen zu dieser Brücke, diesem gemeinsamen Grund gelangen."

Teilnehmer: „Wollen Sie damit sagen, dass unser Alltagsselbst nicht weiß, wie es solche Dinge bewirken kann?"

Arny: „Ja. Ich weiß eine Menge über Mechanik, aber ich konnte diese Garagentür einfach nicht nach oben oder unten bewegen. Es ist eine interessante und tiefgreifende Erkenntnis, dass etwas mir zu sagen versuchte: „Arny, innen bedeutet Yachats, und Portland ist die äußere Welt, und auf der tiefsten Ebene überlagern sich die beiden in diesem Augenblick!" Wir müssen diese träumende Brücke zum Einssein neu entdecken, während wir zugleich in unserer Alltagsrealität ganz klar und wach sind."

Aber was ist mit den vielen Situationen, wo wir diese Brücke einfach nicht finden können? Kennen Sie solche Situationen? Mir ist noch kein Mensch begegnet, der nicht Zeiten in seinem Leben kennt, wo er zu sich sagt: „Ich bin gespalten. Ich bringe die verschiedenen Seiten von mir einfach nicht zusammen. Mein Gott! Warum muss ich schon wieder an diesem Problem arbeiten? Warum passiert das schon wieder?" Meine Lehrer erzählten mir folgende Geschichte über Jung. Sie besuchten mit ihm eine Kirche in Basel, wo er einen Vortrag hielt und versuchte, die Psychologie der Religionen zu erläutern. Er war ein total nervöses Wrack! Damals war er Anfang siebzig, fuchtelte ständig mit Gegenständen herum und konnte einfach nicht still sitzen. Schließlich sagte Barbara Hannah zu ihm: „C.G.! Warum bist du so aufgeregt?" Sie war eine sehr, sehr klare Person und sagte: „C.G., das ist einfach dein Vater, der sich da wieder meldet!" Jung erwiderte ziemlich gereizt: „Was glaubst du denn? Ich habe an diesem Thema mein ganzes Leben lang gearbeitet, und es meldet sich wieder, um klarzumachen, dass es da ist!"

Jung, diese Ikone, hatte also auf die gleiche ärgerliche Weise mit den Polaritäten in seinem Leben zu kämpfen wie der Schuster in der Straße, die auf die Kirche zulief. Warum kehren Probleme, die wir gelöst haben könnten, sollten oder tatsächlich bereits gelöst haben, zurück? (Die Seminarteilnehmer werden plötzlich ganz still.)

Ich liebe diese Stille. Es ist eine großartige Idee, an der Lösung Ihrer Probleme zu arbeiten, aber an einem bestimmten Punkt sind die Probleme selbst nicht mehr das Thema, sondern die damit verbundenen Energien und Sichtweisen und damit ihre Vielfalt! Offensichtlich liebt das Universum Vielfalt und Konflikt. Wenn alte, mit dieser Vielfalt verbundene Spannungen in Ihrem Leben wieder auftauchen, dann deswegen, weil die Natur Ihnen damit sagen will, dass diese mächtigen, vielfältigen Energien in Ihnen immer noch existieren und Ihre Schönheit und Ihre Energie mit ausmachen. Aus einem bestimmten Blickwinkel stellen diese verschiedenen Gestalten und Energien Probleme dar, aber aus einem anderen sind sie einfach Teil der Welle, die sich auf und ab bewegt. Diese Energien machen Ihre Schönheit aus. Sie

bewirken, dass Sie wie ein kontinuierlicher, erstaunlicher Prozess wirken.

Teilnehmer: „Könnte man auch sagen, diese Energien wollen einfach gesehen werden?"

Arny: „Wunderbar! Sie wollen gesehen, wirklich gesehen und erkannt werden Heh! Hallo! Damit Sie sich irgendwann ohne große Konflikte fließend zwischen verschiedenen Seinszuständen bewegen können!"

So ist es für den Typ Mensch, der sagt: „Ich möchte eine freundliche, glückliche, liebevolle Person sein", zum Beispiel ganz schwierig, dass er auch eine andere, gegensätzliche Seite hat (Arny zieht ein Gesicht, als würde er gleich explodieren). Er könnte diese explosive Energie als Teil seiner inneren Schönheit betrachten, doch aufgrund eines früheren Traumas oder anderer Ursachen betrachtet er sie als Nicht-Ich. Aus etwas Abstand gesehen, existiert jedoch einfach ein Einssein im Hintergrund, das als Vielfalt erscheint.

Als mein Buch *Earth-Based Psychology* erschien, beschloss die American Psychological Association, es zu besprechen. Im großen Ganzen gefiel den Rezensenten mein Buch, doch einer machte eine Bemerkung, die ich noch genau erinnere. Er sagte: „Das ist wirklich neu, und diese Übungen bewirken tatsächlich etwas. Mindell scheint zu wissen, worüber er schreibt." Doch dann fügte der Rezensent hinzu: „Aber was hat Physik in einem Buch über Psychologie zu suchen?"

PARALLELUNIVERSEN!

Was hat Physik in einem Buch über Psychologie zu suchen?! Meine Antwort lautete: „Ich bin *dies* und *das*." Wir leben mit und sind Paralleluniversen. Sie sind unglaublich und Teil unserer Schönheit wie unserer Schwierigkeiten. Unsere Aufgabe besteht darin, zu tanzen und den Fluss zu finden, der das alles vereint und dies und das, Psyche und Materie ist.

Der Tanz bringt alles zusammen. Es gibt einen Tanz, der diesen Parallelwelten zugrunde liegt und sie vereint und zu Phasen des Gesamtflusses macht, wie die *Welle*, von der ich in diesem Kapitel bereits sprach. Diese Welle ist ein Symbol für Prozess.

PROZESS

Als ich anfing, Psychologie zu studieren, ging man davon aus, dass es Psyche und Materie gibt, und niemand wusste, wie er die beiden zusammenbringen konnte. Wie hängen Psyche und Materie zusammen? Und ich sagte mir, vielleicht ist das Paradigma, dass Psyche und Materie feststehende Dualitäten sind, einfach falsch. Vielleicht müssen wir uns auf den Prozess konzentrieren. Vergiss diese spaltenden Paradigmen. Prozess heißt zum Beispiel: „Jetzt fühle ich etwas in meinem Körper. Jetzt stelle ich mir etwas vor." Die Tatsache, dass sich Ihre Träume als körperliche Symptome äußern, beruht auf der

Idee vom Traumkörper im Hintergrund, der beides vereint. Prozess ist die Brücke zwischen Parallelwelten, zwischen Gegensätzen, zwischen Traum und Körper, eine Brücke, welche die Welt zusammenfügt.

ALCHEMIE

Manche spirituellen Traditionen denken ebenfalls so zusammenhängend, unter anderem die Alchemie. Wie einige von Ihnen vielleicht wissen, haben die Alchemisten in Europa, Asien und verschiedenen Teilen der Welt versucht, die Dinge zusammenzubringen. Sie gaben Gegensätzliches in ihren Kessel und kochten es, Heißes und Kaltes zum Beispiel. Auf diesem Weg versuchten sie, Vielfaltsprobleme zu lösen, und gelangten zu der Einsicht, dass es hinter der Welt der Teile eine einheitliche Welt geben muss, die sie *Unus Mundus* nannten.

TAOISMUS

Auch im Taoismus ist die Vereinigung von Gegensätzen zentrales Thema. Die Taoisten sprachen vom „Tao, das nicht genannt werden kann". Man stellte sich das Tao wie das Feld einer bewegten Welle vor, eine Kraft. Diese wellenähnliche Prozessgeist-Kraft bewegt sich zwischen polaren Gegensätzen hin und her. Das Tao, das genannt werden kann, ist Yin und Yang, ganz einfach und simpel. Das Tao, das genannt werden kann, ist das, was geschieht, wenn ich das Tao bitte, mir zu sagen, ob ich nach rechts oder nach links gehen soll. Also drehe ich meinen Stift in der Luft. Soll ich im Leben nach rechts oder nach links gehen? Lassen Sie mich den Stift jetzt in der Luft drehen (dreht den Stift). Links! Das ist das Tao, das genannt werden kann.

Das ist einer von vielen möglichen Gegensätzen, eine Entscheidung für den jetzigen Augenblick. Aber was ist das Tao, das nicht genannt werden kann? Man stellte sich ein Tao oder eine Art Kraftfeld vor, das den Stift in die richtige Richtung lenkt. Schau, wie er fällt. Menschen haben immer geglaubt, dass es eine Kraft in der Luft gibt, die den Dingen die richtige Richtung weist. Das ist das Feld, von dem ich hier spreche. Dieses Tao, dieses Feld, diese Raumzeit-Präsenz ist das, was wir erfahren können und was sich als der eine oder andere Gegensatz zeigt, im Prinzip aber weder dies noch das ist. Die vereinende Kraft oder das vereinende Feld im Hintergrund können wir bezeichnen als „Tao, das nicht genannt werden kann" oder als Prozess, der zwischen parallelen Welten verläuft!

Abbildung 2.2.: Yin Yang.

WELTENBAUM

Wenn wir in Berührung sind mit der lebendigen Kraft, die die Welten miteinander verbindet, ist das eine spirituelle Dimension. Menschen in Nordeuropa, weit oben im Norden nahe der Arktis, sprachen jahrhundertelang von Parallelwelten und unterschiedliche Universen. In ihrer Mythologie gibt es einen wogenden magischen Baum, *Yggdrasil*, der die verschiedenen Universen miteinander verbindet.

In manchen Versionen dieses Mythos tauchen Leitern auf, welche die Welten miteinander verbinden. In Estland zum Beispiel hieß es bei den mythischen Schamanen: „Wir wissen die Richtung nicht, besteigen wir also eine Leiter." Und eine Leiter erschien von oben, um sie mit der anderen Welt zu verbinden. Das gleiche Motiv finden wir bei afrikanischen Buschleuten, der ältesten bekannten Zivilisation. Auch sie kennen eine Leiter, die nach oben führt und die verschiedenen Welten miteinander verbindet. Diese Leiter ist ein Bild für den Prozessgeist, das Gefühl, das bewirkt, dass wir uns zwischen den Universen hin und her bewegen. Eine Leiter sein heißt, wir alle können diesen zwischen den Welten hin- und herfließenden Bewegungsprozess in uns entwickeln.

Teilnehmer: „Fließende Energie als solche kann also die Brücke zwischen Welten sein?"

Arny: „Ja. Energie ist Prozess. Der klassische schamanistische Baum wächst und

Abbildung 2.3.: Yggdrasil, der mythische Baum zwischen den Welten (Wikipedia).

fließt zwischen den Welten und bildet so eine Brücke zwischen zahlreichen unterschiedlichen, gegensätzlichen Universen."

Das uralte chinesische Orakel *I Ging* beruht auf dem Glauben, dass die Kraft der Raumzeit, das Tao, eine flippende Münze beeinflusst. Einstein nannte das Schwerefeld oder den Raum, der uns umgibt, Raumzeit. Das ist unser gemeinsamer Grund. Dieser gemeinsame Grund ist der einzige Raum, in dem wir über eine existierende Vielfalt sprechen können, ohne Kriege anzuzetteln. Für FacilitatorInnen ist es wichtig, dass sie zu diesem Raum, diesem Fluss Zugang bekommen.

Das Gefühl dieses Raumzeit-Träumens, dieses Feldes, das alles bewegt, ist ebenso leicht vorhersehbar wie nicht vorhersehbar. Wir werden noch praktische Übungen dazu machen und mit verschiedenen eigenen Energien und Problemen arbeiten. Wenn ich mich zum Beispiel vom Raum einfach bewegen lasse, sieht das so aus (Arny bewegt sich ganz langsam durch den Raum und zittert dann ein wenig). Jede und jeder von Ihnen erlebt diesen Raum und das Bewegtwerden von diesem Raum auf ihre oder seine eigene Weise. Manche Menschen stehen einfach still. Doch für mich heißt „vom Raum bewegt werden" in diesem Augenblick, dass ich mich mehr oder weniger vor und zurück bewege. Mehr oder weniger und hupps!, ab und zu sind da auch ein Zittern und hier und da kleine Extra-Schlenker. Ich versuche mal, diese Bewegung an der Tafel festzuhalten.

Abbildung 2.4.: Unsere Bewegungen sind weich und ein wenig unberechenbar.

Um sich vom Raum oder der Raumzeit bewegen zu lassen, entspannen Sie sich am besten und lassen zu, dass Sie bewegt werden! Wenn Sie dann plötzlich ein wenig anstoßen oder zittern, kann diese Bewegung wichtig sein. Wie lässt sich erklären, dass ein leichtes Zittern, psychologisch gesehen, wichtig sein kann? Beobachten Sie einmal ganz kleine Kinder. Sie können sehr unberechenbar sein. Wenn Sie tief in sich ruhen und fast am Einschlafen sind, können Träume Sie bewegen, und vielleicht wachen Sie sogar auf mit sogenannten myoklonischen Zuckungen. Wenn Sie wirklich ganz entspannt sind, können Sie sich leicht verwandelt fühlen, manchmal sogar ein wenig „trunken". Viele Menschen, die süchtig sind, haben große Sehnsucht nach diesem Zustand. Aber Sie müssen kein Trinker werden, um diesen Zustand zu erleben. Sie haben dieses offene Raumzeit-Träumen tief in sich.

Warum kann ein solcher Augenblick so wichtig sein?

Er ist neu und nicht vorhersehbar.
Er ist absichtslos – ein „Programmfehler".

Er ist Teil des Urknalls.
Er ist überraschend.
Er trifft uns wie ein Blitz aus heiterem Himmel.
Ja, Zittern ist wichtig, weil es stochastisch ist. Stochastisch bedeutet, teils festgelegt, teils zufällig. Ihre Bewegungen in der Raumzeit sind nicht vollständig vorhersehbar.

Abbildung 2.5.: Raumzeit-Träumen.

Die Spirale in der Luft zeigt die Kräfte, die uns bewegen, die Kräfte des „Raumzeit-Träumens", einer Mischung aus Schwerkraft, Träumen und dem Tao hinter den Ereignissen.

So kann ich zum Beispiel anhand Ihres Kindheitstraumes nur ungefähr sagen, was Ihnen im Leben widerfahren wird. Ich kann raten, wie Ihre Beziehungen aussehen oder welche körperlichen Probleme Sie haben und so weiter. Der tiefere Teil von uns ist zum Teil festgelegt und zum

Der kosmische Tanz des Ursprungs

Teil zufällig. Ich kann jedoch nicht vorhersagen, wann, unter welchen Umständen oder wo genau Sie Ihren Partner kennen gelernt oder bestimmte Dinge in Ihrem Leben getan haben. Ich bin bislang niemandem begegnet – und das gilt selbst für Schamanen –, der solche Dinge vorhersagen kann, denn der genaue Zeitpunkt all dieser Ereignisse ist zufällig. Es gibt festgelegte Aspekte in uns und Aspekte, die total zufällig sind und von der Gnade Gottes oder dem Augenblick im Universum abhängen. Das ist oder wir sind ein stochastischer Prozess.

Einstein hätte auf dem Hintergrund seiner Relativitätstheorie den mühelos fließenden Teil vielleicht als deterministischen Teil bezeichnet. Dieser zufällige Aspekt des Raumes ist näher an der Quantentheorie, welche die Physiker noch nicht in die Relativität integriert haben. Oder der zufällige Aspekt zeigt sich irgendwann in dem, was wir heute als mysteriöse oder unbekannte dunkle Materie und Energie des Universums bezeichnen.

In jedem Fall nennen die heutigen Physiker den verbindenden Raum zwischen allem, was im Universum, existiert, Raumzeit. Raumzeit ist auch eine universelle Verbindungskraft, eine Art universeller gemeinsamer Grund zwischen allen Beobachtenden. Nicht nur die Konfliktarbeit, sondern auch die Physik braucht dieses Modell. Wenn zwei Menschen, einer auf dem Mond und der andere auf der Erde, beide messen, wie ein Meteor durch das Universum rast, stimmen ihre Messungen ohne Raumzeit nicht überein. Raumzeit ist

sozusagen eine gemeinsame Sprache für das Universum. Ich komme auf die Physik später noch ausführlicher zu sprechen, an dieser Stelle möchte ich lediglich darauf hinweisen, dass unser Erleben der Raumzeit den Gefühlen im veränderten Bewusstseinszustand des Träumens gleicht.

Wie Raumzeit sind auch Traumgespräche und Träumen ein gemeinsamer Grund, eine Sprache, die überall gesprochen wird. Deswegen finden Sie auf der ganzen Welt Heiler, Träume und Schamaninnen. Ihre Erfahrung, vom Raum bewegt zu werden, ähnelt der Erfahrung, nachts zum Schlafen bewegt zu werden. Raumzeit (wie das Tao) schiebt und zieht Dinge in der Luft, bewegt die Münze, die Sie werfen, und ist eine der Kräfte, die bestimmen, auf welche Seite sie fällt.

Im Raumzeit-Träumen mischen sich der taoistische Gedanke, dass das Tao die Dinge auf nicht vorhersehbare Weise bewegt, und Einsteins Gedanke vom Raum als Raumzeit aus seiner Allgemeinen Relativitätstheorie. [18] Raumzeit-Träumen ist eine interdisziplinäre physische und spirituelle Eigenschaft des Universums. Wie bereits gesagt, gleicht sie dem Tao, einem Kraftfeld, das wir alle spüren, vor allem, wenn wir nachts träumen oder am Tag das subtile Gefühl haben, bewegt zu werden, oder eine Kraft wahrnehmen, die uns ins Leben hineinatmet. Raumzeit ist eine Erfahrung, die wir alle bereits kennen. Sie machen diese tagsüber immer dann, wenn Sie sich mühelos bewegen lassen und sich dabei ebenso losgelöst wie zuhause fühlen. Das ist der Kern vieler spiritueller Traditionen.

Abbildung 2.6.: Das „ausgespacte" Gefühl zwischen uns.
(Mit Dank an http://www.intermartialarts.com/styles/tai-chi-chuan and Nasa)

Das Raumzeit-Träumen gibt uns das Gefühl, im Universum zuhause zu sein. Bestimmte Aspekte der Erfahrung des Raumzeit-Träumens finden Sie in spirituellen Traditionen wie in der Psychologie, in physikalischen Theorien, Berichten von Gipfelerlebnissen oder ekstatischen Erlebnissen und Nahtoderfahrungen. Psychische Raumzeit-Erfahrungen sind vielleicht unsere größte, wenn auch kaum bekannte Gabe und das nicht nur für diejenigen unter uns, die an der psychologischen, spirituellen oder physikalischen Natur des Universums interessiert sind. Es handelt sich hier um eine grundlegende Erfahrung, ein Geschenk, einen bestimmten veränderten Bewusstseinszustand, der jeder und jedem von uns zugänglich ist, wenn wir Abstand gewinnen wollen und kreative Anstöße brauchen, ob für unser Innenleben oder die Leitung von Teamsitzungen! Diese Erfahrung ist verbunden mit dem Gefühl, „ausgespaced" zu sein!

Mein Punkt hier ist, dass viele Menschen, darunter auch Einstein, immer gespürt haben, dass der Raum zwischen uns magisch ist. Er kann uns den Abstand geben, den wir brauchen, um zu der Losge-

löstheit zu finden, die auf dem gemeinsamen Grund zwischen uns beruht. [19]

INNERE ARBEIT

Lassen Sie uns all das jetzt auf die praktische Arbeit an unserem größten Problem anwenden. Tatsächlich werden wir mit der Energie dieses Problems arbeiten. Manche von Ihnen scheuen sich vielleicht, anderen Ihr größtes Problem mitzuteilen. Sollte das auf Sie zutreffen, müssen Sie die Details nicht erzählen. In letzter Zeit war ich in der glücklichen Lage, nicht viele Probleme zu haben. Doch davon mal abgesehen, ist eines meiner größten Probleme, dass ich nach körperlicher Betätigung müde werde. Ich laufe sehr viel. Mein größtes Problem ist also, dass ich anschließend müde bin. Wenn ich bedenke, was alles zum Problem werden kann, ist das ja vergleichsweise angenehm und es scheint auch normal zu sein, dass man nach dem Laufen müde ist. Aber für mich ist es ein Problem, denn wenn ich dieser Müdigkeit nachgebe, stürze ich völlig ab (Arny beugt sich mit hängenden Armen nach unten). Und der

Der kosmische Tanz des Ursprungs

Teil in mir, der diese Energie am stärksten ablehnt, springt hoch und sagt: „Machen wir weiter!" Diese beiden Seiten liegen im Streit miteinander.

Sie werden mit den beiden Energien arbeiten, die mit Ihrem größten Problem verbunden sind. Legen Sie Stift und Papier bereit, um sich Notizen zu machen. Wenn Sie herausgefunden haben, welches diese beiden Energien sind, werde ich Sie fragen, ob Sie diese beiden Energien an einem Ihrer liebsten Flecken auf der Erde sehen können. Meine beiden widerstreitenden Energien finde ich im Küstengebiet wieder. Ich möchte, dass Sie sich an Ihren Lieblingsort begeben und zulassen, dass die Erde dort durch Sie atmet und Sie bewegt. Dann kommt der große Moment. Ich möchte, dass Sie sich wie ein Astronaut ein kleines Stück von der Erde entfernen, um Abstand zu den Dingen zu bekommen. Das ist äußerst wichtig. Diese Bewegung hin zu mehr Abstand wird eine winzige Bewusstseinsveränderung

bewirken. Lassen Sie sich davon nicht beunruhigen! Lösen Sie sich von den Spannungen und den Gegensätzen und erlauben Sie einfach, dass der Raum Sie bewegt, als seien Sie eine Münze, die in die Luft geschnippt wurde. Wenn Sie sich erst einmal in diesem Areal befinden, wo Sie Abstand von Ihren Problemen haben, während Sie von der Raumzeit bewegt werden, möchte ich, dass Sie bewusst bleiben. Mit Hilfe dieser Bewusstheit achten Sie dann darauf, ob Ihr Bewegungstanz Ihnen spontane, traumähnliche und schnelle Einsichten vermittelt. Halten Sie diese Einsichten fest, denn Sie werden Ihnen bei dem Problem, auf das Sie sich konzentrieren, weiterhelfen.

Hier folgt eine Zusammenfassung der einzelnen Schritte dieser Übung, die Sie, wie alle Übungen in diesem Buch, allein oder mit Begleitung machen können. Wie ich bereits sagte, rate ich Ihnen, sich zu jeder dieser Übungen Notizen zu machen, die Sie später weiter nutzen können.

ÜBUNG

1. Benennen Sie Ihr größtes Problem.
2. Finden Sie heraus, welche mit diesem Problem verbundene Energie – nennen wir sie X – Sie am meisten stört.
3. Bringen Sie X mit Handbewegungen zum Ausdruck und fertigen Sie eine schnelle Skizze von dieser Energie an.
4. Finden Sie heraus, welcher Teil von Ihnen diese X-Energie am stärksten ablehnt –, nennen wir ihn u.
5. Spüren Sie u in Ihrem Körper, bringen Sie u mit Handbewegungen zum Ausdruck und machen Sie eine Skizze davon.
6. Sind diese Energien von X + u schon einmal in einem Kindheitstraum, einer Erinnerung oder jüngsten körperlichen Beschwerden aufgetaucht?
7. Begeben Sie sich innerlich an einen Lieblingsflecken auf der Erde und fin-

den Sie dort irgendwo die Energien von X + u.

8. Während Sie diese Energien durch Bewegung ausdrücken, lassen Sie zu, dass die Erde Sie zwischen X und u hin und her atmet.

9. Jetzt steigen Sie von der Erde in den Raum und lassen sich vom Raum zu einem nicht vorhersehbaren Tanz bewegen, bis dieser Tanz Ihnen die Einsicht vermittelt, dass X + u in gewisser Weise Teile oder Phasen vom Tanz dieses Einsseins sind.

Nach der Übung fragte eine Seminarteilnehmerin: „Wie kommt es, dass ich nicht häufiger in diesem veränderten Bewusstseinszustand bin?"

Arny: „Das Problem ist, dass wir diesen fließenden Teil von uns vergessen. Wir vergessen den Tanz, den Fluss, und das ist ganz natürlich. Wir müssen den Tanz vergessen, um ein normaler Alltagsmensch in der Konsensusrealität zu sein, wo wir verschiedene Seiten haben. Das ist in Ordnung, es ist überhaupt nicht verkehrt, nur bestimmte Seiten von uns zu leben, nur dass wir uns nicht immer wohl damit fühlen. Wichtig ist, dass Sie die Seite des „bewegten Träumens" in sich kennen lernen. So werden sich Ihre verschiedenen Seiten allmählich zu einem Fluss zusammenfügen.

Wenn das Universum durch Sie tanzt, zeigen sich die Energien von u und X als Phasen dieses Tanzes. Phasen heißt, diese Energien sind im Tanz enthalten. Der Tänzer oder die Tänzerin kämpft nicht dagegen an. In gewisser Weise sind Sie ein Tanz, der wie eine Person aussieht, und nicht einfach eine Person, die tanzt. Sie sind ein Tanz, der wie eine Person aussieht. Das ist ein anderer Blickwinkel, ein universellerer Blickwinkel. Sie sind ein Prozess, der agiert wie eine bestimmte Person, eine normale Person, die mit anderen Seiten von sich im Konflikt liegt. Alltags- oder Konsensusrealität ist eine Dimension von festgelegten, einzelnen Besonderheiten. Aber Sie sind ein Tanz, und in Ihrem Tanz finden Sie alles, was Sie sind.

Teilnehmerin: „Könnte man auch sagen, wir sind eine Welle, die wie ein Teilchen aussieht?"

Arny: „Ein schönes Bild! Wir sind Wellen, die sich wie Teilchen aufführen. Das gefällt mir! Der gefährlichste Augenblick, sagt Don Juan zu Castaneda, tritt dann ein, wenn wir jemandem unsere persönliche Geschichte erzählen, denn dann legt uns diese Person darauf. Und schon sind wir darauf festgelegt, Frau oder Herr So-und-So oder Arny und Amy zu sein. Dann sind Sie das und vergessen den Tanz.

RÜCKBLICK AUF KAPITEL 2

- Wenn das Universums aus seinem Einssein erwacht, ist es, als würde etwas Neugieriges und Wunderbares in Stücke brechen und sich selbst vergessen. Der Raum erwacht und scheint sich festzulegen darauf, dies oder das zu sein, erzeugt einen Urknall und erschafft das Universum der einzelnen Teile!

- Dann haben wir das Raumzeit-Träumen ebenso wie X und u und die Alltagsrealität.
- Vielleicht ist es unsere Aufgabe, dieses Einssein, diesen Weltenbaum, das Tao oder Raumzeit-Träumen zu finden, um die einzelnen Teile der Welt wieder zu einem Ganzen zusammenzufügen.

KAPITEL 3
Krankheit, Zeitumkehr und Parallelwelten

Ich umarme Menschen gern. Hier eine große Umarmung für euch alle, die ihr in verschiedenen Teilen der Welt online bei uns seid, und für euch hier in Portland. Warten Sie, ich sage das so... ich fühle es aber noch nicht. Lassen Sie es mich erst sagen, wenn ich es fühle... (lacht laut). Fast hätte ich die Beziehungsarbeit vergessen. Bei Beziehungsarbeit geht es nicht nur um zwei oder mehr Menschen, sondern auch um etwas in Ihnen, das Sie mit anderen teilen. Es reicht also nicht, nur so an einer Beziehung zu arbeiten, als wären Sie zwei Personen. Das ist natürlich auch wichtig, möglicherweise lassen Sie dabei aber das Beziehungsfeld aus, dieses nichtlokale Feld zwischen Ihnen.

Normalerweise identifiziere ich mich mit der Person, die herumrennt und Vorträge hält, und lasse den Teil von mir, diese Parallelwelt, das Traumfeld, das beim Aufwachen immer noch präsent ist, unbeachtet. Es ist normal, diese parallele Traumwelt zu vergessen, aber heute möchte ich betonen, dass die Vernachlässigung von Parallelwelten für uns zur Quelle von Unwohlsein werden kann. Denken Sie daran, wenn Sie morgens aufwachen, ist der Moment ausschlaggebend, wo Sie entscheiden, wer Sie sind. Treffen Sie diese Entscheidung sorgfältig und vergegenwärtigen Sie sich möglichst Ihr ganzes Selbst.

Das letzte Mal (das heißt, im letzten Seminar, aus dem das vorige Kapitel stammt) habe ich gesagt, dass wir von Quantenphysik, Mythologie und Psychologie eine Menge verstehen, wenn wir das Wellensummen begreifen: den tiefen, Hintergrund, der sich wundert. Das ist ein *Wunder*. Wunder ist vielleicht die Essenz der Bilder, welche die Namen der verschiedenen Göttinnen und Götter tragen. Wunder hat eine erstaunliche Qualität. Wenn Wunder erwacht, sagte es: „Wer bin ich?" Meistens bin ich dies und nicht das. Wie ich im letzten Kapitel bereits sagte, spalten Sie in dem Augenblick, wo Sie diese Entscheidung treffen, einen Teil von sich ab. Das ist ganz natürlich. Doch das X, das Sie beim Aufwachen von sich abgespalten haben, zeigt sich im weiteren Verlauf des Tages als Problem, problematische Person oder Gruppe.

LIEBE

Jemand fragte mich kürzlich online: „Welche Rolle spielt die Liebe bei der grundlegenden Idee, dass das Universum dazu neigt, Teile von sich zu marginalisieren? Wie passt sie dazu?" Jede und jeder von Ihnen hat darauf seine eigene Antwort. Für mich heißt *Liebe*, in dieser unserer Welt voller Vielfalt zu leben und hin und wieder zu diesem Einssein zu finden, dass „den Knoten bindet" und uns zusammenhält. Liebe ist Wertschätzung der Vielfalt und die Erfahrung des Einsseins, das unsere Essenz ist. Die spirituellen Traditionen sagen, Gott sei Liebe. Auf dem Hintergrund der Prozessarbeit hängt Liebe zusammen mit der Erfahrung, die der Prozessgeist beim Raumzeit-Träumen macht. Für mich ist Liebe da, wenn wir den Prozessgeist erinnern, den Tanz zwischen unserer Vielfalt in dieser Welt.

Für mich ist das Wort Liebe auch verbunden mit Mitgefühl: Mitgefühl mit den verschiedenen Seiten, meinen eigenen und denen von anderen. *Sie* will sie. Sie liebt dieses und jenes. Sie ist offen in alle Richtungen. Sie bringt sie alle hervor und ist die Mutter Ihrer verschiedenen Seiten. Mitgefühl und Liebe bedeuten für mich vieles. Vielleicht wachen Sie morgens auf und sind ganz aufgeregt, weil Sie das Gefühl haben, dass jemand Sie verfolgt, und sagen: „Puh! Das war ein schwieriger Traum." Sie wachen innerlich auf und nehmen eine Rolle ein, um sich dann daran zu erinnern, dass die Liebe Ihren Traum geschaffen hat. Die Energie, die Sie verfolgt – seien es Missbrauchsthemen, Kindheitsverletzungen, Erwachsenensorgen –, ist in Wirklichkeit Liebe, die sagt: „Werde wach für diese andere Energie! Werde wach für dein ganzes Selbst! Werde wach, um die-

ses Andere zu bekämpfen! Werde wach, um dich ihm zu stellen und es schließlich zu integrieren!" Liebe oder Wunder schafft alle diese Teile und ist Ihnen gegenüber in gewisser Weise sehr großzügig.

Diese Sicht sollten Sie im Hinterkopf behalten, vor allem, wenn Sie vorhaben, große Gruppen als FacilitatorIn zu begleiten. Denn wenn Sie ein ganz normaler Mensch sind, werden Sie als FacilitatorIn zum einen oder anderen Zeitpunkt einen Teil der Gruppe oder den ein oder anderen Teilnehmer ablehnen. Und dann werden Sie zum Teil des Problems. Statt nur für einen Teil hat die Erde Platz für alle Teile und dazu gehören auch Ihre eigenen Widerstände und die von anderen – aus der umfassendsten Perspektive sind all diese Teile präsent.

Aus diesem Grund sage ich, dass Sie, wann immer Sie in Schwierigkeiten sind, diese zum Mitglied Ihrer Familie machen sollen. Bringen Sie diese Schwierigkeiten nach Hause ins Universum, zu Ihrem universellen Geist, dem Prozessgeist, und zur Liebe, sodass Sie damit arbeiten können. Diese Art Liebe ist eine Art *Metafähigkeit*, wie Amy sagt, eine Fühlqualität.

Denken wir jetzt einmal über die physikalische Theorie der Parallelwelten nach. Ich werde gleich über theoretische Physik sprechen, konzentriere mich dabei aber auf die Psychologie, die hinter dieser Physik steht. Als Erstes möchte ich Ihnen von Max Tegmark erzählen, einem Kosmologen, der am MIT das Universum studiert. Inzwischen wird das, was er sagt, von weiten Teilen der Mainstreamwissenschaft anerkannt. (Er hat gerade einen Artikel in *Scientific American* veröffentlicht. [20]) Obwohl wir nicht genau wissen, welche Ereignisse die Mathematik vorhersagt, die hinter der Quantentheorie und der Stringtheorie steht, so Tegmark, müssen wir die Möglichkeit in Betracht ziehen, dass zusätzlich zu der einen Realität, die wir gewöhnlich als diese Welt oder dieses Universum betrachten, parallele Realitäten existieren. Warum denkt er das? Aufgrund der Gleichungen der Quantenphysik und aufgrund dessen, was er als *mathematische Demokratie* bezeichnet.

Wie ich in meinem Buch *Der verborgene Code des Bewusstseins. Der Quantengeist in der Naturwissenschaft und in der Psychologie* bereits sagte, verweisen die Gleichungen der Physik auf Realitäten, die wir nicht verstehen, und ähneln in vieler Hinsicht Träumen und Phantasien. In gewisser Weise sagt Tegmark, dass alle unsere Träume und plötzlichen Phantasien *real* sind, selbst wenn wir im Augenblick nicht genau wissen, worauf sie sich beziehen. Das ist ein radikaler Gedanke. Physiker beginnen darauf hinzuweisen, dass Träumen real ist, dass wir für die Möglichkeiten im Hintergrund und für das Träumen – die unergründlichen Realitäten, auf welche die Gleichungen verweisen – offen bleiben müssen, selbst wenn wir sie nicht sehen und greifen können. Das ist der Beginn des grundlegenden Wechsels eines kulturellen Paradigmas. In gewisser Weise kehren wir zurück zu einem Punkt, an dem wir uns vor Tausenden von Jahren schon einmal befanden.

Teilnehmerin: „Warum bezeichnen Physiker diese multiplen Realitäten als Demokratie?"

Arny: „Max Tegmark versucht zu sagen, dass es, auch wenn wir nur eine Realität oder das, was ich Konsensusrealität genannt habe, sehen, noch andere Realitäten gibt, die in gewisser Weise ebenfalls mathematisch real sind. Seien Sie also demokratisch. Öffnen Sie sich auch für andere Möglichkeiten. Öffnen Sie sich für die eine, die Sie sehen, und denken Sie daran, dass es die anderen auch gibt, selbst wenn Sie diese nicht sehen. Natürlich wussten die Ureinwohner seit Anbeginn der Zeit von diesen Parallelwelten, aber die Physiker holen sie gerade erst ein. Ich denke, das passiert unter anderem auch deshalb, weil ich die Wissenschaft in meinem Buch *Der verborgene Code des Bewusstseins* kritisiert habe. Hier sage ich, dass Einstein und andere Physiker zahlreiche verschiedene Möglichkeiten marginalisiert haben und die unterschiedlichen Welten in uns ablehnen. Ein Physiker fühlte sich durch meine Äußerungen besonders verletzt. Er sagte mir, die Physik sei immer offen gewesen, habe sich aber gescheut zu sagen, dass diese anderen Welten existieren. Wir sehen sie nur einfach nicht ständig."

Amy: „In *Der verborgene Code des Bewusstseins* sprichst du von der Tiefen Demokratie und dass diese Wissenschaft diesen Gedanken der Demokratie möglicherweise übernommen hat."

Arny: „Ja, die Physiker sprechen jetzt unter anderem von einer „Demokratie aller Teilchen".

Parallelwelten existieren. Gehen wir einmal davon aus, dass es im Hintergrund meines Verhaltens ein kleines Kind gibt, und ich sage: „Sei demokratisch. Sei tief demokratisch!" Wo sehen Sie das kleine Kind? Ich bin ein erwachsener Mensch! Doch in meinen Doppelsignalen können Sie das Kind entdecken. Sie sehen es in den flüchtigen, winzigen Hinweisen, auf die Sie nicht mit dem Finger zeigen können! Das Kind, das sich in den Doppelsignalen meines Herumtanzens zeigt, ist eine Parallelwelt, die gewöhnlich nicht als solche erkannt wird.

Um mit sich selbst Tiefe Demokratie zu praktizieren, müssten Sie bewusst und offen sein für alles, was Sie sind. Andernfalls marginalisieren Sie Teile von sich, von denen Sie glauben, dass sie nicht in die Konsensusrealität passen! Denn wenn Sie Teile von sich, die Sie ablehnen, nicht erkennen oder akzeptieren, kann das eine innere kindische Haltung, Sexismus, Rassismus und so weiter sein. Oder Sie diskriminieren alte Menschen. Menschen über 20 denken oft, sie sollten sich nicht mehr wie Kinder aufführen. Achten Sie sorgfältig darauf, wie Sie mit Ihren verschiedenen Seiten umgehen. Seien Sie tief demokratisch.

Die Idee der Parallelwelten wurde als Erstes von Quantenphysikern wie Niels Bohr in Betracht gezogen. In seiner *Kopenhagener Deutung* der Quantenwelt sagte er, dass, wenn wir eine der vielen Hintergrundsmöglichkeiten beobachten, alle bis auf die reale *kollabieren*. Dieses Prinzip ist zentral für die Physik. Andere Möglichkeiten kollabieren. Wo passiert das, psychologisch betrachtet, Ihnen und mir? Wenn wir die Konsensusrealität überbetonen, kollabieren unsere Doppelsignale oder werden marginalisiert! Oder Organisationen sagen, der eine Weg sei der einzig richtige und reale. Und der Rest? Vergiss es.

1957 sprach der Physiker Hugh Everett von fluktuierenden Parallelwelten. Wo sehen Sie Ihre Parallelwelten fluktuieren? In Träumen und bei Flirts! Sie gehen die Straße entlang und etwas weckt spontan Ihre Neugier und fluktuiert in Ihrer Aufmerksamkeit. Schauen Sie sich das an! Ich nenne solche Augenblicke „Flirts"; sie ziehen unsere Aufmerksamkeit schnell auf sich. Das sind quantenähnliche, fluktuierende Parallelwelten. Wenn Ihr Tag ein guter Tag werden soll, empfehle ich Ihnen, diesen Flirts nachzugehen. So betrachteten Amy und ich neulich in der 23rd Avenue die Auslage in einem Hutgeschäft. Die Frau, die in dem Laden arbeitete, sah wie eine sehr seriöse Hutverkäuferin aus. Wir hatten diesen Laden nie zuvor betreten. Irgendetwas an ihr flirtete mit mir, und so gingen Amy und ich hinein, und ich setzte das Signal um, das ich in ihr gesehen und das meine Aufmerksamkeit erregt hatte. Ich schaute sie an und witzelte: „Würden Sie gern meinen Hut kaufen, den, den ich auf dem Kopf trage?" Sie war schockiert und schaute mich mit aufgerissenen Augen an! „Sie müssen darauf nicht antworten", sagte ich, „ich mache nur Witze. 2.50 Dollar, bitte!". Und sie brach in schallendes Gelächter aus.

Parallelwelten sind nicht logisch. Sie liegen in der Luft. Die Verkäuferin gab sich seriös, vermittelte mir aber Signale, die mir sagten, dass sie gern verspielter wäre und sich selbst einen Hut kaufen wollte. Amy und ich wollten ebenfalls gern spielen. Also betraten wir den Laden, führten eine kurze Szene auf und spielten mit ihr. All die Dinge, die Ihre Aufmerksamkeit auf sich ziehen, all diese Parallelwelten sind Ihre Familie: die Person, die den Hut verkauft, die Phantasie, dass jemand den Hut kaufen will, der Hund auf der Straße, der Baum und das Kind in Ihnen.

Scheuen Sie sich nicht, nach den eigenen Gefühlen zu leben. Ich mache das gern. Versuchen Sie dabei so vorzugehen, dass Sie sich sicher und gut fühlen, und gehen Sie dem nach, was Ihre Aufmerksamkeit erregt. Erwecken Sie die Welt wieder zum Leben. Das ist mein Vorschlag. Dieses Universum ist phantastisch, und wir sollten das Leben, das sich im Hintergrund dieser Parallelwelten abspielt, wirklich in den Vordergrund holen!

Richard Feynman, der als Physiker den Nobelpreis gewann, sagte, wenn wir sehen, wie sich ein Elementarteilchen in die eine oder andere Richtung bewegt, verhielte es sich nicht wirklich so, wie wir es sehen. Stattdessen befinden sich Elementarteilchen in einem ständigen Prozess, alle Wege auszuprobieren. Das Teilchen bewegt sich vor, zurück und überall hin, bevor es beschließt, sich in die Richtung zu

bewegen, in der wir es sich bewegen sehen. Das ist eine andere Deutung des Quantenlebens und dessen, was wir heute als Parallelwelten bezeichnen. Probieren Sie alle Welten, alle Wege, alle Signale aus.

Wie probieren Sie alle Wege aus, bevor Sie entscheiden, was Sie tun wollen? Denken Sie daran, wie Sie morgens vor dem Spiegel stehen, um zu entscheiden, was Sie heute anziehen wollen. Wahrscheinlich sagen Sie nicht: „Ich möchte diese Seite von mir nicht zeigen und ziehe besser eine Jacke an, die sie verbirgt." Sie probieren verschiedene Seiten von sich aus und entscheiden sich dann für eine. Auch bei anderen Entscheidungen gehen Sie vorher innerlich mehrere Möglichkeiten durch: „Wenn ich dies mache, kommt vielleicht nichts Gutes dabei heraus. Wenn ich das mache, wenden die Dinge sich vielleicht zum Guten", und so weiter. Wir alle probieren innerlich so schnell verschiedene Wege aus, dass wir es kaum bemerken. Es ist jedoch sehr wichtig, sich das klarzumachen, denn „uns selbst kennen" heißt, diese flüchtigen Dinge, diese Parallelwelten, in denen wir uns tagtäglich bewegen, einzuholen und schätzen zu lernen. Selbstliebe heißt, auf die kleinen Dinge, die wir tun, ebenso aufmerksam zu achten wie auf die großen.

ENTROPIE

Wenn Ihnen Signale entgehen, entgeht Ihnen Information. Wenn Sie denken, das, was im Traum passiert ist, ist eben einfach nur in einem Traum passiert, fühlen

Sie sich am nächsten Tag möglicherweise verwirrt, unwohl oder erschöpft. Vielleicht werden Sie schnell müde oder befürchten, krank zu werden. Je nach Lebensalter haben Sie vielleicht Angst zu sterben oder fühlen sich, unabhängig von Ihrem Alter, von jemandem kritisiert und fürchten die Begegnung mit dieser Person. Der Grundgedanke hier ist, dass Sie eine gewisse Unsicherheit beschleicht. Wenn Sie irgendeins dieser Signale oder deren Welten marginalisieren, weil sie nicht zu Ihnen zu gehören scheinen, treibt die Energie dieser Welten im Hintergrund ihren Spuk mit Ihnen: „Hahaha!" Sie denken, diese Information gehöre zu Ihrem Traum oder zu einer anderen Person oder ein anderer Mensch mag Sie nicht – was stimmen kann oder auch nicht. Aber tatsächlich entgeht Ihnen durch diese Sicht Information, und das ist eine ernste Sache.

Sprechen wir über Informationstheorie. 1948 sagte der Physiker Claude Shannon etwas sehr Simples: Wenn Information gestört verarbeitet wird, nimmt die Entropie zu. Entropie ist ein Gradmesser für Unordnung, um es ganz einfach auszudrücken. Wenn ich mir zum Beispiel Sojamilch in den Kaffee gieße, sehen Sie mich vielleicht mit der Milch kleine Bilder in den Kaffee rühren. Beim Betrachten meines Kaffees, in dem die Milch so hübsch aussieht, könnten Sie sagen: „Ist das nicht schön?"

Was passiert jedoch im Lauf der Zeit? Unordnung. Die Sojamilch vermischt sich mit dem Kaffee, und Sie sagen vielleicht: „Nun, so hübsch ist das auch nicht. Am besten trinke ich den Kaffee jetzt." Die Entropie nimmt zu. Die ursprüngliche Ordnung, die entstand, als Sie Sojamilch in den Kaffee gossen, ist dahin. Es sah schön aus, und diese Schönheit ging verloren. Die Entropie nahm zu und damit die Unordnung.

Na und? Wen kümmert es, ob die Entropie zunimmt? Das sollte Sie deswegen beunruhigen, weil Sie die Bilder, welche die Sojamilch erzeugte, vergessen. Das Gleiche passiert, wenn Sie morgens aufstehen. Vielleicht wissen Sie manchmal noch, was Sie geträumt haben und was Sie im Traum geärgert hat. Vielleicht hat eine Person, von der Sie geträumt haben, etwas Dummes getan und Sie haben sich darüber aufgeregt. Diese Ordnung und Information befinden sich am frühen Morgen im Zustand niedriger Entropie oder, anders ausgedrückt, haben morgens als erste Information einen hohen Stellenwert. Wenn Sie Ihren Traum jedoch vergessen, fragen Sie sich vielleicht den ganzen Tag lang immer wieder: „Warum mache ich so dumme Sachen?" Und vielleicht stören Allergien Sie, als seien Sie allergisch gegen sich als ganze Person. Der Grund dafür ist, dass Unordnung entstanden ist, die Sojamilch hat sich im Kaffee aufgelöst. Ihnen ist die Klarheit der Teile verloren gegangen und Sie haben vergessen, dass ein Teil von Ihnen dumme Sachen macht, über die Sie sich ärgern. Wenn Ihnen das klar wäre, würden Sie Ihr Verhalten ändern.

Entropie nimmt in geschlossenen Systemen generell zu. Es ist normal, dass wir im Laufe unseres Tages verschiedene Stimmungen durchleben und uns unterschiedlich fühlen. Der Grund dafür ist, dass unser Tagesablauf mit viel Entropie verbunden ist. Sie müssen zurückgehen und herausfinden, was Sie ärgert. Das ist wirklich wichtig. Traumarbeit reduziert die Entropie und erhöht die Bewusstheit für Ordnung.

Entropie geschieht auch in der Kommunikation. Wenn zwei Menschen sich gegenseitig verstehen, heißt das niedrige Entropie. Aber wenn die Kommunikationskanäle die Stimmen verzerren wie eine schlechte Telefonverbindung, erzeugt das überhöhte Entropie! Überhöhte Entropie heißt, es gibt zu viel *Rauschen* im System.

Wenn in Ihnen zu viel Unordnung herrscht, sind Sie nicht nur launenhaft, sondern können auch körperliche Probleme bekommen. Viele Körpersymptome (und das gilt vielleicht sogar für alle) wurden monatelang ignoriert, sodass der betreffenden Person Information über sich selbst verloren ging. Dann nimmt die Entropie zu, Sie wissen nicht mehr, was Sie gestört hat, und diese fehlende Information kann sich als störendes körperliches Signal äußern, zum Beispiel in Form von Magenverstimmungen, Nackenschmerzen und so weiter. Die Entropie hat zugenommen!

Können wir Entropie umkehren? Die Physiker sagen, es sei unwahrscheinlich, dass die Natur in einem geschlossenen System einen Prozess der Unordnung umkehrt. Diese Unordnung sei ein natürliches Gesetz; in dem Maße, wie die Entropie zunimmt, wächst die – prinzipielle – Wahrscheinlichkeit, dass das Universum schließlich einen *Hitzetod* erleidet. Haben

Sie davon jemals gehört? Das ist eines der hervorstechendsten und furchtbarsten Gesetze in der Physik, das als „der zweite Hauptsatz der Thermodynamik" bezeichnet wird und das bislang niemand beweisen oder widerlegen konnte. Dieses Gesetz geht davon aus, dass das gesamte Universum als Scherbenhaufen enden wird. Das heißt, es wird nur noch Rauschen und Chaos geben und nichts und niemand überlebt. Was halten Sie davon?

Ich habe noch nie gehört, dass irgendjemand bei diesen Zukunftsaussichten applaudiert! Sie gießen Milch in Ihren Kaffee und zuerst sieht das wunderschön aus. Dann wird der Kaffee allmählich trübe. Eine Umkehr dieses Prozesses ist nie beobachtet worden. Es ist sehr unwahrscheinlich, dass die Milch sich von selbst wieder zusammensetzt und in die Packung zurückkehrt. Oder wird sie das doch tun? Können wir die Zeit umkehren? Das ist hier die Frage. Können wir in der Zeit rückwärts gehen? Meine Antwort lautet „Jein" – Ja und Nein!

Stimmt es, dass Sie, wenn Sie eine schwere Krankheit haben, ohne eine normale medizinische Behandlung immer mehr abbauen und das Universum als großer Scherbenhaufen endet? Besteht nicht auch die Chance, dass Sie eine Spontanheilung erleben? Ja! Natürlich. Dieses Phänomen der „Spontanheilung" ist eine Art metaphorische Entropieumkehr.

Können Sie den Fluss der Entropie innerlich umkehren und Ordnung schaffen, wo vorher Unordnung herrschte? Wir sind als Menschen nicht im strengen Sinne geschlossene Systeme, deswegen antworte ich: „Ja, es gibt mehrere Möglichkeiten, diese Unordnung mit Hilfe Ihres Geistes umzukehren". Wenn Sie mehr Bewusstheit in Ihren Körper bringen, scheint Ihr Geist Symptome manchmal „umzukehren". Manche Symptome gehen vorübergehend zurück, während andere vollständig zu verschwinden scheinen. In beiden Fällen erfordert es jedoch Bewusstsein, diese Umkehr zu bewirken und dann auch zu halten. Heilerinnen und Schamanen kennen diese Form von Heilung seit Jahrhunderten, und auch wenn sie sich mit Hilfe wissenschaftlicher Methoden statistisch schwer beweisen lässt, habe ich sie selbst miterlebt. Die Bewusstheit des Prozessgeistes, die zwischen den Teilen fließt, hat wahrscheinlich auch positive Auswirkungen auf Ihren Körper und nicht nur auf Ihre alltägliche psychische Befindlichkeit. Ich möchte diesen Gedanken als hoffnungsvolle Möglichkeit für uns, die in Zukunft bewiesen oder widerlegt werden mag, hier einmal so stehen lassen.

Wenn wir versuchen, uns zu verstehen und mit uns und anderen klar und ohne Doppelsignale zu kommunizieren, bewirkt das eine Entropieumkehr. In der Psychologie geht es grundsätzlich darum, die Entropie in Geist und Emotionen zu reduzieren, aber können wir auch die Entropie im Körper reduzieren, sodass dieser nicht stirbt? Vielleicht können wir die Zeit verlangsamen. Und genau darum geht es bei unserer heutigen Übung: die Zeit zu verlangsamen. Ist das nicht aufregend?

Wenn wir annehmen, „Ich bin dies und ich bin nicht das", vergessen wir unsere Parallelwelten, ignorieren bestimmte Informationen über uns und werden als physische Systeme entropisch. Erinnern wir uns:

1. Für geschlossene materielle thermodynamische Systeme ist Entropie ein Maß für die verfügbare Energie.
2. Sie ist auch ein Maß für die Unordnung oder Zufälligkeit in geschlossenen Systemen.
3. Und sie ist ein Maß für den Informationsverlust bei einer vermittelten Botschaft.
4. Das entropische Gesetz, der zweite Hauptsatz der Thermodynamik, besagt, dass sämtliche Materie und Energie im Universum unserer Konsensusrealität die Tendenz hat, sich zu einem Zustand inaktiver Uniformität zu entwickeln.

Entropie beschreibt physikalische und informatorische Unordnung. Ein wenig Unordnung kann psychologisch stimulierend sein und Ihre Arbeit an sich selbst und mit anderen verbessern. Doch zu viel Entropie ist störend für alles und jeden.

Folgen Sie Ihren Körpersignalen, statt sie wegzuschieben oder zu vernachlässigen, dann haben Sie mehr Energie für die Arbeit. Manchmal, wenn Sie wirklich wach für alle Ihre Signale sind, *tun* Sie möglicherweise auch gar *nichts*. Das heißt, die Dinge geschehen einfach, und Sie haben nicht das Gefühl, dass Sie sie tun. Im Modus des Tuns drängen Sie gegen eine unbekannte Größe voran, was Entropie erzeugt und die Energie reduziert, die Ihnen für die Arbeit zur Verfügung steht. Doch wenn Sie in Ihrem Prozessgeist sind, sind Sie auch Ihrem tanzenden Geist näher. Sie können den tiefsten Teil von sich spüren und auch als Tanz erleben. In diesem Zustand scheint sich alles, was Sie tun, wie von selbst zu erledigen.

Die Lösung für Unwohlsein und Entropie – eine Lösung für viele körperliche Beschwerden und Beziehungsprobleme – besteht darin, sich tief nach innen zu begeben und zuzulassen, dass das Universum Sie so bewegt, wie es will. Manchmal tut es Dinge spontan und mit sehr viel Energie: nicht vorhersehbare Dinge wie die, die ich im letzten Kapitel stochastisch nannte. Das Universum bewegt Sie manchmal auf vorhersehbare und manchmal auf nicht vorhersehbare und scheinbare chaotische Weise. Der Punkt ist, wenn Sie Ihrem Prozessgeist bewusst nahe sind, ist Ihre Entropie sehr gering. Sie sind dann mit allen Teilen von sich in Berührung. Kein Teil wird vom anderen abgespalten, und Sie fühlen sich wohl.

Sie können zum Tanz Ihres Prozessgeistes jederzeit Zugang finden. Wenn ich zum Beispiel mit Organisationen oder Firmen arbeite, führe ich den Tanz meines Prozessgeistes nicht ständig vor, schlage den Teilnehmern aber vor: „Lockern Sie Ihre Nackenmuskeln, lassen Sie Ihren Nacken los", und das tun sie dann auch. Die simple

Bewusstseinsveränderung, die dieses Loslassen bewirkt, schafft die Möglichkeit, dass neue Dinge einfließen können.

Wir machen jetzt gleich eine Übung zum Nichttun zwecks Reduzierung von Entropie, das heißt, dass wir den Prozess der Unordnung verlangsamen und nichts tun. Dabei geht es darum, dass Sie sich selbst besser kennen lernen. Ich versuche, die Welten zusammenzubringen. Physik und Psychologie gehören zusammen. Und wenn sie zusammenkommen, nähern sie sich dem Schamanismus. Wenn Sie mit Ihrem Prozessgeist verbunden sind, können Sie erstaunliche Dinge tun. Bei der folgenden Übung geht es um Ihr generelles Wohlbefinden und darum, sich bewusstzumachen, wann Sie unbewusst werden. Wir werden mit der Energie des Druckmachens arbeiten – ich nenne sie X – und mit der Energie, die sich über diesen Druck ärgert – ich nenne sie u. Wir bewegen uns dann ins Universum, um Abstand zu diesen polaren Gegensätzen zu bekommen und die Dinge aus der Entfernung zu betrachten und uns auf diesem Weg aus unserer Verwicklung mit diesen Polarisierungen ein wenig zu lösen. Abstand schenkt uns eine gewisse Losgelöstheit, was im Grunde das Gleiche ist. Es geht um das Gefühl, zuhause zu sein und zu spüren, dass alles Sonstige einzelne Teile von Ihnen sind und nicht Sie als Ganzes ausmachen.

ÜBUNG: ZEIT UND WOHLBEFINDEN ERFORSCHEN

1. Wenn Sie sich selbst Druck machen, welche störenden Körperempfindungen (X) spüren oder befürchten Sie dann?

2. Wie sehen Sie aus und verhalten sich, wenn Sie unter Druck stehen?

3. Fühlen und zeichnen Sie die X-Energie. Welches Zeitgefühl haben Sie dabei?

4. Welcher Teil von Ihnen (das heißt, wer in Ihnen) fühlt sich durch dieses X am meisten gestört? Das ist *u*. Fühlen und skizzieren Sie diese *u*-Energie.

5. Warum vergisst X *u* und warum vergisst *u* X?

6. Begeben Sie sich jetzt in Ihrer Vorstellung an einen Ihrer Lieblingsorte auf der Erde und versuchen Sie die Energien von X und *u* dort irgendwo im Wind, in den Bäumen, im Wasser, in der Stadt und so weiter zu finden.

7. Verlassen Sie jetzt die Erde und deren Teile. Lassen Sie los und bewegen Sie sich von Ihrem Flecken Erde aus ins Universum. Lassen Sie zu, dass das Universum durch Sie nicht vorhersehbare Bewegungen macht und überraschende Tänze tanzt.

8. Wenn Sie dann das Gefühl haben, ganz in Ihrem Tanz aufzugehen, schauen Sie zurück zur Erde und geben sich selbst einen Rat.

9. Spüren Sie Ihre überraschenden Tanzbewegungen und Körperempfindungen. Welches Zeitgefühl haben Sie jetzt? Machen Sie auf Ihrem Blatt eine Skizze von Ihren Bewegungen. Diese Bewegung, das ist Nichttun, eine Art „Heilung" und vielleicht sogar eine Zeitumkehr.

(Arny kommentiert die Zeichnung einer Teilnehmerin.)

Welche unterschiedlichen Bewegungen sehen Sie in Ihrer Zeichnung? Hier Kurven, dort Linien, nach innen und nach außen. Das sind die klassischen Aspekte von uns.

(An alle) Warum glauben Sie, musste sie daran arbeiten? Warum denken Sie, müssen wir alle an diesem Konfliktprozess zwischen linearen und kurvigen Bewegungen arbeiten?

• Wir bleiben in einer Rolle wie dem „kurvigen" Gefühl stecken und vergessen die anderen.
• Wir vergessen, woher wir kommen.
• Wir vergessen unsere Mutter, das Universum, in dem wir zuhause sind.

Jede und jeder von Ihnen ist durch diese Übung wahrscheinlich zu ihrer oder seiner eigenen Weisheit gelangt. Manche singen oder summen eine Melodie. Andere lassen einen Furz! Was auch immer, halten Sie das fest.

Viele Menschen bekommen diesen Zugang zum Universum durch Nahtoderfahrungen. Man könnte für diesen Tanz tatsächlich sterben, wie es in der Redewendung heißt: „Das ist zum Sterben schön!"

Hat jemand eine Frage zu dieser Übung oder möchte diesen subtilen Zustand beschreiben?

Erster Teilnehmer: „Ich habe den Tanz des Universums als Zustand völlig leerer Weite und Endlosigkeit erlebt. Die Bewegungen, die dabei entstanden, sahen so aus (macht ausgreifende, schwungvolle Bewegungen): Als ob etwas mich bewegen würde. Als ob alles bedeutungsvoll wäre, der nächtliche Himmel, der Sonnenaufgang, und mich liebt."

Zweite Teilnehmerin: „Dieser Tanz tut meiner Gesundheit gut. Wenn ich dem Universum nahe bin, kann ich frei atmen, und dieses tiefe Atmen bringt mehr Sauerstoff und mehr Bewusstsein in meinen Körper."

....

RÜCKBLICK AUF KAPITEL 3

- Wenn wir Information abspalten in Parallelwelten, werden die Dinge verwirrend und die Folge kann sein, dass wir uns unwohl fühlen.
- Das Universum erzeugt Unordnung, indem es Dinge in Teile bricht und sie durcheinanderbringt. Doch das Universum inspiriert uns auch, mehr Ordnung zu schaffen und das unweigerliche Zunehmen von Entropie und Unordnung in uns und um uns herum umzukehren.
- Nutzen Sie den Tanz des Universums, um sich selbst besser kennen zu lernen und Rat zu suchen für den Umgang mit Polarisierungen.

KAPITEL 4
Beziehung, Atmosphäre und Kairos

Wie geht es Ihnen allen heute? Ich kann spüren, dass Ihre Antworten unterschiedlich ausfallen würden. Das gefällt mir. Das ist für Sie Vielfältigkeit! Ich habe jeden Tag ziemlich viel zu tun, doch dann fällt mir ein: „Aha! Etwas anderes kann mir bei alledem helfen."

In diesem Seminar geht es um das, was ich *Prozessrevolution* nenne, und das *Beziehungswesen*, das Wesen von Beziehungen. Natürlich gibt es nicht das eine Wesen von Beziehungen, aber der Gedanke hier ist, über den Hintergrund von Beziehungen nachzudenken und ihn zu spüren. Für mich ist dieser Hintergrund auch ein Wesen.

Sie könnten auch sagen, es geht hier um Fragen wie: „Wer hat den Kaffee verschüttet? Wer hat das Wasser verschüttet?" Mit anderen Worten, wer – du oder ich? – hat sich danebenbenommen? In der Realität lautet die Antwort, du oder ich, doch aus einer tieferen Perspektive sind wir es.

Vielleicht erinnern Sie sich, ich habe bereits über eine mögliche Metaperspektive zum Ursprung des Universums gesprochen, die mit bestimmten Eigenschaften der Quantenphysik und auch mit einigen Schöpfungsmythen übereinstimmen. Ich nehme Physik und Mythologie deswegen beide gleich ernst, weil ich weiß, dass Menschen immer gefühlt und gewusst haben, was im Universum tatsächlich passiert, ohne dafür faktische Beweise zu haben. Seit ewigen Zeiten haben Menschen gespürt, dass am Anfang etwas war, das eine Art Bewusstsein besaß, das sich selbst reflektieren wollte. Dieses Bewusstsein weckte sich selbst, ähnlich wie wir uns morgens wecken und dann oft zu uns sagen: „Ich bin dies, und ich bin nicht das."

Wahrscheinlich brauchen wir alle eine übergeordnete Perspektive oder Metaperspektive, wenn wir uns den vielen Problemen oder Spannungen in der Welt zuwenden. Diese Probleme können uns innerlich Tag und Nacht beunruhigen und unser Nervensystem in Aufruhr bringen. Wir brauchen so etwas wie *Wunder*, um uns zu zentrieren und mit der Arbeit fortfahren zu können. Ein philosophischer Standpunkt, ganz gleich welcher Art, ist extrem wichtig, um mit den Dingen zurechtzukommen. Jede und jeder von uns hat innerlich so eine Haltung. Sie können sie in Ihren Träumen finden.

Hier eine mögliche Metaperspektive: Das Universum schafft Konflikte. Die gegnerischen Seiten existieren nicht nur, weil es Gut und Böse gibt – jedes für sich

–, sondern weil *Es* oder das Wunder sich selbst reflektieren will. Diese Sicht hilft mir, mich zu öffnen, und hoffentlich auch Ihnen, damit wir nicht Kriege oder Seiten, die wir an uns ablehnen, mit Gewalt bekämpfen. Sie können sich einfach für die Gegenseite öffnen, und sei es nur ein wenig. Toll! Und schon geht es Ihnen körperlich und in der Welt insgesamt besser.

Das Universum, der Prozessgeist, schafft Polaritäten, die ich *u* und X genannt habe. Diese geraten in einen Konflikt, der eskaliert und zu einer Menge Blutvergießen führt. Das kennen wir aus der Geschichte. Die meisten von uns haben das gründlich satt. Doch es gibt Neuanfänge, wie zum Beispiel nach dem Zweiten Weltkrieg oder als Ägypten kürzlich für die Demokratie kämpfte. (Mehr als 5000 Menschen aus Kairo und Alexandria kontaktierten mich damals auf Facebook und wollten wissen: „Wie geht es nach der Einführung der Demokratie jetzt weiter?")

In sämtlichen Schöpfungsmythen gibt es eine Gottheit oder Gestalten wie Adam und Eva, die beschließen, vorübergehend zu vergessen, woher sie kommen, und damit beitragen zur Erschaffung der Welt. Doch dann kommt es fast immer zu einer Sintflut auf Erden. Sintflut heißt hohe Entropie, doch auch Wiedererweckung der Welt und Neuanfang. Sintflut, das bedeutet, eine große Katastrophe und viele Gefahren und Schwierigkeiten. In manchen Traditionen schafft eine Essenz oder Gottheit die Sintflut, die sagt: „Oh! Ich habe die Nase gestrichen voll von den Typen da unten auf der Erde!" Und dann gibt es eine Menge Schwierigkeiten und immer wieder einen Neuanfang.

Natürlich hoffe ich, dass *u* und X aufwachen, den Prozessgeist finden und wir einige dieser schrecklichen entropischen Phasen vermeiden können. Gibt es eine Abkürzung zur Lösung dieser Schwierigkeiten, bevor sie total eskalieren? Und kann ich in Beziehungen und Gruppenprozessen, sobald ich sehe, wie sie anfangen, den Weg zur Lösung von Konflikten ein wenig abkürzen, indem ich mir Klarheit über das verschaffe, was da passiert, und zurückkehre auf die Ebene der Essenz und des Neuanfangs? Manchmal ist das möglich.

Teilnehmerin: „Im Radio sprach jemand heute über Syrien und sagte, wenn wir nur mit Freunden und nie mit Feinden sprechen, lösen wir die Probleme nicht."

Arny: „Richtig! Wenn Sie nur mit Ihren Freunden (*u*) und nicht mit Ihren Feinden (X) sprechen, passiert genau das! Eines unserer Themen in diesem zweiten Ausbildungsgang ist die Frage: „Wie schätzt Ihr schlimmster Feind Sie ein?" Und denken Sie daran, dass ich gesagt habe: „Gehen Sie dorthin, wo der Konflikt ist. Dort sind Sie zuhause. Dort ist Ihre Familie."

Teilnehmerin: „Wenn zuhause und in der Familie die Konflikte stattfinden, warum heiraten wir dann manchmal einen Menschen, den wir lieben, statt jemanden, mit dem wir hadern?"

Arny: „Nun, die meisten von uns gehen zuerst Beziehungen oder eine Ehe zu

Der kosmische Tanz des Ursprungs

einem Menschen ein, mit dem sie hadern! Die meisten Menschen übertragen unverarbeitete Konflikte aus ihrer Ursprungsfamilie in ihre ersten Beziehungen oder ihre erste Ehe. Wir versuchen also unbewusst, alte Themen zu bewältigen. Sie müssen jedoch den Konflikt nicht heiraten! Wenn Sie irgendwo vielen Konflikten oder Schwierigkeiten begegnen, arbeiten Sie daran am besten zunächst einmal selbst innerlich, als wären Sie dieser Konflikt. Das ist der erste Schritt."

Wir haben darüber gesprochen, dass wir den Ansatz des Raumzeit-Träumens auf globale Probleme anwenden können, und ich möchte jetzt weiter erforschen, wie wir zu mehr Ordnung finden. Mit *Ordnung* meine ich, dass wir die Polaritäten in einer Stimmung, einer schlechten Atmosphäre finden und diese Atmosphäre fühlen. Allein dadurch, dass wir die Polaritäten finden, nimmt die Unordnung bereits ab. Wenn Sie sich klarmachen, dass in einer Gruppe schlechte Stimmung herrscht, können Sie sich mit Ihrer Arbeit darauf konzentrieren, das Klima zwischen den Gruppenmitgliedern zu verändern.

Arbeiten Sie zunächst einmal an der Atmosphäre, sonst nimmt die Unordnung weiter zu. Sollten Sie zum Beispiel eine Weile schlechter Stimmung sein, was ganz natürlich ist, schauen Sie, ob Sie darin eine Ordnung finden können: „Was ärgert mich eigentlich und was in mir rebelliert dagegen?" Schauen Sie, was sich in dieser Stimmung verbirgt. Das könnte Ihrer

Gesundheit guttun. Hier zeigt sich der Zusammenhang mit Entropie, den ich bereits erwähnte. Wenn die Entropie zunimmt, wächst auch die Unordnung. Mehr Entropie = mehr Unordnung. Polaritäten, die unbewusst bleiben, schaffen die Bedingung für Unordnung.

Wohin Sie auch gehen, überall ist Vielfalt! Machen Sie sich das klar. Arbeiten Sie damit, zumindest innerlich. Das schafft mehr Ordnung. Die ist die Grundidee. Es tut Ihnen und mit Sicherheit auch der Atmosphäre gut, wenn Sie sich die Quelle Ihrer (*u*) Reaktionen bewusstmachen. Manche Menschen sind zu zurückhaltend oder schüchtern, um offen über diese innere Arbeit zu sprechen. Das ist in Ordnung. Das ist eben ihre Art. Machen Sie sich einfach klar, dass innere Arbeit nichtlokale Auswirkungen haben kann, weil die Raumzeit unser gemeinsamer Grund ist. Die Arbeit an mir ist für mich eine innere spirituelle wie eine äußere, weltliche Aufgabe.

An dieser Stelle möchte ich James Clerk Maxwell (1831 – 1879) erwähnen, einen der größten Wissenschaftler und verantwortlich für unser Verständnis der Thermodynamik, des Gebiets der Physik, die sich mit heißer Strömung beschäftigt. Maxwell definierte, zusammen mit anderen, *Entropie* als Maß für Unordnung. Je höher die Entropie (Trägheit), desto weniger Energie steht für die Arbeit zur Verfügung. Auf ihn geht auch der Gedanke zurück, dass das Universum, wenn es sich selbst überlassen bleibt, den Bach hinuntergeht. Wie ich im letzten Kapitel bereits erwähnte, impliziert der zweite Hauptsatz der Thermodynamik, dass das Universum zerfällt. Das heißt, die zur Verfügung stehende Energie nimmt immer mehr ab. Es ist schwer, so etwas zu beweisen, denn das Universum ist ziemlich groß: Wie sollen wir damit Experimente anstellen? Aber wir wissen, dass geschlossene Systeme degenerieren.

Clerk Maxwell erfand ein Gedankenexperiment, mit dem er diesen zweiten Hauptsatz der Thermodynamik durch das imaginierte Verhalten einer Gestalt entkräften wollte, die andere später den *Maxwell'schen Dämon* nannten. Maxwell stellte sich vor, dass diese unbekannte Kraft imstande war, die Entropie tatsächlich abnehmen zu lassen, indem sie es irgendwie fertigbringt, in das geschlossene System zu gelangen. Meiner Meinung nach erkannte Maxwell, dass es eine Form von Bewusstheits-Dämon, einen *Geist,* geben

muss, der imstande war, in geschlossene System zu gelangen und ihre physischen Abläufe umzukehren, sodass sich die Zeit verlangsamt und die Ordnung wieder hergestellt werden kann. Niemand hat diesen Dämon jemals gefunden, trotzdem stellte er ihn sich vor.

Maxwell spürte, dass er oder wer auch immer sich in ein Chaos hineinbegeben und es klären kann. Auch wenn man diese Kraft in der physischen Realität nicht gefunden hat, ist sie möglicherweise in uns. Denken Sie einfach einmal darüber nach: Sie selbst können in Ihrem Körper im angemessenen Rahmen die Zeit ein wenig verlangsamen, um sich besser zu fühlen. Genau darum geht es in der Therapie. Es gibt ein Potenzial für Ordnung. Wenn Ihnen bewusst wird, dass Teile von Ihnen gegeneinander arbeiten und Sie sich

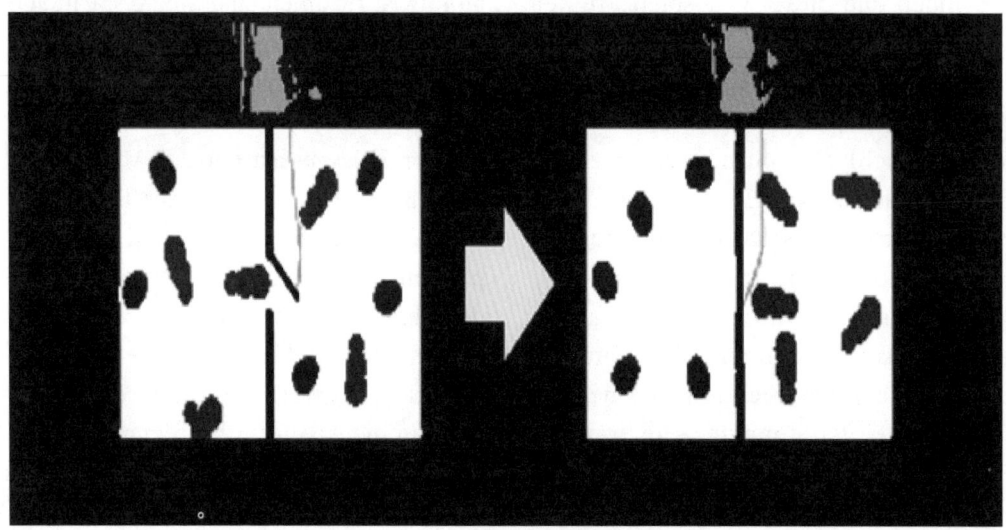

Abbildung 4.1.: Der Maxwell'sche Dämon.
Die Bewusstheit des Maxwell'schen Dämons öffnet und schließt die Tür, reduziert den Konflikt zwischen X und u und kehrt die Zeit und das Gesetz der Unordnung um. (Mit Dank an Wikipedia)

Der kosmische Tanz des Ursprungs

unglücklich, schlecht gelaunt oder gereizt fühlen, dann wissen Sie, dass Sie bewusst etwas unternehmen müssen.

In der Prozessarbeit wissen wir, dass wir mindestens zwei Möglichkeiten haben. Wir können nach innen gehen und fragen, welche Energie uns ärgert und wer dagegen ist. So wird der Konflikt deutlicher. Und die andere ist, mit dem Leid, sei es Depressionen, Unterdrückung oder Erschöpfung, mitzugehen. Stehen Sie zu dem schwierigen Gefühl: „Ich bin erschöpft. Ich kann so nicht weitermachen. Die Sintflut kommt, und vielleicht ist sie hilfreich!" Sagen Sie mit dem Gefühl, wirklich alles loszulassen: „Gut, ich bin in einem schrecklichen Zustand. Ich sterbe." Wenn wir uns so auf tiefe Erschöpfung einlassen, kann das sehr erhellend und belebend sein. Sie lassen Ihr u + X los und steigen aus der Welt der Polaritäten aus, und das kann Sie wieder aufbauen. Sagen Sie: „Gut, ich gehe einfach mit der drohenden Sintflut mit." Gehen Sie nach innen und lassen Sie an irgendeinem Punkt los!

Diese beiden Vorgehensweisen stehen für zwei unterschiedliche Menschentypen und zwei unterschiedliche Prozesse, und beides ist gut. Arbeiten Sie direkt mit den Polaritäten, kämpfen Sie, holen Sie sich Tabletten, um X zu überwinden, oder lassen Sie sich einfach in den Tanz der Verbundenheit *fallen* und tanzen Sie zwischen den Polaritäten.

Maxwell wollte darstellen, dass jedes physische System die Möglichkeit von Bewusstsein in sich trägt. Selbst ein Haufen toter Materie birgt das Potenzial für Bewusstsein und den Prozess, Dinge zu ordnen und damit zu arbeiten.

Der Maxwell'sche Dämon ist der Prozessgeist! Maxwell glaubte nicht an die Voraussage, dass das Universum einfach den Bach hinuntergeht. Er lehnte diese Aussage vehement ab. Er wusste, dass die Physik sagt, Entropie umkehren sei das Gleiche wie die Zeit umkehren. Wenn Sie dort Ordnung schaffen, wo Unordnung herrschte, verlangsamen Sie die Zeit, und wenn Sie das entsprechend gründlich tun, können Sie die Zeit sogar umkehren und zeitlich zurückgehen. Wir wissen, dass das grundsätzlich möglich, aber nicht sehr wahrscheinlich ist. Deswegen versuchen wir es mit Verlangsamung. Ich weiß gar nicht genau, ob wir die Zeit überhaupt umkehren können oder wollen.

Wenn das möglich wäre, könnten Sie zum Beispiel 100 Jahre zurückgehen und Ihrem Großvater sagen, er solle sich nicht in Ihre Großmutter verlieben. Das würde Probleme schaffen! Sie können die Zeit nicht vollständig umkehren, denn dann würden Sie dafür sorgen, dass Sie ganz verschwinden! Wenn Sie zurückgehen und Ihren Großvater davon abhalten, eine Beziehung zu Ihrer Großmutter einzugehen, gäbe es Sie wahrscheinlich gar nicht. Eine vollständige Zeitumkehr ist also unwahrscheinlich, doch mehr Ordnung und Kreativität in die Welt bringen – Ja!, das ist definitiv möglich!

BUDDHISMUS UND TAOISMUS

Wenn Sie tief in sich gehen, beginnen Sie über die Vorstellung von Polaritäten zu kichern und landen in der Welt des Buddhismus und anderer spirituellen Traditionen, die davon ausgehen, dass die Dinge nicht beständig sind. In diesem Moment sind Sie plötzlich Buddhismus und Taoismus nahe. Auf der Ebene der Essenz gibt es tatsächlich keine permanent polarisierten Polaritäten. Wenn Sie aus Ihrem inneren tiefsten, träumenden Geist heraus tanzen und mit der Raumzeit in Berührung kommen, wie wir es bereits praktiziert haben, sind $u + X$ keine Polaritäten mehr, sondern Aspekte Ihres Tanzes.

Ich weiß noch, wie ich vor einigen Jahren Weltarbeit in Indien gemacht habe, als ein spiritueller Meister aufstand und zu uns sagte: „Oh! Sie arbeiten ständig mit all diesen Konflikten? Warum tun Sie das? Das ist so dumm! Ha, ha!"

„Grrrr!" Ich war ein wenig irritiert. Er hatte mit seiner Äußerung einen Konflikt ausgelöst! Doch heute teile ich seine Sicht. Ich brauchte viele Jahre, um ihn zu verstehen, doch jetzt weiß ich, was er meinte. Aus der tiefsten Perspektive betrachtet, sind Polaritäten keine permanenten Realitäten, sondern Teile oder Phasen eines Tanzes. In der Konsensusrealität müssen wir Polaritäten ernst nehmen. Wenn jemand gegen Sie die Faust reckt und Sie schlagen will, wehren Sie sich besser, statt sich hinzusetzen und zu meditieren. Es ist wichtig, aufmerksam für die Polaritäten

zu sein, die in der Konsensusrealität zu Hauf existieren. Doch ebenso wichtig ist, bei dem Gefühl im Hintergrund zu bleiben, dass es einen größeren Tanz gibt, der frei ist von sämtlichen Polaritäten. Dann wissen Sie vielleicht schon vorher, dass jemand gleich gegen Sie die Faust recken wird. Versetzen Sie sich in diese Person hinein, schreien Sie auch sich selbst an … Teil eines Tanzes… und wechseln gleichzeitig auf Ihre Seite.

Das kleine u ist ein geborener Diktator. Warum schauen wir uns das nicht häufiger an? Das kleine u ist ein Diktator! Es ist schrecklich und wundervoll. Damit meine ich, dass das kleine u in Ihnen sagt: „Ich bin ich und nicht das und mag ‚das' auch nicht!" Die Natur liebt diese Differenzierungen! Sie bringt uns hervor und bringt uns dahin, dass wir uns selbst reflektieren. Wir wissen, dass sie gegen X ist. In gewisser Weise ist ein starkes Ego durchaus gut. Das wissen wir alle: „Seit stark. Sei intelligent. Tu das, was du machen willst!" Gut. Uff! Doch nach einer Weile wird das ziemlich anstrengend.

Aber das kleine u von uns allen kann lernen. Vielleicht hilft eine Segeltour. Stellen Sie sich vor, Sie gehen segeln. Schauen Sie sich die Grafik unten an. Sagen wir, Z ist mein Ziel, es geht also nach rechts, sagen wir, nach Westen. Der Wind, X, weht jedoch von Nord nach Süd. Damit u nach Z gelangen kann, wenn der Wind, X, von Nord nach Süd weht, muss ich mein Schiff ein wenig nach Norden steuern, das heißt nach oben, hinein in den Wind! X! Ich kann nicht direkt auf mein Ziel zusteuern,

Ansicht der Teile (Vektoren), der Konsensusrealität	*Ansicht des Kurvigen Raumes des Prozessgeistes*

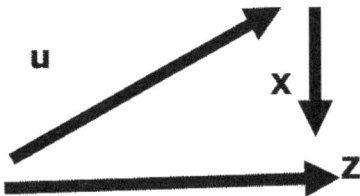

u kann sich wegen X nicht direkt geradeaus bewegen. Deswegen kämpft u gegen X an, um zu Z zu gelangen.	Im Raum der Kurve wirken keine Kräfte gegen u, also bewegt sich u im Einklang mit dem Tanz des Prozessgeistes voran.

Abbildung 4.2.: Zwei Arten zu segeln.

denn der Wind X ist zu turbulent. X, der Wind, kommt auf mich zu, Wusch, Wusch, also muss ich gegen ihn ankämpfen, um nach Z zu gelangen. So läuft es beim Segeln normalerweise. Das ist anstrengend! Sie müssen gegen X ankämpfen, wenn Sie Ihr Ziel erreichen wollen.

Gut, das ist eine Möglichkeit. Schauen wir uns jetzt die gekurvte Darstellung des Prozessgeistes an. Das ist die zweite Möglichkeit voranzukommen, während das kleine *u*, wie zuvor, auf Z zusteuert. Doch während ich mich auf Z zubewege, spüre ich den starken Wind im Gesicht, gehe mit meinem Prozessgeist tiefer in mich und sage: „Ich weiß, wo mein Ziel liegt, aber *es* muss mich dahin bringen. Meine übliche Art des Segelns ist einfach zu anstrengend." Also breche ich zunächst gegen X auf, um es einmal so zu sagen. Ich bewege und entspanne mich, lasse mich aber von meinem Prozessgeist herumbewegen, da-

mit er mich zu meinem Ziel bringt. *Es* wird mich auf seine Weise dort hinbefördern. Dieser Weg ist nichtlinear. Das kleine *u* ist eine lineare Persönlichkeitsstruktur, und das ist völlig in Ordnung, doch das kleine *u* kennt, angesichts von X, nicht den besten Weg, um zu Z zu gelangen, also fängt es an zu kämpfen, entspannt sich dann und lässt sich treiben.

Das Problem ist das kleine *u*. Es denkt normalerweise, es müsse Sie zu Ihrem Ziel bringen. Doch wenn Sie innerlich mit sich selbst tief verbunden sind, Ihr Ziel und *es* erinnern, bringt der Tanz der Verbundenheit, der Tanz des Universums, Sie ganz von selbst dorthin. Es gibt immer mindestens zwei Möglichkeiten, etwas zu tun. Wenn Sie sich zu sehr anstrengen, macht Ihnen das zu viel Stress und Ihr Körper rebelliert. Das sind klare Anzeichen dafür, dass Ihr kleines *u* sich an das Raumzeit-Träumen erinnern muss.

Sie sollten Ihr Ziel gut kennen! Machen Sie sich so gut wie möglich klar, welche Richtung Sie in Ihrem Leben einschlagen wollen, und kommen Sie dann in Berührung mit „es", damit *es* Sie dorthin bringt. Manchmal müssen Sie sich zunächst durchboxen und sich Ihren Weg erkämpfen, und manchmal können Sie sich die Dinge leichter machen, wenn Sie dem Raumzeit-Träumen folgen! Das ist das Wichtigste, was ich je gelernt habe. Konnte ich Sie damit erreichen?

Teilnehmerin: „Wie könnten wir diese Gedanken mit der Erwartung in der Konsensusrealität zusammenbringen, dass wir in einem bestimmten Alter dies oder jenes tun oder getan haben sollten?"

Arny: „Versuchen Sie mit dem „Ich sollte" einfach Ihr Bestes, und wenn Sie das ermüdet, wenn sich dabei ständig Hindernisse vor Ihnen auftun, nun gut. Dann können Sie sich noch mehr anstrengen, doch ab einem gewissen Punkt muss *es* die Dinge tun, sonst kommt nichts Gutes dabei heraus. Diese „Sollvorstellungen" funktionieren für uns nur, wenn sie mit unseren tiefsten Seiten, mit unserem Prozessgeist in Resonanz sind."

Teilnehmerin: „Heißt das, unser tiefster Lehrer ist unser eigener Prozess, nicht etwas oder jemand Äußeres?"

Arny: „Ja. Danke, dass Sie das für mich so gut in Worte gefasst haben. Es gibt nichts, was dem Prozessgeist vergleichbar wäre."

Teilnehmerin: „Dieser Gedanke machte grade eben meine ganze Sozialisierung und Konditionierung zunichte."

Arny: „Das normale Bewusstsein ist wie ein Quadrat in meinem Kopf. Ich denke nur in meinem Kopf. [21] Es geht immer nur um meinen Kopf, meinen Kopf, meinen Kopf. Ein anderer Bewusstseinszustand sieht so aus, dass ich den Kasten aus meinem Kopf herausnehme und meine gesamte Umgebung – die Erde, die Räume des Universums – meinen Kopf sein lasse. Manche Menschen gelangen zu dieser neuen Perspektive, indem Sie das visualisieren. Andere fühlen sie. Manche von uns müssen sich bewegen, um aus der Kopfkiste aussteigen zu können."

Wir sind umgeben von einem Magnetfeld, das uns hält. Ein *Feld* in diesem Sinne ist etwas, das wir nicht sehen können und das uns bewegt, wie die Schwerkraft. Wer von uns hat jemals die Schwerkraft gesehen? In einem Bewusstseinszustand tue ich also Dinge. In einem anderen Bewusstseinszustand werde ich bewegt, als gäbe es ein Feld, das mich bewegt, wie die Raumzeit. Felder sind ein mysteriöses Phänomen, über welches das letzte Wort noch nicht gesprochen wurde.

Von der Raumzeit und anderen Feldern bewegt werden heißt, von etwas Unsichtbarem bewegt werden. Das ist die Essenz aller Weltreligionen und in gewisser Weise die Grundlage fast jeder spirituellen Tradition. Kommen Sie in Berührung mit dem, was Sie unsichtbar bewegt."

Teilnehmer: „Aber Wissenschaft und Technik versuchen die Dinge in den Griff zu kriegen, und dann kommen Sie und sagen: „Lassen Sie los und gehen Sie mit dem Fluss!" Meine Reaktion darauf ist: „Wie können Sie darauf vertrauen? Wenn Menschen mit dem Fluss gehen, entsteht Chaos!"

Arny: „Ja, gut. Dann vertrauen Sie eben nicht. Nicht vertrauen ist auch Teil des Flusses. Sie können nichts tun, was nicht Teil des Flusses ist. Teil Ihres Flusses ist: „Ich vertraue dem nicht! Beweise es mir!" Und dann führt Sie Ihr Traumprozess zum nächsten Schritt."

KAIROS

Bei der Prozessrevolution geht es darum, mit *Kairos* mitzugehen. Gibt es hier jemanden, der die griechische Sprache spricht oder kennt und übersetzen kann, was Kairos heißt?

• Wörtlich heißt es „Wetter" oder bezeichnet eine besondere Zeitspanne.

• *Kairos*: Bewegung, Prozess, Fluss und Zeit – das alles verstehen Menschen heute als Phänomene, die messbar und damit bis zu einem gewissen Grad auch kontrollierbar sind. Die alten Griechen hingegen hatten das Gefühl, die Zeit „ginge sie nichts an", wie man so sagt, sondern sei eine Angelegenheit der träumenden Göttinnen und Götter. *Kairos* bedeutet im Griechischen der richtige oder passende Moment (der höchste Moment).

Amy erzählte mir, im Japanischen bedeute der Begriff *Ma*, grob übersetzt, Lücke, Raum, Pause oder der Raum zwischen zwei konkreten Teilen. Das folgende Bild von *Ma* stammt von Wikipedia und geht auf Hasegawa Tohaku zurück, der im 16. Jahrhundert lebte (1539 – 1610). [21]

In diesem Bild spürt man, wie die Atmosphäre ein Gefühl vermittelt. Vielleicht ist *Ma* ein asiatisches Äquivalent für *Kairos*. Können Sie den Raum, das Gefühl, das Wetter, die Atmosphäre oder den *Äther* sehen?

Abbildung 4.3.: Ma.

Was ist der Unterschied zwischen *Kairos* und *Chronos*. Kairos bedeutet Wetter, Klima, Atmosphäre. Wie ist die Atmosphäre zwischen uns? Wie ist das Klima zwischen uns als Menschen? In einer Beziehung: Wie ist die Atmosphäre zwischen uns? Wie ist der Raum zwischen uns? Wie ist das Raumzeit-Träumen oder das Wetter zwischen uns? *Chronos* bedeutet im Griechischen Zeit. „Welche Zeit ist es?" Was passiert genau? *Chronos* bezieht sich auf die Zeit der Konsensusrealität. *Kairos* ist der träumende Aspekt, das Klima. „Wie fühlt es sich an zwischen uns?" *Chronos* ist das, woran unser kleines *u* angeblich festhält!

Wie ist die Atmosphäre zwischen uns? Wie finden wir das heraus, und wie können wir an dieser Atmosphäre arbeiten? Wie ist die Atmosphäre hier? Wir fragen nicht nur deswegen nach der Atmosphäre, weil wir herausfinden wollen, wer was getan hat, wem wir Vorwürfe machen oder wen wir loben sollten. Die Frage nach der Atmosphäre ist subtiler, umfassender. Wer hat das Wasser verschüttet – du oder ich? Das ist *Chronos*. Wer ist für dieses Problem verantwortlich? Bist du das? Oder bin ich es? Das ist *Chronos*, die auf Fakten beruhende Realität. Doch in Beziehungen finden wir oft nicht so leicht heraus, wie diese Fakten aussehen. *Kairos*, das Klima, das Gefühl, unsere Beziehung ist ein Raum zwischen uns. Wie ist dieser Raum beschaffen? Schauen Sie sich Abbildung 4.4 „Wer hat das getan?" an, eine grafische Darstellung der Ebenen des Bewusstseins. In der Konsensusrealität fragen wir: „Wer

hat das getan?" Aber im Traumland heißt es: „Wir haben es getan!" X + *u* zusammen. Und auf der Ebene der Essenz besteht die Antwort in der Erfahrung des Prozessgeistes.

Die Essenz, von der wir gesprochen haben, ist der Prozessgeist, sie ist ein Feld und damit etwas, das wir fühlen, aber nicht sehen können: etwas, das uns bewegt. Es ist der Raum, der alles umgibt, der Raum zwischen allem. Auf der Ebene der Konsensusrealität heißt es hier: „*u* hat das getan" oder „X war es." Es ist wichtig, in der Konsensusrealität herauszuarbeiten, wer was getan hat. Im Traumland können wir dann die Rollen tauschen. Das ist ein ganz entscheidender und hilfreicher Aspekt in Beziehungen: Amy und ich sind reale Menschen und gleichzeitig bin ich im Traumland Amy und sie ist ich und wir spielen uns gegenseitig. Können Sie die Rollen tauschen? Weltarbeit beruht darauf, dass wir die Rollen tauschen können.

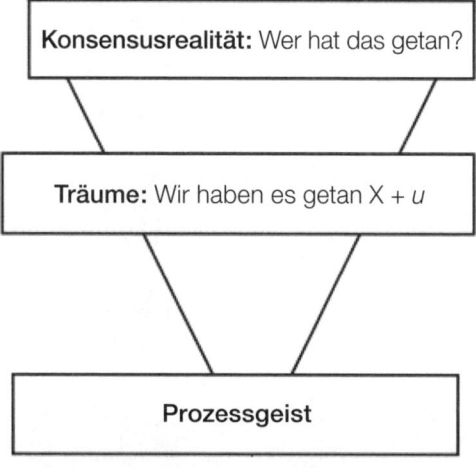

Abbildung 4.4.: Wer hat das getan?

Der kosmische Tanz des Ursprungs

Können Sie auf der Ebene der Essenz eine Atmosphäre schaffen, in der Beziehungen entstehen? Wenn Sie öffentliche Reden halten, sollten Sie darüber nachdenken und sich fragen: „Kann ich daran mitwirken, dass zwischen uns eine gute Atmosphäre entsteht?" Können Sie in Beziehungen eine Atmosphäre herstellen, in der Probleme eine Lösung finden? Wenn Sie zwischen sich und einer oder mehreren anderen Personen eine gute Atmosphäre schaffen können, müssen Sie nicht mehr viel tun, damit die Dinge gut laufen. So erledigen bequeme Menschen, was sie erledigen müssen (Lachen), aber Sie müssen, um so vorgehen zu können, in Berührung sein mit dem Tanz der Verbundenheit. Und damit meine ich, Sie müssen den inneren Ort finden, wo Sie über Polaritäten lächeln und sich an beiden Extremen als Teile ein und desselben Tanzes freuen können. Durch das Raumzeit-Träumen Ihres Prozessgeistes entsteht ein besonderer *Kairos*, eine Atmosphäre, in der Beziehungen entstehen und Polaritäten an Bedeutung verlieren. Wenn Sie fühlen und loslassen, kann der Raum zwischen uns Sie bewegen und Ihnen helfen, ein Klima zu schaffen, in dem die Dinge zu einer Lösung finden.

In der nächsten Übung werden wir daran arbeiten, eine bestimmte Atmosphäre zu schaffen, indem Sie in Berührung kommen mit Ihrem tiefen Selbst.

....

ÜBUNG

Es gibt viele Arten von Beziehungen. Bei dieser Übung oder Meditation möchte ich Sie als Erstes fragen: Welches ist für Sie das schlimmste Beziehungsfeld, das Ihnen einfällt? Wie fühlt es sich an? Welches ist hier die schlimmste Energie, X?

Zweitens: Für welches *u* in Ihnen ist das X in diesem Feld am schlimmsten? Ist das *u*, das sich über X am meisten aufregt, in irgendeiner Weise rigide? Wenn etwas Schreckliches passiert, gibt es immer die Seite in mir, der das nicht gefällt. Diese Seite hält sich selbst nie für rigide („Ich bin ein netter Mensch, wie könnte ich rigide sein?"), kann aber sehr wohl rigide sein. Ich möchte, dass Sie die Seite von sich erforschen, die etwas ablehnt. Denken Sie über diese Seite von sich nach: Ist sie rigide und steif?

Als Drittes fühlen und skizzieren Sie X + *u* und stellen sich diese Energien an Ihrem Lieblingsflecken auf der Erde vor. Lösen Sie sich vom dualistischen Denken der Konsensusrealität und lassen Sie die Erde zwischen X + *u* atmen.

Gleich werde ich zu Ihnen sagen: „Begeben Sie sich nach Hause und fühlen Sie die Raumzeit!" Den meisten Menschen fällt es leichter, sich vorzustellen, dass sie sich von der Erdoberfläche entfernen, wenn ich Raumzeit sage. Spüren Sie einfach, wie das Universum Sie ein wenig bewegt.

Manche können das im Stehen oder Sitzen, aber ich möchte, dass Sie sich vorstellen, spontan herumbewegt zu werden, bis Sie ein Gefühl von Freiheit verspüren.

Lassen Sie zu, dass die Raumzeit durch Sie träumt und tanzt, damit Sie den *Kairos* von Beziehungen spüren können. Ich werde Sie fragen: „Was ist der Kairos der Beziehungen in diesem Tanz?" Was ich damit meine, ist: „Welche Atmosphäre bringt Ihr Prozessgeist zum Ausdruck oder tanzt er? Können Sie diese subtilere Atmosphäre beschreiben?" Das ist etwas ganz Feines, Neues. Sagen Sie ein paar Worte darüber, wenn Sie können. Macht es Sie glücklich oder finden Sie es komisch? Ist es losgelöst? Tief? Was immer Sie darüber sagen, ist gut; wichtig ist, dass Sie anfangen, über Ihre inneren Atmosphären nachzudenken. Und schließlich nutzen Sie die Atmosphäre des Raumzeit-Träumens, um einen Rat für Ihre Beziehungssituation zu bekommen und zu erfahren, was *u* + X brauchen.

Teilnehmerin: „Es ist nicht so leicht, mein u, meine Reaktion auf X zu finden."

Arny: „Welches schwierige Beziehungsfeld fällt Ihnen ein? Welcher Teil von Ihnen lehnt es ab? „Grrr!""

Teilnehmerin: „Wenn Sie das machen, schreit etwas in mir vor lauter Angst, „Iiih!""

Arny: „Wer oder was schreit in Ihnen „Iiih!"? Wie würden Sie dieses „Iiih!" beschreiben?"

Teilnehmerin: „Es ist die Seite, die sich verdrücken will…""

Arny: „Warum will er sich verdrücken?"

Teilnehmerin: „Weil es Angst macht. Es macht Angst, sich einzulassen…""

Arny: „Da gibt es also Ihr u, das Angst hat. Ich würde Sie dann fragen: Wie ist denn dieser ängstliche Teil?"

Teilnehmerin: „Dann wird mir klar, dass die Energie von u keine Beziehung zur Energie von X hat.

Arny: „Ein Teil von Ihnen, X, macht also „Grrr!", und Ihr u schreckt zurück, hat Angst und will sich nicht einlassen.""

......

ZUSAMMENFASSUNG DER ÜBUNGSSCHRITTE

1. Welches ist das schlimmste Beziehungsfeld, das Ihnen einfällt? Wie fühlt es sich an? Was tut es?

2. Für welche Seite von Ihnen (*u*) ist dieses X am schlimmsten?

3. Fühlen und skizzieren Sie *u* + X und stellen Sie sich diese Energien dann an einem Ihrer Lieblingsflecken auf der Erde vor. Lassen Sie das dualistische Denken der Konsensusrealität los und lassen Sie zu, dass die Erde Sie zwischen *u* + X hin und her atmet.

4. Begeben Sie sich jetzt *nach Hause*, spüren Sie die Raumzeit; lassen Sie sich von ihr herumkurven und tanzen. Beschreiben Sie das Raumzeit-Träumen

des Prozessgeistes des Universums. Spüren Sie seinen Beziehungs-*Kairos*.

5. Während Sie die Raumzeit durch sich träumen lassen, erlauben Sie ihr, Ihnen zu sagen, was X + *u* brauchen.

ANSCHLIESSEND

Arny: „Was haben Sie über Beziehungen und Atmosphären erfahren? Das ist ein wichtiges Thema.
(Wendet sich an eine Teilnehmerin). Sie stehen noch. Würden Sie mir den Gefallen tun und uns die Atmosphäre zeigen, die Sie am Ende der Übung getanzt haben? Schauen Sie sich diese Atmosphäre an! (Die Teilnehmerin führt ihre Atmosphäre vor – ein erstaunlicher Tanz!) Mit *der* Atmosphäre gibt es keinerlei Probleme!

An welcher Beziehungssituation haben Sie gearbeitet?"

Teilnehmerin: „Ich weiß es gar nicht mehr! Womit haben wir angefangen?"

Arny: „Können Sie sich an das Beziehungsthema erinnern, mit dem Sie angefangen haben?"

Teilnehmerin: „Es gab ein X…und irgendein *u*… ich bin beides.

Arny: „Natürlich! Stellen Sie sich einfach einmal vor, Sie würden die Atmosphäre, die Sie gerade geschaffen haben, mit einer Person oder vielen Personen nutzen!"

Teilnehmerin: „Ja… Ich kann mir vorstellen, sie für diese Beziehung zu nutzen… Das fühlt sich jetzt viel besser an!" (Tanzt, als flöge sie durch die Luft.)

Arny: „Danke, dass Sie uns den Tanz der Verbundenheit gezeigt haben!"

RÜCKBLICK AUF KAPITEL 4

- Wenn es zu anstrengend ist, Ihr Ziel zu erreichen, lassen Sie den Maxwell'schen Dämon herausfinden, gegen welches X Ihr *u* anarbeitet. Reduzieren Sie die Entropie, indem Sie sich über X + *u* Klarheit verschaffen. Dann erlauben Sie dem Prozessgeist, die Entropie zu reduzieren, indem Sie tanzen, X + *u* vorübergehend vergessen und sich dorthin bringen lassen, wo Sie hingehen.

- Erfahrung und Theorie zeigen, dass es Ihrer Gesundheit guttun kann, wenn Sie den Tanz der Verbundenheit tanzen.

- Bei Beziehungen geht es um dich und mich und uns und ein nicht vorhersehbares Gefühl zwischen Polaritäten und Menschen.

- Ihr Tanz der Verbundenheit ist Raumzeit-Träumen. Er ermöglicht individuelle, nicht vorhersehbare, fast unvorstellbare Lösungen für weltliche Probleme.

TEIL ZWEI –

Wer bin ich?

(Jung, Einstein, Pachamama und der Dalai Lama)

KAPITEL 5
Jung und das Prozessparadigma

„Erst als ich die Alchemie vertraut kennen lernte, wurde mir klar,
dass das Unbewusste ein Prozess ist…"

C.G. JUNG [22]

In diesem Zitat aus Jungs Autobiografie, die er gegen Ende seines Lebens verfasste, beschreibt Jung sich als einen Menschen, der in Prozessen denkt. Meiner Meinung nach war der Taoismus eine frühe Form des Prozessdenkens, während die Alchemie (die im Mittelalter und in der Zeit der Aufklärung praktiziert wurde und die mit gegensätzlichen Energien arbeitete und sie zusammenbrachte) später kam.

Aber bevor wir uns gründlicher mit dem Prozessparadigma befassen, möchte ich zunächst einmal Rückschau halten. Im ersten Teil dieses Buches machte ich Sie mit dem Gedanken vertraut, dass Prozesse ein Paradigma sind, das Parallelwelten miteinander verbindet, das heißt, Erfahrungen, die wir selbst, die verschiedenen Kulturen, in denen wir leben, und die Wissenschaften, nach denen wir uns ausrichten, von uns abgespalten haben. Ich sagte, dass die Bewegungserfahrung des Raumzeit-Träumens die Zeit möglicherweise verlangsamen kann und dass die Revolution in unserem Denken in dem Gefühl und der Erfahrung von gegenseitiger Verbundenheit besteht.

Im zweiten Teil dieses Buches möchte ich jetzt mit Ihnen erforschen, wie mein Modell vom „Tanz der Verbundenheit", der unsere Essenz zum Ausdruck bringt, zusammenhängt mit Gedanken, wie wir sie in den Werken von Jung, Einstein und des Dalai Lama finden.

Tatsächlich beginnt Prozessarbeit jedes Mal dann, wenn Menschen erkennen, dass alles veränderlich ist. Lao Tse entwickelte die Idee von Prozessen als veränderlichen Zuständen, die er als „das Tao, das genannt werden kann" bezeichnete. Er fügte jedoch warnend hinzu, dass das wahre Tao nicht genannt werden könne: Es ist ein essenzähnliches Feld, ein *Raum*. Im *Tao Te King*, Kapitel 11, heißt es:

Wir fügen Speichen in einem Rad
zusammen,
aber es ist das Loch in der Mitte,
das die Bewegung des Wagens bewirkt.
Wir formen Ton zu einem Topf,
aber es ist die Leere darin,
die das Gewünschte enthält.
Wir zimmern Holz für ein Haus,

aber es ist der Innenraum,
der es bewohnbar macht.
Wir arbeiten mit dem Seienden,
doch Nichtseiendes macht den Nutzen
aus. [23]

Jung entwickelte die Überlegungen zu Prozessen weiter, wenn er vorschlug, dem zu folgen, was er das *Unbewusste* nannte. Damit meinte er: Folge deinen Träumen und Imaginationen. Kurz vor seinem Tod wurde ihm klar (wie es in seinem Zitat heißt), dass das Unbewusste ein Prozess ist. Wenn wir seine früheren Theorien mit seinen letzten Überlegungen auf den neuesten Stand bringen, müssen wir davon ausgehen, dass Jungs Ideen folgen heißt, Prozessen zu folgen. Und noch aktueller formuliert: Prozessen folgen heißt, den Signalen der Alltagsrealität folgen, Träumen folgen und den nahezu unbeschreiblichen Erfahrungen mit unserer Essenz wie dem Raumzeit-Träumen.

Ich bin nicht nur C.G. Jung sehr dankbar, sondern auch seinem Lieblingsschüler (laut Meinung einiger), Dr. Franz Ricklin (erster Präsident des Jung-Instituts in Zürich), Dr. Marie-Louise von Franz (meiner Analytikerin, Jungs engster Mitarbeiterin) und Barbara Hannah. Die prozessorientierte Psychologie entwickelte Jungs Vorschlag, dem Unbewussten zu folgen, in vieler Hinsicht weiter.

Wie auch immer, mein eigener Prozess führte mich 1961 nach Zürich und brachte mich in Berührung mit der jungianischen Psychologie. Plötzlich befand ich mich im Gespräch mit von Franz. Als sie zu mir sagte: „Erzählen Sie mir einen Traum", fragte ich sie: „Warum sollen wir uns nur auf Träume konzentrieren? Können Sie die gleichen Informationen nicht an meinem Körper ablesen, hier und jetzt?" Das war für mich der Beginn von Prozessarbeit. Die Entwicklung der Prozessarbeit geschah völlig absichtslos. Ich hatte nie Interesse daran, etwas Neues zu entwickeln, das war für mich nebensächlich. Ich danke meinen jungianischen Kolleginnen, Kollegen und Ältesten von damals dafür, dass sie mich auf das hinwiesen, was ich heute *Prozessarbeit* nenne, mit seinen Anwendungsmöglichkeiten auf den Körper und in Gruppen. Auch wenn das vielleicht nicht genau das ist, was sie sich unter einer Weiterentwicklung der jungianischen Psychologie vorgestellt hatten.

Ich liebte schon damals Träume und das Träumen, und so schien es ganz natürlich, den Gedanken des Unbewussten als Prozess nicht nur auf das nächtlichen Träumen, sondern auch auf Körpererfahrungen, Beziehungen, Gruppen und das Universum selbst auszuweiten. Mit der Zeit konzentrierte ich mich dann nicht nur auf den Inhalt von Träumen und die Interaktion mit Traumgestalten, sondern erweiterte den Anwendungsbereich dieser Prozessarbeit, und ehe ich mich versah, war die *prozessorientierte Psychologie* entstanden.

Nur aus dem Blickwinkel der Konsensusrealität ist unsere Psychologie eine Frage von verschiedenen Anteilen: Sie, Ihre Freunde, die Mitglieder Ihrer Familie, deren Freunde, Ihre Vorfahren, Ihre persönliche Lebensgeschichte, innere Gestalten und so weiter. Aus anderen Blickwinkeln existiert neben dem Prozess des Träumens auch der überwiegend nichtkognitive Prozess auf der Ebene der Essenz. In der Konsensusrealität zieht unsere ganze Welt auf der Erdoberfläche Grenzen. Wir unterteilen den Planeten nicht nur in Kontinente und Länder, Städte und Gemeinden, sondern definieren unsere Denkprozesse und unsere Wissenschaften auch als das eine und nicht das andere: Jungianische Psychologie, prozessorientierte Psychologie, Gestalttherapie, transpersonale, integrale Psychologie; wir sprechen von Organisationsarbeit, von Physik, der Umwelt, Coaching, Medizin und so weiter.

Doch auch wenn diese Grenzen wichtig sind, dreht sich die Erde selbst mit all den Grenzen auf ihrer Oberfläche und jenseits von diesen. In der Prozessarbeit geht es meiner Meinung nach darum, Grenzen wertzuschätzen und sich gleichzeitig daran zu erinnern, dass unter allen Dingen und Ereignissen Prozesse ablaufen. Für mich ist die jungianische Psychologie heute also der Aspekt von Prozessarbeit, der dem Unbekannten folgt, indem er sich auf Träume, Mythen und die aktive Imaginationen konzentriert.

PROZESSARBEIT IN DER JUNGIANISCHEN PSYCHOLOGIE

Die Prozessarbeit hat die jungianische Gemeinschaft inzwischen beeinflusst. Ein zentrales Thema, das ich für die Prozessarbeit definiert habe, ist, wie wir alle an eine Grenze kommen, wenn es darum geht, Erfahrungen zu integrieren, die wir nicht identifizieren können. Ich sagte, es gebe eine Grenze zwischen Parallelwelten, zwischen unserer primären Identität und unseren sekundären Erfahrungen. Es überraschte mich also nicht, als die Internationale Gesellschaft für jungianische Analytiker ihrer Konferenz 2004 den Titel „Grenzen der Erfahrung" gab. [24] Die jungianische Gemeinschaft griff hier Aspekte der Prozessarbeit auf, die bislang für sie kontrovers gewesen waren. Sie benutzte die Idee der Grenze, um zwischen persönlichen und kollektiven Erfahrungen zu unterscheiden.

Jung starb am 6. Juni 1961. Dieses Datum ist für mich auch deswegen bedeutsam, weil ich genau an diesem Tag als Austauschstudent des ETH (Schweizer Institut für Technologie) in Zürich landete. Später in diesem Jahr, kehrte ich, nachdem ich in Zürich den Jungianern begegnet war, in die Staaten zurück, um meinen Abschluss am MIT zu machen, bevor ich wieder in die Schweiz zurückkehrte. Was führte mich nach Zürich? Synchronizität? Raumzeit-Träumen?

Als ich zum ersten Mal in Zürich landete, wusste ich nichts von Jung. Mein Interesse an Einstein und seinen frühen Arbeiten hatte mich bewogen, dorthin zu gehen, um mein Studium in angewandter Physik fortzusetzen. Als ich eines Abends Pause von meinen Studien in Zürich machte, erzählte ich einem anderen Studenten in meiner Unterkunft, dass ich starke Träume habe. Dieser Student, ein afrikanischer

Geistlicher, empfahl mir, eine alte Hexe aufzusuchen, bei der es sich, wie sich herausstellte, um Marie-Louise von Franz handelte. So stieß ich auf die Jungianer.

Von Franz war mit ihren 46 Jahren keinesfalls eine alte Hexe! Doch zu der Zeit war ein Mensch mit 46 für mich und den Geistlichen (ich war damals 21) alt (Sorry für diesen Altersrassismus). Wie gesagt, studierte ich in meinem ersten Jahr in Zürich als Austauschstudent am ETH. Ich fand die Jungianer so aufregend, dass ich zurückkehrte, nachdem ich meinen Abschluss am MIT gemacht hatte.

Aus heutiger Sicht, mehr als 52 Jahre später, schien in jenen Tagen für mich alles einfach zu *passieren*. Eines Tages saß ich zum Beispiel in Zürich draußen vor dem Kunsthaus-Café, direkt neben dem Kunstmuseum in der Stadtmitte. Ich war mit meiner ersten Partnerin verlobt, aber wir waren trotzdem offen für andere. Das hieß, wir „schnupperten" immer noch „ein wenig herum", und ich ergriff jede sich dafür bietende Gelegenheit. Ich betrachtete also die Menschen, die an meinem Tisch vorbeiflanierten, und zu meiner großen Überraschung tat der elegante ältere Herr (er war 47 oder 48) in meiner Nähe, der sehr gebildet wirkte, genau das Gleiche: Er schnupperte herum! Er schaute sich die vorbeigehenden Frauen an. Also schaute ich mit ihm zusammen. Ich sagte: „Das ist nicht die Richtige", und dann machte er mit, obwohl er zwei Tische weiter saß, und sagte: „Das wäre für Sie nicht die Richtige", und ich fügte hinzu: „Und für Sie auch nicht!" Ganz unterschiedliche Menschen

gingen an uns vorbei, und wir plauderten über sie, ähnlich wie Amy und ich es heute noch tun, wenn wir bei Starbucks draußen sitzen.

„Was machen Sie so?", fragte er, und ich sagte: „Ich studiere hier in Zürich Physik am ETH und interessiere mich für jungianische Psychologie. Ich habe gerade bei jemandem in der Stadt eine Analyse angefangen." „Ach, eine Analyse!", rief er aus. Ich sagte: „Haben Sie schon von der jungianischen Psychologie gehört?" Und er erwiderte: „Ja! Ich bin Präsident des Jung-Institutes... Ich bin Jungs Neffe, mein Name ist Dr. Franz Ricklin junior." Um das Ganze kurz zu machen, er schlug mir schließlich vor, mich für nächsten Samstagnachmittag wieder in diesem Café mit ihm zu verabreden." Und so trafen wir uns in den nächsten Jahren hin und wieder, bis er 1970 starb.

Ich lernte von diesem großartigen Mann etwas sehr Wichtiges über Prozesse und Synchronizität. Ich lernte von allen meinen Lehrerinnen und Lehrern, dem Unbekannten zu folgen, besonders aber von ihm. Folgende Geschichte macht das deutlich. Eines Tages sagte er zu mir: „Wissen Sie, Jung war nicht nur mein Onkel, sondern einer meiner großartigsten Freunde. Eines Tages studierte ich für mein Medizin-Examen und tat mich damit ziemlich schwer. Als ich C.G. Jung das erzählte, sagte er zu mir: „Du studierst und liest ein Buch für dein Examen in Medizin? Das tut dir nicht gut! Wenn du damit nicht weiterkommst, leg das Buch unter dein Kopfkissen und geh schlafen."

Ich fragte: „Und wie ging es dann weiter?", und er entgegnete: „Ich habe einen Abschluss in Medizin und bin heute Psychiater."

Diese Geschichte habe ich nie vergessen. Leg das Buch unter dein Kissen? Lass zu, dass deine Träume die Welt der Konsensusrealität mitgestalten. Ich schätzte und liebte diesen Mann über alles. Von Franz brachte mir bei, Träume zu analysieren, und bei Ricklin lernte ich zu träumen. Er führte mir die Prozessarbeit vor! Immer wenn ich zu ihm sagte, ich wolle ihm einen Traum erzählen, stützte er den Kopf auf, schloss die Augen und sagte: „Ich hatte einen Traum!" Und dann erzählte er mir Einzelheiten aus seinem persönlichen Leben. Und während meiner Therapie erzählte er mir von seinen nächtlichen Erfahrungen! Das Beste daran war, dass ich mich anschließend innerlich immer total erleuchtet fühlte! Wodurch? Ich kann es Ihnen nicht sagen. Es war, als lernte ich, dass ich immer dann, wenn ich es brauche, wie ein Schamane tief nach innen gehen kann. Folge dem Augenblick. Folge dem Raumzeit-Träumen. Es funktioniert!

IN DEN ANDEREN HINEINSCHAUEN

Jungianische Psychologie hieß für mich, dem Augenblick folgen. Das war fast eine spirituelle Erfahrung. So hörte ich zum Beispiel eines Tages, als ich vor meiner Sitzung im Wartezimmer saß, aus Ricklins Praxiszimmer ein lautes Klopfen. Nach etwa zehn Minuten sah ich eine Frau aus dem Zimmer rennen, die sehr aufgeregt wirkte. In meiner Sitzung fragte ich also gleich als Erstes: „Was ist denn da passiert?" „Ich weiß es wirklich nicht", sagte er wie üblich. „Können Sie es mir erklären?"

Dann erzählte er mir, diese Frau sei von der psychiatrischen Notfallambulanz zu ihm gebracht worden, die sie auf der Straße aufgesammelt hatte, weil sie eine Art katatonischen Krampf hatte und so durcheinander war, dass sie weder reden noch sich bewegen konnte. Weil sie nicht sprechen konnte, sprach auch er nicht und begab sich tief nach innen, bis er ein Bild ihres Ehemannes vor sich sah. Er sagte zu ihr: „Ihr Mann ist gestorben und verabschiedet sich von Ihnen." Das Klopfen am Fenster, das ich im Wartezimmer gehört hatte, stammte nicht von ihr. Es war ihr Mann, der offensichtlich ans Fenster der Praxis klopfte, um von ihr Abschied zu nehmen. Als er ihr das erzählt, löste sich ihre katatonische Starre und sie rannte in heller Aufregung aus seiner Praxis!

Kann man diese Art schamanistische Prozesse, diese Form von Visualisierung lehren? Heute werden alle möglichen psychologischen Ausbildungen angeboten, doch die ethischen Einstellungen haben sich dramatisch verändert. Damals sagten meine jungianischen Lehrerinnen und Lehrer zu mir: „Geh nicht ins Seminar. Folge dem Unbekannten, Nichtvorhersehbaren!" Ich fühlte mich frei und begann mit Träumen und sogar mit Körpererfahrungen und anderem mehr zu arbeiten.

Folgen Sie dem Raumzeit-Träumen, dem Raum, der sich zwischen Ihnen und allem befindet. Er ist die Essenz dessen, was uns verbindet; er ist Synchronizität in dem Sinne, dass das, was Sie Ihr Inneres nennen, ebenso sehr das Universum und das Äußere ist.

PROZESSARBEIT: EINE TOCHTER C. G. JUNGS UND DER JUNGIANISCHEN PSYCHOLOGIE

Prozessarbeit hätte auch ein Sohn sein können, doch damals war so viel die Rede von Männern – Männer tun dies, Männer tun das –, dass ich rebellierte. Ich nannte die Prozessarbeit eine Tochter. Vielleicht witterte ich bereits die Anfänge der Frauenbewegung. Kulturen verändern sich mit der Zeit.

Die jungianische Psychologie, wie ich sie damals erlebte, fand vor allem im Behandlungszimmer auf dem Stuhl statt. Doch um dem Prozess eines Menschen wirklich folgen zu können, müssen Sie die Freiheit haben, sich zu bewegen und aufzustehen, zu sitzen oder zu liegen, zu träumen und real zu sein. Wie wir mit jemandem zusammensitzen und reden, ist, wie Sie wissen, eine höchst politische Aussage. Wie und wo in Ihrem Arbeitszimmer Ihr Stuhl steht und wie Sie den Raum nutzen, ist eine soziale Aussage. Es sagt mir, wer Sie sind und wie Sie sich in Beziehung zu mir und der restlichen Welt erleben. Ich liebe es, körperliche Signale und Bewegungen von einer Position zur anderen im Raum

zu verfolgen. So wird die Idee vom Unbewussten zu einem lebendigen Prozess.

Dawn Menken interviewte vor einigen Jahren eine bekannte jungianische Analytikerin, June Singer, die sagte: „Arny spricht über das lebendige Unbewusste." [25]

Dawn: „Du hast nicht nur über Prozessarbeit gesprochen, sondern sie sah dich auch bei der Arbeit in einem intensiven Seminar und sagte: ‚Toll, was Arny da macht, er arbeitet mit dem lebendigen Unbewussten.' Sie war sehr beeindruckt."

June Singer war eine radikale Jungianerin, die neue Schritte wagte. Aber lassen Sie mich hier Partei ergreifen für die eher konservative jungianische Fraktion, die der Prozessarbeit damals skeptisch gegenüberstand. Als ich letzte Woche mit einem Journalisten von *Newsweek* sprach, sagte er zu mir: „Nicht alle Jungianer sind total überzeugt von dem, was Sie tun." Und ich sagte: „Warum nicht?" Der Journalist entgegnete: „Einer ihrer jungianischen Kollegen sagte, Prozessarbeit könne gefährlich sein. Man muss sich zuerst einmal viel Zeit nehmen, um das Ich eines Menschen zu stärken und sicherzustellen, dass er seinen Erfahrungen folgen kann. Man muss äußerst vorsichtig mit Menschen umgehen." Auch June Singer sagte zu mir bei unserer ersten Begegnung: „Wählen Sie die Leute aus? Schauen Sie sich die Teilnehmer Ihrer Seminare vorher genau an? Entscheiden Sie sich gegen manche?" Jungianer waren also sehr vorsichtig, wenn es darum ging, mit wem sie arbeiten. Sie zögerten, mit ganz gewöhnlichen Menschen zu arbeiten. Sie sagten im Wesentlichen: Was auch immer du tust, arbeite nicht mit Menschen in psychotischen Zuständen, in Prozessen, die ich heute als *extreme Bewusstseinszustände* bezeichne!

Trotzdem ist die konservative Einstellung meiner Kritiker wichtig. Wenn diese Einstellung bestimmten Menschen zugutekommt, ist auch das Prozessarbeit. Wenn Sie zurückhaltend auf jemanden reagieren oder bestimmte Befürchtungen haben und die andere Person zunächst einmal aufbauen und ihr Ich stärken möchten, weil das für Sie und die Person das Beste ist, würde ich das definitiv Prozessarbeit nennen. Prozessarbeit heißt, dem Gesamtprozess folgen, und dazu gehört auch die eigene Zurückhaltung, wenn sie sich denn einstellt.

Ist es gefährlich, Prozessen zu folgen? Das fragten sich die Jungianer. Generell konnte ich nie feststellen, dass das gefährlich ist. Für den Therapeuten, der sich auf seinem Stuhl sicherer fühlt, kann Bewegungsarbeit beängstigend sein. Ohne Stuhl brauchen Sie propriozeptive Fähigkeiten und müssen mit Bewegung umgehen können, um Prozesse verfolgen zu können. Wenn Sie diese Fähigkeiten nicht besitzen, würde ich die konservative Haltung befürworten, die besagt: Nimm dir mehr Zeit und sprich erst eine Weile mit dem Klienten. Für mich ist alles Prozessarbeit, ganz gleich, wie sie sich im Einzelnen gestaltet.

Prozess oder *Fluss* kann auch heißen, etwas zu stoppen... und das geht sehr gut. Dem Prozess folgen heißt für mich, manchmal etwas stoppen und manchmal singen. Das ist auch der Grund dafür, dass ich das Wort „unbewusst" nicht so häufig benutze, denn es impliziert, dass sich bestimmte Dinge jenseits des Bewusteins abspielen. Ich bin mir da nicht so sicher. Ich bevorzuge das Wort Prozess. Es ist neutral und allumfassend. Es schließt weder Dinge aus, noch behindert oder verbietet es sie. Selbst in tiefen veränderten Bewusstseinszuständen wie bei komatösen Zuständen gibt es ein Aufflackern von Bewusstheit. Die Bewusstheit für diese tiefen Ebenen hat meine Arbeit transformiert. Meine Überzeugung, dass Menschen im Koma Bewusstheit zeigen, war der Anfang meiner Arbeit mit Menschen, die dem Tod nahe sind. Wenn das Wort „unbewusst" Menschen gute Dienste leistet, sollten sie es ruhig verwenden, doch ursprünglich wurde es benutzt, um zwischen Psyche und Materie zu unterscheiden. Erinnern Sie sich, in den 1960er Jahren beschrieben Menschen die Psyche als traumähnlich und Materie als real, physikalisch, eben nicht der Psyche entspringend. Die Idee des Prozesses war für mich ein praktischer Ansatz, der diese Gegensätze vereint. Bei der Prozessarbeit kommt es nicht darauf an, ob es um Psyche oder Materie geht, sie folgt einfach dem, was geschieht.

Das Denken in Prozessen ist ein Paradigmenwechsel. Der Geist von Jung, vor allem einige seiner Lehren, verbindet sich mit dem Vater des Taoismus, Lao Tse, der wie die Eingeborenenvölker seit Jahrtausenden die Natur liebte und *ihren* Veränderungen folgte. Die Taoisten liebten den Wechsel von Nacht und Tag! Die Natur ist ein Prozess und nicht lediglich eine Anordnung von Dingen. Nacht und Tag sind Zustände oder *Gegebenheiten*, aber diese Bezeichnungen sind nicht immer hilfreich. Wann genau fangen Tag oder Nacht an und wann enden sie? Ebenso interessant ist die Frage, wann genau wir geboren werden und wann wir sterben, doch unser Traumprozess ignoriert diese spezifischen Zustände oft. Nur in der Konsensusrealität sind Prozesse zeitgebunden. Im Traum und auf der Ebene der Essenz sind sie zeitlos.

Lebte Jung heute, würde er über östliche Traditionen oder Philosophien sicher anders denken. Ursprünglich ging er davon aus, dass östliche Traditionen westlichen Menschen nichts geben könnten. Er liebte das *I Ging*, doch als er sich mit den Zuständen der Egolosigkeit beschäftigte, die Buddhismus und Taoismus beschreiben, gelangte er zu der Überzeugung, dass das für westliche Menschen kein Weg sei. Ich respektiere Jungs Haltung zu diesem Thema vollkommen, denn wir alle werden bewegt und geprägt durch die Zeit, in der wir leben. Die Kultur beeinflusst unser Denken und Sprechen über die Dinge.

In der Konsensusrealität zum Beispiel wird Prozessarbeit heute an vielen Instituten überall auf der Welt praktiziert. Doch die Prozess-Gemeinschaft ist für mich das gesamte *Uni-versum*, was wörtlich bedeutet, eine Umdrehung. Wenn ich in welcher Stadt der Welt auch immer auf der Straße Menschen, Hunde, Bäume, Müll, Pflanzen,

Vögel oder anderes sehe, sage ich oft zu Amy: „Das ist meine Familie" und empfinde das auch ganz intensiv.

Jede Methode, alles, was vom Umfeld gutes Feedback bekommt, ist also *Prozessarbeit*. Auch andere wirkungsvolle Therapien sind meiner Meinung nach Prozessarbeit. Wenn die Erickson'sche Therapie anschlägt, ist sie Prozessarbeit. Wenn Gestalt oder Freud'sche Psychoanalyse, bei der Sie auf der Couch liegen und frei assoziieren, für Sie und den Therapeuten gute Resultate bringt, ist das ebenfalls Prozessarbeit. Auch ich bitte Menschen manchmal, sich auf die Couch zu legen und frei zu assoziieren. Bei einigen wirkt das wunderbar. Ich selbst tue das jeden Morgen, bevor ich aus dem Bett aufstehe.

EBENEN DER BEWUSSTHEIT

Was Jung das *Unbewusste* nannte, bezieht sich vor allem auf die Konsensusrealität oder Ebenen der Konsensusrealität (siehe Abbildung 5.1. *Ebenen der Realität*). Er benutzte die Begriffe *Ich* und *Persona* grundsätzlich, um sich auf unsere alltäglichen Wachzustände und die kollektiven Masken zu beziehen, die wir alle von Zeit zu Zeit tragen. Ich nenne diesen Bereich Konsensusrealität oder KR, was heißt, dass unsere primären Prozesse verbunden sind mit der ganz realen Kultur und der ganz realen Welt, in der wir leben. Jung meinte mit dem Unbewussten die Dimensionen, die ich als Traumland und Prozessgeist oder Ebenen der Essenz bezeichne.

In der Abbildung unten sehen Sie, dass ich das Ich-Diagramm vom Du-und-Ich-Diagramm getrennt habe, um zu betonen, dass ich, wenn ich nur an mich denke, mich meiner eigenen Realität, meinen eigenen Träumen und meinem eigenen Prozessgeist zuwende. Doch diese Art Denken ist begrenzt, denn Traumland und Prozessgeist sind mit allen verbunden, mit denen ich in Beziehung stehe. Wir müssen dieses erste Diagramm also erweitern, um auch das rechte Diagramm einzubeziehen. Ich bin nicht nur ich, sondern auch du (und natürlich umgekehrt).

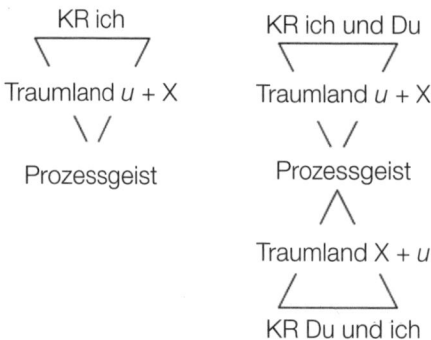

Abbildung 5.1.: Ebenen der Realität.

Diese Bereiche des Traumlands sind nichtlokal, das heißt, es handelt sich hier um Räume zwischen uns, die wir miteinander teilen. Wenn wir zum Beispiel meine Realität als die obere Ebene des Diagramms denken, dann kann meine Erfahrung von Beziehung „Ich und Du" sein, während Ihre „Du und Ich" auf der unteren Ebene des Diagramms ist.

In Abbildung 5.2. habe ich das Diagramm der Ebenen der Realität um eine kreisförmige Dimension ergänzt, um zu betonen, dass die Bereiche der Essenz oder von Prozessgeist und Traumland ein Raum und traumähnlich sind und damit nichtlokale Bereiche, die uns in einem kreisenden Prozess miteinander verbinden … ich… du… wir und so weiter. Die Bereiche von Traumland und Essenz sind miteinander verflochten. Meine Erfahrung scheint zu sein, dass meine Träume und das Raumzeit-Träumen zu mir gehören, doch oft zeigt sich, dass diese Bereiche nichtlokal mit allem verbunden sind, womit ich in Beziehung stehe. Mit anderen Worten: Sie und ich sind miteinander verflochten.

Diese Verflochtenheit oder *Verschränkung* als Essenz der Quantenphysik heißt, dass das, was in einem System hier passiert, verbunden ist mit dem, was in dem System dort passiert, ohne dass es erkennbare Signale zwischen beiden gibt. Jung hätte wahrscheinlich gesagt, dass die überwie-

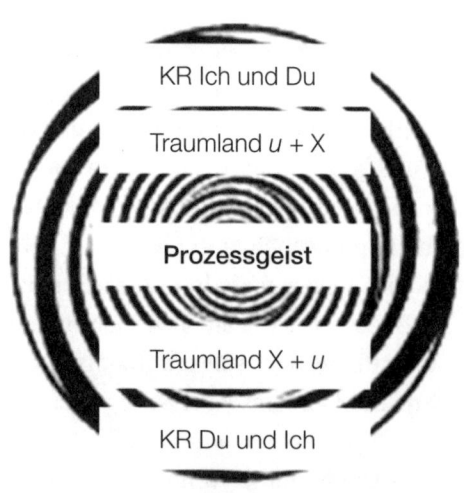

Abbildung 5.2.:
Hintergrundwirbel für das, was wir sind.

Der kosmische Tanz des Ursprungs

gende Mehrzahl der Bilder in Träumen aus dem persönlichen Unbewussten stammt. Er hätte die Ebene der Essenz als tieferes oder kollektives Unbewusstes bezeichnet, das mit mythischen und unpersönlicheren Bildern und Erfahrungen verbunden ist. Heute sieht es so aus, als wären Träume und Erfahrungen mit der Essenz Ihre persönlichen Erlebnisse und zugleich verflochten mit allem, womit Sie in Beziehung stehen.

SYNCHRONIZITÄT

Prozessarbeit erforscht unter anderem, wie der Beobachter mit dem Beobachteten, dem $u + X$, verflochten ist. Das, was bewusst zu sein scheint, kann also auch verflochten sein mit dem X, dem „Nicht-Ich“. Etwas an X flirtet mit u, wenn *Träume* oder sekundäre Prozesse in der *Realität* entstehen oder sich dicht an Ihrer Alltagsidentität oder Ihrem primären Prozess abspielen. Sie gehen die Straße entlang und etwas zieht Ihre Aufmerksamkeit auf sich, oder Sie haben eine Frage und etwas zieht Ihre Aufmerksamkeit auf sich. Das X, das Ihre Aufmerksamkeit auf sich lenkt, gibt Antwort auf einen bestimmten u-Fragenden. Die Dinge geschehen nicht aus dem Nichts heraus. Das u und das X sind miteinander verflochten. Als u X sah, war X bereits ein wenig in u und u ein wenig in X. Der Baum ist in mir und vielleicht bin auch ich ein wenig im Baum. Wir haben so etwas wie *Baumhaftigkeit* gemeinsam.

Was verbindet uns miteinander? Physikern fällt nichts anderes ein, als in dieser Verschränkung lediglich eine Eigenschaft der Quantenwelt zu sehen. Ich bezeichne diese Erfahrung der Verschränkung als *Raumzeit-Träumen*. Synchronizitäten erinnern Sie daran, dass Ihre Konsensusrealität auch von Dingen gesteuert wird, die Sie nicht erwarten; die Welt ist sonderbarer, als wir denken. Die Seite in Ihnen, die mit der Konsensusrealität übereinstimmt, kann zum Beispiel sagen: „Ich bin eine reale Person, die reale Dinge tut, ich bin ein wirklich aktiver und ernsthafter Mensch.“ Die Synchronizitäten sagen: „Denk daran, die Welt ist auch ein magischer Ort, und Du gerätst aus dem Gleichgewicht, wenn du dir dieser Magie nicht bewusst bist.“ Aber was genau ist Magie?

PROZESS: DIE MAGIE VON SYNCHRONIZITÄTEN

Nicht nur das X taucht vor dem u auf. Das ist bereits als solches ein magisches Geschehen, denn X ist traumähnlich und Sie können dieses X in Ihren Träumen finden. Es reicht nicht, lediglich in Begriffen wie bewusst (u) und unbewusst (X) zu denken. Synchronizität heißt, dass das Bewusste und das Unbewusste in Wirklichkeit Erfindungen der Vorstellungen in unserer Konsensusrealität sind! Tatsächlich existiert ein Fluss zwischen X + u, ein Feld und ein potenzieller Tanz. Jeder Flirt ist eine Synchronizität, ein Augenblick in einem Prozess! Die Beziehung zwischen Ihnen wie zwischen jedem u + X besteht nur zum Teil aus sichtbaren Signalen; sie umfasst auch einen fühlenden Fluss des Feldes, das uns miteinander verbindet. Das ist das Tao, das nicht genannt werden kann. Dieses Buch verweist auf das Raumzeit-Träumen als das Tao, das nicht genannt werden kann, den Raum zwischen uns, die Erfahrungen auf dem gemeinsamen Grund, auf dem sich Synchronizitäten abspielen.

Der nahtloseste Fluss ist eine Erfahrung der Essenz; er ist tiefer als jede Form von X oder u in der Realität oder in Träumen. Der tiefste Aspekt des Flusses ist das Raumzeit-Träumen, das sozusagen sich selbst folgt. In den Erfahrungen des Raumzeit-Träumens sind $X + u$ Phasen des Tanzes – Aspekte des Tao, das genannt werden kann und nicht das Tao selbst, das nicht genannt werden kann. Das Tao, das nicht genannt werden kann, ist das Feld des Prozessgeistes, die Kraft, die sich als Tanz des Raumzeit-Träumens und in Form all der Flirts und Xs und us manifestiert, die Sie erleben können.

Manche Physiker können die Similarität zwischen meinem Verständnis von Synchronizität und der Quantenphysik möglicherweise sehen. Die Wellenfunktion der Quantenmechanik verbindet Dinge miteinander. Sie steht hinter der Verschränkung, zwischen den wechselseitigen Verbundenheiten von $X + u$. Aber niemand kann Ihnen genau sagen, was diese verbindende Wellenfunktion eigentlich ist. Meine Physiklehrer sagten: „FRAG MICH DAS NICHT." Aber wir müssen Fragen stellen. Meine Antwort lautet, dass die Wellenfunktion ein Beispiel für das Muster oder den Rhythmus der Tanzerfahrung des

Prozessgeistes ist: Aus ihr entsteht die Bewusstheit aller Formen, ohne dass sie eine dieser Formen ist. Die Quantenwelle ist ein Beispiel für die potenzielle Realität hinter unserem stochastischen Tanz.

Ich sage, im Hintergrund existieren strukturierende Felder, ob wir diese nun göttlichen Geist, Prozessgeist, Wellenfunktion oder Felder des Raumzeit-Träumens nennen. Das ist für mich eine der evidentesten Erfahrungen. Wir spüren Felder, die Dinge verschränken, als wären es Erdatmosphären, Kräfte und Felder, die uns zum Tanzen bringen. Dieses Träumen ist ein gemeinsamer Grund, Einsteins Raumzeit verwandt, und verbindet gewöhnliche Beobachter an unterschiedlichen Orten des Universums miteinander. Träumen gleicht der vierdimensionalen Raumzeit-Erfahrung der allgemeinen Relativität.

Das Raumzeit-Träumen des Prozessgeistes ist hinter den Synchronizitäten angesiedelt. Wenn wir tief genug in uns gehen, verlieren die Dinge, die uns stören, an Macht über uns, wie die meisten von uns wissen. Und zugleich kann diese Erleichterung auch andere Menschen erreichen, mit denen Sie verbunden sind – sie können sich vorübergehend erleichtert fühlen, ohne überhaupt zu wissen, in welcher Stadt oder welchem Land Sie sich gerade befinden. Das ist Schamanismus. Probieren Sie es einmal mit einer Freundin oder einem Freund aus. Bei der folgenden Übung können Sie damit experimentieren, tief in sich zu gehen, um dann zu versuchen, ein Beziehungsproblem zu lösen. Das gibt Ihnen Gelegenheit, Erfahrungen mit dem

Prozessgeist zu machen, mit dieser „einen Welt" oder *Unus Mundus*, den Feldern, die wir alle miteinander teilen. Versuchen Sie einmal folgendes Experiment:

EXPERIMENT MIT DER UNUS-MUNDUS-SYCHRONIZITÄT IN BEZIEHUNGEN

Ich werde Sie gleich nach Problemen fragen, die Ihnen zu schaffen machen, und dann bitten, diese Problcme und Energien mit einer Person in Verbindung zu bringen, die nicht hier anwesend ist. Dabei kommt es nicht darauf an, ob Sie diese Person mögen oder nicht. Es kann Ihr Partner sein oder jemand, den Sie nicht ausstehen können.

Arny: „Welche Energie stört Sie in den Beziehungen in Ihrem Leben am allermeisten?"

Teilnehmerin: „Diese Energie begegnet mir in meinem Leben oft, sie ist aggressiv, greift mich an und will haben. Mir fällt dabei mein Nachbar ein, der einen Teil meines Grundstücks haben will, um seine Garage darauf zu bauen. Seine Energie sagt mir: „Du bist mir ganz egal! Ich will nur meine Garage!"

Arny: „Wenn Sie bei dieser Übung einer Person diese Frage (Welche Energie in deinem Leben stört dich am allermeisten?) stellen, sollten Sie beobachten, was Ihr Gegenüber mit den Händen tut. Unsere Freiwillige hier hat ihre Hände so bewegt." (macht eine zupackende, scharfe Bewegung)

Teilnehmerin: „Mein Vater hat die gleiche Energie. „Sei still. HALT DEN MUND!"

Arny: „Sie sehen anders aus als sonst, wenn Sie das sagen! Welche Energie in Ihnen richtete sich am stärksten gegen die scharfe Bemerkung „Halt den Mund!"?

Teilnehmerin: „Die Seite in mir, die alle Stimmen mag, die Vielfalt mag, sich Dialoge und Gespräche zwischen den verschiedenen Seiten wünscht und beide Seiten achten möchte."

Arny (spielt den „Vater"): „Pah!! (Gelächter) Warum lachen Sie alle? Was hat Sie zum Lachen gebracht? Möglicherweise gefällt dem Prozessgeist die Energie dieses schneidenden, zupackenden X, selbst wenn Ihr bewusster Geist diese Seite hasst. Es gibt eine Verschränkung, eine unbekannte Verbindung zwischen $u + X$. Wie zeigt sich die in Beziehungen?"

Teilnehmerin: Ich habe mich mit diesem Problem immer wieder auseinandergesetzt, auch mit einem anderen Nachbarn, der immer nur haben will und kein Gefühl für die andere Seite hat. Es beeinträchtigt auch die Beziehung zu meinem Partner, weil mich diese Energie total ängstigt. Wenn sie aufkommt, gerate ich ganz durcheinander."

Arny: „Ist Ihr Partner Ihnen da ähnlich?"

Teilnehmerin: „Ja, das ist er. Vielleicht gibt er manchmal einfach zu viel, und er mag keine Konflikte."

Arny: „Hat er innerlich oder äußerlich auch etwas von der X-Energie?"

Teilnehmerin: „Es fällt ihm leichter als mir, damit herauszurücken. Als ein weiterer Nachbar von uns unseren Zaun mit einem Bulldozer abreißen wollte, holte er die Schaufel!"

Arny: „Um es sich leichter zu machen, möchte ich Sie bitten, X einmal zu skizzieren. Spüren Sie die X-Energie und machen Sie dann davon eine Skizze."

Teilnehmerin zeichnet eine grade, durchschneidende Linie.

Arny: „Und wie sieht die andere Energie aus?"

Teilnehmerin zeichnet einen Schnörkel.

Arny: „Die klassischen Gegensätze! Linearer Schnitt versus Bogen, allein das wäre es wert, einmal gründlich darüber nachzudenken. (Pause) Nun, was ist Ihr augenblicklicher Lieblingsflecken auf der Erde?"

Teilnehmerin: „Eine Insel südlich von Kreta im Mittelmeer, von dort aus kann man Afrika sehen."

Arny: „Begeben wir uns dorthin. Können Sie diese beiden Energien dort irgendwo sehen?"

Teilnehmerin: „Es gab dort einen Aufstand! Bevor wir dort landen konnten, gab es Straßenkämpfe mit viel Geschrei. Offensichtlich ein Studentenaufstand, alle brüllten und schrien durcheinander! Das ist die zupackende, schneidende Bewegung."

Arny: „Und finden Sie die andere Energie dort auch, den Schnörkel?"

Teilnehmerin: „Ja. Diese Insel ist der einzige Ort, wo ich jemals eingeschlafen bin, als ich mich im Wasser treiben ließ. Ich fühlte mich so geborgen, so getragen und warm. Ich könnte auch jetzt sofort einschlafen, wenn ich nur daran denke."

Arny: „Begeben wir uns also auf diese Insel, wo der Aufstand stattfand und Sie sich „treiben lassen" können. Erinnern Sie sich an die Fähre, die Sie dorthin brachte, die Wellen und das Sonnenlicht. Lassen Sie die Insel durch Sie atmen… atmen Sie, als würde die Insel durch Sie atmen. In der Nähe gibt es auch diese andere Energie… Kann die Insel, während sie durch Sie atmet, auch in diese andere Energie hineinatmen? Schauen Sie, ob Sie auch in dieses gradlinige Verhalten hineinatmen können… Um es sich jetzt noch leichter zu machen, bitte ich Sie, sich vorzustellen, dass das ganze Universum Sie bewegt, mit der Freiheit und dem Raum, die diese Insel umgeben. Lassen Sie sich von dem Raum dort, vom Raum des gesamten Universums, bewegen. Gut. Wenn Sie jetzt das Gefühl haben, frei zu tanzen… sind Sie bereit, diese beiden Raumzeit-Bewegungen wieder zurück auf diese Insel zu bringen, zu diesen Energien, zur linearen Energie? Gott weiß, was dieses Universum tun wird, während es Sie bewegt. Lassen Sie sich davon auf nicht vorhersehbare Weise bewegen."

Teilnehmerin bewegt und dreht sich.

Arny: „Das Universum tut Dinge, die Sie einfach nicht vorhersehen können. Plötzlich bringt es Sie dazu, so herumzuwirbeln wie jetzt. Bringen wir diese Bewegung jetzt zusammen mit dieser Erfahrung mit dem Universum zurück zu den Insel-Energien in der Nähe von Kreta, um zu sehen, wie Sie nach diesen Erlebnissen mit der einen Welt mit Vielfaltsproblemen umgehen könnten. Erinnern Sie sich an die Freiheit des Universums in Ihren Bewegungen… Aha! Ich sehe, Ihnen kam bereits eine Idee, ich konnte es sehen. Konnten Sie diese Idee festhalten?"

Teilnehmerin: „Es war sehr erleichternd, vom Universum bewegt zu werden, mich so zu drehen! Ich kann schwer in Worte fassen, wie ich die Dinge aus der Perspektive des Universums sah! Wenn ich ganz normal ich selbst bin, liebe ich dieses Fließen, mit dieser Seite identifiziere ich mich. Aber wenn ich tanze und tiefer gehe, ist die gerade Linie plötzlich gar nicht mehr störend! Sie ist einfach Teil des Fließens. Sie wird zum Teil des Tanzes, zum Teil dessen, was für dieses Fließen notwendig ist. Der Schnörkel ist schön, aber wenn es keine Seite gibt, die durchschneidet und sagt: Peng! Dies! Jetzt! Meins! – ‚solange es das nicht auch gibt, ist dieser Tanz unvollkommen und nicht ganz!'"

Arny: „Der Wirbel, der Schnörkel sind also schön und gut, doch ohne ein *Wuff!* in Ihrem Tanz reicht er aus der Perspektive des Universums nicht aus! Sie schauen mich an und denken sich etwas…"

Teilnehmerin: „Es ist so erleichternd, dass ich plötzlich kein Opfer dieser Gradlinigkeit mehr bin, sondern dass diese Teil von mir und meiner Natur ist und auch von der Natur und dem Leben des Universums."

Arny: „Das ist gut für Sie. Sie sehen dabei aus, als ob Sie ganz in sich ruhen und glücklich sind. Vielleicht können Sie, um einen weiteren Schritt zu tun, morgen einmal Ihren Nachbarn anrufen, einfach um zu sagen: „Ich muss gerade an dich denken. Und übrigens, wie ging es dir gestern (zu der Zeit, als wir hier diese Arbeit taten)?" Das wäre ein weiterer großer Schritt bei dieser Übung. Würden Sie das tun?"

Teilnehmerin: „Um zu sehen, wie sich das hier auf ihn ausgewirkt hat? Klar."

Arny: „Danke!"

Seien Sie geduldig, wenn Sie diese Übung machen. Unterbrechen Sie diese Erfahrung mit dem Universum nicht, sondern machen Sie weiter, bis dieser fließende Tanz ein wenig unberechenbar wird. Wenden Sie sich dann mit diesem Gefühl von Offenheit und Träumen wieder Ihrem Problem zu. Diese Metafähigkeit ist ein wichtiges Werkzeug für die Lösung von Spannungen oder Konflikten."

Teilnehmer: „Haben Sie eine Hypothese, welche Auswirkungen diese Arbeit auf die Menschen haben könnte, mit denen wir in Beziehung stehen?"

Arny: „Da wir nicht nur mit diesen anderen Menschen arbeiten, sondern auch mit dem Feld zwischen uns, bemerkt der oder die andere manchmal etwas. Manchmal geschehen diese Dinge auch in einer Art gemeinsamem Raum.

Das Wichtige ist diese zenähnliche innere Haltung des Raumzeit-Träumens, bei der nichts vorhersehbar ist, wie auch beim Zen-Geist. Wir richten uns nicht nur auf die

Beziehungen in der Konsensusrealität aus, sondern auch auf die Energien und Felder hinter dieser Realität. Wir nutzen sozusagen unsere rechte Gehirnhälfte. Bei dieser inneren Haltung gehört jedes unvermittelte Gefühl, jeder plötzliche Gedanke offensichtlich zu Ihnen, ist jedoch gleichzeitig auch als Teil Ihres Tanzes überall um Sie herum! Ich will damit sagen, dass Synchronizität eine Einladung an u ist, mit X zu tanzen, eine Einladung an alle, mit dem Universum zu tanzen. Synchronizität ist ein Beispiel dafür, wie der Raum zwischen uns uns auf nichtkognitive Weise zusammenbringt und verbindet. Sie bezieht auch die Energie von Beziehungen ein und nicht nur die Personen, die eine Beziehung haben."

(Eine halbe Stunde später, nachdem alle Teilnehmenden diese Übung gemacht haben.)

Arny: „Ich muss noch einmal auf unsere Freiwillige zurückgekommen. Was ist passiert, als Sie zuhause nachgefragt haben?"

Teilnehmerin: „Ich habe auf Ihre Bitte hin meinen Freund angerufen, der zuhause war. Er war sehr gut gelaunt und glücklich, und ich sagte: „Warum bist du so glücklich?" Er sagte: „Ich habe gerade das Problem gelöst, an dem ich die letzten drei Monate getüftelt habe, gerade eben habe ich es geschafft!" Das Problem war, dass er unseren Mähtraktor nicht anschmeißen konnte. Die letzten drei Monaten hatte er daran gebastelt und das Gerät vollständig auseinan-

dergenommen. Und plötzlich, gegen 18 Uhr, als wir hier im Seminar gearbeitet haben, ging der Rasenmäher an und „schnitt" das Gras!"

Arny: „Das sogenannte unbelebte Objekt, der Rasenmäher, der Gras schneidet, springt an!"

Aus meiner Sicht kann ein Problem zwischen zwei (oder mehr) Personen nicht vollständig gelöst werden, wenn es nicht überall dort gelöst wird, wo die u + X-Energien in Ihrem Leben existieren. Kein Problem ist nur lokal oder persönlich. Alles, was Sie fühlen, gehört zu Ihnen wie zu den Feldern in der Welt, die Sie umgibt.

Was ist persönliche Entwicklung? Die persönliche Entwicklung unserer Freiwilligen bezieht auch den Rasenmäher ein, der Gras „schneidet", auch wenn sie selbst nicht versucht hat, ihn zu reparieren. Sie hat mit dieser schneidenden Energie gearbeitet, die sich gegen sie richtete in Form eines Nachbarn, der ein Stück ihres Eigentums haben oder „sich abschneiden" wollte! Alles, was wir im Augenblick wissen, ist, dass das „Schneidende" nicht mehr gegen, sondern für sie arbeitet. „Es" wurde repariert. Es befand sich in einem „unstabilen Gleichgewicht", funktionierte nicht, und dann funktionierte das Ding, das ihr Gras schnitt! Was passierte mit der Person, in der sie diese X-Energie erlebte? Das wissen wir noch nicht. Sollte dieser Mensch wie die meisten von uns sein, bleibt er vielleicht stur und sagt oder gibt nicht zu, dass er ein paar Minuten lang freundlich an seine Nachbarin gedacht hat. Aber vielleicht tut er's doch.

Damit will ich Folgendes sagen: Hinter jedem Vielfaltsproblem in der Konsensusrealität steht ein „reales" Problem, aber auch eine ekstatische Erfahrung des Feldes, das alles miteinander verbindet. Bei Ihrem Tanz des Universums sind Sie ekstatisch und erkennen, dass die Dinge nicht nur persönlich sind. Der Tanz des Universums arbeitet nichtlokal am gesamten „Eigentumsbereich" und damit auch in Ihrer Wiese oder Ihrem Garten. Jung hätte gesagt, er arbeitet synchron. Heute können wir sagen, dass der Zugang zum Raumzeit-Träumen, zu dem Feld, das uns miteinander verbindet, hilfreich für dieses Feld und alle Probleme in dessen Bereich ist.

ZUSAMMENFASSUNG DER ÜBUNGSSCHRITTE

1. Welche Energie in Ihrem Leben (X) stört Sie im Augenblick am allermeisten, und wer in Ihnen (u) ärgert sich über diese Energie am meisten? Wie äußert sich diese Spannung zwischen X + u in einer Ihrer Beziehungen? Mit wem haben Sie diese Beziehung?

2. Suchen Sie innerlich Ihren Lieblingsflecken auf der Erde auf und finden Sie dort X + u. Atmen Sie in das Land.

3. Lassen Sie noch etwas mehr los und spüren Sie, wie der Raum um Sie herum Sie bewegt. Nutzen Sie dieses „Ausgespacedsein", um zu tanzen.

4. Während Sie tanzen, kehren Sie innerlich zurück zu Ihrem Ort, tanzen zwischen X + u und achten Sie auf mögliche Einsichten.

5. Fragen Sie schließlich bei Ihrem Freund oder Ihrer Freundin nach, wie er oder sie sich fühlt. Fragen Sie auch, wie Ihre Einsichten ankommen, als hätten diese „einfach in der Luft gelegen".

Haben Sie Veränderungen bei der Person bewirkt oder hat diese Sie verändert? Meine Antwort lautet: Es ist ein Prozess. Ich möchte, dass Sie ein ganz klein wenig trunken sind, am besten immer, zumindest aber hin und wieder, und zwar ohne Alkohol.

Erster Teilnehmer: „Rumi, der Sufi, spricht von dem Trunkenen, der ekstatisch ist."

Zweite Teilnehmerin: „Hafiz, ein weiterer Sufi, nannte die Traumwelt oft „Schänke"."

Dritter Teilnehmer: „Tamara hat ihren Sohn in New York angerufen, um ihn zu fragen, ob ihm in Bezug auf das Thema, an dem sie hier gearbeitet hat, etwas aufgefallen ist, und er hat die Frage bejaht!"

DIE POLITIK DES PROZESSPARADIGMAS

Das Raumzeit-Träumen beeinflusst unser Denken über die Realität, Teilaspekte und Parteien. Die Prozessarbeit hat viele Ähnlichkeiten mit anderen Psychotherapien, doch gibt es hier auch einen zentralen Unterschied. Aspekte, die wir uns als innere Anteile vorstellen, das heißt, Begriffe wie Anima und Animus, männlich und weiblich, bewusst und unbewusst und so weiter gehören zu einer bestimmten Konsensusrealität, die uns denken lässt, es handele sich hier um feste Bilder oder Zustände. Zustände wie gut und schlecht, gesund und krank, alt und jung und sogar tot und lebendig können in der Konsensusrealität wichtige Begriffe sein, ohne dass sie genau definiert sind. Halten wir jedoch an diesen Teilaspekten fest, vernachlässigen wir das Feld, den potenziellen Tanz im Hintergrund und denken, ein Teil sei getrennt vom anderen oder besser als dieser. Die Prozessarbeit konzentriert sich unter anderem deswegen nicht auf diese Begriffe, weil es sich hier, von den Ebenen des Träumens und der Essenz aus betrachtet, lediglich um Augenblicke im Tanz handelt und keine beständigen Strukturen.

In der Prozessarbeit sind Teile Phasen des Tanzes. Aus dieser Sicht ist die Politik der Farbigen und der „Weißen", der Hetero- und Homosexuellen, Demokraten und Republikaner, Liberalen und Konservativen sehr wichtig. Das partielle Denken kann Klarheit schaffen, ist jedoch auch ziemlich problematisch: Oft erklärt es einen Teil zum Besseren und etabliert dadurch zwangsläufig Hierarchien. Das Pathologisieren kann wichtig sein, um eine Krankheit zu erfassen, bevor sie zu weit fortschreitet, doch häufiger tritt der Fall ein, dass es ärztliche Behandlungsfehler begünstigt, weil dadurch Widerstand gegen und Angst vor X ausgelöst wird, sodass wir uns schließlich tatsächlich krank fühlen. Die Iatrogenese (durch das Verhalten oder die Behandlung von Ärzten hervorgerufene Krankheiten, Anm.d.Ü.) ist eine – meistens unbeabsichtigte – negative Reaktion auf die Diagnose, Behandlung oder Empfehlungen von Ärzten oder Therapeuten. Der Versuch zu helfen – und sei es in Form von ergänzenden oder alternativen Behandlungsverfahren – kann Probleme schaffen, wenn die betroffene Person aufgrund der ärztlichen Intervention in polares Denken verfällt und glaubt, dies sei gut und jenes schlecht. Wenn ein Mensch sich aus sozialen oder gesundheitlichen Gründen schlecht fühlt, kann das zu seinem augenblicklichen Prozess gehören, doch in der Politik des Prozessparadigmas zieht die Favorisierung bestimmter Teile, Gesundheits- oder Bewusstseinszustände meistens viele Probleme nach sich. Urteile und Kategorisierungen sind wichtig und sollten durch Prozesse ausgeglichen werden: reich — arm, hetero- — homosexuell, hell — dunkel, gut — schlecht sind Bezeichnungen, Aspekte unserer augenblicklichen Übereinkunft über die Realität, aber sie sind noch nicht der Tanz!

Politik ist eine Übereinkunft in der Konsensusrealität, die festlegt, wie ein Staat oder eine Organisation geleitet werden soll. Meiner Meinung nach sollte es neben der „Politik der Polaritäten" noch eine prozessorientierte Politik geben, die nicht nur die Probleme der Konsensusrealität und Polarisierungen einbezieht, sondern auch das Raumzeit-Träumen und die Dynamik des Fließens und dessen Essenz. Ohne den „Tanz der Verbundenheit" wird Politik zwangsläufig nur von denen beherrscht, die am meisten Macht haben oder (je nach Geschlecht, Rasse, Alter und so weiter) den höchsten sozialen Rang einnehmen.

Die Probleme, die *u*s + Xs, sind nicht nur Probleme. Das wirklich tiefere Problem ist, Zugang zum Tanz zu bekommen. Die Probleme sind dazu da, Sie ein wenig aus der Balance zu bringen und Sie zu ermutigen, wieder zum Tanz zu finden. Ich glaube, Jung hat das ebenfalls erkannt. In seiner Autobiografie erzählt er Aniela Jaffé, dass seine Archetypen den Energien, die ich hier benenne, ziemlich verwandt sind:

Auch in der Physik spricht man von Energie in ihren Erscheinungsweisen… Genauso ist es in der Psychologie. Es handelt sich hier in erster Linie um Energie (d.h. um Intensitätswerte, um ein mehr oder weniger). Durch die energetische Auffassung der Libido entsteht eine gewisse Einheitlichkeit der Anschauungen…, wie sie in den Naturwissenschaften als eine allgemeine Energetik besteht… Ich betrachte z.B. die menschlichen Triebe als Manifestationen energetischer Vorgänge…, Kräfte, analog der Wärme, dem Licht etc. [26]

Im Alter, wenige Tage, bevor er starb, sagte er:

„Die großen Lebensprobleme sind nie auf immer gelöst. Ihr Sinn und Zweck scheint nicht in ihrer Lösung zu liegen, sondern darin, dass wir unablässig an ihnen arbeiten. Das allein bewahrt uns vor Verdummung und Versteinerung." [27]

Heute könnten wir sagen, dass der Sinn und Zweck von Problemen nicht ist, an Lösungen zu arbeiten, sondern auch in Berührung zu kommen mit dem ewigen Prozess des Raumzeit-Träumens im Hintergrund.

RÜCKBLICK AUF KAPITEL 5

- Wir können Psychologie als Prozess vorführen, aber nicht vollständig auf kognitivem Weg vermitteln. Das habe ich von Franz Ricklin gelernt, der mir das Wesen von Synchronizität ganz praktisch vermittelte.

- Ein Paradigmenwechsel in der Psychologie? Ja, von Materie und Psyche, Traum und Realität zu dem Beziehungstanz, den ich Raumzeit-Träumen nenne.

- In gewisser Weise gibt es keine Materie und keine Psyche, weder alt noch jung, männlich oder weiblich. Das alles sind momentane Bilder des Stromes, in dem wir alle leben, des fließenden Raumes zwischen uns.

- Die Vorstellung vom Raumzeit-Träumen hat Vorläufer in Jungs Arbeit, in der Alchemie und im Taoismus.

- Unsere Probleme existieren nicht nur zwischen uns als Menschen, sondern auch zwischen Energien im Universum. Unsere Probleme sind nicht nur persönlicher Natur, sondern auch Manifestationen der Felder im Hintergrund.

- Die augenblickliche Politik orientiert sich an Polaritäten. Die nächsthöhere Stufe von Politik würde Polaritäten einbeziehen, sich aber nicht mehr mit ihnen identifizieren in dem Wissen, dass allem Prozess Fluss und Essenz zugrunde liegen.

KAPITEL 6
Das Tao des Stephen Hawking

„Mein Ziel ist einfach. Mir geht es um ein vollständiges Verständnis des Universums, warum es so ist, wie es ist, und warum es überhaupt existiert.“

STEPHEN HAWKING [28]

Wenn es stimmt, dass die Konflikte zwischen Menschen auch nichtlokale, im Konflikt miteinander stehende Energien im Universum sind, dann müssen wir die Natur des Universums erforschen. Aus welcher Substanz besteht es? Gibt es einen Raum, einen Äther, eine Alternative zur Raumzeit, aus der alles hervorging? Was ist mit den 95 Prozent des Universums, die wir nicht sehen können? Was ist dunkle Energie und dunkle Materie?

Die Alchemisten gingen davon aus, dass die Essenz des Universums so etwas wie ein *Unus Mundus* (die eine Welt) sei. Später brachte die katholische Kirche viele Alchemisten zum Schweigen und vertrat beharrlich, Gott sei das primäre, alles durchdringende Element. Dann kamen die ersten Chemiker, für sie war die Essenz des Universums das unsichtbare Atom. Bald darauf war die Rede von subatomaren Teilchen, Quantentheorie, Stringtheorie… und so weiter. Sind alle diese Felder Aspekte ein und desselben?

Betreten wir einmal die Welt der Kosmologie, um uns die augenblickliche Sicht der Wissenschaftler vom Universum zu verdeutlichen. Ich liebe die Physik nicht nur deswegen, weil sie so rational ist, sondern auch ein Prozess der ständigen Suche, mehr über das Unbekannte zu erfahren. Zu den größten Problemen der Physiker gehört die Beantwortung der Fragen, wer wir sind, woher wir kommen und wie das Universum entstand. Die theoretische Physik sucht eifrig nach Wegen, die Welt als Ganzes und die Welt im Kleinen zu vereinheitlichen. Wie können wir das schwächste physikalische Feld (Schwerkraft, das Kraftfeld des Universums) mit dem elektromagnetischen Feld, wie die starken und die schwachen Kräfte, die auf der Ebene des Atomkerns agieren, zusammenbringen?

Besonders interessiert mich dabei, wie das Raumzeit-Träumen mit den unsichtbaren Energien des Universums, den subatomaren, elektromagnetischen Feldern und dem Feld der Schwerkraft zusammenhängt. In diesem Kapitel beschreibe ich, wie die winzigsten, kleinen stochastischen, subtilen Zugkräfte der Natur – in Bezug auf virtuelle Teilchen wie Gravitonen, von denen man annimmt, dass sie die Kraft der Schwerkraft und der Raumzeit übertragen – mit dem, was die Taoisten ihr *Tao Te* nennen, und unserer Raumzeit zusammenhängen könnten.

Die Physiker stellen sich vor, dass Felder mit *virtuellen Teilchen* Kräfte auf Objekte übertragen. Virtuelle Teilchen? Ja, virtuell heißt, man kann sie nicht sehen. Es handelt sich hier um mathematische Vorstellungen. Man geht aufgrund von messbaren Effekten davon aus, dass diese Teilchen existieren, aber sie leben nur vorübergehend... so wie das Träumen in der Raumzeit eine virtuelle Erfahrung ist, die verschwindet, wenn Sie versuchen, sie festzuhalten. Sie können seine Wirkung beobachten, aber das Träumen selbst ist wie das Tao, das nicht genannt werden kann. Richard Feynman stellte sich vor, dass sich virtuelle Teilchen wellenförmig oder wie ein Seil schlängeln und zwei reale Teilchen miteinander verbinden.

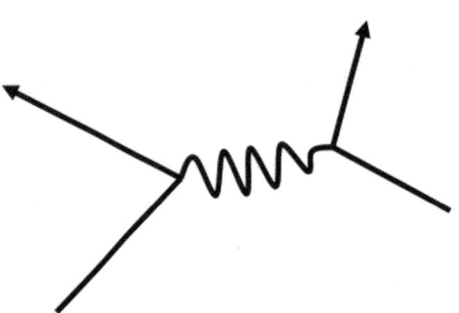

Jedes Elektron ist hier durch eine gerade Linie dargestellt. Sie tauschen ein virtuelles Photon-Teilchen (die Schlangenlinie) aus und stoßen sich gegenseitig ab.

Abbildung 6.1.: Die Interaktion von zwei Fermionen (Elektronen).

Dabei erinnern die durch eine gerade Linie dargestellten Teilchen mich an mich und Sie oder unsere inneren Anteile X + u. Die Schlangenlinie ist für mich vergleichbar mit dem Raumzeit-Träumen, das für uns eine vorhersehbare wie nicht vorhersehbare Erfahrung ist, die schlängelnde, wackelige Elemente enthält. Bei diesen schlängelnden oder virtuellen Teilchen eines Felds fällt mir auch das *Seil* der Buschleute ein, das für diese Menschen den Jäger und das gejagte Tier miteinander verbindet. Man kann dieses Seil nicht sehen, wohl aber spüren. „Seile, Schnüre, Fäden und Lichtlinien ermöglichen spirituellen Heilern, mit den Ahnen und den Göttern und auch mit anderen Gemeinschaften von Buschleuten zu kommunizieren." [29] Diese Vorstellungen von seilähnlichen *Verbindungen* zum Universum entsprechen dem, was ich Raumzeit-Träumen nenne.

Woher kommen diese Verbindungen? Woher kommt das Träumen und das, was wir Realität nennen? Warum sind wir hier? Stephen Hawking fasst all diese Überlegungen zusammen mit seiner simplen Frage: „Warum gibt es statt des Nichts etwas?" [30] An dem einen oder anderen Punkt fragen wir uns alle: „Warum sind wir hier? Was ist der Sinn des Lebens?" Diese Frage ist der Frage von Einstein verwandt, die ich am Anfang meines Buches über den Prozessgeist zitiere:

„Ich möchte Gottes Gedanken kennen, alles Weitere sind nur Details." [31]

Der kosmische Tanz des Ursprungs

Um den Tanz der Verbundenheit zu verstehen, muss ich mich diesen Fragen mit einer Haltung der Tiefen Demokratie nähern, das heißt, indem ich über das reale Universum nachdenke, mich frage, wie wir es erleben, und fühle, das etwas uns bewegt.

TOE* ODER DIE THEORIE VON ALLEM

Heute muss ich noch leiser als normalerweise flüstern, denn gestern war ich mit Amy noch Laufen und habe dabei geschrien und gebrüllt. Ich habe mich bestens amüsiert wie ein Fünfjähriger, aber tatsächlich bin ich 72! Ich bin gerade dabei, zu entdecken, wer ich bin! Diese kleine Erkältung ist für mich genau richtig, ich werde also manchmal ein wenig flüstern. Ich bin ganz aufgeregt, was den heutigen Tag betrifft. Und dieser Hals erinnert mich daran, dass es etwas gibt, was wir kaum in Worte fassen können – wie „das Tao, das wir nicht nennen können".

Wenn der Astrophysiker Stephen Hawking heute fragt: „Warum gibt es statt des Nichts etwas?", wird mir zunächst einmal klar, dass die meisten Menschen über solche Fragen nicht viel nachdenken. Doch Sie müssen als Alltagsmensch über diese Dinge nachdenken, denn mit solchen Fragen können wir anderen Menschen in allen Lebensphasen helfen, ihrem tiefsten Selbst nahe zu sein, mitten im geschäftigen Alltag, in Todesnähe, wenn sie sich verlieben

oder eine Liebe zu Ende geht. Wer bin ich wirklich? Was ist der Sinn unseres Lebens, wenn es überhaupt einen gibt? Was tun wir alle hier zusammen auf diesem Planeten? Hat die menschliche Rasse eine gemeinsame Aufgabe? Mit einigen dieser Fragen beschäftige ich mich in Anhang A zu meinem Buch über den Prozessgeist, doch hier möchte ich weitergehen.

Diese Fragen können wir nur beantworten, wenn wir Gefühl und Theorie zusammenbringen. Physiker sprechen von Gott und gehen vage davon aus, dass es so etwas gibt wie einen Gott, dessen Verhalten und dessen *Gedanken* eins sind. Einstein zum Beispiel meinte, wenn er von Gott sprach, die Naturgesetze. Er fragte sich, wie diese Gesetze aussehen. Wer oder was hat sie sich ausgedacht? Sind diese Gesetze oder natürlichen Muster beständig? Können wir sie kennen lernen? Hier muss ich fragen, wie hängt die Psychologie, wie hängt Ihre Psychologie mit dem Universum zusammen? Wie sehen Ihre Fragen aus, wenn Sie sich erlauben, Fragen nach dem Universum zu stellen?

- Wie befreien wir uns aus dem Fiasko, in dem sich die Welt befindet?
- Was habe ich hier zu tun?
- Welchen Sinn hat dieses Leiden?
- Warum gibt es Kriege?
- Warum vergessen wir immer wieder, wie wir zusammenarbeiten können?
- Warum dieser Kreislauf von Zerstörung und Kreativität?
- Wie fügt sich das alles zu einem einzige Ganzen zusammen?

---

* (die Abkürzung für das englische Theory of Everything ergibt das Wort toe = Zeh, Anm.d.Ü.)

Vielleicht suchen wir alle nach einer Theorie von allem. Wie ich in meinem Buch über den Prozessgeist ausgeführt habe, gibt es in der Physik zahlreiche verschiedene Kraftfelder. Sie kennen sicher Magnetfelder, die ermöglichen, dass wir mit einem Magneten Büroklammern aufheben. Magnete erzeugen ein Kraftfeld, und dieses Feld bewegt eine Büroklammer aus Metall. Auch die Erde ist ein Magnet, deswegen kann ihr Magnetfeld eine Kompassnadel bewegen, sich auf die magnetischen Kraftlinien auszurichten. Aber was ist das für ein Feld zwischen Magnet und Büroklammer oder Kompass, das Kraft übermittelt? Wo befindet sich dieses Feld genau? Kann man es sehen? Sie können lediglich sehen, dass es Dinge bewegt. Die Feldtheorie ist ebenso illusionär wie nützlich.

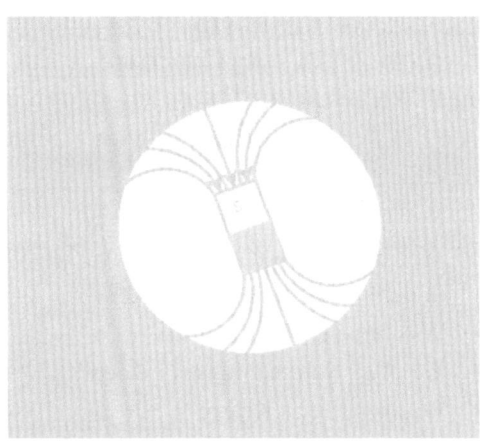

Abbildung 6.2.: Elektromagnetisches Feld

Physiker sprechen von vier Feldern, dem Magnetfeld und drei weiteren Kraftfeldern. Es gibt zwei Kernkraftfelder, die als starke und schwache Kraft bezeichnet werden und die die Atomphysik strukturieren. Alle diese Kräfte versteht man inzwischen recht gut. Aber was ist mit der Schwerkraft? Wir könnten sagen, die Schwerkraft sorgt dafür, dass Gegenstände zu Boden fallen, aber worauf geht sie zurück? Warum übt die Materie auf alles Schwerkraft aus? Und warum ist die Schwerkraft so schwach? Die Schwerkraft zieht die Büroklammer nach unten, wenn Sie versuchen, diese mit einem Magneten aufzuheben. Doch letzten Endes ist die Magnetkraft viel stärker und hebt die Büroklammer mit Leichtigkeit auf. Warum ist das Schwerefeld der Erde so schwach?

Die verschiedenen Kraftfelder der Physik – Schwerkraft, Magnetismus, starke und schwache Kraft – passen bisher theoretisch noch nicht richtig zusammen. Doch wenn wir herausfinden sollten, wie sie zusammenpassen, werden wir das Resultat eine Theorie von allem nennen. Mit dieser Theorie von allem können wir sagen: „Aha! Wir verstehen das Universum ein wenig besser. Jetzt wollen wir einmal Vermutungen anstellen, warum und wie alles hierher gelangte!" Niemand weiß jedoch, wie die Schwerkraft mit den anderen drei Kraftfeldern zusammenpasst. Es muss etwas geben, was diese drei Felder vereint. Man hat gehofft, dass die Stringtheorie die drei mit der Schwerkraft, dem vierten Kraftfeld, vereint. Aber im Augenblick ist die Physik immer noch auf der Suche nach einer Theorie von allem.

Auch der Psychologie fehlt eine Theorie von allem. Wie könnte so eine Theorie in der Psychologie aussehen? Sie würde zusammenbringen:

- Körper, Geist und Seele
- Vergangenheit, Gegenwart und Zukunft
- individuelles Bewusstsein und Gruppenbewusstsein.

Und eine wahre Theorie von allem würde Psychologie und Physik zusammenbringen.

Der Prozessgeist ist eine Art einheitliche Feldtheorie, die versucht, die Gemeinschaften der äußeren Welt mit der individuellen Arbeit und sämtliche Bewusstseinszustände mit dem Kosmos in Zusammenhang zu bringen. Mit Hilfe weiterer Werkzeuge der Prozessarbeit arbeitet der Prozessgeist mit Menschen in normalen Bewusstseinszuständen, Menschen, die im Sterben liegen, und kranken Menschen wie auch mit Träumen, Beziehungen und Großgruppen. Prozessarbeit bringt veränderte Bewusstseinszustände, außergewöhnliche Bewusstseinszustände und Alltagsleben in einen Zusammenhang. Sie macht die Medizin sinnvoller, indem sie, wie bei der Arbeit mit dem Traumkörper, Psyche und Materie zusammenbringt. Sie vereint die unterschiedlichsten Menschen und ist damit offensichtlich ein kulturübergreifendes Konzept.

Ihr Prozessgeist kann zeitlos sein. Als Sie drei Jahre alt waren, hat etwas Ihre Träume ersonnen, welche die Weichen für Ihren späteren Beruf gestellt haben. [32] Heute geben mir diese frühen Träume sogar Hinweise auf spätere körperliche Symptome. Welche enorme Intelligenz steht hinter diesen frühen Träumen, die häufig Wiederholungsträume waren? Woher stammen diese kreativen Träume aus einer Zeit, als Sie noch klein waren und wenig Lebenserfahrung hatten? Wir können solchen Träumen sogar entnehmen, wie Ihre Beziehungen als Erwachsener aussehen werden, und sehen, welche Menschen Sie als erste Freunde oder Partner wählten. Und wir können auch Aussagen über Ihre langfristigen Freundschaften machen. Die Muster dieser Kindheitsträume oder persönlichen Mythen zeigen sich in den scheinbar zufälligen Entscheidungen, die Sie treffen – jetzt dies, dann das. Hinterher schauen Sie zurück und sehen, dass diese Entscheidungen mit bestimmten Geschichten zusammenhängen und Sinn machen. Kindheitsträume sind offensichtlich sogar ausschlaggebend dafür, wo Sie sich auf dieser Erde gern aufhalten und welches Ihre Lieblingsorte sind. Ahh! Das ist mein Ort! Vielleicht gibt es sogar eine ganze Reihe von Orten, die Ihnen heilig sind.

Der Prozessgeist zeigt sich in dem Feld, das Sie momentan umgibt, in Ihren Bewegungsimpulsen und im Verlauf, den fallende Münzen nehmen. Die australischen Aborigines nennen diese lenkende Kraft im Hintergrund *Traumzeit*, das Land, das Sie bewegt. Sie sprechen nicht von Schwerkraft, sondern von den *Liedlinien* der Erde. Sie sagen, dass wir alle von einem bestimmten Ort auf der Erde stammen. [33]

Das Feld des Raumzeit-Träumens zeigt sich also als Schwerkraft in dem Raum, der uns umgibt, bei den Taoisten als das Tao und bei den australischen Aborigines als *Traumzeit*. Für den Buddhismus manifestiert sich dieses Feld wahrscheinlich als Buddha-Geist, als leerer oder schöpferischer Geist und so weiter. Fukushima Roshi benutzte den Begriff Zen-Geist, leerer Geist oder *mu-shin*. „Begib dich in die Leerheit, in den offenen Geist", pflegte er zu sagen, und dann ließ er los und etwas Unerwartetes geschah, wie, dass seine Hand sich bewegte und eine wunderschöne Kalligrafie schuf! Er war ein Meister stochastischer Erfahrungen. [34] (Im nächsten Kapitel werde ich die tibetisch-buddhistische Vorstellung vom subtilen Körper oder Traumkörper erläutern, die, wie der Prozessgeist, unsere Existenz nach dem Tode steuert.) *Nataraja* oder der tanzende Shiva ist eine weitere solche Gestalt aus dem Hinduismus, die menschliche Geschicke aus dem Hintergrund lenkt. Menschen haben immer nach Wegen gesucht, Dinge zu vereinen. Ich möchte jetzt versuchen, das Modell des Prozessgeistes in einem Diagramm zusammenfassend darzustellen.

Wie ich bereits in Kapitel 2 erwähnte, ist das Tao, das genannt werden kann, Yin oder Yang und findet einen sichtbaren Ausdruck: Die Münze liegt mit der Figur nach oben oder unten. Das Tao, das genannt werden kann, ist die letztendliche Antwort auf die Frage, wie Ihre Münze landen wird, nachdem sie durch die Luft geflogen ist. Aber das stochastische Feld selbst, durch das die Münze fliegt, kann nicht genannt werden. Es ist eine unsichtbare, schwer messbare Kraft. Sie können

Ihren Traum von letzter Nacht in Worte fassen, aber es ist sehr schwer, über den Traumprozess selbst zu sprechen. Da ist dieses Feld im Hintergrund, das, was Sie bewegt.

Konsensusrealität und subtile virtuelle Teilchen oder Erfahrungen mit Kraftfeldern sind zentrale Aspekte der Natur. In unserem Alltagsbewusstsein marginalisieren diese beiden Aspekte sich gegenseitig. Achtung, seien Sie nicht nur *Realist*! Die Gefahr besteht, dass Sie sich völlig verausgaben, wenn Sie sich nur auf die praktische Seite des Lebens konzentrieren und die Kraft der Felder und des Raumes zwischen uns und dem Tao und damit das Feld vernachlässigen, das uns allen die Freiheit schenkt, zu tanzen und uns zu bewegen.

Es gibt etwas, das können Sie fühlen, ohne über diesen Raum zwischen uns, der Träume in Ihr Leben bringt, wirklich etwas sagen zu können. Deswegen ist die Traumarbeit so wunderbar, aber machen Sie sich nichts vor, (flüstert) das ist nicht das Eigentliche! Die Landkarte ist nicht das Gelände! [35] Träume und ihre Bedeutung sind die Landkarte, aber nicht der Prozess. Das Eigentliche ist Ihre Beziehung zur Quelle Ihrer Träume, Ihre Beziehung zum Traumprozess! Denken Sie daran, es geht nicht nur um die Antwort, sondern um den *Weg*, der dorthin führt und der nachhaltig ist. Sie sollten wissen, wohin Sie gehen wollen, und dann zulassen, dass der Raum Sie bewegt, auf nicht vorhersehbare Weise dorthin zu gelangen.

Wenn Sie sich auf die Antwort konzentrieren, haben Sie lediglich diese und können sie dort anwenden, wo sie gebraucht wird. Sie können dann sagen: „Ich habe die Antwort, Freunde! So wird's gemacht!" Vielleicht passt die Antwort heute und auch noch morgen, aber was dann? Ihre heutige Antwort ist vielleicht in drei Tagen nicht mehr gültig, und dann stehen Sie mit Ihrer inneren Arbeit und Ihrem Gruppenprozess wieder ganz am Anfang. „Ich dachte, ich hätte die Antwort gefunden!" Doch das Feld hinter der Antwort und die Antwort selbst sind nicht das Gleiche. Das eine ist ein Objekt, an dem Sie festhalten können, und das andere ist der Geist des Prozesses, der Geist des Lebens selbst.

Wenn wir uns also dem Geist hinter der Antwort zuwenden, statt an der Antwort festzuhalten, wie ändert das die Dinge? Es verändert Ihr Gefühl zum Leben und dem möglichen Sinn des Lebens. Wenn Sie den Geist hinter der Antwort und auch die Antwort selbst einbeziehen, dann können Sie der Antwort mit dem Denken der Konsensusrealität folgen und sind zugleich verwurzelt im Tanz und damit offener für diesen, offen für das Wesen von Veränderung, für Bewegung und das Stochastische. Und das heißt, offen für die deterministischen und die zufälligen Aspekte des Lebens selbst. Wenn Sie mit Einzelpersonen und Organisationen arbeiten, sagen Sie vielleicht: „Ja, wir haben die Antwort!" Wunderbar. Wir alle wünschen uns Antworten. Sie haben eine Erkältung, nehmen Sie Vitamin C. Schön und gut, aber das ist nicht der Prozess.

Wenn Sie das Gefühl, bewegt zu werden, marginalisieren, wird es zu *Nicht-Ich*. Das löst eine milde chronische Depression aus, ohne dass Sie wissen, warum Sie sich so fühlen. „Warum bin ich so depressiv? Es läuft doch alles gut in meinem Leben!", sagen viele Menschen, aber sie haben die Spur zum Mysterium verloren. Das ist nicht der einzige Grund für Depressionen, aber einer, über den nur selten gesprochen wird.

Die Landkarte ist nicht die Reise. Es ist wichtig, das Feld zu spüren, das den Prozess des Reisenden steuert! Ich habe von mehreren Feldern gesprochen: a) das Individuum in der *Konsensusrealität*; b) die Welt, in der das Individuum die unterschiedlichen Teile oder Energien *träumt*; c) die *Ebene der Essenz* des Prozessgeistes (siehe das folgende Diagramm).

Da diese Ebene der Essenz über die einzelnen Teile hinausgeht, können wir eine individuelle Person nicht nur als individuelle beschreiben. Weil die Welt des Träumens und die Welt der Essenz nichtlokal sind, sollten Sie Ihre Freunde und die Dinge, die Sie umgeben, als sich überlagernde Zustände in *Traumland* und *Essenz* mit einbeziehen. Mit anderen Worten, alles, was Sie berührt, hat Anteil an Ihrem Prozessgeist und dessen nichtlokalen Aspekten. Auch Ihre Freunde haben im Traumland mit sich überlagernden Bildern zu tun, die vielleicht ein wenig anders aussehen als Ihre, denen aber ähnliche Energien zugrunde liegen können. Im Traumland und auf den Ebenen der Essenz sind unsere Träume, Phantasien, Doppelsignale und plötzlichen Eingebungen nicht länger getrennte Bits oder Teile,

Meine Konsensusrealität:
Ich und du und Teilaspekte wie dies und
das, hier oder nicht hier

Mein Traumland:
Du-ich, Zeit und Raum wie Qubits; sich
nichtlokal überschneidend, überlagert und
verschränkt

Essenz:
Prozessgeist, zeitlich reversibler Nichtort, Tao
oder das Raumzeit-Träumen zwischen uns

Dein Traumland:
Du-ich, sich überschneidende, überlagernde
und verschränkte Qubits

Deine Konsensusrealität:
Ich, Zeit und Raum, und du und Teilaspekte
wie dies und das

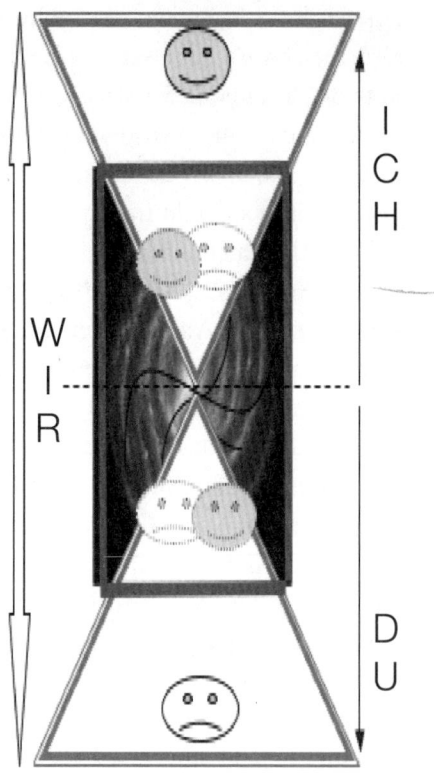

Das Beziehungsbild zeigt, wie meine Konsensusrealität, mein Träumen und meine Ebenen der
Essenz getrennt sind von Ihrem Träumen und Ihren Ebenen der Essenz und sich gleichzeitig
mit diesen überlagern.

Abbildung 6.3.: Beziehungsbild

sondern verschränkte Teile oder *Qubits*. In
der Quantenwelt können sich Zustände wie
tot und lebendig überschneiden, das heißt,
gleichzeitig existieren. Ähnlich können
wir auf einer bestimmten Ebene Recht wie
Unrecht haben.

Die andere Person in Abbildung 6.3 re-
flektiert in ihrem Traumland Ihr Traumland. Was könnte das heißen? Die Ebene
der Essenz, das Raumzeit-Träumen, verbindet uns alle miteinander, auch wenn wir
das in der Konsensusrealität, solange wir

mit dem Raumzeit-Träumen nicht in Berührung sind, selbst dann nicht bemerken,
wenn wir emotional mit anderen verwickelt
sind. Im Traum gibt es kaum Trennendes
zwischen uns! Ich bin ein wenig wie Sie
und Sie sind ein wenig wie ich.

Es ist völlig in Ordnung, wenn ich mich
in Bezug auf Amy oder Sie als eigenständige Person beschreibe. Das ist die Sprache
der Konsensusrealität. Tatsächlich können
jedoch Dinge, die mich ärgern, auch Sie
ein wenig ärgern. Deswegen ist es wichtig,

dass Sie sich als ganze Person kennen und anderen zeigen, denn Sie zeigen nicht nur sich. Wenn Sie fühlen, wer Sie sind, können Sie auch in die Atmosphäre hineinfühlen, das heißt, *schamanisieren*. Können Sie diesem Gedankengang folgen? Ich habe von meiner Erkältung erzählt, und das ist meine, aber der stille Teil davon, das Flüstern, ist nicht nur meins, sondern das von allen. Was Sie im Kopf haben, haben wir vielleicht alle hier im Kopf.

BEZIEHUNGSPROZESSE

Praktisch gesehen heißt das, dass Beziehungsprobleme persönlich und zugleich nahezu unpersönlich sind. Solche Probleme verstärken sich unter anderem auch dadurch, dass wir nur die Konsensusrealität ganz oben in der Abbildung im Blick haben. „Du bist das Problem, nicht ich und nicht wir!" Sehen Sie, was da passiert? Meine Überzeugung, dass „du nicht ich bist", stimmt zwar in einer Weise, doch sie trennt uns auch, weil sie außer Acht lässt, was wir in unserer Beziehung gemeinsam erleben, sei es nun wunderbar oder schrecklich! Sobald ich sage: „Du, du bist nicht ich", haben wir ein Problem. Beziehungen sind von Natur aus ein *Kuddelmuddel*. Sie können ein wunderbares oder ein schwieriges Kuddelmuddel sein. Sie brauchen Ihren Prozessgeist, Ihr Gefühl für die Erde und das Universum, um an Ihren Beziehungen zu arbeiten.

Die Idee der Individualität ist begrenzt. Das Modell des Prozessgeistes zeigt diese Grenzen der Individualität auf, die unter anderem auch ein Kuddelmuddel aus sich überlagernden Feldern ist. Ich kann sagen: „Du hast mir das angetan!" (was ich in der Konsensusrealität wahrscheinlich oft auch sage), aber das hindert mich und uns daran, das Beziehungsproblem zu lösen. Das ist keine große Sache: Um ein Problem zu lösen, sagen Sie einfach zu der anderen Person: „Ich kenne das, was du empfindest, innerlich auch." Hier kann ich das leicht sagen, aber das ist mir nicht immer möglich. Es ist wichtig, uns als eigenständige Personen zu zeigen und zu äußern, uns aber auch daran zu erinnern, dass es auf einer tieferen Ebene diese Verbundenheit gibt. Und dafür brauche ich meinen Prozessgeist.

QUBIT KUDDELMUDDEL

Wie ich bereits sagte, spricht die moderne Physik von *Qubits* (Abkürzung für Quantenbits). Normalerweise denken wir nur an Bits, das heißt richtig und falsch, 1 oder 0, etwas oder nichts. Aber in den Quantenwelt vermischen und verschränken sich diese Bits und heißen dann Qubits oder Quantenbits. In Umgangssprache übersetzt heißt Qubits für mich, dass Ihre Zustände und meine miteinander verflochten sind, meine Traumbilder und Ihre Gefühle hängen eng zusammen. Das ist ebenso Psychologie wie Physik.

Diese Gedanken aktualisieren die uralte Idee des Tao. Das Tao ist ein Feld, und wir erfahren dieses Feld als unseren Prozessgeist, der als die Kräfte, die Sie, mich, Orte auf der Erde oder ganze Planeten umgeben, projiziert oder erlebt wird. Lokale Felder sind mit sämtlichen Feldern verbunden, weil sich das Feld, das einen bestimmten Ort umgibt, mit der ganzen Erde, dem Raum, der die Erde umgibt, und dem Universum verbindet. Mit anderen Worten, wenn ich den Stift in meiner Hand in dieses Feld werfe, sieht das aufgrund unserer unterschiedlichen Naturen und der Felder, die uns umgeben und die das ganze Universum einbeziehen, bei mir ein wenig anders als aus als bei Ihnen.

Teilnehmer: „Mir fiel gerade die Psychologie von Krieg und Propaganda ein. Da geht es immer nur darum: „Du bist nicht ich. Du bist mir total fern!" An diese Ebene musste ich gerade denken und, wie wichtig es ist, etwas zu ändern daran, dass wir süchtig sind nach Krieg."

Arny: „Wenn wir fühlen und sagen, dass du nicht nur du, sondern auch ich bist, verändert das die Welt. Aber wir sollten nicht vergessen, dass es auch in Ordnung ist zu sagen: Du bist NICHT ICH. Beide Aussagen stimmen. Beide zusammen sorgen dafür, dass es Vielfalt gibt und wir zugleich ein Bewusstsein der Einheit aller Dinge entwickeln. Je besser Sie sich selbst kennen, desto leichter fällt es Ihnen, Konsensusrealität und essenzielle Aspekte des Bewusstseins fließend miteinander zu verbinden."

Kindern ist dieser Fluss zwischen Realitäten ganz vertraut. Und wir können ihnen helfen, diesen Fluss in der alltäglichen Kon-

sensusrealität mit ihren Bedingtheiten beizubehalten. Bringen Sie Kindern bei, sich die Zähne zu putzen, aber vermitteln Sie ihnen nicht, Zähneputzen sei wichtiger, als ihr kindliches tieferes Selbst zu sein! Sagen Sie: „Ich putze mir gern die Zähne. Hinterher fühlt sich das viel besser an, weil an meinen Zähnen so viel Zeugs hängen bleibt." Hüpfen Sie herum beim Zähneputzen, statt zu sagen: „Du solltest dir endlich die Zähne putzen und erwachsen werden!" Vielleicht erkranken manche Menschen nicht deswegen früh an Alzheimer und kehren in die Kindheit zurück, weil sich Ablagerungen in ihrem Gehirn bilden, sondern weil sie davon träumen, wieder Kind zu sein.

„Statt Nichts etwas?!" An diesem Punkt können wir uns fragen, was die Taoisten auf Hawkings Frage „Warum gibt es statt des Nichts etwas?" antworten würden. Ein Taoist würde wahrscheinlich sagen, dass Hawking im Paradigma der Objekte, der *Dinge* feststeckt. *Kein Ding* und *ein Ding* sind Dinge. Die Frage geht von der Annahme aus, dass es Dinge gibt, und das Problem ergibt sich aus dem Paradigma der Dinge, Zustände und des zustandsorientierten Denkens, das heißt, der Konsensusrealität. Aus dem übergeordneten Blickwinkel eines veränderten Bewusstseinszustands verliert das Problem von Nichts oder etwas an Bedeutung. Wenn Sie im Zustand des Tao sind und zulassen, bewegt zu werden, können Sie manchmal erleben, dass es Dinge bewirkt (das heißt, die Münze fällt auf Kopf oder Zahl). Aber hier geht es weder um die Antwort (etwas) noch um die Nicht-Antwort (Nichts). Das Wesentliche ist das Tao, der mystische Prozess des Feldes, der bewirkt, dass die Dinge aussehen wie Konsensusrealität oder wie Nichts. In der Konsensusrealität gibt es Sie und mich, dies Ding und das Ding, Leben und Tod; und in einem anderen Bewusstseinszustand gibt es den Tanz zwischen all diesen Teilen oder den Tanz, in dem all diese Teile einfach Schritte in diesem Tanz sind.

TOD?

Die meisten Menschen fragen sich hin und wieder: „Was, wenn mir etwas zustößt? Was passiert, wenn mein Leben zu Ende geht?" Aus Erfahrung weiß ich, dass es interessanterweise nur wenige eindeutige Todesträume gibt, die solche Fragen beantworten. Tatsächlich wissen wir die Antwort also nicht. Sie sterben und sind dann totes Fleisch, so viel ist sicher. Können Sie mir folgen? In der Welt der Dinge verschwindet unser Körper in ein paar Jahren unter der Erde oder wird zu Asche. Doch aus der Sichtweise von Prozessen sind wir möglicherweise eine zeitlose Geschichte, ein einzigartiger, zeitloser Tanz. Beim Raumzeit-Träumen „sterben Sie vielleicht im Leben", wie der Yoga-Lehrer Patanjali es vor vielen Jahrhunderten formulierte.

DAS TE IM TAO TE KING

Wenn wir in Berührung mit dem Raumzeit-Träumen sind, kann sich das anfühlen, als seien wir vorübergehend frei oder

zeitlos. Im Taoismus entspricht dem Feld dieses Träumens, das Sie bewegt, der Begriff *Te*. Es gibt viele Interpretationen dieses *Te*, einige haben mit Heilung, andere mit Kraft zu tun. Ich würde das Wort *Te* als *leichte Zugkraft* übersetzen und erkläre gleich warum. Zum Beispiel stehe ich gerade und bewege mich, jetzt werde ich langsamer und jetzt stehe ich still. In dieser Stille kann ich eine leichte Zugkraft spüren, das *Tao Te* bewegt mich.

Manchmal spüren wir in ganz normalen Augenblicken ein Zittern oder Schlängeln. Vielleicht schlängelt sich die Erde um ihre eigene Achse oder wir nehmen den Zug der Schwerkraft wahr. Vielleicht haben die ersten Taoisten genau das *Te* genannt, diese leichte Zugkraft, die einer kleinen, flirtähnlichen Bewegungserfahrung ähnelt. Sie können Dinge tun, aber das *Te* kann Dinge durch *Nichttun* tun. Meditieren Sie auf diese winzigen Bewegungsfluktuationen

Abbildung 6.4.: Patanjali (aus Wikipedia).

im stochastischen Element des Tao oder Te. *Wu-wei* oder *Nichttun* bedeutet, das Einssein und seine leichten Zugkräfte im Hintergrund wahrnehmen. Folgen Sie dem generellen Gesamtfeld und dessen leichten stochastischen Zugkräften!

Eine wichtige Implikation all dieser Worte über das *Te* und Dinge versus Nichtdinge betrifft den Akt des *Nichttuns*. Gehen wir jetzt zum praktischen Teil über. Wir alle haben etwas zu tun. Ich muss den Stift zur Hand nehmen. Ich kann das *tun*. Ich *habe* es *getan*. Ich habe ein Blatt zum Schreiben... *tu* es, *tu* es! Wir müssen einer Stadt, einer Nation, der Welt helfen... also los, *tun* wir's! Doch dann gibt es da auch das *Nichttun*. *Tun* ist wunderbar, aber wir ermüden, wenn wir beim Tun unser grundlegendes Gefühl von Verbundenheit mit etwas Unendlichem verlieren. *Nichttun* bedeutet, in Berührung mit dem tiefsten Selbst zu sein, mit dem Tanz der Verbundenheit des Prozessgeistes, während wir uns in der Konsensusrealität bewegen. Der uralte chinesische taoistische Begriff für *Nichttun* ist *Wu-wei*. Auf Chinesisch bedeutet *wu* Nichts... das Tao, das nicht genannt werden kann. Das einzige Wort, das ich hier benutzen kann, ist das Wort *Nichts*; es ist das Feld. Und *wei* bedeutet tun. Wenn Sie spüren, wie das Feld durch Sie raumzeit-träumt, wenn Sie das *Te* spüren, ist das eine Form von *Nichttun* oder *Wu-wei*. Und genau darum geht es in der folgenden Übung. Nutzen Sie diese Übung, um an Dingen zu arbeiten, die Sie *tun*, die zu *tun* Ihnen schwerfällt oder die Sie zu viel *tun*, und schauen Sie, ob Sie hier mit *Nichttun* etwas *tun* können.

Erster Teilnehmer: „Bevor wir diese Übung machen, habe ich eine Frage... Sie sprechen davon, dass wir der leichten Zugkraft lauschen sollen, *Te*, um durch *Nichttun* tun zu können?"

Arny: „Ja, fühlen und lauschen. *Te* ist eine propriozeptive Bewusstheit von stochastischer Bewegung."

Erster Teilnehmer: „Das heißt, bewusst sein, während wir *nichttun* oder während wir *tun*?"

Arny: „Wenn ich bewusst bin, während ich tue, fange ich an, das *Nichttun* zu *tun*. Bei der Übung geht es darum, mit Hilfe Ihres Lieblingsfleckens auf der Erde in die Atmosphäre dort zu gelangen, sich davon bewegen zu lassen, dort kleine *Te*s zu spüren und diese für ein Projekt zu nutzen. Und ich wette mit Ihnen um die Teilnahmegebühr für dieses Seminar, dass es kein Projekt gibt, das Sie anschließend nicht angehen können! Außerdem kann dieses kleine *Te* auch Ihrer Gesundheit gut tun."

Zweiter Teilnehmer: „Das ist wunderschön gesagt. Ich habe es körperlich gespürt, als Sie sagten, dass ich zulassen kann, mich von diesen leichten Zugkräften auf dem Weg des Tao leiten zu lassen und es zu genießen, das zu lernen."

Arny: „Es gibt verschiedene Auslegungen des *Te*. Manche interpretieren es als Tugend, als Kraft oder Kultur. Ich deute es als Zugkraft, als winzige Kraft. Das ist etwas anderes als die moderne konfuzianische Lehre über soziale oder spirituelle Stufen. *Te* ist eine Kraft in dem Raum, den Sie einnehmen. Folgen Sie ihr. Dann haben Sie auch die Kraft, dem Tao zu folgen, der leichten Zugkraft, dem Sog, den Sie verspüren, wenn Sie innerlich entspannt und offen sind oder im Prozessgeist träumen.

Du lehrst, was du bist. Wegen meiner Erkältung muss ich heute ein wenig flüstern, aber mir sagt auch mein reales Lehrer-Selbst, dass nicht entscheidend ist, was ich sage… entscheidend ist das Gefühl, das dahintersteht und das mich bewegt. Bitte beachten Sie, dass wir bestimmte Aspekte der folgenden Übung viele Male wiederholen werden, denn es handelt sich hier um eine Meditation, die Übung braucht!

ÜBUNG: TUN UND NICHTTUN

1. Fragen Sie sich als Erstes, was Ihr größtes Problem in Bezug auf das *Tun* ist: Vielleicht können Sie etwas gut oder nicht oder tun zu viel. Wählen Sie ein oder zwei der größten Probleme, die Sie in dieser Hinsicht haben.

2. Um das Tao, das nicht genannt werden kann, und das *Te* zu finden, begeben Sie sich jetzt an Ihren Lieblingsflecken auf der Erde. Beschreiben Sie ihn, spüren Sie die Atmosphäre dort und das Wunder dieser Atmosphäre. Aus irgendeinem Grund lieben Sie diesen Ort, selbst wenn Sie in Wirklichkeit vielleicht nie dort gewesen sind. Kommen Sie in Kontakt mit dieser Kraft.

3. Lassen Sie los und atmen Sie in die Atmosphäre dort. Lassen Sie diese Atmosphäre durch sich atmen und tanzen. Nehmen Sie das Tao und das *Te* wahr und spüren Sie es, spüren Sie die subtile Kraft der Erde, die durch Sie atmet und tanzt. Fühlen Sie, wie Sie bewegt werden, und achten Sie darauf, ob Sie hin und wieder einen kleinen Sog oder eine leichte Zugkraft wahrnehmen. Das nenne ich das *Te*. Fahren Sie fort, sich bewegen zu lassen, und achten Sie auf spontane Übergänge von nichts zu etwas, während Ihnen unvermittelt Ideen kommen.

4. Rufen Sie sich jetzt Ihr Problem ins Gedächtnis und empfangen Sie von Ihrem spontanen Tanz schnelle kleine Einsichten, wie Sie an diesem Problem arbeiten oder durch „*Nichttun*" hier weiterkommen können. Ihre Bewegungsprozesse werden Ihnen Erfahrungen und Einsichten vermitteln, denen Sie entnehmen können, wie Sie Ihr Thema oder Problem in Bezug auf das *Tun* angehen. Wenn Sie solche Einsichten haben, halten Sie sie fest und schreiben Sie sie auf.

5. Abschließend machen Sie sich Notizen über diesen Tanz Ihres Prozessgeistes, seine Kräfte und Einsichten und stellen sich vor, diesen Tanz für die Dinge zu nutzen, die Sie tun möchten.

ANSCHLIESSEND

Erste Teilnehmerin: „Mein Tanz war ganz rhythmisch, wie Trommeln, und die lehrreiche Botschaft war für mich, zu lernen, dass ich für mein Schreiben einen Rhythmus entwickele. Mein Ort war Chicago, wo ich geboren bin, und die Zugkraft aus dem Hintergrund war die Hintertreppe. Deren Stufen waren der Rhythmus. Das Tun in mir hat also gesagt: „Krieg morgens früher deinen Hintern hoch und schreibe!" In Bezug auf das *Nichttun* lautete die Lektion jedoch: Komm in den Rhythmus des Schreibens! Ich habe das Schreiben immer aufgeschoben, weil ich gedacht habe, ich muss korrekte und perfekte Texte schreiben, und nicht tun heißt hier: „Das ist alles Quatsch, setz dich einfach hin und schreibe und dann schreibt es sich von allein." Die Lektion in Bezug auf das Nichttun war also: „Mach dir keine Gedanken darum, gradlinig voranzugehen und alles richtig zu machen. Lass das los und lass es von alleine schreiben."

Zweiter Teilnehmer: „Meine Frage war, wie ich meine schräge Seite besser in meinen Alltag und meine alltägliche Arbeit einbringen kann. Ich bin klinischer Leiter von fünf Projekten für psychische Gesundheit. Manchmal bin ich also wirklich etwas schräg drauf, einmal flogen mir zum Beispiel Dinge aus dem Kopf. Ich sah eine große, geöffnete Muschel mit einer Perle darin, und eine tote Ahnin half mir. Sie war eine Eingeborene, eine Maori-Frau, die ich kenne, und sie kam und gab mir Ratschläge für mein Verhalten auf der Arbeit. Sie sagte, ich solle mehr mit „meinen anderen Augen" sehen, nicht nur mit meinen Alltagsaugen. Sie war eindeutig eine Schamanin. Ich war total aufgeregt, weil mich jemand aus der Anderswelt besuchte."

Arny: „Eine Maori-Ahnin…"

Zweiter Teilnehmer: „Genau jetzt ist sie an diesem Ort meines Prozessgeistes in Neuseeland auf den Felsen an meiner Seite, und wir fangen Fische (macht entsprechende Handbewegungen). Es ist schwer, Zugang zu ihr zu bekommen, wenn ich in der Mainstreamrealität arbeite, und mit anderen so in Kontakt zu gehen, wie sie es mir zeigt!"

Arny: „Üben wir das *Nichttun*. Ich bin einer Ihrer Patienten, mit dem Sie heute arbeiten müssen."

Zweiter Teilnehmer: „Gut. Oh, hallo! Wie läuft's denn so? Ich bin heute etwas schräg drauf. Und wie geht es Ihnen?"

Arny: „Gut, und Ihnen?"

Zweiter Teilnehmer: „Ich bin etwas zerrissen! Und völlig präsent. Ich bin jetzt ganz für Sie da. Was kann ich für Sie tun?"

Arny: „Sie sind so präsent! Was ich brauche? Ich lebe auf der Straße und bin sauer auf meine Sozialarbeiter. Sie machen keinen guten Job."

Zweiter Teilnehmer (lauscht, um zu hören, was die Maori-Ahnin sagt.): „Sie sind sauer auf Ihre Sozialarbeiter? Wo sind die? Lassen Sie uns mit denen zusammen einen Kaffee trinken und reden."

Arny: „Sie brüllen mich nicht an? Sie sagen mir nicht, dass ich putzen gehen soll? Sie behandeln mich wie einen Menschen?"

Zweiter Teilnehmer: „Sie sind ein Mensch. Werden Sie auch mich wie einen Menschen behandeln?"

Arny: „Toll! Wir sind beide gleich. Sie verhalten sich heute wie ein flexibler, weiser Alter. Danke."

....

RÜCKBLICK AUF KAPITEL 6

- Die Physik braucht eine einheitliche Feldtheorie für ihre vier physischen Kraftfelder, hat diese aber noch nicht entwickelt.
- Das Modell des Raumzeit-Träumens des Prozessgeistes ist ein Versuch, Psychologie und Physik zusammenzubringen.
- Der Raum zwischen uns träumt und bewegt sich durch uns, ein Prozess, der jenseits der Alltagsbedeutung von Leben und Tod stattfindet. Er ist wie eine Lebenskraft.
- Die Antwort auf Hawkings Frage „Warum gibt es statt des Nichts etwas?" lautet, dass es weder etwas noch nichts gibt, sondern nur Phasen eines Prozesses.
- Auf der Ebene der Essenz gleicht das Raumzeit-Träumen dem Tao, das keinen Namen hat, und fühlt sich an wie eine leichte Zugkraft oder *Te* (ein Begriff aus dem Buchtitel *Tao Te King*).
- Raumzeit-Träumen ist der Tanz zeitloser Verbundenheit, eine Erfahrung des Nichttuns.

KAPITEL 7
Pachamama und Einsteins Äther

*Gemäß der allgemeinen Relativitätstheorie ist ein Raum ohne Äther undenkbar;
denn in einem solchen gäbe es nicht nur keine Lichtfortpflanzung, sondern auch
keine Existenzmöglichkeit von Maßstäben und Uhren, also auch keine räumlich-
zeitlichen Entfernungen im Sinne der Physik.*

EINSTEIN 1930, FÜNF JAHRE, NACHDEM ER SEINE
ALLGEMEINE RELATIVITÄTSTHEORIE VERÖFFENTLICHT HATTE.[36]

Was manche Psychologen und die meisten Menschen als Träumen bezeichnen, nenne ich Raumzeit-Träumen. Ich sage, dass unsere Erfahrung von Raumzeit (das heißt, von äußerem Raum) das Gefühl des Träumens mit der Krümmung des Kosmos verbindet. Denken Sie an das Tao, die feldähnliche Kraft, die Sie nicht sehen können. Stephen Mitchell erzählt uns von den alten taoistischen Meistern, die sehr einfache Erklärungen für die Dinge haben:

Wenn sich das Tao bewegt,
bewegst du dich.
Wenn es innehält, hältst du inne.[37]

Im letzten Kapitel habe ich darauf hingewiesen, dass wir das *Te* im Buchtitel *Tao Te King* als winzigen Sog oder leichte Zugkraft erleben. Ich habe auch erwähnt, dass *Te* meistens mit „Tugend" oder „Würde"

übersetzt wird. Doch wenn wir uns die Geschichte des Wortes *Te* im konfuzianischen Denken einmal genauer anschauen, hängt dessen Essenz möglicherweise zusammen mit der schamanistischen Kraft, die Don Juan als das *Nagual* oder persönliche Macht bezeichnet haben würde. [38]

Raumzeit-Träumen und Tao sind virtuelle, feldähnliche Kräfte. Wenn Sie zu rigide sind, spüren Sie die mit der Schwerkraft oder dem Raumzeit-Träumen verbundenen Empfindungen möglicherweise nicht. Sind Sie aber bewusst, nehmen Sie leichte Zugkräfte wahr, die Sie hierhin oder dorthin bewegen. Diese Zugkräfte entstehen in der Essenz Ihrer persönlichen oder spirituellen Qualitäten als eine Kraft hinter dem, wer Sie wirklich sind. Wenn Sie das Tao fühlen, können Sie spüren, wie das *Te* Sie in eine Art anderen Bewusstseinszustand oder einen Tanz des Einsseins zieht, und verstehen. Es ist durchaus möglich, dass Tai Chi –

Der kosmische Tanz des Ursprungs

Bewegungsfolgen einer uralten und heute international verbreiteten Kampfkunst – ursprünglich von Menschen stammt, die sich im Einklang mit dem Universum bewegen ließen. Wie auch immer, in der letzten Übung haben Sie sich zwischen *Tun* und *Nichttun* hin und her bewegt. Doch entscheidend ist hier der spontane Tanz. Er ist jenseits von stark oder schwach. Wenn der Tanz auch nur für einen Augenblick zum Mittelpunkt wird, sind Sie im Tao, im Fluss. Auf den Prozess kommt es an, nicht auf ein bestimmtes Tun. Im Prozessdenken begeben Sie sich dann aus dem Träumen in die Konsensusrealität, wo das Tun wieder wichtig wird.

Tut mir leid, wenn das paradox klingt, aber Raumzeit-Träumen ist paradox! Denken Sie daran, dass es nicht darum geht, ständig im Modus des *Nichttuns* zu sein. Das wäre lediglich ein weiteres Programm. Wenn Sie sich nicht hin und wieder Druck machen würden, könnten Sie *Wu-wei* wohl kaum schätzen. Loszugehen und hart zu arbeiten kann für den Gesamtprozess sehr wichtig sein. *Wu-wei* wird besonders dann wichtig, wenn Sie erschöpft oder krank sind und wie ich eine Erkältung haben. Dann praktizieren Sie am besten *Wu-wei* oder Ihr Körper zwingt Sie dazu.

Wenden wir uns jetzt wieder der Erforschung des Raumes zu, in dem wir leben. Newton betrachtete den Raum als absoluten Raum, in dem alle Ereignisse stattfinden. 1907 entwickelte Einstein seine erste spezielle Relativitätstheorie, in der er den Raum des Universums eher als aktiv beteiligt an den Geschehnissen beschrieb.[39] Relativi-tät ist noch nicht das Ende der Geschichte über das Universum; sie greift nicht ganz und erklärt zum Beispiel nicht die dunkele Materie oder Energie und den Urknall und ist mit der Quantentheorie nicht gut vereinbar. Aber die Relativitätstheorie ist die beste Theorie, die wir hier und heute haben. Neue Theorien besagen, dass das Universum durch Membrane und Hologramme konstruiert wird, aber das sind bislang noch Spekulationen. Generell lässt sich mit der Relativität gut arbeiten.

Wenn wir uns den Räumen des Universums zuwenden, ist das eine rationale wie eine spirituelle Erfahrung. Deswegen kommt es nicht überraschend, wenn Einstein sagte:

„Das Schönste, was wir erleben können, ist das Geheimnisvolle. Es ist das Grundgefühl, das an der Wiege von wahrer Kunst und Wissenschaft steht. Wer es nicht kennt und sich nicht mehr wundern kann, nicht mehr staunen kann, der ist sozusagen tot und sein Auge erloschen… Das Wissen um die Existenz des für uns Undurchdringlichen, der Manifestationen tiefster Vernunft und leuchtendster Schönheit, die unserer Vernunft nur in primitivster Form zugänglich sind, dies Wissen und Fühlen macht wahre Religion aus; in diesem Sinn und nur in diesem gehöre ich zu den tief religiösen Menschen." [40]

Einstein empfand es als spirituelle Erfahrung, wenn wir uns über das Universum wundern. Sich wundern ist wie etwas studieren, das Sie nicht sehen, aber fühlen können. Es gibt etwas Allgemeines und Universelles, das alle Lebewesen bewegt und miteinander verbindet. Es ist unwichtig, wie Sie diesen Raum nennen, in dem wir leben. Worauf es ankommt, ist, dass Sie damit in Berührung kommen. Einstein war ein ziemlich rationaler Mensch. Freunde von mir, die ihn kannten, sagten, dass er die Idee, Gott (in diesem Fall die Gesetze der Quantenphysik) sei stochastisch oder probabilistisch, ablehnte. Damit hatte er unrecht. Trotzdem war er ein großartiger Kerl. Ich habe geträumt, dass er in Portland neben uns wohnt. Hmm, also muss er wohl auch in diesem Augenblick hier sein.

RELATIVITÄT IN DER NUSSSCHALE

Zur Zeit von Einstein lebten die meisten Menschen nach der Uhr, wie auch Sie und ich heute. Wir leben auch nach dem Raum. Wie lange dauert es zum Beispiel bis zu Ihrem Arbeitsplatz, und wie weit ist es von hier bis zu Ihrer Wohnung? Wir können Zeit und Raum trennen und tun das alle auch. Das heißt, die Zeit auf Ihrer Uhr sagt nichts darüber aus, wo Sie gerade sind und was Sie gerade tun. Mit anderen Worten, Ihre Zeitplanung und Ihr Aufenthaltsort hängen offensichtlich nicht miteinander zusammen.

Seit Einstein gehen die Wissenschaftler jedoch übereinstimmend davon aus, dass massive Planeten und Sterne die Raumzeit

krümmen. Je größer und massiver Planeten sind, desto stärker krümmen sie den Raum und die Lichtstrahlen, die diesen Raum durchqueren. Einstein erkannte, dass jemand, der in einer Rakete reist, Zeit und Raum eines Geschehens auf dem Mond anders misst, als Sie und ich sie auf der Erde messen. Unser Gefühl von Zeit und Raum hängt von unserer Konsensusrealität ab. Was wir sehen, beruht auf unserer Position und Geschwindigkeit. Diese Relativität schafft im Universum ein Vielfaltsproblem! Ihre Sicht von Zeit und Raum ist eine andere als die von Menschen, die in einem anderen Umfeld leben. Generell gesagt, stimmen die Messungen von Zeit und Raum in einem gegebenen Bezugsrahmen nicht zwangsläufig überein mit denen in anderen Bezugsrahmen.

Im Rahmen unseres höchst kosmopolitischen Umfelds im 21. Jahrhundert *stimmt etwas nicht* mit Ihnen, wenn es Ihnen schwerfällt, Dinge rechtzeitig zu erledigen. Aus dieser Sicht sind Sie gestört, Sie halten sich nicht an die Zeit. Doch aus einer anderen Sicht sind Sie vielleicht Taoist, denn Ihr Umgang mit der Zeit hängt von Ihrem Ort ab, von Ihrem Erspüren des Raumes, der Sie umgibt, und der Zeit, in der Sie leben. Viele Menschen, wie zum Beispiel die Ureinwohner von Australien, Sibirien, Tuwa und Amerika, leben nicht nach der Uhr und dem Zollstock, und dann gibt es unter anderem noch die isländische Zeit, die Küstenzeit in Oregon, Portlandzeit, meine Zeit oder innere Zeit und so weiter. Viele Menschen sagen: „Verabreden wir uns für Freitagabend um 20 Uhr." Manche treffen um 20 Uhr ein, während andere kommen, wann es sich so *ergibt*. Ihre Zeit und ihr Raum sind nicht die einzige Realität. Zeit und Raum sind keine absoluten Maßstäbe.

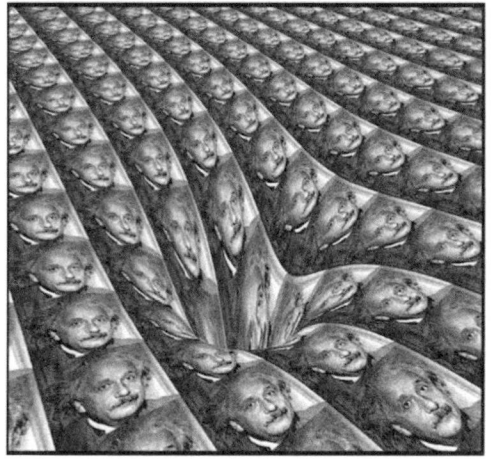

Abbildung 7.1.: Feldbild von Einstein. [41]

Einstein erkannte, dass wir, um Raum zu verstehen, einen anderen Maßstab brauchen, denn Raum kann gekrümmt sein! Raum ist nicht einfach linear und verläuft nicht in geraden Linien. Die Räume, in denen wir leben, sind ein wenig gekrümmt: Sie sind hyperbolisch. *Hyperbolisch* bezieht sich in der Mathematik auf eine Hyperbel oder Krümmung. Der Raum unseres Universums ist hyperbolisch. Die Seeanemone zum Beispiel ist hyperbolisch. Unser Universum ist ähnlich gekrümmt! Aufgrund dieser Krümmung ist auch ein Lichtstrahl, der den Raum durchquert, welcher unseren Planeten umgibt, ein wenig gekrümmt, da auch dieser Raum

gekrümmt ist. Ein gerader Zollstock, der den Raum um unseren Planeten misst, würde sich, wäre er lang genug, ebenfalls krümmen!

Wenn wir ein riesiges, massives Objekt wie einen Planeten neben ein flaches Stück Raum bringen, wird dieser Raum sich krümmen. In dem Feldbild von Einstein (siehe oben) ist ein Teil verzerrt. Möglicherweise befindet sich ein massives Objekt oder ein Planet in der Nähe. Da Objekte sich im Raum bewegen, krümmt sich dieser. Raum ist immer etwas gekrümmt. Er befindet sich nicht in einem gleichbleibenden Zustand.

Die Realität ist krummer und verrückter, als uns das meistens klar ist (breites Grinsen). Stellen Sie sich vor, wie ein gerader Lichtstrahl, der das Gewebe des Raumes durchquert, sich krümmt, während er sich durch die Raumzeit bewegt. Da Experimente diese Krümmung bewiesen haben, debattiert heute niemand mehr darüber. Aber wie gelangte Einstein zu dieser irren Idee? Wie wir alle wusste auch er, dass das Schwerefeld an Dingen zieht und bewirkt, dass sie zu Boden fallen, wenn wir sie loslassen. Er fragte sich jedoch, ob alle Recht haben, die wie Isaac Newton sagen, dass die Schwerkraft die Dinge nach unten zieht? Einstein sagte im Wesentlichen: „Ich sehe die Schwerkraft nicht. Vielleicht ist der Raum gekrümmt, und deswegen fallen Dinge." Wie können wir wissen, ob wir nicht beschleunigt oder im Kreis herumgewirbelt werden und diesen Sog spüren?

Abbildung 7.2.: Einsteins Gedankenexperiment.

Bei dem rechten Bild könnten wir denken, dass der Ball aufgrund der Schwerkraft zu Boden fällt. Links, von außen betrachtet, sehen wir den Ball aufgrund der Beschleunigung zu Boden fallen. Diese Beschleunigung könnte ebenfalls auf die Krümmung des Raumes zurückgehen.

Wie Sie in der rechten Zeichnung sehen, stellte Einstein sich eine Person in einer geschlossenen Rakete vor. Von innen spüren Sie den Sog von etwas wie der Schwerkraft, deswegen fällt der Ball zu Boden. Aber wenn Sie nicht hinausschauen können, ist Ihnen vielleicht nicht klar, dass Sie sich mit einer Rakete (links) beschleunigt durch den Raum bewegen. Wenn der Raum gekrümmt ist, argumentierte Einstein, spüren Sie dann, wie ein Sog oder Druck auf Sie ausgeübt wird, ähnlich wie wenn Sie mit einem Auto schnell in die Kurve gehen. Raum ist gekrümmt. Deswegen spüren wir, wie Druck auf uns ausgeübt wird wie von der Schwerkraft. Etwas zieht oder schiebt uns, ohne dass wir erkennen oder sehen

können, was es ist. Einstein kam zu dem Schluss, dass der Raum gekrümmt sein muss, die meisten Menschen diese Krümmung nicht sehen und dieses Ziehen oder Schieben einfach Schwerkraft nennen.

Die Räume in unserem gewöhnlichen Alltag sind ziemlich gerade. Messen Sie einfach einmal Höhe, Länge und Breite eines Raumes. Aber normaler Raum ist nur ein Aspekt der Räume unseres Universums, der Raumzeit. Physiker stimmen dem zu. Auch wenn sich die Idee der Schwerkraft heute erübrigt, findet sie immer noch Anwendung, weil wir sie mit unserem Alltagsdenken besser verstehen können als die Vorstellung von gekrümmter Raumzeit. In gewisser Weise ist die Schwerkraft eine Fiktion, aber diese bleibt aus der Sichtweise der Konsensusrealität beharrlich bestehen, weil sie leichter verständlich ist.

Das Gleiche passiert in der Psychologie. Wenn Sie zum Beispiel schlechte Laune haben, sagen alle, Sie hätten einen *Komplex*. Ihre Eltern waren schlechte Menschen, haben Sie vernachlässigt oder zu sehr verwöhnt und so weiter. Dieser Komplex könnte aber durch etwas viel Universelleres verursacht sein: So etwas wie eine Krümmung in der Raumzeit, etwas, das Sie krümmt, verwirrt. Ja, wir wissen, die Vorstellung von Komplexen ist hilfreich. Wir halten beharrlich daran fest, weil sie unserem Alltagsdenken entspricht, das davon ausgeht, dass Sie aufgrund Ihrer Mutter oder Ihres Vaters heute der und der Mensch sind. Das kann so sein oder auch nicht. Aber es gibt noch eine andere Sicht unserer Welt. Wir sind keine bloßen Produkte dieser oder jener Umstände. Vielmehr sind wir verbunden mit einem ständig wechselnden Raum, der uns umgibt. Es fühlt sich an, als ob diese oder jene Person an uns zerrt, aber es kann auch sein, dass wir eine Krümmung im Raum als Raumzeit-Träumen erleben. Gerade Linien sind vielleicht deswegen gerade, weil sie nur eine schwache Krümmung aufweisen.

Das Leben ist grundsätzlich voller Windungen und Wendungen und nur in wenigen Momenten scheinen die Dinge gradlinig zu sein! Wir bewegen uns in einer gekrümmten, träumenden Welt, aber die meisten von uns versuchen, daraus ein gerades und gradliniges Universum zu machen, weil sich darüber leichter reden lässt. (Siehe Anhang 2, der Ihnen vielleicht hilft, die Krümmung der Raumzeit besser zu verstehen.)

Einstein brachte seine erste wissenschaftliche Veröffentlichung über die spezielle Relativitätstheorie 1907 heraus. Seine zweite Veröffentlichung über die Allgemeine Relativitätstheorie erschien acht Jahre später, 1915, und hier beschrieb er die Raumzeitkrümmung. Zuerst missfiel diese Idee vielen Wissenschaftlern, doch nachdem Experimente sie als real bewiesen hatten, akzeptierten sie diese Theorie. Es gibt experimentelle Beweise dafür, dass das Universum, in dem wir leben, gekrümmt ist, wie zum Beispiel die Krümmung von Lichtstrahlen. Das Universum ist nicht flach und gerade, wie manche denken. Wir müssen akzeptieren, dass das Universum uns biegt und beugt. Es ist ein Tanzchoreograph!

TOD UND FREIER FALL

Freier Fall ist ein Begriff, der besagt, dass Ihre Bewegungen nur auf Raumzeit (oder Schwerkraft) beruhen. Wenn Sie sich den Stuhl unter dem Hintern wegziehen, erleben Sie aufgrund der Schwerkraft, die sich, solange Sie sich in der Luft bewegen, schwerelos anfühlt, einen freien Fall. Ohne dass Ihnen das klar ist, beschreiben Sie jedoch, wenn Sie zu Boden stürzen, eine krumme, nicht eine gerade Linie! Ähnliches gilt, wenn wir im Raumzeit-Träumen loslassen, sterben oder uns entspannen. Auch dann erleben wir eine gewisse Mühelosigkeit oder einen freien Fall. Deswegen sind viele Nahtoderfahrungen verbunden mit einem freien Fall ins Universum… Menschen lassen am Ende einfach los, sodass die Raumzeit sie bewegen kann.

Meistens versuchen wir die vielen Ziele in unserem Alltagsleben auf geraden Wegen zu erreichen. Menschen in Todesnähe kommen mir oft freier vor, und viele von ihnen scheinen in diesem Zustand gelegentlich die Erfahrung zu machen, frei herumzufliegen. Es ist, als könnten wir in der Raumzeit, wo wir unserer geodätischen Linie (oder dem kürzesten Weg zwischen zwei Punkten) folgen, frei fliegen. Aus der Sicht der Konsensusrealität ist der Tod für viele Menschen das Ende. Für mich aber heißt sterben, dass wir wie immer dem Tao und damit einfach unserer grundlegenden Krümmung und unserer Geschichte folgen. Mir kommt es hier darauf an, dass Sie diese Krümmung in Ihrem Leben häufiger fühlen und ihr folgen, statt auf den Tod zu warten, um einen freien Fall zu erleben.

Jeder von uns fühlt in seinem Alltagsleben den Sog und Druck, zu machen und zu *tun*. An irgendeinem Punkt träumen die meisten Menschen von einem Gefühl der Freiheit und sehnen sich danach. In gewisser Weise ist das eine spirituelle Sehnsucht, die wir fast alle kennen. Wir alle fühlen uns von etwas gezogen und erleben ein Gefühl von Freiheit, wenn wir *loslassen*. Wir wollen jedoch nicht alle das Gleiche fühlen. Manche Menschen möchten gar nichts fühlen, und auch das ist in Ordnung, aber wir alle haben das gleiche spirituelle Potenzial. Die Schwerkraft oder die Raumzeit bewegt uns alle und auch alles andere im Universum. Wenn wir uns da *hinein entspannen*, fallen wir frei und haben weniger Druck und weniger oder gar kein Gewicht. Das ist gute Psychologie und normale Physik.

Erster Teilnehmer: Jemand, der uns online zuschaut, fragt sich vielleicht, was ein *Todestraum* ist?

Arny: Meine Lehrer hielten Ausschau nach Todesträumen, das gilt auf jeden Fall für von Franz und Jung. Mit beiden zusammen gehörte ich einer wissenschaftlichen Gruppe an, die Todesträume analysierten. Nachdem wir uns 2000 bis 3000 Todesträume angeschaut hatten, mussten wir feststellen, dass kein einziger den Tod voraussagte. Wir haben das genau geprüft. Wenn ein Mensch in einem Traum in der Dunkelheit verschwand, war das ein Todestraum? Nein, denn ein

Sechsjähriger hatte den gleichen Traum. Vielleicht begab sich die Person in den äußeren Raum und sagte: „Ich will nie wieder zurückkommen." Symbolisiert das den Tod? Doch dann berichtet jemand in einem veränderten oder außergewöhnlichen Bewusstseinszustand von ähnlichen Erfahrungen, und diese Person erfreut sich bester körperlicher Gesundheit. Diese Forschung geht auch heute noch weiter. Bislang weiß niemand, ob es Todesträume gibt. Wir können nicht behaupten: „Dieser Traum oder jener Traum sagt voraus, dass Sie bald sterben werden."

DIE ÜBERSCHNEIDUNG VON WISSENSCHAFTLICHEN UND SPIRITUELLEN TRADITIONEN

Die Mathematik der Relativität ist kompliziert, aber ihre Auswirkungen können wir alle spüren, wenn wir gezogen und bewegt werden. Mir kommt es hier darauf an, dass Relativität und Raumzeitkrümmung empirisch korrekte und zugleich psychologische Gefühlserfahrungen sind. Schwerkraft ist zunächst einmal ein nützlicher Begriff, der aber sehr erd- oder planetengebunden ist. Das Gefühl, von der Krümmung der Raumzeit, von dem Weg, den Sie gehen, bewegt zu werden, ist nicht nur Physik, sondern auch Psychologie. Die Religionen haben über dieses Thema schon immer gesprochen: Wir werden bewegt von etwas, das schwer zu erklären ist. Wissenschaftliche und spirituelle Traditionen überschneiden sich hier. Die Monotheisten sprechen von Allah, Gott, Jahwe oder dem Tanzenden Shiva. Die Taoisten nennen es Tao und die Physiker Raumzeitkrümmung. Die Psychologie sagt einfach, etwas bewegt uns alle auf unterschiedliche Weise. Wenn Sie in Berührung sind mit Ihrer Imagination, von der Raumzeit bewegt zu werden, sind Sie in Berührung mit *Wu-Wei*, mit Nichttun. Das ist eine nichtkognitive Erfahrung, ähnlich wie freier Fall…, das heißt, Sie erlauben sich, sich allein unter dem Einfluss der Schwerkraft frei zu bewegen, was Ihnen das Empfinden von freiem Fall und Schwerelosigkeit vermittelt. Sie spüren nur die Krümmungen und Bewegungen, in welche die Natur Sie hineinzieht.

Ich fand die Idee von der Raumzeit anfangs einfach nur seltsam. Das Gleiche gilt offensichtlich auch für Einstein selbst. Er brauchte acht Jahre, von 1907 bis 1915, um seine Allgemeine Relativitätstheorie öffentlich vorzustellen. Warum benötigte er dafür so viel Zeit? Seine spezielle Theorie beharrte nicht auf einem neuen Raum oder einer neuen Zeit, wohl aber seine zweite, allgemeinere Theorie. Offensichtlich machte es ihn nervös, von gekrümmten Räumen zu sprechen. Er sagte:

„Warum waren für die Entwicklung der Allgemeinen Relativitätstheorie weitere sieben Jahre erforderlich? Der Hauptgrund besteht in der Tatsache, dass es nicht so leicht ist, sich von der Idee freizumachen, dass Koordinaten eine unmittelbare metrische Bedeutung haben müssen."[42]

Einstein wollte damit sagen, dass es schwer ist, die Welt der Meter und Stunden einfach hinter sich zu lassen und sich in ein Universum zu begeben, wo Meter und Stunden sich so ausdehnen, ziehen und krümmen, dass wir es in der Alltagsrealität nicht verfolgen können. Er brauchte einen völlig neuen *Raum*, auf den Beobachter überall im Universum sich einigen können. Er kämpfte (mindestens) acht Jahre lang mit sich, bevor es ihm möglich war, die Idee, die Wirklichkeit könne direkt in Metern und Stunden gemessen werden, aufzugeben.

Wenn Raum und Zeit zusammenkommen, gibt es keine geraden Raummaße wie Höhe, Breite und Tiefe mehr und eine davon getrennte Dimension der Zeit. Stattdessen kommen die drei räumlichen Dimensionen und die Zeitdimension zusammen zu einer vierdimensionalen, hyperbolisch gekrümmten Raumzeit, wo wir Raum und Zeit nicht länger trennen können. Einstein zögerte acht Jahre lang. In der Zeit hatte er Eheprobleme und Gott weiß was noch für Schwierigkeiten (alles wegen der Relativität?). Ich glaube, etwa zehn Jahre später sagte er, die Zeit, die er brauchte, um mit der Idee herauszukommen, dass der Raum, in dem wir leben, gekrümmt ist, seien die acht schwierigsten Jahre seines Lebens gewesen. Diese Idee könnte die westliche Konsensusrealität auf den Kopf stellen.

EINSTEINS ÄTHER

Meiner Meinung nach hatte Einstein trotz seines rationalen Verständnisses der Raumzeit nach seiner Entwicklung der Allgemeinen Relativitätstheorie immer noch den Verdacht, dass Raum etwas Sonderbares und Magisches sei, das er *Äther* nannte, der alle Felder der Physik zusammenbringen würde. Er sagte, er hoffe, dass „der Gegensatz zwischen Äther und Materie allmählich verschwinden" und „unsere gesamte Physik durch die Allgemeine Relativitätstheorie ein vollständiges Denksystem werden würde." [43] 1920 sagte Einstein *(Wie schon am Anfang dieses Kapitels zitiert, Anm.d.Ü.)*:

„Gemäß der allgemeinen Relativitätstheorie ist ein Raum ohne Äther undenkbar; denn in einem solchen gäbe es nicht nur keine Lichtfortpflanzung, sondern auch keine Existenzmöglichkeit von Maßstäben und Uhren, also auch keine räumlich-zeitlichen Entfernungen im Sinne der Physik." [44]

Einsteins Raumzeit oder Äther ist nicht einfach leerer Raum, sondern eine Art Stoff, der nahezu materielle Eigenschaften besitzt und sich verhält wie ein unsichtbares Feld mit gekrümmten Räumen, die Gummimatten ähneln und sich biegen und verdrehen.

Einsteins Äther ist der allgemeine Grund des Universums: etwas, worüber sich alle Beobachter zum einen oder anderen Zeitpunkt einig sind. Ich habe über die Erfahrung dieses allgemeinen Grunds im Zusammenhang mit der Atmosphäre gesprochen, die Kraftorte auf der Erde umgibt. Die Räume des Prozessgeistes (unsere grundlegende Intelligenz) sind tiefe Essenzerfahrungen in veränderten Bewusstseinszuständen, die mit dem atmosphärischen Feld des Universums zusammenhängen. Diese Atmosphäre oder dieser Äther verbindet uns alle mit dem Tao des Taoismus und, wie ich bald zeigen werde, mit dem Lichtkörper des tibetischen Buddhismus und dem Tanzenden Shiva und hilft uns, Klarheit über extreme menschliche Erfahrungen wie so genannte psychotische Zustände und bestimmte Phänomene bei Nahtoderfahrungen zu gewinnen.

Raum verlor für Einstein niemals seine magische Kraft. 1930, 15 Jahre nach seiner Allgemeinen Relativitätstheorie, schrieb Einstein in einem Brief an seinen früheren Lehrer Lorentz:

„Es scheint jetzt, dass wir Raum als etwas Primäres betrachten müssen, dem Materie entstammt, sozusagen als sekundäre Folge. Raum kann jetzt Rache nehmen, er verschlingt die Materie." [45]

Heute würde ich diese Aussage bekräftigen, indem ich sage, dass die Räume des Universums und unseres Träumens die Essenzen unserer materiellen Welt sind. Buddhisten haben immer behauptet, all unser Leiden beruhe auf der Tatsache, dass wir unsere scheinbar beständige und wichtige Alltagsrealität nicht loslassen können. Wir halten fest an äußeren Erscheinungen, unserer Gesundheit, unseren Beziehungen und unserem Alter. Das heißt, wir klammern uns an die Alltagsvorstellungen von Zeit und Raum, als wären es Heiligtümer. Aber das sind sie nicht. Die *Realität*, wie wir sie definieren, ist ein menschliches Konstrukt und keine absolute Wahrheit. Einstein musste also die Idee von Zeit und Raum loslassen, um das Konzept der Raumzeit zu entwickeln. Ähnlich müssen auch wir von Zeit zu Zeit unsere Alltagsrealität loslassen, um uns tiefer in eine neue Dimension hineinzubegeben, die ich Raumzeit-Träumen nenne, den uns alle verbindenden Grund.

WAS IST ÄTHER?

Einsteins Äther ist ein vager Stoff, über den die Physiker nicht gerne reden. Theoretiker scheinen ihn zu ignorieren. Obwohl Einstein 1930 sagte, Raumzeit sei eine Art Äther, antworteten Experten für Relativität auf meine Fragen nach diesem Thema: „Wir erwähnen das Wort ,Äther‘ nie." Aber Einstein war nicht der einzige, der dachte, dass Raum jetzt Rache nehmen kann und den Äther verschlingt. Der Physiker John Wheeler, ein Kollege Einsteins, beschreibt das Relativitätsprinzip mit den simplen Worten:

„Die Raumzeit sagt der Materie, wie sie sich bewegen soll; die Materie sagt der Raumzeit, wie sie sich krümmen soll." [46]

Die Raumzeit sagt Ihnen, wie Sie sich bewegen sollen, und Sie und alles andere im Universum sagen der Raumzeit, wie sie sich krümmen soll. Das ist eine psychologische Erfahrung, die wir Tao oder Raumzeit-Träumen nennen könnten. Lassen Sie Ihren Körper und Ihren Geist Schwerelosigkeit und Nichttun erleben, lassen Sie zu, dass Sie sich ohne Druck bewegen und ab und zu bewegt werden. Folgen Sie Ihrem Körper einfach wie im Halbschlaf. Diese tiefe und bedeutsame persönliche Entwicklung deckt sich mit der Vorstellung von Erleuchtung, die wir in vielen spirituellen Traditionen finden.

DAS UNIVERSUM ALS GUMMIMATTE

Edwin Taylor sagt in seiner Einführung in die Allgemeine Relativitätstheorie:

„Einstein geht zwingend davon aus, dass ein nichtlineares Koordinatensystem – das heißt, eines, das sich willkürlich ausdehnt – ebenfalls gültig sein sollte. Nichtlinear heißt, dass es sich in unterschiedlichem Maße an verschiedenen Orten und sogar zu verschiedenen Zeiten ausdehnen kann." [47]

Diese Beschreibung erinnert mich an eine Gummimatte. In einem Augenblick kann ein Bild wie ein Kreis aussehen, und im nächsten dehnt es sich aus, sodass es wie eine Ellipse aussieht (siehe unten). Auf ähnliche Weise können Sie in Träumen das

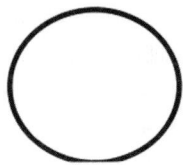 

Abbildung 7.3.: Im gekrümmten Raum kann ein Kreis zu Ellipse werden.

Gefühl haben, einen Kreis zu sehen, der plötzlich zur Ellipse wird.

Wir müssen also jetzt die Forderung stellen, dass es *legal* ist, die Alltagsrealität mit einer scheinbar unstrukturierten, entrückten Intelligenz zu betrachten: eine Form von Wahrnehmung, die wir lernen und durch Bewegung, Entspannung, Atmung sowie schamanistische, taoistische, tibetisch-buddhistische Praktiken und Praktiken aus anderen spirituellen Traditionen erfahren können. Bleiben Sie offen für veränderte Bewusstseinszustände.

INNERE ARBEIT

- Setzen Sie sich so hin, dass Sie sich etwas bewegen können, in jedem Fall aber bequem.
- Lassen Sie Ihren Körper ein wenig schwanken, so als wären Sie leicht betrunken. Machen Sie Ihren Kopf leer, als wären Sie etwas beschwippst.
- Wackeln Sie einfach so viel oder wenig herum, wie es sich angenehm anfühlt. Und während Sie so frei herumwackeln, geben Sie sich, sobald Sie sich frei fühlen, einen Rat für Ihr Leben. Warten Sie, bis Sie sich frei fühlen, achten Sie auf die kleinsten Hinweise und geben Sie sich selbst einen Lebensrat. Vielleicht kommt Ihnen einfach etwas in den Kopf, was für Sie einen Sinn ergibt.

- Wenn Sie einen Ratschlag zu fassen bekommen, schreiben Sie ihn einfach auf.

Hat das Universum als Raumzeit Ihnen einen Rat gegeben, während Sie kleinen Bewegungsflirts nachgegangen sind? Erzählen Sie mir, was Sie gehört haben!

Beispiele:
- Bleib nicht zu lange bei einem Punkt stehen.
- Wichtig ist Balance.
- Verliebe dich jeden Tag aufs Neue.
- Yeah! Los, los – drück endlich auf die Tube!
- Sei nicht so eng!
- Hör auf zu glauben, dass du so wichtig bist. Um dich geht es gar nicht.

Der kosmische Tanz des Ursprungs

Diese Ratschläge gibt Ihnen das Universum, wenn Sie zulassen, dass es Sie bewegt und zu Ihnen spricht.

....

PACHAMAMA

Abbildung 7.4.: Pachamama (Quelle: Wikipedia).

Die Menschen, die in den Anden leben, haben offensichtlich schon immer geglaubt, dass Zeit und Raum eins sind. [48] Einstein war nicht der erste. Viele Eingeborenenvölker betrachteten ihre Gottheiten als das Universum. Die Inkas nannten ihre Göttin Pachamama, Göttin des gesamten Universums. Diese Göttin, sagten sie, trage ein Baby im Leib und in ihrer einen Körperhälfte ist es Nacht und in der anderen Tag. Manche Menschen erleben Pachamama als Kraft, die sie bewegt. Andere erfahren sie als Große Mutter. Die Inkas glauben, dass diese Göttin weiß, was Menschen zu tun haben und sie in Bewegung bringt. [49]

Das klingt ähnlich wie die Äußerungen der Taoisten und von John Wheeler, den ich am Anfang dieses Buches in meiner Danksagung an ihn zitiere. Er entdeckte die Theorie der Schwarzen Löcher und verglich die Raumzeit mit dem Tao, dem Wind und dem schwerelosen Fall der Astronauten im Raum. Hier zitiert er den chinesischen Poeten Su Tung-p´o (1036 – 1101), der beschreibt, wie er auf dem Jangtse-Fluss treibt:

„Wir ließen unser Boot treiben, wie es will … und hatten das Gefühl, in einem leeren Raum zu segeln und auf dem Wind zu reiten… wir fühlten uns leicht, als hätten wir der Welt entsagt, und frei von allen Stützen, wie jemand, der unsterblich geworden ist und durch den Raum schwebt.“

Was ich Raumzeit-Träumen nenne, findet sich auch in uralten taoistischen Glaubensvorstellungen wieder und verkörpert sich für viele Menschen als Gottheit. Wenn Sie nervös und angespannt sind, sollten Sie Ihr Raum- und Zeitparadigma aufgeben und versuchen, den Krümmungen zu folgen und nichtlinear vorzugehen. Sonst neigen Sie dazu, zu viel zu essen oder Drogen oder Alkohol zu konsumieren. Wir können immer wieder beobachten, wie Menschen entsprechend „herumkurven".

Amy und ich schlendern in Portland oft die 23rd Avenue entlang, wo es viele Bars und Restaurants gibt. Wenn wir dort vor dem Schlafengehen spazieren gehen, begegnen wir vielen Raumzeit-Menschen oder Raumzeit-Träumenden. Sie kommen aus den Restaurants und Bars und gehen nicht geradeaus, sondern beschreiben Kurven und Bögen, denn sie haben den Drang, kulturelle Regeln und ihre üblichen Denkmuster zu durchbrechen. Versuchen Sie die Raumzeit als Bezugsrahmen für eine neue Form von Traumarbeit zu nutzen.

....

ÜBUNG: TRAUMARBEIT MIT RAUMZEIT-TRÄUMEN VERBINDEN

1. Benennen Sie eines Ihrer Probleme und erinnern Sie sich dann an einen jüngsten Traum.
2. Spüren Sie jetzt die Kraft unter Ihren Füßen oder Ihrem Sitz. Entspannen Sie sich auf Ihrem Stuhl oder im Stehen und warten Sie darauf, dass der Raum (oder das Träumen) Sie bewegt, wie er will. Achten Sie auf Ihre Bewegungen und folgen Sie ihnen und anderen Erfahrungen, bis Sie sich frei fühlen und vielleicht nicht vorhersehbare kleine Schritte tun. Während Sie mit dem Prozessgeist, dem Tao oder der Raumzeit fließen, achten Sie darauf, was die Erfahrung, so zu träumen und sich zu bewegen, Ihnen über Ihren Traum erzählt. Fahren Sie fort mit dem Nichttun, das heißt mit *Wu-Wei*, lassen Sie zu, dass das Universum Sie bewegt und Ihnen bei Ihrem Problem hilft.
3. Machen Sie sich Notizen über Ihre Einsichten und Ihren Weg in der Raumzeit. Fragen Sie sich: Woher kommen Träume? Was sagt Ihnen Ihre Bewegungserfahrung über den Traum? Lassen Sie Ihre Erfahrung den Traum deuten. Sie haben innere Träume wie auch einen inneren Traumdeuter oder eine innere Traumdeuterin.

Machen Sie diese Übung jeden Abend und Morgen, um Ihre Träume zu deuten. Zuerst versetzen Sie sich in die entsprechende Stimmung, wanken vor und zurück und verstehen dann Ihre Träume besser. Sie müssen innerlich im Traumzustand sein, um Träume wirklich zu verstehen.

Erste Teilnehmerin: Ich bin ein unberechenbarer Herzschlag. Das ist ja ein Ding!
Zweite Teilnehmerin: Ich bin etwas zurückhaltend, weil diese Übung bei mir so tief ging. Sie brachte mich mit etwas in Kontakt, das mich sehr berührt hat, einer bedingungslosen Freundlichkeit. Und als ich die Frage stellte: „Woher kommen Träume?", lautete die Antwort: „Sie kommen von dieser bedingungslosen Freundlichkeit." Es ist sehr berührend, inmitten eines schrecklichen Problems auf diese Freundlichkeit zu stoßen.

RÜCKBLICK AUF KAPITEL 7

- Einstein rückte mit seiner Vorstellung von Raumzeit nur zögernd heraus, weil ihm klargeworden war, dass die Raumzeit gekrümmt ist und sich stark von der linearen Welt unterscheidet, die wir als Konsensusrealität bezeichnen.

- Raum ist gekrümmt. Er gleicht dem Äther, und wir können ihn als Raumzeit-Träumen lebendig erfahren.

- Trinken Sie keinen Alkohol, um sich zu entspannen. Fühlen Sie das Raumzeit-Träumen.

- Raumzeit-Träumen ist eine Form von Traumarbeit.

- Die Krümmung ist offensichtlich unsere grundlegende *Linie*.

KAPITEL 8
Die vier Hälften des Lebens und die tibetischen Bardos

Zeit ist wichtig. Erledige die Dinge, die du zu tun hast, rechtzeitig, bring dich in Form, sei realistisch! Doch Einstein, manche Therapeutinnen und Therapeuten und die Traditionen der meisten Ureinwohner weisen darauf hin, dass die Zeit, von der in der Aufforderung „Erledige die Dinge, die du zu tun hast, rechtzeitig" die Rede ist, nicht universell ist. Einstein zeigte, dass das Raumzeit-Träumen ein gemeinsamer Grund für Beobachter mit unterschiedlichen Bezugsrahmen ist. Begriffe wie „die *Distanz* zwischen zwei Punkten in Raum und Zeit," von denen die Konsensusrealität ausgeht und die an diese gebunden sind, haben nur begrenzte Bedeutung. In der Raumzeit ist der gekrümmte Raum zwischen zwei Punkten der gemeinsame Grund. Auch wenn Einstein acht Jahre brauchte, um mit dieser Idee von einem gekrümmten Universum an die Öffentlichkeit zu treten, weil er zögerte, unsere normale Sicht von Zeit und Raum zu erschüttern, sollten Sie, liebe Leserinnen und Leser, nicht so lange zögern, sich zu lockern und zu träumen.

Heute ist Einsteins Sicht von der Raumzeit 100 Jahre alt, und trotzdem weiß die generelle Öffentlichkeit nicht sehr viel darüber. Das Denken über die Konsensusrealität ändert sich nur sehr langsam. Ich denke, Minkowski (der Einstein als Mathematiker hilfreich zur Seite stand) hat geahnt, dass diese Veränderungen passieren würden. 1908 sagte Minkowski (der 1909 im Alter von 44 Jahren starb):

„Die Sichtweisen von Raum und Zeit, die ich Ihnen darlegen möchte, entstammen dem fruchtbaren Boden der experimentellen Physik und darin liegt ihre Stärke. Sie sind radikal. Von jetzt an sind Raum und Zeit als solche dazu verurteilt, zu bloßen Schatten zu verblassen, und nur eine Art Einheit der beiden wird als unabhängige Realität bestehen bleiben." [50]

Weil die Raumzeit das gesamte Universum durchdringt, dachte Minkowski, dass die Menschen diese Theorie sofort annehmen würden! Das ist bis heute nicht geschehen. Ich denke, die Sichtweisen der Konsensusrealität von Zeit und Raum werden sich in dem Maße verändern, wie wir mehr Zugang zum äußeren Raum gewinnen, doch das kann noch eine Weile dauern. Warum sollten sie sich überhaupt verändern? Weil dieser Zugang zum äußeren Raum uns Ansichten vermitteln wird, die nicht mit den Ansichten von anderen Orten im Universum übereinstimmen, und dann werden wir erkennen, dass wir die Perspektive der Raumzeit brauchen. Ähnliches gilt für unsere vergeblichen Versuche, weltliche Probleme zu lösen. Diese Fehlversuche lassen es wahrscheinlicher werden, dass wir die tiefen Räume zwischen uns erforschen und uns auf diesem Weg mit dem Raumzeit-Träumen als gemeinsamem Grund vertraut machen.

Der tibetische Buddhismus betont, dass Anfang und Ende nicht so wichtig sind wie der Prozess, der zwischen beiden verläuft. Seltsame, unerklärliche Dinge passieren zwischen Anfangs- und Endpunkten. Die Tibeter konzentrieren sich vor allem auf die Zeiten zwischen Leben und Tod, die sie als *Bardos* bezeichnen. Chögyam Trungpa sagt dazu:

„Das tibetische Wort ‚Bardo‘ bedeutet wörtlich ‚zwischen zweien‘. Auch wenn es allgemein als Bezeichnung für den Zustand nach dem Tod gilt, bedeutet es grundsätzlich die Jetztheit in jedem Augenblick der Zeit, den sich kontinuierlich zwischen Vergangenheit und Zukunft bewegenden Punkt. Das heißt also, in jedem Augenblick der Zeit passiert ein Bardo, und das zu verstehen heißt die Entwicklung des Bewusstseins verstehen.[51]

Das Wort „Bardo" wird häufig als Bezeichnung für den Übergangszustand oder Schwellenzustand zwischen Geburt und Tod, in der Meditation, beim Träumen, im Sterben oder im Prozess der Wiedergeburt benutzt. Ein Bardo ist eine Phase, ein Stück Raumzeit zwischen den Zeiten unserer Konsensusrealität, die wir unter anderem einteilen in Schlafenszeit und wache Zeit, Arbeitszeit, Meditationszeit und so weiter. Die Frage ist, wie wir diese Übergänge vollziehen, wenn das Normalbewusstsein gestört ist. Wie bewältigen wir diese Bardos mit dem Raumzeit-Träumen? Wie bleiben wir in veränderten Zuständen zwischen den Zeitpunkten der Konsensusrealität bewusst?

Erinnern Sie sich noch an Sara Halprin? Im ersten Kapitel meines Buches *Die Verbindung mit dem Urgrund des Seins* [52] erzähle ich von ihrem Sterbeprozess und zitiere Saras letzte Worte: „Ich möchte anderen nützlich sein", und dann: „Ich habe Angst ins Nichts zu fallen". Sie fürchtete sich davor, sich auf ihre innere Erfahrung einzulassen. Ich sagte: „Dann lass uns dieses Nichts erkunden." Und sie entgegnete: „Es ist so leer." [53]

Sie hatte Angst vor der inneren Erfahrung, in die *Leere* und damit sozusagen in ein Bardo zu fallen. Sie dachte, es gäbe möglicherweise nur diese Leere und sonst nichts. Also entgegnete ich: „Dann lass uns dieses Nichts erkunden." Einen Augenblick später begab sie sich in diesen leeren Raum. Ich sagte: „Verfolge das ganz bewusst." Und sie sagte: „Ich werde zum Vogel, zur Stockente und lande auf dem Fluss." Sie empfand große Freude über diesen Vogel und den Fluss. Das waren die letzten Worte dieser erstaunlichen Person.

Denken wir eine Weile darüber nach. Leerer Raum ist zum Teil deswegen beängstigend, weil er anders ist als die mit unzähligen Objekten angefüllte Konsensusrealität und sich fremd anfühlt. Bewusstseinsarbeit – sämtliche östlichen Religionen und manche Schriften der westlichen Religionen verweisen auf das Bewusstsein von diesen Zwischen-Räumen, das *Ma*, den Raum dazwischen, den ich in Kapitel 4 erwähnte. Was passiert dort? Sind Leere und Nichts das Ende? Nein, das sind nur die Befürchtungen, die wir in unserem Alltagsdenken damit verbinden. Saras nächste Schritte bestanden darin, der Vogel zu sein, der Fluss zu sein und so fort. Als sie in den Bardo hineinging, entdeckte sie nicht nur Leere, sondern eine Art freien Fall. Sie begegnete Fluss und Vogel. Sie entdeckte, dass sich das, was für ihr Alltagsdenken ein rasendes Herz war, als die schnellen Bewegungen erwies, die Vögel im Wasser machen, um sich zu reinigen. Raumzeit-Träumen umgibt uns überall. Wir haben einfach deswegen Angst davor, weil wir es nicht gewohnt sind, uns mit der Leere unseres Traumkörpers zu bewegen.

LICHTKÖRPER

Tibetische Buddhisten, die zeitlose Körpererfahrungen erforschen, sprechen vom *Regenbogenkörper* oder *Lichtkörper* (siehe Abbildung 8.1). Das ist der Traumkörper auf der Essenzebene oder die Körperfahrung des Prozessgeistes beim Durchlaufen der Bardos. Manche Taoisten bezeichnen

diese außerkörperliche Erfahrung als *Diamantkörper,* den Sie brauchen, um durch die vielen Bardos oder Lichterfahrungen zu gehen.

ÜBERGÄNGE DURCH BARDOS

Beim Raumzeit-Träumen oder der Körpererfahrung des Prozessgeistes bewegen Sie sich durch Zeit und Raum und erleben gute wie schlechte Zeiten. Vielleicht haben Sie eine ängstliche Phase, bevor Sie einen Vortrag halten müssen, fürchten Krankheit, Schmerz oder Tod oder die Begegnung mit einem Feind oder einer Ex-Partnerin. Wir fürchten uns vor *hungrigen Geistern*. Jedes Bardo hat bestimmte beängstigende Eigenschaften; in manchen warten sehr hungrige Geister, die uns zu verschlingen

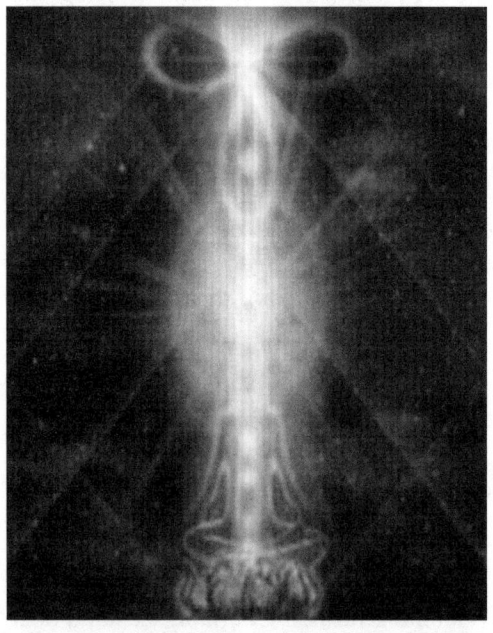

Abbildung 8.1.: Lichtkörper. 54

drohen, und wir müssen lernen, da durchzukommen. Nahtoderfahrungen in einem relativ normalen Bewusstseinszustand können qualvoll beängstigend sein. Im Traum sind diese Erfahrungen meistens ein wenig leichter.

C.G. Jung erzählt in seiner Autobiografie *Erinnerungen, Träume, Gedanken* von einer eigenen Nahtoderfahrung, als er im Alter von 72 Jahren einen Herzanfall hatte. Bei diesem Anfall hatte er eine Vision von einem meditierenden Hindu, und ihm wurde klar, dass er, wenn er weiterginge, alles über ihn Wissenswerte erfahren würde. Er sah seinen behandelnden Arzt an sich vorbeifliegen und wusste, dass dieser Mann bald sterben würde. Dann wachte er wieder auf, und einige Tage später starb sein Arzt. Diese Erfahrung vermittelte ihm tiefe Einsichten in das „Nichts". Er fuhr fort, Dinge zu studieren, die Menschen von heute meistens nicht weiter beachten, und schrieb *Mysterium Coniunctionis*, sein letztes Buch über die mysteriöse Verbindung von alchemistischen Gegensätzen.

Stellen Sie sich einmal vor, dass Sie beim Raumzeit-Träumen die körperliche Erfahrung machen, einen Lichtkörper zu besitzen, der sich durch Leben und Tod bewegt. Das ist Ihre Existenz beim Raumzeit-Träumen. Der Lichtkörper ist eine Art Felderfahrung, ein *Feld-Körper*, der sich durch die Raumzeit bewegt. Wir alle machen Körpererfahrungen, bei denen wir uns durch das Universum bewegen. Diesen Körper des Raumzeit-Träumens, der dem Lichtkörper in der Abbildung oben gleicht, möchte ich hervorlocken.

Teilnehmerin: Entwickelt Ihr alltäglicher, physischer Körper tatsächlich mehr Leuchtkraft?

Arny: Manche sagen, ja. Ich möchte diese Frage offen lassen. Ich weiß aber, dass Sie sich bei der Körpererfahrung Ihres Prozessgeistes gut fühlen und bessere Beziehungen zu allen und allem eingehen können. Sie leuchten in dem Sinne, dass Sie Licht auf die Wirklichkeit werfen.

Im tibetischen Buddhismus gibt es sechs traditionelle Bardos. Ich werde sie hier alle aufzählen, möchte aber einen gründlicher erforschen. Der erste Bardo ist der Übergang von der Geburt zum Tod. Der zweite Bardo ist der Traumzustand selbst. Der dritte Bardo ist der Zustand der Meditation. Der Dalai Lama spricht davon, dass wir diesen Bardo aufsuchen, um einen „Traumkörper" zu entwickeln, wie er es nennt. Im Traumzustand, sagt er, werden wir luzider und können in diesem Zustand Dinge tun, ohne dass uns jemand dabei sieht. [55] Er will damit sagen, wenn wir uns im Zustand des Raumzeit-Träumens befinden, erkennen das andere möglicherweise nicht.

Der vierte Bardo beginnt im Augenblick des Todes und setzt sich dann fort. Einige von Ihnen, die mit Nahtoderfahrungen arbeiten, wissen, dass im Augenblick des Todes eine ganze Reihe von erstaunlichen und manchmal sehr seltsamen Erfahrungen passieren. Diesen besonderen Bardo habe ich selbst durch die Arbeit mit Menschen kennen gelernt.

Im Gegensatz zum vierten Bardo heißt der fünfte Bardo der Bardo der Wirklichkeit oder des Leuchtens, der Bardo unserer wahren Natur. Für die Tibeter beginnt er nach dem letzten inneren Atemzug und ist verbunden mit einer friedlichen, makellosen Bewusstheit. Manche sagen, wenn wir unser Bewusstsein nicht entwickelt haben, können wir uns in diesem Bardo in Illusionen verfangen und manchmal sehr garstig werden! Für mich klingt das so, dass selbst im *Tod* das, was wir marginalisieren, darauf reagiert, indem es sich rächt. Im Gegensatz dazu ist der *leuchtende Zustand* wahrscheinlich damit verbunden, dass Sie mit den Ereignissen mitfließen können. In jedem Fall sind Bardos offene Räume, in denen alles Mögliche passieren kann.

HUNGRIGE GEISTER

Der tibetische Buddhismus legt uns nahe, unsere Probleme zu klären, damit wir nicht von hungrigen Geistern umlagert werden. Aufgrund unserer heutigen medikamentösen Möglichkeiten und vor allem der Schmerzmedikation finden Menschen in Todesnähe leichter zum losgelösten Raumzeit-Träumen. Manchmal gehen sie aus diesen veränderten Bewusstseinszuständen klarer hervor, als sie vorher waren, und können uns bestimmte Dinge mitteilen. Wenn Sie an sich selbst arbeiten, fällt Ihnen der letzte Übergang leichter oder auch nicht, doch in jedem Fall schadet es nichts.

Der sechste Bardo ist eine Seelenwanderung. Er dauert vom Tod bis zu dem Zeitpunkt, wo Ihr inneres Leben als eine andere physische Person erneut beginnt. Was denken Sie über die Bardos und das, was passiert, nachdem Sie gestorben sind und bevor Sie wiederkehren? Manche Tibeter sagen, was wir in diesem Leben tun, unser *karmischer Same*, bestimme, was wir im nächsten Leben tun. Wenn Sie sich und Ihre Träume gut kennen, haben Sie vielleicht ein Gefühl davon, was im kommenden Leben passieren wird. Ich nehme an, wenn wir unseren Prozessgeist kennen, kennen wir uns als Feld unabhängig von Zeit, Raum, Leben und Tod. Wenn Sie sich zum Bespiel mit einem bestimmten Land identifizieren, können andere Sie zumindest mit diesem Land in Zusammenhang bringen, und auf diese Weise *kehren Sie zurück*. Kommen Sie als lebendige Person wieder?

Teilnehmerin: „Wenn ich mir meine Träume über Menschen anschaue, die ich geliebt habe und die gestorben sind, könnte man meinen, dass es hier nur um meine Gefühle geht, die um sie kreisen. Aber ich glaube, das ist nicht so. Ich glaube, ich träume von ihrer Evolution. Ich fühle diese Evolution. Ich weiß nicht warum, aber ich träume davon, wie sie sich verändern."

TOT UND LEBENDIG?

Ja und ja. Kennen Sie irgendeinen Ort auf diesem Planeten, wo Sie Menschen begegnen, die gleichzeitig tot und lebendig sind? In der Welt der Quantenphysik! Erinnern

Sie sich noch an Schrödingers Katze aus Kapitel 2? Schrödinger würde seine ursprüngliche Wellengleichung als Erklärung der Quantenphysik, die seit vielen Jahren anerkannt war, später deswegen verwerfen, weil wir in der Quantenphysik gleichzeitig tot und lebendig sein können. Sie können sich in zwei oder mehr Zuständen gleichzeitig befinden. Wir nennen das *Superposition*: die gleichzeitige Erfahrung unterschiedlicher Zustände. In gewisser Weise waren also die Tibeter ihrer Zeit voraus, wenn sie davon ausgehen, dass Sie tot und lebendig zugleich sein können!

Jeder Mensch ist der Raumzeit unmittelbar vor seinem Tod offensichtlich sehr nahe, und etwas in ihm zeigt sich immer in einem veränderten Bewusstseinszustand und weiß, was zu tun ist. Offensichtlich besitzen wir als Menschen eine innere Weisheit. Diese Weisheit sagt weder „Hallo" noch „Auf Wiedersehen". Scheinbar gibt es in uns allen etwas, das weiß, wie wir fließen können und was wir wann zu tun haben.

DIE ARBEIT MIT KOMAPATIENTEN

Ich liebe die Tibeter, denn sie waren wahrscheinlich die Ersten, die bereits 800 Jahre nach Chr. für ihre Arbeit mit Menschen im Koma bekannt wurden, lange bevor wir im Westen überhaupt einen Gedanken darauf verschwendeten. Im Wesentlichen sagten sie nicht mehr als: „Oh Liebes, erinnere dein ganzes Selbst." Sie sagten auch in etwa:

„Erinnere deine grundlegende Natur und dein ganzes Selbst und nutze deine Bewusstheit. Und wenn du grauenhafte Bardos auf dich zukommen siehst, lasse dich einfach von deinem Prozessgeist leiten und gehe unbeirrt weiter!"

Das ist meine knappe Übersetzung des tibetischen Buddhismus. Meditiere auch dann mit einem Menschen weiter, wenn er stirbt und aufgehört hat zu atmen! Wie das? Ich muss Sie das fragen! Warum um alles in der Welt sollten Sie mit jemandem arbeiten, nachdem er aufgehört hat zu atmen? Was glauben Sie? Warum meditieren manche Menschen in diesem Fall noch fünf, zehn oder sogar 20 Tage für den Verstorbenen weiter? Sie wenden sich einer symbolischen Darstellung oder Figur dieser Person zu und sprechen mit ihr: „Lieber Onkel Harrison, erinnere dein ganzes Selbst!" Warum tun die Tibeter das seit 800 vor Christus? Phantasieren oder träumen sie nur?

Menschen, die so meditieren, müssen eine Rückmeldung bekommen – davon gehe ich jedenfalls aus. Manche Menschen, die Nahtoderfahrungen gemacht haben, sind wieder zum Leben erwacht und haben erstaunliche Dinge berichtet. Sie sehen aus wie tot, und die Ärzte bestätigen ihren Tod, doch dann öffnen sie ihre Augen weit und erzählen. Ich habe das mit der Person erlebt, über die ich mein Buch schrieb *Coma, The Dreambody near Death*. [56] Der Arzt sagte: „Nun, diese Person ist gegangen. Ade." Aber Amy und ich meditierten weiter für diesen Menschen mit den Worten: „Erinnere dein ganzes Selbst, folge dem, beachte dies und beachte das." Nach vier Stunden sagte ich: „Ich bin müde. Es ist Zeit, nach Hause zu gehen." Und dann erwachte er und setzte sich aufrecht hin! Wir feierten eine Party. Er wurde ziemlich luzide und erzählte, er sei seiner Frau wiederbegegnet und sie hätten Orangen gegessen und Bier getrunken. Er sagte, was er tun wolle. Alle, die er kannte, kamen vorbei, er schloss vieles ab, und später an diesem Tag legte er sich wieder hin, und das war's.

Doch bevor er starb, sagte er: „Wisst ihr, Arny und Amy, bitte denkt an meine Kinder, denn die sind ja noch da. Würdet ihr bitte ein Auge auf sie haben?" „In Ordnung", sagte ich. Und dann fuhr er mit der gleichen vernünftigen Stimme fort: „Ich denke, mein nächster Schritt besteht darin, dass ich hier in Zürich mit dir arbeite und bei dir studiere, um mehr über Prozessarbeit zu erfahren."

Warum sagte er das? Wie konnte er über seine Kinder sprechen, als würde er sterben, und im gleich Atemzug seinen nächsten Schritt im Leben planen, obwohl er wusste, dass er sterben würde? Das Sterben ist nicht unbedingt die Zeit, um über unsere nächsten Schritte im Leben zu sprechen. Man würde eher denken, jetzt geht es darum, sich auf das Grab vorzubereiten! Alles ist bereitet, Sie müssen nur hineinspringen, und das war's. Ich habe diese Erfahrung mehrmals mit Menschen gemacht. Sie lagen im Sterben und überlegten sich die nächsten Schritte im Leben! Bei unserer Arbeit mit Sterbenden erzählen viele uns

solche Dinge. Diese Äußerungen zeigen, dass wir fortlaufende Prozesse sind.

Die Tibeter glauben, dass wir für ein weiteres Leben wiederkommen und bereits vor Beendigung einer Phase wissen, dass eine weitere folgen wird. Sie sprechen mit Menschen in solchen Zuständen, so wie wir mit Menschen im Koma reden. Lama Suryadas, ein Experte auf dem Gebiet des tibetischen Buddhismus', übersetzte die Worte seines Lehrers, die dieser zu einem gerade Verstorbenen sprach: „Martin! Wach auf! Du bist jetzt tot! Gehe ins Licht, nicht in die Dunkelheit! Durchschaue dich und verwirkliche Buddha!" Er rief diese Worte laut, damit der tote Martin ihn auch hören konnte! [57] Der Lama sagt, Menschen seien, um durch die Bardos zu gelangen, eingehüllt in einen magischen Raum, ein *weißes Licht* oder einen Lichtkörper.

Teilnehmerin: „Sie haben mit meinem Vater gearbeitet, als es mit ihm zu Ende ging und er zwischen Koma und bewussten Phasen wechselte. An einem Punkt, als er luzide war, sagten Sie: „Und was würden Sie in der Welt da draußen gern tun wollen?" Er antwortete, er würde am liebsten nach Oregon kommen, um prozessorientierte Psychologie und Arbeit bei Ihnen zu studieren, und dann fiel er wieder ins Koma."

Arny: „Richtig! Warum hat er das gesagt? Was passiert da?"

Teilnehmerin: „Sie haben ihn noch nicht einmal gekannt!"

Arny: „Das Raumzeit-Träumen ist offensichtlich ein Prozess, nicht ein bestimm-

Abbildung 8.2.: Die vier Lebenshälften.

ter Punkt im Prozess wie Leben oder Tod. Vielleicht bewegen wir uns alle von einem Raum zum nächsten, vom Leben zum Tod zum Leben."

DIE VIER LEBENSHÄLFTEN

Ich gehe davon aus, dass das Leben tatsächlich vier Hälften hat. Ich benutze nicht den Begriff „Viertel", sondern *Hälften*, denn normalerweise hat das Leben nur zwei Hälften, und zwei Hälften hat der Tod. Wir alle wissen nun, dass sich vier Hälften zu zwei Leben addieren. Ich weiß aber, dass alle diese vier Phasen ständig ablaufen. Sie existieren alle und das wahrscheinlich ständig. Vielleicht handelt es sich hier um sich überlagernde Qubits oder Phasen, die gleichzeitig präsent sind. Auf jeden Fall erleben wir sie, wenn wir mit Menschen in Todesnähe arbeiten, aber auch im alltäglichen Leben: vier Bardos des Zyklus' von Leben und Tod, als Traumkörperphasen von der Geburt zum Tod und zurück.

In der alltägliche Zeit und in einem alltäglichen Sinne durchläuft unser Leben verschiedene Phasen. In der ersten Lebenshälfte spielen Sie, Sie träumen sozusagen im Wachen. Und dann müssen Sie sich mehr auf die Konsensusrealität einlassen, denn in dieser Phase sagen alle zu Ihnen: „Werde endlich erwachsen und verhalte dich wie andere auch! Suche dir eine Arbeit!" oder Ähnliches. „Träume nicht so viel!" Das ist die erste Phase.

Jung nannte die zweite Phase die zweite Lebenshälfte. Etwa im Alter von 35 oder 40 Jahren lassen manche Menschen ihre durch die Konsensusrealität geprägten Sichtweisen allmählich los und träumen mehr. Dies ist eine Zeit, um unsere spirituelle Mitte zu finden und sich mit etwas Tieferem in uns zu verbinden. Viele Menschen, wenn auch nicht alle, durchlaufen diese Phase. Natürlich bleiben manche Menschen bis an ihr Lebensende in der erste Phase. Aber viele Menschen machen ab irgendeinem Punkt ihres Lebens eine zweite Phase durch, in der es darum geht, dass sie mehr träumen und nicht mehr so realistisch sind.

Ich füge nun eine dritte Lebensphase hinzu, in der Menschen beginnen, sich vor dem Tod zu fürchten (auch wenn manche Menschen diese Ängste bereits sehr viel früher erleben). „Oh mein Gott! Das könnte mich umbringen! Was, wenn ich sterbe?" Oder: „Ich werde bestimmt einen weiteren Autounfall haben!" Diese Phase kann in jedem Alter beginnen, wird aber mit dem Älterwerden wahrscheinlicher, da Ihr Körper jetzt allmählich abbaut und damit die Angst vor dem Tod wächst. Diese Angst vor dem Tod ist mit der Notwendigkeit verbunden, Ihr tiefstes Selbst ins Leben zu integrieren. Während Sie in der zweiten Phase mehr träumen müssen, geht es hier darum, Ihren Prozessgeist zu finden, in Kontakt zu kommen mit dem Tao, das nicht genannt werden kann, dem japanischen *Ma* oder Raum dazwischen. Ihre Identität bleibt natürlich ein Aspekt von Ihnen, aber Ihre Bewusstheit muss sich jetzt stärker um Ihr tiefstes Selbst zentrieren. Manche erleben diese Phase früher, andere erst in ihren letzten Augenblicken. Doch die grundlegende Merkmale hier sind das Älterwerden und die Angst vor dem nahenden Tod.

Ich spreche hier von vier Hälften, aber sie folgen nicht immer in linearer Reihenfolge aufeinander. Denken Sie an unser Gespräch über Todesträume in Kapitel 6. Träume, in denen Sie sterben, bedeuten aus meiner Erfahrung selten, dass Sie tatsächlich sterben werden (auch wenn Sie vielleicht zu den wenigen Menschen gehö-

ren, für die das nicht stimmt!) Diese Träume sagen selten etwas über die tatsächliche Länge Ihres Lebens aus. Sie haben mit der Tatsache zu tun, dass Sie sich als Person, die ständig macht und *tut*, total entspannen müssen. Das ist etwas anderes, als einen Traum zu integrieren. Hier geht es um einen radikalen Wandel, bei dem sich Ihre Identität verändert und Ihrem Prozessgeist näher kommt.

In der vierten Lebenshälfte, die unmittelbar vor dem Tod liegen kann – die Tibeter sagen, dass das unmittelbar vor dem Zeitpunkt passiert, bevor Sie wieder lebendig werden –, gehen Sie in einen veränderten Zustand über und sind beinahe tot, *tot* oder liegen im Koma, wie der Mann, mit dem ich gearbeitet habe und den ich bereits erwähnte. Im *Koma*, unmittelbar, bevor er starb, träumte er, dass er vor sich ein paar große Fußabdrücke im Schnee sah, die ihm den Weg zeigten. Was waren das für Spuren? Hier äußert sich die Weisheit seines Prozessgeistes, eine lenkende Weisheit, die tatsächlich weiß, wie es weitergeht. Dieser Prozessgeist ist vor Ihrem Alltagsgeist angesiedelt. Und wenn Sie erst einmal unmittelbar vor dem Koma oder vor dem Tod mit dieser tiefen Weisheit verbunden sind, denken Sie: „Ist das der Tod?". Manchmal tauchen in diesem Zustand auch Phantasien von einer Wiedergeburt auf, und an diesem Punkt beginnen Sie Ihre nächsten konkreten Schritte zu planen.

Aus der Sicht Ihres Prozessgeistes überlagern sich alle diese vier Phasen in Ihnen als potenzielle Erfahrungen in jedem ge-

Der kosmische Tanz des Ursprungs

gebenen Augenblick. Auch wenn wir aus dem Blickwinkel der Alltagsrealität, je nach Lebensalter und Situation, näher an diesen Phasen oder weiter entfernt davon sind. Aus der Sicht des Prozessgeistes unterliegen wir nicht nur den Gesetzen von Zeit und Raum, sondern sind auch ein sich entwickelnder Punkt im Raumzeit-Träumen, Teile eines universellen kosmischen Geflechtes und nicht nur ein physischer Körper, der in Größe und Gewicht gemessen werden kann.

Im Alltagsleben fragen wir uns alle hin und wieder, warum wir hier sind und ob es Pläne für die nächsten 1000 Jahre gibt. In dieser dritten und vierten Phase ist auch der morgige Einkauf wichtig, aber noch wichtiger ist, was Sie in 1000 Jahren tun werden. Wenn Sie sich für ein großes, wirklich umfassendes Projekt engagieren würden und 1000 Jahre Zeit dafür hätten, was wäre das dann? Einige von Ihnen, wissen es bereits, ich sehe es an ihrem verschmitzten Lächeln. Und Sie müssen es auch wissen, denn das hilft Ihnen sich in Ihrem Alltagsleben besser zu zentrieren.

Wie auch immer, das Durchlaufen dieser vier Phasen wird gestaltet vom Prozess Ihres Raumzeit-Träumens, den Bardos. Hat jemand von Ihnen schon einmal die vierte Phase erlebt, wo Sie sich wirklich draußen im Raum und in Todesnähe befanden, während zugleich etwas Sie reizte, wieder ins Leben zurückzukehren! Schau an! Das sind doch einige. Donnerwetter! Sie alle haben das in sich. Jung war bei seiner Nahtoderfahrung in der vierten Lebenshälfte sehr weit weg, und dann sagte

etwas in ihm: WACH AUF! Kehre ins Leben zurück!

Buddha war ein Prozessmensch. Im Grunde sagte er, unser Leiden entstehe dadurch, dass wir uns ausschließlich mit unserer scheinbar festen Identität oder scheinbar beständigen Dingen in der Konsensusrealität identifizieren. Fragen Sie einmal ein Kind unter vier Jahren, warum es hier ist. Kleine Kinder erinnern sich noch an ihren Prozessgeist. Doch etwa im Alter von sechs bis acht Jahren wissen auch sie nichts mehr von ihren Träumen, selbst wenn sie noch intensive Träume haben. Die Konsensusrealität verschlingt alles. Später müssen sie sich an das Raumzeit-Träumen erinnern und in der dritten Lebenshälfte tiefer gehen. Dann, in Todesnähe, müssen sie sich erinnern und wach werden dafür, was Leben ist! Denken Sie daran, das Herumkurven im Raumzeit-Träumen ist real!

BARDOS UND LICHTKÖRPER

Die Tibeter streben danach, ihr tiefstes Selbst zu verwirklichen, das sie als *Regenbogenkörper* oder Essenz des Traumkörpers bezeichnen, um sich durch die Raumzeit-Phasen der Bardos wie den der hungrigen Geister zu bewegen. Jede und jeder von uns hat hungrige Geister, und hungrige Geister sind immer hungrig. Ein hungriger Geist ist das, was Ihnen am meisten Angst macht, Sie jedes Mal wieder auf die Palme bringt, verwirrt, ärgert und aufregt. Und wir alle haben davon einige,

Komplexe, die wir ebenso gut als wilde Phasen der Raumzeit bezeichnen könnten.

In den westlichen Religionen sind hungrige Geister das große X, und wir hören täglich in den Nachrichten von ihnen. In den Religionen stehen sie für den Teufel oder die sieben Todsünden: Gier, Lust, Neid, Ehrgeiz und so weiter. Gier und Ehrgeiz hängen zusammen: Ich will MEHR! Neid: Du hast was, was ich nicht habe, und ich will es auch! Lust: Mjam, Mjam! Was ist Lust? Ahaha! Ist dieses Gefühl nicht in Ordnung? Möglicherweise. Faulheit: Du träger Penner! Sehr wichtig. Völlerei: Du Schwein! Was machst du da, grabscht alles für dich. All die Reichen, bitten wir sie zur Kasse! All das sind verbreitete Eigenschaften.

Die westlichen Religionen versuchen diese Probleme unter anderem dadurch in den Griff zu bekommen, dass sie Menschen nahelegen, sie zu unterdrücken und sich nicht in sie zu verwickeln, sich zu verzeihen, andere um Vergebung zu bitten oder abzustreiten, dass diese Antriebe uns beherrschen. Verbeuge dich vor den großen Schöpfern. Wir sind alle bloß Menschen. Wenn jemand in Washington die Hosen herunterlässt, ist das eine nationale Katastrophe. Eine Mainstream-Regel lautet, behalte in der Konsensusrealität die Hosen an und beherrsche deine Lust! Jede Religion hat eigene Wege, um mit diesen Themen umzugehen. Das gilt auch für die Psychologie: Analysiere das, komme damit ins Reine, deine Mutter, dein Vater, der Missbrauch oder deine Sucht ist dafür verantwortlich; schalte das ab, arbeite daran, tu dies oder jenes. Das alles kann durchaus hilfreich sein.

Doch aus der Sicht von Prozessen sind hungrige Geister fiktive Kräfte. Wie auch die Gravität eine Kraft ist, die der Krümmung des Universums entspricht, sind die Dinge, die uns stören, Teil der Krümmungen unseres Universums oder der Natur. Wenn Sie tief genug gehen, können Sie diese Kräfte mit Hilfe Ihres tiefsten Selbst als Schritte im Tanz nutzen. Hungrige Geister sind nicht nur böse, das möchte ich hier deutlich sagen, sondern können tatsächlich wichtig sein. Sie sind wichtige Phasen und Energien, die wir brauchen, und damit Teil unseres Tanzes. Vielleicht gehören diese Kräfte mit zu den dynamischsten, die Ihnen zur Verfügung stehen! Wenn Sie diese Energien nicht als Teil Ihres Raumzeit-Träumens erkennen, als Teil des Tanzes der Verbundenheit, dann scheinen sie gemein, gierig oder was auch immer zu sein. Doch im Tanz können sie einfach eine sehr dynamische Phase sein!

Alle so genannten Probleme können in dem Sinne fiktiv sein, dass die mit ihnen verbundene grundlegende Energie ein Aspekt Ihres elementarsten Tanzes ist. Probleme können verborgene Geschenke sein.

Teilnehmer: „Im Buddhismus kennt man viele Praktiken zur Fütterung hungriger Geister."

Arny: „Hungrige Geister füttern, ja. Die Vorstellung von hungrigen Geistern als Komplex, Kritik, Problem oder Auslöser, Sie auf die Palme zu bringen, als das Falsche oder diese oder jene Krankheit, die Sie ereilt… Aus der tiefsten Sicht betrachtet, sind das alles einfach Energien, die zu Ihrem Tanz gehören, und keine pathologischen Züge. Vielleicht handelt es sich hier um Sängerinnen und Tänzer, die Sie innerlich unterdrücken und die sich bewegen, brüllen und singen wollen. Vielleicht sind diese hungrigen Geister einfach intensive Orte in der Raumzeit. Leben Sie sie!"

ERLEUCHTUNG

Wenn Sie die Körpererfahrung Ihres Prozessgeistes kennen, ist das eine Art Erleuchtung. Die Tibeter sprechen hier vom *Lichtkörper* und die Taoisten und andere vom *Diamantkörper*, manche auch von einem *Astralkörper*. Warum Astralkörper? Wegen des Gespürs für die Sterne und die Räume, die Menschen bewegen! Da draußen im Raum existiert etwas, das Ihnen das Gefühl gibt, vom Universum bewegt zu werden. Der Punkt ist, den Lichtkörper Ihres Prozessgeistes zu nutzen, um mit den großen, bösen X-Energien mitzufließen, die ich hier hungrige Geister nenne.

Manche Menschen geraten, wenn der Tod naht, in große Aufregung oder Erregung. Diese Erregung kann sich so äußern, dass sie versuchen, aufzustehen und das Krankenhaus zu verlassen. Manche bitten darum, in die Notaufnahme gebracht zu werden, selbst wenn sie sich im Hospiz befinden: „Bringt mich auf die Notfallstation!" Andere möchten draußen spazieren gehen. Der Lichtkörper versucht sich zu

bewegen. Der Mitbegründer der Firma Apple, Steve Jobs, sagte am Ende seines Lebens: „WAU! OH WAU!" Was hat er gesehen? Klingt nicht nach einem definitiven Ende.

Teilnehmerin: „Vielen Dank. Das war wirklich inspirierend."

Arny: „Was hat Sie besonders inspiriert?"

Teilnehmerin: „Die Vorstellung von hungrigen Geistern, die uns ständig umgeben."

Arny: „Ständig! Ich bin nie einem Menschen ohne hungrige Geister begegnet. Eine Person ohne hungrigen Geist ist nicht real!"

Teilnehmerin: „Und dass wir mit ihnen spielen oder arbeiten können und auch jetzt einen Astralkörper haben. Wollen Sie sagen, dass der Prozess mit den Monstern in den Bardos und nachdem der Körper gestorben ist möglicherweise immer noch weitergeht?"

Arny: „Ja, das denke ich. Es macht für mich Sinn.

Mir gefällt die Einstellung der Tibeter, dass wir mit uns selbst und Menschen, die gestorben sind, sprechen und zum Beispiel sagen sollen: „Heh, Kumpel, wach auf! Du bist jetzt totes Fleisch. Das ist in Ordnung. Wir haben dich vor einem Monat beerdigt. Manche von uns lieben dich, andere mochten dich nicht besonders, aber wach auf! um Gottes Willen. Hilf uns zu tun, was du in deinem Alltag nicht zustande gebracht hast! Erinnere dein tiefstes Selbst, und wir wären glücklich, wenn du uns bei diesem oder jenem helfen könntest. Finde jetzt die Aufgabe, die du dir für die nächsten 1000 Jahre stellst, und mache dich auf den Weg, sie zu erfüllen. Wach auf! Wach wenigstens ein wenig auf!" Oder auch, je nachdem, wo der oder die Betreffende steht, zu sagen: „Schlaf jetzt! Du brauchst mehr Schlaf!"

....

ÜBUNG: DER „ERLEUCHTETE" BARDO-TANZ DER MYSTIKERIN ODER DES MYSTIKERS

1. Was ist einer Ihrer hungrigsten Geister (Komplexe)? Wie ist die Atmosphäre dieses Bardos (Raumzeit-Träumens)? Vergegenwärtigen Sie sich, wie sich die schlimmste Energie, X, in diesem Zustand anfühlt. Welches u gerät dadurch in Aufruhr? Spüren und skizzieren Sie die Energie von u.

2. Begeben Sie sich an Ihren Lieblingsflecken auf der Erde und sehen Sie dort die Energie von $X + u$. Erlauben Sie der Kraft der Erde dort (Lichtkörper, *Tao Te*, Prozessgeist), durch Sie zu atmen und zu tanzen. Lassen Sie zu, dass Ihr Körper sich zwischen den Energien von $X + u$ frei bewegt. Bleiben Sie bei diesem Raumzeit-Tanz, bis Sie das Wesen und den Sinn von X ergründet haben. Falls nötig, lassen Sie Ihren Tanz noch tiefer gehen, indem Sie sich entspannen und zulassen, dass die Raumzeit selbst Sie auf und über der Erde bewegt. Schauen Sie dann zurück und überlegen Sie, welche Bedeutung diese X-Phase hat.

3. Können Sie den hungrigen Geist X in Zukunft vermeiden? Oder können Sie Ihren Traumkörper nutzen, um schmerzliche Bardos zukünftig freundlicher zu gestalten? Wer sind Sie?

Die Erde hat ihre eigene Weisheit. Ihr Lieblingsflecken auf der Erde schenkt Ihnen eine freundliche Atmosphäre und bringt Ihnen bei, zu atmen und sich zu bewegen. Erlauben Sie diesem Ort, durch Sie zu atmen und sich zu bewegen. Wenn Sie zulassen, dass das Universum durch Sie tanzt, zeigt sich Ihr Lichtkörper als freie Tanzbewegung. Dieser Tanz kann etwas Besonderes sein, ganz typisch für Sie. Ich möchte, dass Sie diesen Tanz kennen lernen und sich so frei wie möglich bewegen. Lassen Sie sich von diesem Tanz bewegen. Mit „Lassen Sie den Körper sich frei bewegen" meine ich: Sie bewegen sich zunächst ein wenig in diese und jene Richtung, um dann allmählich wirklich frei zu werden. Lassen Sie alles los. Lassen Sie die Raumzeit durch Sie tanzen. Anfangs ist das schwierig, und vielleicht sind Sie befangen, aber versuchen Sie es einfach. Für manche ist das möglicherweise neu. Seien Sie frei!

ANSCHLIESSEND

Jetzt möchte ich darum bitten, dass einige von Ihnen, wenn sie sich trauen, was ich hoffe, mir meine Frage zu beantworten: Wer bist du?

Erste Teilnehmerin: „Ich bin dort, wo Wasser auf Land trifft."

Zweiter Teilnehmer: „Ich bin ein sehr glücklicher Mensch!"

Dritte Teilnehmerin: „Ich habe herausgefunden, dass ich Situationen, in denen ich zum Nervenbündel werde, für mich nutzen kann. Ich werde alt und habe meine Balance oder mein Gleichgewicht verloren. Ich muss dem vertrauen, dem Unberechenbaren vertrauen. Und eigentlich hasse ich alles Unberechenbare, aber tatsächlich macht es großen Spaß."

Vierter Teilnehmer: „Ich bin der Wandel. Jahreszeiten kommen und gehen."

Fünfte Teilnehmerin: „Ich bin der Fluss der Entfaltung."

....

RÜCKBLICK AUF KAPITEL 8

- Bardos sind traumähnliche Gefühlsräume zwischen den einzelnen Punkten der Konsensusrealität.
- Der bekannteste Bardo ist auf der kaum wahrnehmbaren Schwelle von Tod und Wiedergeburt angesiedelt und ist der *Raum* zwischen Tod und Leben.

- Hungrige Geister sind in gewisser Weise einfach Einladungen zu intensiven Krafttänzen.
- Möglicherweise gibt es vier Lebensphasen, die wir meistens mit ihrer zeitlichen Abfolge gleichsetzen, aber diese Phasen sind auch zeitlos.

TEIL DREI –
Symptome, Verrücktheit
oder Welttanz?

KAPITEL 9
Ihr Körpergeist in der Flasche

Der stochastische Tanz des Raumzeit-Träumens kann für uns alle psychologisch und vielleicht auch physisch hilfreich sein. Dieses Raumzeit-Träumen kann gute Medizin sein für bestimmte Symptome, vor allem solche, die darauf zurückgehen, dass Sie sich getrieben und erschöpft fühlen von dem vielen Druck in Ihrem Leben, ohne sich mit tieferen (eingeschlossenen) inneren Seelenkräften zu verbinden.

In einem früheren Buch habe ich vorgeschlagen, Medizin und Psychologie als gemeinsame Disziplin und damit als ganzheitliche *Regenbogenmedizin* zu betrachten. [58] Dieser Ansatz für die Behandlung körperlicher Probleme nutzt medizinische Methoden aus der Konsensusrealität der Kultur, in der Sie leben, wie auch *Vorschläge*, die auf den Prozess Ihres Träumens zurückgehen. Ich spreche hier von der Konsensusrealität der Kultur, in der Sie leben, weil die westliche Medizin in manchen Kulturen nicht in dem Sinne Anwendung findet wie im Großteil der Welt; manche Kulturen heilen mit Kräutern, die sie in der Natur finden. Als Amy und ich vor vielen Jahren *Heilung* in Afrika fanden, gab uns die Medizinfrau medizinische Kräuter aus dem afrikanischen Busch. Auch das war allerdings ein allopa-

thischer (schulmedizinischer) Ansatz, wie er vielen Menschen hilft.

Die Regenbogenmedizin bezieht auch Ihr individuelles Körperempfinden, traumähnliche Gefühle, Ängste und die Gefühle ein, die Sie dem eigenen Körper entgegenbringen. Ich empfehle Ärzten, nicht nur die Krankengeschichte ihrer Patienten abzufragen (was zur medizinischen Ausbildung hier im Westen gehört) und es bei den Medikamenten, Vitaminen, Kräutern und Nahrungsergänzungsmitteln, die sie verschreiben, zu belassen, sondern auch Ernährung, Suchttendenzen und die Träume einzubeziehen, die Menschen in Bezug auf ihre Gesundheit haben.

Und vergessen Sie nicht, die geografische Umgebung, in der Sie leben, zu erwähnen. Wie Sie wissen, enthält die Luft in manchen Gegenden allergene Stoffe und bestimmte Strahlungen sowie weitere Dinge, die wir ebenfalls berücksichtigen müssen. Fragen Sie sich auch, welche Beziehungsthemen Sie meiden. Was bereitet Ihnen auf diesem Gebiet Unbehagen? Und wie steht es überhaupt mit Ihren Beziehungen? Sind Sie glücklich in Ihrer Partnerschaft und mit Ihren Freundschaften? All das sind medizinische Themen, das heißt, Themen der Regenbogenmedizin.

Ist Ihnen bewusst, welche Ziele Sie im Leben haben? Das kann manchmal sehr wichtig sein. Fragen Sie sich: „Warum bin ich hier? Gibt es Dinge, die Sie noch zu tun haben? Ein Onkel von Amy zum Beispiel schien seine letzte Lebensphase erreicht zu haben. Neulich hatte er einen klaren Tag, also stellte ich ihm die Frage: „Gibt es etwas, was du in deinem Leben noch tun möchtest?" Er antwortete klar und deutlich: „Ich habe alles getan, was ich tun wollte." Er hat für Menschen und für die ganze Welt sehr viel getan. Am nächsten oder übernächsten Tag ging er zurück ins Krankenhaus in der Erwartung, dass er dort sterben würde. Ich rief ihn noch einmal an, und da fiel seine Antwort anders aus: „Ja, es gibt da etwas, was ich tun möchte." Kurz darauf ging es ihm, für alle überraschend, besser, und er wurde aus dem Krankenhaus entlassen. (Einen Monat später starb er dann.) Worauf ich hinaus will, ist, dass das Wissen um Ihre Lebensziele eine wichtige Medizin sein kann.

Und fragen Sie sich auch, welche nützlichen Signale Ihre Symptome Ihnen möglicherweise für Ihre Beziehungen geben. Weitere Fragen hier könnten sein, ob und wie Ihre Symptome mit Ihrer Geburt zusammenhängen oder mit bestimmten Verwandten, die im gleichen Lebensalter, in dem Sie jetzt sind, ebenfalls krank waren und mit denen Sie sich identifizieren. Sie wissen vielleicht bereits aus meinem Buch *Dreambody* und anderen Büchern von mir, dass Kindheitsträume manchmal die kör-

perlichen Symptome voraussagen, die Ihnen später zu schaffen machen. Hilfreich kann auch sein, sich zu fragen, was Sie deprimiert und was Sie inspiriert.

Aus der Sicht der Regenbogenmedizin sind *Symptome* Rufe: Träume, die wir uns nicht richtig eingestehen. Manchmal ist ein Symptom ein Ruf Ihrer zeitlosen Seelenkräfte, die Ihre Aufmerksamkeit auf sich lenken und Ihnen sagen wollen, wer Sie wirklich sind! In der nächsten Abbildung können Sie sehen, wie sich ein Symptom in der Konsensusrealität zeigt. Doch gleichzeitig ist dieses Symptom unter der Oberfläche der Alltagsrealität ein Beziehungskonflikt zwischen zwei Seiten oder Energien in Ihnen, die ich *u* und X genannt habe. Diese Energien tauchen manchmal in Träumen auf, die *u*-Energie (das Ich, das sich durch X gestört fühlt) und das störende X (die Energie, die Sie in Aufruhr versetzt) agieren also im Traumland außerhalb Ihres Normalbewusstseins.

Im Traumland tauchen die Energien von *u* + X als Traumgestalten auf. Aus diesem Grund habe ich gesagt, dass Symptome zum Traumkörper gehören, das heißt, zu der Körpererfahrung, die sich in unseren Träumen widerspiegelt. Das Symptom ist Ausdruck eines inneren Beziehungskonfliktes. Es sagt im Grunde: „Arbeiten wir mit der Beziehung zwischen den verschiedenen Seiten in dir." Wenn Sie, sobald Sie an Ihr Symptom denken, versuchen, das X und damit die störende Energie für sich zu nutzen, fühlen Sie sich wahrscheinlich besser – zumindest vorübergehend.

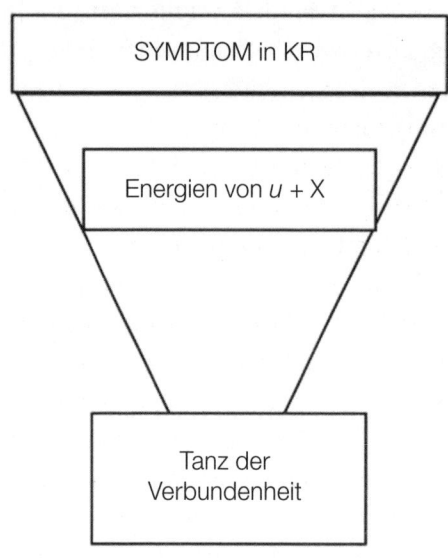

Abbildung 9.1.: Tanz der Verbundenheit

Als ich gestern Abend zu Bett ging, zum Beispiel, hörte ich ein paar Minuten lang ein klickendes Geräusch in meinem Ohr, das dann aus irgendeinem Grund wieder verschwand. Ich dachte: „Vielleicht bekomme ich Tinnitus, diese merkwürdigen Ohrgeräusche." Dann dachte ich, vielleicht müsse ich mir die Ohren säubern, und stand auf, um genau das zu tun. Und diese kleine Aktion war sehr wirkungsvoll. Sie war eine gute Lösung auf der Ebene der Konsensusrealität.

Doch wer ist auf einer tieferen Ebene beunruhigt von diesen „Ohrgeräuschen"? Mein u, Arny Mindell, sagt: „Ich muss ins Bett, ich muss schlafen, ich habe morgen einiges vor." Ich hatte also ein Beziehungsproblem, können Sie das sehen? Innerlich war ich in Aufruhr: Auf der einen Seite klickte und klopfte X, und auf der anderen Seite sagte u: „Ruhe jetzt, schlaf endlich!"

Ich spürte, dass ich meinen Aufruhr unterdrückte! Als mir klar wurde, dass es völlig in Ordnung ist, beim Gedanken an den Vortrag, den ich jetzt hier halte, aufgeregt zu sein, legte sich das Beziehungsproblem zwischen X + u, und ich konnte gut einschlafen. Ich beteiligte mich und vermittelte als Facilitator zwischen dem Krachmacher in meinem Ohr und meinem Wunsch nach Ruhe. Sollten Sie körperliche Symptome haben, können Sie diese zunächst einmal allopathisch behandeln, was in meinem Fall hieß, mein Ohr zu säubern. Doch wenn wir Symptome nur allopathisch angehen, kann das manchmal iagotren sein, das heißt, medizinischen Schaden anrichten. Das kann immer dann passieren, wenn wir durch die medizinische Behandlung wegschieben, dass das Symptom möglicherweise mit der Psyche zusammenhängt. Das kann Ihre X-Energie irritieren und weitere Symptome hervorrufen. Ein iagotrener Ansatz konzentriert sich lediglich darauf, Symptome loszuwerden, und marginalisiert Ihre innere Erfahrung. Wenn Sie innerlich etwas unterdrücken, kann es in Ihrem Leben an anderer Stelle wieder hochkommen. Konzentrieren Sie sich also auf den gesamten Lebensprozess.

GRIMMS MÄRCHTEN: DER GEIST IM GLAS

Der Geist im Glas ist ein Märchen über diesen Prozess der Unterdrückung des träumenden Geistes in Ihrem Leben, des Geistes des Raumzeit-Träumens. [59] Ich habe dieses Märchen bereits in meinem ersten Buch, *Dreambody*,[60] erwähnt. Hier möchte ich meine Ausführungen über dieses Märchen erweitern.

Meine Kurzfassung lautet wie folgt: Vor uralten Zeiten (das bedeutet im Traumland damals, heute und immer) war einmal ein Holzfäller. Er sagte zu seinem Sohn (heute könnte es auch heißen: „Die Mutter sagte zu ihrer Tochter"): „Gehe hinaus in die Wald und fälle Holz." Und so ging der Junge in den Wald und nahm seine Axt mit, um einen Baum zu fällen. Plötzlich hörte er ein dünnes Stimmchen rufen: „Lass mich heraus! Lass mich heraus!" Der Junge schaute sich um und erblickte eine Glasflasche, in der sich ein kleiner Geist befand…: „Lass mich heraus! Lass mich heraus!" Also zog er den Korken von der Flasche und der Geist kam hervor. Doch kaum war er der Flasche entstiegen, sagte der verdammte Geist: „Ich werde dich töten!" Was für eine Situation!

Da entgegnete der kleine Junge (wie er darauf kam, ist mir schleierhaft): „Wenn du so ein mächtiger Geist bist, beweise es mir und kehre in die Flasche zurück!" Und kaum war der Geist in die Flasche zurückgekehrt, verschloss der Junge sie wieder mit dem Korken. Aber das war noch nicht das Ende. Der Geist schrie: „Lass mich heraus! Wenn du mich herauslässt, mache ich dich reich und berühmt!" (Und das wünscht sich natürlich jeder arme Holzfäller.) Also zog der Junge den Korken wieder heraus, und der Geist schenkte ihm einen Zauberlappen, der Metall in Gold verwandeln und Menschen heilen konnte.

Der Junge steckte den Lappen ein, ging in die Welt, heilte Menschen, wurde reich und berühmt und war, als er die Lebensmitte erreichte, gelangweilt! Reich und glücklich, nachdem er von Armut geplagt gewesen war! Also kehrte er eines Tages zurück in den Wald, warf sein Tuch weg und sagte: „Wer braucht das schon!". Doch sofort bereute er, was er getan hatte, und bettelte darum, das Zaubertuch zurückzubekommen. Da kehrte der Geist zurück, sagte: „Nein!" und brachte ihn um! Und das ist das Ende der Geschichte.

Womit verdient ein Holzfäller seinen Lebensunterhalt? Stellen Sie sich so ein Leben vor, das Menschen vor 200 Jahren in Europa, Afrika oder Australien führten… Was hat ein Holzfäller zu tun? Er tötet Bäume… warum? Damals waren die Wälder völlig unerschlossen, wild und natürlich. Wozu brauchte er Holz? Um zu heizen, zu kochen, Häuser und Boote zu bauen. Das Holz dieser Bäume verwendete man damals für fast alle Gebrauchsgegenstände. Damals gab es noch keine Atomkraft oder Petroleum, und man heizte die Häuser mit Holz. Holz: Es geht hier also auch um ein Energieproblem. Geh einfach hin und hole dir Energie von der Natur, ohne groß nachzudenken, wie diese reagieren könnte!

Was passiert, wenn Sie Energie brauchen, weil Sie sich kraftlos fühlen und sagen: „Ich muss irgendwo Energie tanken! Fälle ich dies oder das, trinken wir eine zweite Tasse Kaffee, mehr Vitamine wären gut, und so weiter." Was passiert hier? Sie marginalisieren die Erschöpfung und

Abbildung 9.2.: Der Geist und der Holzfäller (Karynlewis.com).

die ruhige, innere Essenz der Erfahrung, wenig Energie zu haben. Sie ignorieren die eigentliche Grundlage dessen, wer Sie sind, Ihre Wurzeln, die Essenz Ihrer Energie. Mehr Energie haben zu wollen, ist in Ordnung, aber mit Ihrer einseitigen, repressiven Haltung verschließen Sie sich Ihrer wahren Natur. Wenn Sie sich drängen, aktiv zu werden, verschließen Sie sich Ihren Träumen.

Wie können Sie den Geist in der Flasche erreichen, ohne sich im Alltagsleben Ihren tiefsten Energien zu verschließen? Durch Meditation! Richten Sie sich innerlich aus und folgen Sie Ihrem Körper. Gehen Sie in sich, kommen Sie in Berührung mit Ihrem Prozessgeist und spüren Sie die Kraft des Raumes, der Sie umgibt. Dann ist Energie nicht mehr etwas, was Sie haben oder nicht haben. Vielmehr geschieht sie. Sie ist etwas Stochastisches: teils real, teils spiri-

tuell. Das Leben des Baumes hängt zum einen von der Fruchtbarkeit des Bodens und vom Klima ab und zum anderem von etwas nicht Vorhersehbarem. Der Baum wurzelt im Boden, aber er wächst nach oben in den Himmel. Er ist ein Symbol für das, was in Ihnen wächst und Ihnen hilft, die Welten zusammenzubringen. Der Baum ist eine Brücke zwischen Erde und Himmel. Der Geist des Baumes, der Geist in der Flasche ist die Erfahrung Ihres Prozessgeistes.

Aber ich will hier nicht vorgreifen. Wenn wir einen Moment bei den Wurzeln bleiben, lautet die Botschaft an den Sohn des Holzfällers: Sei nicht nur auf das Holz, auf Energie aus und unterdrücke dabei nicht deinen inneren *Baum*, dessen Natur es ist, auf zufällige und nicht vorhersehbare Weise zu wachsen! Treibe dich nicht nur an, sondern lass dich ein auf die Natur. Sonst gerätst du durch den Geist in der Flasche und deren Inhalt wie Alkohol und ähnliche Suchtmittel, die dich *umbringen* können, in Gefahr.

Der Alltagsmensch in uns allen gerät in Stress, weil er ständig unter Druck steht und Bäume fällen, das heißt, seinen Lebensunterhalt verdienen muss. Er fühlt sich angespannt und greift vielleicht zu Alkohol, Drogen oder verschreibungspflichtigen Medikamenten, um den Geist zurück ins Leben zu holen. Aber wenn Sie den Geist unbewusst durch Trinken hervorholen, müssen Sie ihn *wieder* in die Flasche *einschließen*. Bring den Geist zurück in die Flasche, damit er dich nicht mit gefährlichen Süchten umbringt. An diesem Punkt

Der kosmische Tanz des Ursprungs

muss der Held also den Geist erneut in der Flasche verschließen, um die Sucht in den Griff zu bekommen und nüchtern zu werden und zu bleiben. KEIN Alkohol.

Das Leben ist paradox. Als Kind, im ersten Bardo, müssen Sie aufhören zu träumen und den Geist in die Flasche sperren. Damals, in Ihren ersten Lebensjahren, musste jemand zu Ihnen sagen: „Komm rechtzeitig zum Mittagessen!" Kinder sind total stochastisch: Sie springen herum, werfen sich auf den Boden, schmeißen Dinge in die Luft, weinen, schreien und lachen. Sie sind kleine stochastische Tänzer. Doch ab einem gewissen Punkt müssen sie lernen, diesen Geist in die Flasche zu sperren. Beherrsche dich! Es macht also Sinn, den Geist in der Flasche einzuschließen, aber es ist nicht gut, ihn völlig zu vergessen.

Wenn Sie hingegen eine bewusste Beziehung zu dem Lebensgeist entwickeln, der in Ihrem Geist und Körper eingeschlossen ist, kann Ihnen das helfen, in Berührung mit dem Träumen zu kommen. In gewisser Weise werden Sie dann zur Heilerin oder zum Heiler. Die Beziehung zu Ihrem weisen, träumenden Geist ist von großer Bedeutung. Wenn Sie ein Symptom lediglich loswerden wollen, bleiben Sie auf die Konsensusrealität konzentriert und vergessen den Geist, der Sie bewegt. Das mag auch der Grund dafür sein, dass unser junger Heiler am Ende des Märchens, nachdem er reich und glücklich geworden ist, seinen Zauberlappen wegwirft und der Geist zurückkommt, ihn zu Boden wirft und dort festhält. Er kann sich nicht befreien! Das ist wie ein Tod, aber vielleicht zwingt

sein Geist unseren jungen Heiler auch zu Boden, damit er zum Raumzeit-Träumen findet. Der Geist sagt ihm damit: „Vergiss nicht, wir alle sind Teil der Erde! Wir alle sind Teil der Natur."

Sollten Sie jemals das *Glück* gehabt haben, Angst vor dem Tod zu verspüren (und das gilt für die meisten Menschen), können Sie in diesem bedrohlichen Gefühl einen magischen Aspekt entdecken: die Entspannung Ihres Alltagsgeistes, des kleinen *u*. Wenn Ihr kleines *u* abnimmt, kann sich Ihr schamanistisches Potenzial entfalten. Wenn etwas droht, Sie zu töten, und Sie Angst vor dem Tod haben, sollten Sie gegen die Bedrohung kämpfen. Doch dann, an einem anderen Punkt, sollten Sie nicht nur an Ihr eigenes Überleben denken, sondern sich an Patanjali erinnern (siehe Abbildung 9.3), der das *Yoga Sutra* entwickelt hat und sagte, das große Ziel sei, ein „im Leben *Toter*" zu sein.

Abbildung 9.3.: Patanjali (Wikipedia).

Als ich mit 31 Jahren krank wurde, dachte ich: „Warum kann ich nicht laufen?" Ich konnte mehrere Monate keinen Schritt gehen. Ich dachte: „Ich bin so jung, warum habe ich diese Probleme? Ist das mein Tod?" Wenn ich heute zurückschaue, wird mir klar, dass ich die Dinge loslassen musste, die ich studiert hatte, um mich völlig neuen Themen zuzuwenden. Rückblickend kann ich sagen, dass diese Krankheit für mich ein Glück war. Aber wenn Sie mir das damals gesagt hätten, wären wir in Streit geraten. Sie müssen behutsam vorgehen und können nicht zu jedem Menschen, der sich vom Tod bedroht fühlt, sagen, das sei ein Glück für ihn!

Wenn Sie einen guten Kontakt zu Ihrem Prozessgeist entwickeln, entsteht eine nachhaltige Beziehung zwischen diesem, u und X. Dann ist das Symptom nicht länger das zentrale Problem, sondern die Beziehung zwischen den verschiedenen Energien von X und u. Wenn Sie mit den Energien, die Sie als störend empfinden, besser klarkommen, trägt das dazu bei, dass Sie sich besser fühlen. Dazu müssen Sie tiefer in sich gehen, in Kontakt mit Ihrem Prozessgeist oder dem Geist kommen, der Sie bewegt. Bei Heilung geht es nicht nur darum, X loszuwerden, weil Ihr primärer Prozess, u, den sekundären, marginalisierten und abgespaltenen Prozess, X, ablehnt.

Wenn Sie sich mit Ihrem tiefsten Selbst verbinden, ist das weitreichender als Heilung im üblichen Sinn, die nicht nachhaltig ist, denn eines Tages müssen Sie unweigerlich sterben. Wahre Heilung heißt, eine bessere, nachhaltigere Beziehung zum Lebensgeist entwickeln. Wenn Sie eine gute Beziehung zu Ihrem Körper haben, stören manche Ihrer Symptome Sie gar nicht mehr so sehr und klingen vielleicht sogar ab. Und doch ist selbst das nicht der Punkt. Die folgende Übung hilft Ihnen, mit Ihren unterschiedlichen inneren Anteilen in Kontakt zu kommen, um damit tanzen zu können.

....

ÜBUNG: SCHAMANISIEREN BEI DROHENDEM TOD

Eines der Ziele dieser Übung besteht darin, den Geist in der Flasche zu finden, den Beziehungsprozess, der sich im Tanz des Raumzeit-Träumens Ihres Prozessgeistes hinter den Symptomen verbirgt.

1. Überlegen Sie, welche todesähnliche Körperenergie, X, in Ihnen verschlossen ist, von der Sie sich, ob real oder nur in Ihrer Vorstellung existierend, am meisten bedroht fühlen. Spüren Sie diese Energie. Dann drücken Sie dieses X aus und fertigen eine schnelle Skizze davon an, um es sich deutlich einzuprägen.

2. Wer in Ihnen (das heißt, welches u) gerät durch dieses X am meisten in Aufruhr? Drücken Sie das aus und skizzieren Sie us Energie. Welche Suchttendenzen in Bezug auf Essen

oder Drogen sollen X in Schach halten oder *u* unterstützen?

3. Erinnern Sie sich an Ihren Lieblingsflecken auf der Erde und suchen Sie ihn auf. Sollten Sie mehrere haben, wählen Sie einen aus. Schauen Sie dann, ob Sie die Energien von X und *u* dort vorfinden. Lassen Sie diesen Ort durch sich atmen und tanzen und erlauben Sie ihm, Sie so zwischen X + *u* hin und her zu bewegen.

4. Jetzt entspannen Sie sich und tun so, als würde der Raum des Universums, der Ihren Ort umgibt, Sie frei bewegen und über diesen Flecken Erde tragen. Sie können das auch im Sitzen machen, aber im Stehen fällt es Ihnen wahrscheinlich leichter. Erlauben Sie sich, herumzuwanken, sich zu bewegen und bewegt zu werden. Wenn Sie bereit sind, übertragen Sie diesen spontanen und nicht vorhersehbaren *Tanz* auf Ihre Tanzbewegungen auf der Erde, bis Ihnen Einsichten kommen. Das heißt, Sie erlauben Ihrer stochastischen Natur Ihr Denken über den Körper zu steuern. Lassen Sie sich vom Augenblick, vom Universum bewegen und tanzen Sie den Tanz zeitloser Verbundenheit. Notieren Sie sich die Einsichten, die Ihnen dabei kommen.

Wenn Sie jemandem helfen möchten, diese Übung zu machen, machen Sie sie zunächst einmal selbst, um dann mit der betreffenden Person zu tanzen und sich in deren *u*- + X- Energien einzufühlen. Dann zeigen Sie beiden Energien auf, wie sie zusammenleben können. Schamanisieren Sie und machen Sie sich Notizen.

Denken Sie bei Ihrer Arbeit möglichst immer daran, dass sich Ihr Lieblingsflecken auf der Erde auch im Raum oder in der Raumzeit befindet. Das Raumzeit-Träumen folgt der Krümmung des Universums. Sie finden dazu leicht Zugang, wenn Sie ziellos umherwandern. Dann spüren Sie, welchen Rat dieses tanzende Hin und Her Ihnen in Bezug auf die Polaritäten, mit denen Sie arbeiten, geben kann. Wir stehen mit beiden Füßen fest auf diesem Planeten Erde, und zugleich ist dieser Ort Teil des gesamten Universums, der Essenz hinter allen Polaritäten. Erforschen Sie die Essenz dieses Ortes, spielen Sie damit. Das wird Ihrer Gesundheit guttun und Ihnen helfen, sich ein wenig zu entspannen. Es ist wichtig, sich klarzumachen, dass unsere Polaritäten auf der Erde ein Zuhause brauchen, eine Perspektive, einen Tanz des Universums, um die damit verbundenen Konflikte zu lösen.

WAS HABEN SIE ENTDECKT?

Teilnehmer: Ich war deprimiert, weil ich schlimme Rückenschmerzen habe, die mich herunterziehen. Beim Tanzen sagte etwas in mir zu dieser depressiven X-Energie spontan: „Du bist in Ordnung!". Der u-Energie, die Angst hat, nichts mehr heben zu können, hat diese Stimme ebenfalls versichert, dass sie in Ordnung ist! Es fühlte sich auf einmal ganz verrückt an, dass die u-Energie, die versucht, Dinge hochzuheben, wie auch die X-Energie, die mich herunterzieht, denken, sie seien nicht in Ordnung, und vergessen, dass sie Teil des Universums sind!

Ich musste mich mit dem Tanz des Universums verbinden, um zu erfahren, dass u + X in Ordnung und auch nicht das Wichtigste in meinem Leben sind! Mir wurde klar: „Lass das Universum die Dinge tun, heben oder nicht heben. Dieser Tanz weiß, wann und wie sich Leben richtig lebt." Und als ich das erkannte, habe ich mich, ohne groß nachzudenken, gebückt und meinen Stuhl hochgehoben!

....

RÜCKBLICK AUF KAPITEL 9

• Druck, ständiges Machen und Tun und die Vernachlässigung der Erfahrung, vom größeren Raum bewegt zu werden, sperren den Geist in die Flasche ein.

• Das Raumzeit-Träumen löst die Spannungen, die mit Symptomen verbunden sind. Es *heilt*, indem es eine tanzende Beziehung zwischen unterschiedlichen Energien herstellt.

KAPITEL 10
Misshandlung, Schock und Raumzeit

Heute möchte ich mit Symptomen arbeiten, die uns zu schaffen machen. Sie machen uns nicht nur deswegen zu schaffen, weil wir mit den in ihnen gebundenen Energien tanzen müssen, sondern auch, weil sie uns an die möglicherweise dahinterstehenden schmerzlichen Erlebnisse erinnern. Denken Sie daran: Generell gilt, dass wir den Geist durch ständiges Tun und Machen in die Flasche sperren, sodass er unglücklich wird und aufzuschreien beginnt. Wenn Sie ständig beschäftigt sind und Ihr Raumzeit-Träumen, Ihren Prozessgeist in der Flasche einschließen, fängt er an, sich zu beschweren.

Zum Einstieg in diese Arbeit eignet sich die folgende Meditation (die Sie im Sitzen, Liegen oder dort, wo Sie gerade stehen, machen können). Wenn Sie möchten und es sich für Sie richtig anfühlt, lassen Sie für einen Moment die Kiefermuskeln los, sodass sie sich entspannen. Entspannen Sie auch Ihre Nackenmuskeln, schauen Sie, ob Ihr Nacken wie von selbst mehr loslassen möchte. Selbst auf einem Stuhl, mit dem Rücken angelehnt, kann Bewegung auch Stille heißen. Wie auch immer, entspannen Sie sich, um zu der inneren Bewegung oder Stille zu finden, die sich zeigen will. Das heißt, folgen Sie einfach für eine Minute den kleinen oder stärkeren Impulsen Ihres Körpers, sich zu bewegen oder still zu sein. Versuchen Sie es und bleiben Sie dabei, bis Ihnen eine spontane Intuition zu irgendeinem Thema kommt. Halten Sie diese fest. Entspannen… bewegen… still sein… im Wachen träumen. Nutzen Sie Ihre Luzidität, um festzuhalten, was immer Ihnen einfallen mag. Vielleicht bekommen Sie einen Hinweis oder Rat. Bleiben Sie im luziden Zustand und empfangen Sie einen Rat. Schauen Sie, ob Sie diesen mit einem Satz festhalten und sich merken können: einen Rat, einen Satz. Schreiben Sie ihn auf und teilen Sie diesen einen Satz jemandem mit.

Wenden wir uns jetzt dem Thema „Schock und Misshandlung" zu. Stellen Sie sich vor oder erinnern Sie sich, wie ein Mensch Sie einmal ungerecht behandelt hat, Sie sich ungerecht behandelt fühlten oder ein Naturereignis Sie traf. Es kann sich hier um psychische oder körperliche Verletzungen handeln oder Schmerzen, die auf eine äußere Katastrophe wie einen Tsunami zurückgehen. Hinter diesen Empfindungen und Symptomen steht das Gefühl, dass man Sie ungerecht behandelt hat. Das ist Ihr persönliches Gefühl, das objektiv stimmen kann oder auch nicht. Menschen, die andere durch psychische oder physische Gewalt verletzen, sind sich dessen oft nicht bewusst. Doch auch Menschen, die durch andere Verletzungen erlitten haben, sind sich des Machtgefälles meistens nicht bewusst und können sich deshalb auch nicht ausreichend schützen. Was auch immer hier zutreffen mag, die entsprechenden Symptome erinnern uns oft an das Gefühl von Ungerechtigkeit, das bei uns hochkommt, wenn andere uns verletzen und wir uns dagegen nicht wehren können. Solche Symptome zwingen Sie, hinzuspüren, zu fühlen oder zu sagen: „Hilf mir, das fühlt sich ungerecht an!" Oder: „Ich komme damit einfach nicht klar."

Für die Arbeit mit solchen Symptomen kann es entscheidend sein, dass Sie sich zunächst einmal gegen die Misshandlung wehren und die damit verbundenen Symptome bekämpfen. Der erste Schritt in einem solchen Prozess könnte sein, dass Sie zum Beispiel gegen eine drohende Nahtoderfahrung ankämpfen und sagen: „VERSCHWINDE!" Medizinische Ansätze können in diesem Fall iatrogen sein, weil sie mit Statistiken über Krankheitsverläufe konform gehen. Wenn eine Krankheit für Sie laut Statistik tödlich sein könnte, geben Sie vielleicht selbst dann auf, wenn Ihnen potenziell ein langes Leben bevorsteht, weil die medizinischen Statistiken so stark und beeindruckend gegen Sie zu sprechen scheinen. Das ist ein ziemlich umfassendes Thema, mit dem ich zu tun hatte, als ich mit V.s Mutter sprach, der es nicht besonders gutgeht. Manchmal ist ein Mensch wirklich sehr krank und es scheint mit ihm bergab zu gehen, sodass er denkt: „Nun, vielleicht ist meine Zeit gekommen." Schließlich wissen wir alle, dass irgendwann die Zeit für uns kommt. Doch selbst, wenn alles darauf hinweist, dass unsere Zeit abläuft, kann eine unterschwellige Kraft sich dem verweigern und will nach vorne gehen.

V.: Arny hat am Telefon mit meiner Mutter und mit mir gearbeitet. Er lauschte ihrer Atmung und fragte sie, was sie gern tun würde, wenn sie könnte. Sie sagte, am liebsten würde sie wieder arbeiten. Er hörte ihr zu und sagte dann zu ihr: „Es ist noch nicht an der Zeit. Ihr Prozess besteht im Augenblick darin, dass Sie etwas tun müssen. Arbeiten Sie. Nehmen Sie Ihre Arbeit wieder auf!" Am nächsten Tag fühlte sie sich phantastisch und sagte: „Das hat so viel Spaß gemacht!" Sie wandte sich Dingen zu, denen sie lange keine Aufmerksamkeit geschenkt hatte, weil sie bis dahin wie hypnotisiert gewesen war von dem Gedanken, bald sterben zu müssen.

Ja, der Kampf gegen ein Symptom, dessen Verlauf die Schulmedizin mit ihren rationalen Erwägungen übertreiben mag, kann ein erster Schritt in dem entsprechenden Prozess sein. Doch manchmal kämpfen wir gegen Symptome auch so heftig an, dass wir uns weigern, sie überhaupt zu fühlen oder darüber nachzudenken. Wie schon gesagt, kann das passieren, weil sie in uns die Angst vor der realen Misshandlung wecken.

Unsere individuelle Biologie und das kollektive Gruppenleben haben ebenfalls die Tendenz, schockierende Ereignisse zu marginalisieren, und bestärken uns darin, darüber möglichst nicht nachzudenken. In uns allen gibt es einen Teil, der Schmerz und den Gedanken an gewalttätige Ereignisse vermeiden möchte, als sei es immer zu früh, über Schmerzliches nachzudenken. Lass uns das Leben genießen, nicht so viel an solche Dinge denken und uns davon abwenden. Diese Haltung hat durchaus positive Aspekte. Wir könnten sie als unbewusste Form von Losgelöstheit bezeichnen.

Doch können solche repressiven Taktiken X oder schmerzliche Energien auch verstärken, sodass diese in Form von Symptomen wieder auftauchen. Die Verarbeitung des X-Faktors, der quälendsten Energie von chronischen Symptomen, kann also auch zusammenhängen mit der Verarbeitung der X-Energie von früher erlebten Misshandlungen. Sie ist manchmal deswegen so schwer, weil die Suchttendenzen, mit denen wir die Erinnerung an schwierige Erlebnisse unterdrücken wollen, genau diese Verarbeitung von X-Energien verhindert. Menschen entwickeln im Zusammenhang mit Misshandlungen meistens deswegen ein Suchtverhalten, weil sie sich besser fühlen wollen. Wir alle haben Suchttendenzen: Süßigkeiten und Gewürze können ebenso süchtig machen wie Alkohol, Drogen, Kaffee, Zucker und vieles mehr.

Das Ignorieren von gewalttätigen Erlebnissen hat auch deswegen negative Folgen, weil es uns oft blind macht für die Tatsache, dass wir selbst zum Täter oder zur Tä-

terin werden können. Manchmal ist Ihnen vielleicht gar nicht klar, dass Sie sich selbst ebenso verletzen, wie Sie verletzt wurden. Das entsprechende Erlebnis war für Sie so schwierig, dass Sie die Misshandlung nur im Äußeren ansiedeln: *Es* geschah da draußen, sodass es Ihnen gar nicht auffällt, wenn Sie sich selbst X-ähnliche Verletzungen zufügen. Wenn Menschen Sie negativ behandelt haben, können Sie unbewusst eine negative Selbsteinstellung entwickeln. Wenn andere Ihnen keine Zuwendung gaben und Ihnen Dinge antaten, die sie nicht hätten tun sollen, schenken auch Sie selbst sich keine Aufmerksamkeit und tun sich unnötige, hinderliche und unfreundliche Dinge an.

Wenn Sie in Berührung mit dem Prozessgeist kommen, werden all die Dinge, die Sie vermeiden, tun oder bekämpfen, Teil des größeren Prozesses und *er* erledigt schmerzliche Dinge von einer völlig anderen Ebene aus. Bedenken Sie, dass die Dinge, die Sie schmerzen, zwar ein Teil von Ihnen sein können, möglicherweise aber auch nicht! Zu den Kräften, mit denen wir arbeiten, gehören oft auch soziale Themen und kollektive Probleme. Die Energien, die Sie stören oder quälen, betreffen in kleinerem oder größeren Maße fast jeden Menschen. Diese störenden Energien sind Antworten auf real erlebte Misshandlungen und manchmal verbunden mit diesen wie auch mit viel Panik, Depression und Paranoia.

In der Arbeit, die wir gleich machen werden, denken wir an ein Symptom, das mit einer früheren Misshandlung zusammenhängen könnte. Könnte dieses Symptom verbunden sein mit einem früheren schwierigen Erlebnis? Ich will damit sagen, dass die Essenz des Symptoms nichtlokal ist.

Es ist normal, dass Menschen schmerzliche Erlebnisse leugnen und vergessen. Das ist ein Versuch, Abstand davon zu bekommen. Mit Hilfe dieser Verleugnung will etwas in Ihnen zu einem losgelösten inneren Zustand finden, einem ruhigen dritten Standpunkt zwischen zwei Polaritäten. Sie haben mit der X-Energie zu tun, einer schwierigen Energie, die mit einer Misshandlung verbunden sein kann oder auch nicht, doch die Geschichte ist hier nicht mehr das Wichtige. Die Energie selbst ist das, worüber ich reden möchte. Und dann gibt es ein u, das verletzt wurde. Sie brauchen einen dritten Standpunkt: den Prozessgeist, den Tanz der Verbundenheit in einem anderen Bewusstseinszustand. Wenn wir Zugang gewinnen zum veränderten Bewusstseinszustand des Prozessgeistes, kann das nicht nur körperlich hilfreich sein, sondern auch für die Heilung von schmerzlichen Erlebnissen, ohne dass wir diese direkt verarbeiten oder uns ihrer speziellen Geschichte zuwenden. Stattdessen arbeiten Sie mit den hier zugrunde liegenden Essenz-Energien.

Früher haben Menschen die Schamanin oder den Schamanen in ihrem Dorf aufgesucht, damit er ihnen zu dieser Losgelöstheit verhilft, und tun das auch heute noch. Der Schamane begibt sich in einen veränderten Bewusstseinszustand, aus dem er Einsichten mitbringt, die der leidenden Person helfen, sodass diese selbst gar nichts tun muss. Ich bin in Afrika großen Schamanen und Schamaninnen begegnet und habe sie gefragt, wie sie mit Beziehungsproblemen umgehen. Ich muss die Geschichte hier noch einmal wiederholen, selbst wenn ich sie Ihnen schon erzählt habe.

Stellen Sie sich ein Paar vor, das große Schwierigkeiten hat. Der Schamane oder Medizinmann erzählte uns, dass er dann sagen würde: „Geht nach Hause und vergesst das alles!" Ich fragte: „Und das wirkt?" Ja, so der Schamane, das würde wirken, weil das Paar sich daraufhin entspannt. Dann tut er seine Arbeit! Wenn das Paar ihn erneut aufsucht, erzählen die beiden: „Es hat gewirkt!" Das ist immer noch die beste Medizin. Ich liebe diese schamanistische Einstellung. Für die Lösung von Problemen ist es sehr wichtig, sich in das Raumzeit-Träumen eines anderen Menschen hineinzubegeben. Schamanismus und Nichtlokalität – beides hilft uns, Abstand von den Dingen zu gewinnen, sodass wir aus einer größeren, umfassenderen Perspektive, die mehr Teile des Ganzen einbezieht, daran arbeiten können.

Wie ich in meinem Buch *Die Verbindung mit dem Urgrund des Seins* bereits sagte, ist der Prozessgeist oder die Intelligenz hinter dem zeitlosen Tänzer allwissend und allgegenwärtig, das heißt, überall. Sie sind in diesem Universum nirgendwo allein. Der Prozessgeist ist, wie Gottesbilder, prinzipiell allmächtig. Ihrem Prozessgeist wohnt eine Macht inne, die alles miteinander verbindet. Mit *Macht* meine ich ein erspürbares Feld, das Sie überall und in allen Situationen bewegt.

„Turn on, tune in and drop out." (Hippie Slogan, etwa: „Bring dich in Stimmung, stimm dich ein und steig aus." Anm.d.Ü.) Die Hippies der 1960er Jahre suchten diese losgelöste Haltung, indem sie sich mit Drogen in Stimmung brachten und ausstiegen. Timothy Leary, damaliger Guru der Bewegung in den USA, riet jedem, sich in Stimmung zu bringen und auszuspacen.[61] Stimm dich ein heißt, sich in einen veränderten Bewusstseinszustand begeben. Steig aus bedeutet, zu den Werten und Normen einer Kultur auf Abstand zu gehen. In einer Rede von 1966 drängte Leary seine Zuhörer und Zuhörerinnen, für einen grundlegenden kulturellen Wandel Drogen und Psychedelika zu nehmen. Er sagte, wenn wir uns von den gesellschaftlichen Konventionen und Hierarchien lösen, können wir aussteigen, das heißt, tief in uns gehen.

Ich möchte mir hier erlauben, Learys Vorschlag auf den neuesten Stand zu bringen:

Bring dich in Stimmung, finde Zugang zu deinem Prozessgeist, stimme dich auf ihn ein und steige aus der sozialen Situation des Augenblicks aus, um dann ins Alltagsleben zurückzukehren mit den Einsichten, die du aus dem Raumzeit-Träumen mitbringst.

1966 fand im Golden Gate Park in San Fransisco ein *Be-In*, eine Versammlung von 30.000 Hippies statt. Die Hippies symbolisierten den starken inneren Drang, aus der alltäglichen Konsensusrealität auszusteigen, um auf eine andere Ebene zu gelangen, eingeschliffene Gewohnheiten zu überprüfen (sind das überhaupt die richtigen?) und die Welt neu zu erschaffen. Die Stärke der Hippies beruhte auf den zufälligen Elementen des stochastischen Geistes, aber nicht auf dessen deterministischem Aspekt. Hüten Sie sich vor Drogen. Nutzen Sie die innere Arbeit, um auszusteigen, und kehren Sie dann mit neuen Informationen zurück.

Bei dieser speziellen Übung mit Symptomen müssen Sie keinerlei Einzelheiten über Ihre schmerzlichen Erlebnisse erzählen, sondern stellen sich einfach die verletzende X- und die verletzte *u*-Energie vor, die damit verbunden sind. Symptome können großartige Hinweise für die innere Arbeit sein, vor allem bei posttraumatischem Stress, das heißt, den schweren Ängsten, die sich manchmal nach traumatischen Situationen entwickeln. So habe ich zum Beispiel bei der Arbeit mit Kriegsheimkehrern festgestellt, dass sie mir über die Ereignisse auf dem Schlachtfeld nichts erzählen konnten, wohl aber über ihre Magenschmerzen. Durch die Arbeit an diesem X, das heißt, den Magenbeschwerden, konnten wir nicht nur dem Magen helfen, sondern auch die Angst vor den äußeren Ereignissen abbauen, die sie an den Krieg erinnerten.

Als Beispiel für diese Arbeit möchte ich Ihnen erzählen, wie Amy und ich gestern Abend die folgende Übung gemacht haben. Wir beide leben jetzt seit fast 30 Jahren zusammen, das ist nicht wenig. Es ist ja schon eine Erfolgsgeschichte, wenn Sie seit 25 Jahren mit sich selbst einigermaßen klarkommen!

Amy: „Ich habe an meinen Hautproblemen gearbeitet. Für mich sind diese Hautbeschwerden mit der schmerzlichen Erfahrung verbunden, dass man ständig an meinem Aussehen herumkritisierte. Ich habe an dieser kritischen X-Energie gearbeitet, die von einer bestimmten Person aus meiner Vergangenheit kam, die ständig zu mir sagte: „Du siehst einfach nicht gut aus!" Die entsprechende u-Energie war schwebender, sie wollte Liebe und Trost. Und dann suchte ich meinen Lieblingsflecken auf der Erde auf, am Meer. Für die X-Energie dort standen die Wellen, die gegen die Felsen krachten, die sanfte Brise war die andere Energie.

Als ich mich dort hinbegab, wurde mir klar, dass die krachenden Wellen meinem Hautproblemen ähnelten, diesem Reißen und Ausbrechen in Form der X-Energie. Als ich mich auf diese Energie einließ, war sie wie ein befreiendes Ausbrechen aus allen sozialen Bedingtheiten. Das überraschte mich. Ich brauchte die X-Energie, um gegen diese Probleme anzukämpfen. Ich machte weiter und spürte, wie das Universum mich bewegte. Ich hatte ein Gefühl von Freiheit und wollte mich dem Träumen zuwenden, aus allen sozialen Normen ausbrechen und mich wirklich dem Träumen zuwenden. Ich fühlte mich ekstatisch."

Arny: „Dazu gehört auch ein Teil von dir, Amy, den ich bislang nicht an dir kannte, dass nämlich deine rissige Haut nicht nur einfach böse X-Energie war, sondern dir ermöglicht hat, die Realität zu durchbrechen, sodass andere Zustände möglich wurden. Das Symptom barg also auch die Kraft, die früheren schmerzlichen Erfahrungen zu beenden und dich von den sozialen Zwängen, die dahinter standen, zu befreien.

Die X-Energie des Symptoms, die reißende, bricht aus. Amy dachte, das Symptom könne zusammenhängen mit sozialen Normen in Bezug auf die äußere Erscheinung. Dieses Reißen riss auf und eröffnete ihr alle möglichen neuen Erfahrungen. Es traten Dinge bei ihr zutage, die ich in all den 30 Jahren noch nie an ihr erlebt habe!"

Amy: „Jaaa! Ich konnte den Tanz der Verbundenheit tanzen!"

Arny: „Die folgende Übung machen Sie am besten zu zweit, wobei eine Person im veränderten Bewusstseinzustand an ihrem Symptom arbeitet und die andere Person als Helfer oder Helferin sie behutsam anweist, sich vorzustellen, wie sie die hier erfahrenen Energien und Einsichten in ihrem Alltagsleben und in der äußeren Welt nutzen kann. Schließlich könnten einige der mit Ihren schmerzlichen Erlebnissen verbundenen Energien und Geschichten einen Sinn haben und Hinweise auf die Aufgaben enthalten, die Sie in der Welt zu erledigen haben."

ÜBUNG

Die helfende Person liest ihrem Dyaden-Partner, dem Klienten oder der Klientin, Folgendes vor:

1. Welches ist dein heftigstes Symptom im Zusammenhang mit einer verletzenden Erfahrung oder einem Schockerlebnis? Was ist die heftigste Energie, X, deines Symptoms? Inwiefern könnte es mit einem Schock oder einer Misshandlung verbunden sein? Spüre diese Energie, drücke sie aus und skizziere sie.
2. Wer in dir, u, ist darüber am meisten aufgebracht? Drücke dieses u aus und skizziere die u-Energie.
3. Begib dich an deinen Lieblingsflecken auf der Erde und nimmt u + X dort irgendwo wahr. STEIG AUS und erlaube diesem Ort auf der Erde, durch dich hindurch zwischen den Plätzen von u + X hin und her zu atmen und zu tanzen. Lass noch mehr los, bewege dich nach oben zum Himmel und lass dich vom Universum auf nicht vorhersehbare Weise bewegen. STIMM DICH EIN: Achte auf das GEFÜHL VON RAUM und Bewegung! Wenn du spürst, dass du frei tanzt, bringe diesen Tanz wieder zu der Energie von X + u auf die Erde. Notiere dir mögliche Einsichten.
4. Helferin und Klient: Beide nutzen jetzt ihre Tänze im Raum, um zu schamanisieren, das heißt, sich in das Wesen und die Bedeutung von X *einzufühlen*, um dann wieder EINZUSTEIGEN und u in Bezug auf das Symptom und us Rolle in der Welt zu raten.
5. Schließlich frage dich, wie und ob deine Erfahrung in irgendeiner Weise hilfreich für ein früheres verletzendes Erlebnis sein könnte?

Wenn ich Menschen bei der Arbeit an körperlichen Problemen beobachte, die mit Themen aus ihrer Vergangenheit zusammenhängen, kann ich sehen, dass sie durch den Tanz der Verbundenheit oft gute, nichtkognitive Erfahrungen machen, und genau darum geht es: im Wachen träumen. Ich habe viele solcher erstaunlichen Augenblicke miterlebt, außergewöhnliche Erfahrungen, sogar *Mushin*: leerer Geist, schöpferischer Geist. Diese Erfahrungen mit einem kreativen, offenen Geist vermitteln uns neuen Ideen, wie wir der Welt helfen können.

IATROGENE MENTALITÄT

Tanzen unterscheidet sich sehr von den üblichen Methoden der Psychologie und der Medizin, denen es darum geht, die Teile zu klären – ein guter Ansatz, der aber nicht immer hinreichend ist. Manchmal müssen Sie sich von all den Teilen lösen und einfach tanzen wie eine Schamanin oder ein Schamane!

RÜCKBLICK AUF KAPITEL 10

- Symptome können uns an frühere Erfahrungen mit Misshandlung und Schock erinnern oder dadurch bedingt sein.
- Wenn wir an unseren Symptomen arbeiten, arbeiten wir oft unwillentlich auch an diesen Erfahrungen mit Misshandlung und Schock, ohne in die Details gehen zumüssen.
- Steig aus, stimm dich ein in den Raum und steige wieder ein in die Realität, um sie zu verändern.

KAPITEL 11
Wer bin ich aus der Sicht von 10.000 Jahren?

Menschen in Machtpositionen ist oft nicht klar, dass es leichter ist, sich mit einem niedrigen Rang zu identifizieren als mit einem hohen. Es ist leichter, sich für das Opfer einer Situation zu halten, als zu den Tätern zu zählen.

Ich kann mich noch an einen meiner ersten Klienten erinnern, mit dem ich vor vielen Jahren gearbeitet habe und der Menschen im Zweiten Weltkrieg Schreckliches angetan hatte. Die Regierung übertrug ihm die Aufgabe, Menschen zu foltern. Zu der Zeit identifizierte er sich mit der enormen Macht, die er sozial und politisch hatte. Aber als ich mit ihm arbeitete, zeigte sich, dass sein größtes Problem darin bestand, dass er sich fast immer ohnmächtig fühlte. Er war zu schüchtern, um sich an seine Mutter zu wenden, die ihm immer ein wenig distanziert vorgekommen war. Jetzt, wo sie alt war, wollte er sich gern um sie kümmern, scheute aber vor der Begegnung zurück. Meine Arbeit mit ihm konzentrierte sich fast ausschließlich darauf, ihm so viel Stärke zu vermitteln, dass er mit ihr zusammen an der gemeinsamen Beziehung arbeiten konnte. Und als er damit erst einmal angefangen hatte, konnte er sehen, dass er Macht hatte und damit Gutes tun konnte. Als sein Gefühl von eigener Stär-ke wuchs, konnten wir sogar zurückschauen und einige der schrecklichen Szenen durchgehen, an denen er im Krieg beteiligt gewesen war.

Durch die Arbeit mit diesem Mann wurde mir zum ersten Mal klar, dass wir von Menschen in hohen Positionen annehmen, sie wüssten, dass sie viel Macht besitzen, obwohl das gar nicht stimmen mag. Ich denke, die menschlichste Haltung hier wäre zu sagen: Vielleicht ist ihnen nicht klar, dass sie Macht haben. Natürlich trifft das nicht immer zu, aber wir sollten diese Möglichkeit auf jeden Fall im Hinterkopf behalten.

Bevor ich weitergehe, möchte ich Sie an diesen tiefen inneren Teil von sich erinnern, mit dem wir ein paar einfache Experimente gemacht haben. Sie können die folgende kleine Übung im Sitzen oder im Stehen machen. Lassen Sie uns alle die folgende Übung ein paar Minuten machen, bevor ich über unsere heutigen Themen spreche…:

- Sitzen oder stehen Sie bequem und achten Sie einfach auf nicht vorsehbare Bewegungen, die Ihnen kommen, einschließlich Stille. Stille ist ebenfalls eine Bewegung, das heißt, eine ganz kleine, winzige Bewegung.

- Schauen Sie, ob Ihr Körper nicht vorhersehbare Bewegungen macht. Lassen Sie zu, dass er vom Raum, der Sie umgibt, bewegt wird. Und wenn Sie schließlich spüren, wie Sie sich entspannen und bewegt werden, achten Sie darauf, ob diese Bewegungen eine Botschaft für Sie enthalten.
- Entspannen Sie sich und beobachten Sie Ihre Bewegungen einfach. Lassen Sie sich von Ihren Bewegungen bewegen.
- Achten Sie darauf, wo diese entspannten, nicht vorhersehbaren Bewegungen, dieses kleine Zittern und Schwanken, hin wollen. Empfangen Sie eine Botschaft von diesen Bewegungen und notieren Sie sich diese.

Diese Übung ist ganz leicht. Vielleicht fragen Sie sich, warum Menschen sie nicht häufiger machen, wo das doch so einfach ist. Dies ist eine ganz simple Meditation: Sie lassen sich von der Raumzeit bewegen und einen Hinweis geben, greifen diesen auf und notieren ihn. Warum machen Menschen das nicht in der Warteschlange vor dem Kino? Weil sie mit dem deterministischen Geist der Konsensusrealität identifiziert sind: „Ich bin dies und ich bin das." Sie sind nicht empfänglich für den zufällig entstehenden Akt der Weitsicht oder des Träumens. Es gibt Zeiten, in denen Sie Ihren Kopf brauchen, und Zeiten, wo Sie aus dem Kopf herauskommen und innerlich loslassen sollten.

Heute stellen wir uns im Seminar die Frage nach der Körpererfahrung des Pro-

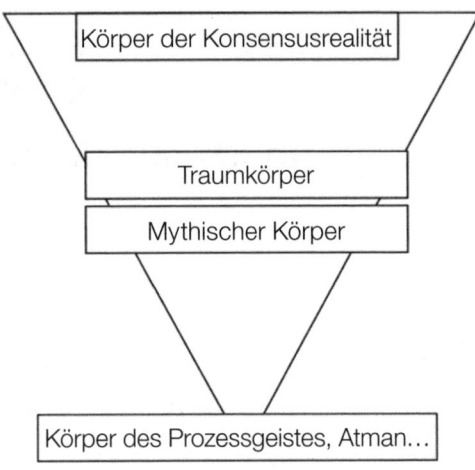

Abbildung 11.1.: Kleinste Wirkung

zessgeistes. Mit anderen Worten und aus der Perspektive des Universums gefragt: Wer bin ich? Aber werfen Sie zunächst einmal einen Blick auf die Basis des Diagramms in Abbildung 11.1. Ganz oben haben wir den realen Körper, das heißt den Körper, von dem wir alle sprechen und den wir dem Arzt präsentieren. Im Mittelteil des Dreiecks befindet sich der Traumkörper, gefolgt vom mythischen Körper. Ganz unten an der Basis des Dreiecks im Bereich der Essenz ist die Körpererfahrung des Prozessgeistes angesiedelt, Atman, Brahman und Pünktchen, Pünktchen, Pünktchen, das heißt, es gibt für dieses Konzept noch viele andere Namen. Ich habe dieser Darstellung den Titel „Kleinste Wirkung" gegeben und werde die Begriffe der Reihe nach erklären.

Wer bin ich aus einer Perspektive von 10.000 Jahren? Ich will mehr darüber wissen. Wenn Sie 10.000 Jahre im Universum zu leben hätten, wer könnten Sie dann sein? Waren Sie bereits vorher hier? Wir wissen es nicht genau, und Sie müssen auch nicht so lange leben oder Entsprechendes glauben. Ich möchte mir einfach die Freiheit nehmen, diese Möglichkeiten zu erörtern.

Wer bin ich? Wer bin ich jenseits der Tatsache, dass ich im Augenblick ein Körper bin? In meinem Buch „*Schlüssel zum Erwachen: Menschen im Koma erreichen und ihnen beistehen*" habe ich erläutert, wie sich der Traumkörper im Koma in Form von körperlichen Signalen und Träumen und als mythischer Körper zeigen kann: das heißt, nicht nur in Form von persönlichen Assoziationen, sondern eher als kollektives, generelles Symbol, das Ihre körperlichen Erfahrungen insgesamt, die von Ihren Kindheitsträumen geprägt werden, verallgemeinert. [62] Das *Traumland* ist einfach der Teil der Realität, der durch Träume strukturiert wird. Symptome werden durch Träume oder deren Generalisierung in Form von Mythen strukturiert.

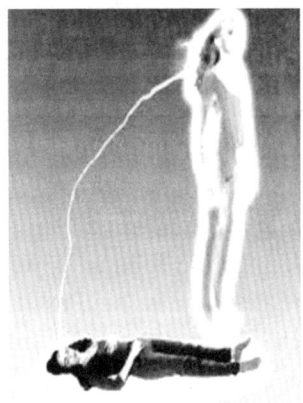

Abbildung 11.2.: Wenn sich der reale Körper entspannt, zeigt sich Ihr Traumkörper oder Ihr mythischer Körper.

Unmittelbar vor dem Tod kommt es immer wieder zu tiefgreifenden Erfahrungen, die Ihren Kindheitsträumen entsprechen und durch diese geprägt zu sein scheinen. Es handelt sich hier offensichtlich um mythische Muster, die uns bewegen und die bereits in unseren Kindheitsträumen auftauchen. Wir haben hier also einen Traumkörper: das heißt, die Erfahrungen, die Sie im unmittelbaren Augenblick spüren und dann vielleicht über lange Zeitspannen weiterspüren bis unmittelbar zum Tod und weit über das hinaus, was dieser bedeuten mag. Vielleicht reicht der mythische Körper noch weiter. Ihre frühesten Kindheitsträume, Kindheitserinnerungen und Erfahrungen sind umfassende mythische Muster. Und auf der tiefsten Ebene haben wir die nichtkognitive und nichtvisuelle Erfahrung des Prozessgeistes.

Ich würde gern Isadora (ein siebenjähriges Mädchen im Seminar) etwas fragen.

Arny: „Welche erste Erinnerung fällt dir ein? Weißt du noch, wie du ein kleines Mädchen warst? Was ist das erste, woran du dich erinnern kannst?"

Isadora: „Ich erinnere mich wirklich an gar nichts, außer als ich ganz klein war."

Arny: „Und was erinnerst du aus der Zeit, wo du ganz klein warst?"

Isadora: „Dass meine Mutti und mein Vati mich lieb haben."

Arny: „Wau! Das ist eine großartige Erfahrung. Mir kommen zu Isadora die Worte: „Oh Meisterin, ich bin dir wiederbegegnet!" Liebe ist das Wesentliche! Auf jeden Fall ist das wahrscheinlich ihr frühestes Muster, das persönlich wie auch mythisch und mit allen menschlichen Wesen verbunden ist. Neben ihr sitzt ihre Mutter. (Zur Mutter) Sie haben wirklich Glück mit diesem Kind. Sie ist Ihre Lehrerin, Ihre Liebste."

Die Idee vom mythischen Körper beruht auf der Tatsache, dass die früheste Erinnerung, der früheste Traum offensichtlich widerspiegelt, was gegen Ende unseres Lebens an unserem Sterbebett passiert. Das habe ich mehrfach beobachtet. Der Prozessgeist ist das Feld, das den Traumkörper, den mythischen Körper und den realen Körper bewegt. Er ist das Feld des Raumzeit-Träumens, das uns bewegt. Das heißt, Sie haben Bilder von den Dingen, doch vor dem Bild ist ein Gefühl oder eine Bewegung. Dinge, die Sie bewegen, scheinen vor den Bildern aufzutauchen. Sie können sich das als organisierende Kraft vorstellen, wie das Feldmuster, das den Flug der gesamten Vogelschar steuert, oder die Furchen, die Wasser im Sand zieht.

Das Traumland können wir uns ebenfalls in Form von Körpersignalen vorstellen. Wenn Sie sich die Nase kratzen, kann dieses Kratzen von Träumen im Traumland geprägt sein. Wie kann dieses Jucken und Kratzen Traumland sein? Sollte es sich hier um eine Allergie oder Ähnliches handeln, haben wir es fast immer mit dieser X-Energie zu tun, die durch ein Traummuster strukturiert wird, einer kratzenden oder reißenden Energie. Das Traumland ist der Teil der Realität, der durch Traummuster strukturiert wird. Die Physik ist voller realer Objekte, die durch mathematische Muster organisiert werden, so wie der reale Körper vom Traumkörper oder vom mythischen Körper organisiert wird. Aber Träume selbst werden strukturiert durch ein Feld, das anfangs nicht mit Bildern verbunden ist, sondern in Bildern, körperlichen Symptomen und Ähnlichem in Erscheinung tritt. Ich weiß, dass Jung archetypische Bilder grundlegend für uns hielt. Ich würde sagen, es gibt grundlegende Energien, die sich als Bilder zeigen.

In vielen uralten Traditionen glaubte man, dass sich ein Teil unserer Körperfahrungen relativ unabhängig von dem abspielt, was wir als Körper bezeichnen. Diese subtilen Körpererfahrungen verband man mit Atman, mit Brahman, das heißt, mit den Teilen von Ihnen, die aus dem gleichen Stoff sind wie das Universum.

Vielleicht ist der oder die, sind Sie uralt wie der Diamantkörper, der Körper des Tao oder sogar Nataraja (der tanzende Shiva, der das Universum umtanzt und sich hinter allem verbirgt). Auf der Ebene der Essenz werden unsere Körper nicht nur von unserer individuellen Psychologie organisiert, sondern vom gesamten aktiven, sich bewegenden, tanzenden Universum.

Das Raumzeit-Träumen entspricht der *kleinsten Wirkung*. Wenn Sie zulassen, dass die Dinge Sie spontan bewegen, bewegen Sie sich so, dass ein Physiker wahrscheinlich sagen würde, Sie folgen der kleinsten Wirkung. [63] Kleinste Wirkung meint den Moment, wo Ihre Bewegungen ganz nahe an Ihrer eigenen grundlegenden, potenziellen Energie sind. [64] Wir haben ein tiefes inneres Bedürfnis, uns so zu bewegen, dass wir mit unserer grundlegenden potenziellen Natur, unserer potenziellen Energie verbunden sind. Das Prinzip der kleinsten Wirkung ist also nicht nur für die theoretische Physik, sondern auch für die Psychologie und spirituelle Traditionen grundlegend. Um uns von einem Punkt in Raum und Zeit zum anderen zu bringen, erforscht der tiefste Teil von uns alle möglichen Wege, die er nehmen könnte. Wird er dann sich selbst überlassen, träumt oder nimmt er den leichtesten, schnellstmöglichen Weg, denjenigen, der die kleinste Wirkung erfordert und mit unserem grundlegendsten Träumen verbunden ist.

Professor Edwin Taylor vom MIT erläutert das Prinzip der kleinsten Wirkung in der Physik folgendermaßen:

„Hier die Befehle der Natur an den Stein und das Elektron: Dem Stein, der sich mit nichtrelativistischer Geschwindigkeit in einer Region mit geringer Raumzeitkrümmung bewegt, ruft die Natur zu: Folge dem Weg der kleinsten Wirkung!… Und dem Elektron ruft die Natur zu: Erforsche alle Wege, um den mit der kleinsten Wirkung zu finden! Das ist es." [65]

Den Prozessgeist als Raumzeit-Feld der tanzend-sichbewegenden Erfahrung von Körper-Traumkörper-mythischem Körper finden wir weltweit wieder in Vorstellungen vom subtilen Körper und dem Prinzip der kleinsten Wirkung = folge allen Wegen = Essenz der Physik.

REALER KÖRPER in Raum und Zeit

TRAUMKÖRPER
Träume und
Körpererfahrung

MYTHISCHER KÖRPER

Abbildung 11.3.: Nataraja: Der tanzende Shiva.

Wir probieren oft alle Wege aus. Wenn Sie morgens vor dem Spiegel stehen, fragen Sie sich: „Will ich heute lieber so aussehen oder so?" Bevor wir wichtige Entscheidungen treffen, ziehen wir oft alle möglichen Wege in Erwägung. Ähnlich geht es in unseren Träumen zu, wo wir häufig nach dem Weg der kleinsten Wirkung suchen, der am sinnvollsten ist.

Es ist ein Geschenk der Natur an uns, dass wir alle Wege verfolgen können. Wenn Sie mir, ohne es zu realisieren, Ihren Fußball zuspielen, kann der Ball von Ihnen zu mir rollen, indem er um mich herumkreist, direkt auf mich zuläuft oder einen Umweg über den Mond nimmt. Nachdem sie alle Wege ausprobiert hat, wählt die Natur schließlich den Weg der kleinsten Wirkung und bringt die normalerweise unsichtbare Quantenmechanik und das Newton'sche Alltagsleben näher zusammen. [66]

Lassen Sie mich das anhand eines einfachen Beispiels erklären. Wenn ich einen Stift in der Hand habe, hängt dessen potentielle Energie mit seinem Abstand zum Fußboden zusammen. Sein Potenzial entspricht dem Feld der Schwerkraft (in Wirklichkeit der Krümmung des Raumes), die ihn zu Boden zieht. Was passiert, wenn ich den Stift loslasse? Seine potenzielle Energie wird zu Bewegung oder zur kinetischen Energie, und der Stift scheint sich zu bewegen und zu Boden zu fallen. Die kinetische Bewegung des Fallens entspricht seiner potenziellen Energie, die sich in die fallende Bewegung umsetzt. Jetzt nutzt die Natur ihr Prinzip der kleinsten Wirkung, um dafür zu sorgen, dass die Bewegung dieses Stiftes, die Form dieser Bewegung, die Geschwindigkeit, mit der er sich bewegt, und wie und wohin er sich bewegt an jedem Punkt so weit wie möglich seinem grundlegenden Potenzial entspricht. Dieses Potential zieht an ihm und sagt im Grunde: „Komm hier runter, Kumpel! Du gehörst hier unten hin!" Und das nichtorganische Objekt (das heißt, der Stift) sagt: „Gut, ich folge dem Feld" und probiert alle möglichen Wege aus, ohne dass Sie es sehen können. Es benutzt für seine Reise zum Boden den Weg der geringsten Wirkung, um dort möglichst leicht und schnell hinzugelangen.

Achten Sie darauf, dass das, was Sie tun, Ihrem grundlegenden Potenzial, Ihrem Raumzeit-Träumen entspricht, und Sie werden wie das restliche Universum sein: eins mit diesem. Wenn Sie Ihr grundlegendes Potenzial ignorieren, sich unter Druck

setzen und die Dinge auf die übliche Weise *tun*, verausgaben Sie sich, weil Sie mehr *Aktivität* aufbringen als notwendig ist.

Die Natur liebt die Vielfalt. Sie gab uns Erlaubnis, ihre essenzähnliche Existenz zu verleugnen und eine menschliche Konsensusrealität zu schaffen, die physikalische, biologische und chemische Kräfte und das Prinzip der *kleinsten Wirkung* verleugnet. In tiefer Meditation oder in Todesnähe sehen wir Menschen oft ihren Kindheitstraum oder mythische Erfahrungen umsetzen, die mit ihrer grundlegenden Natur oder dem Prinzip der kleinsten Wirkung verbunden sind. Beim Raumzeit-Träumen erleben wir uns manchmal als die Raumzeit selbst, als der oder die Bewegende sozusagen, nicht nur als Körper, der bewegt wird, oder widerspenstige Alltagspersönlichkeit.

Diese Felderfahrung des Prozessgeistes besteht darin, von der Raumzeit-Physik, und das heißt von der geringsten Wirkung, bewegt zu werden. Andere mögliche Formulierungen für kleinste Wirkung sind: „Probiere alle Wege aus" oder „Folge Wegen, welche die Zeit fliegen lassen". [67]

Wer bin ich? Der tiefste Teil von uns folgt der kleinsten Wirkung. Ihre potentielle Energie folgt dem Raumzeit-Träumen, das Sie umgibt. Aus dem Blickwinkel der Konsensusrealität sind Sie Ihr normales kleines Selbst, Ihr kleines *u*, einige X-Energien, die Sie stören, und der Tanz zwischen beiden. Polaritäten gelten in der Konsensusrealität als Fakten. Aber denken Sie daran, was uns der Prozessgeist und der Buddhismus sagen: Nichts ist beständig. Wir sind ein Tanz zwischen scheinbar beständigen Dingen. Sie bewegen sich zwischen diesen verschiedenen Energien hin und her, auch wenn Sie sich mit der eigenen Person identifizieren. Wenn Sie sich zu sehr mit dieser Person identifizieren, („Ich bin die Person, die heute dies oder das tun muss"), versuchen Träume Sie dazu zu bewegen, flexibler zu sein und Ihren sämtlichen Energien zu folgen. Wir sind ein Prozess, doch unser Alltagsgeist leugnet das. Er leugnet, dass wir ein Tanz sind.

Wir fürchten uns unter anderem deswegen vor dem Tod, weil wir uns mit dem rigiden kleinen *u* und seinen X-Gegnern in der Konsensusrealität identifizieren. Wie ich bereits sagte, sterben offensichtlich nicht Sie, sondern das kleine *u*. Ihr kleines *u* ist in der Konsensusrealität angesiedelt, aber die Vorstellung, die Sie in der Konsensusrealität von sich haben, muss hin und wieder erschüttert werden, damit Sie diese anderen Teile von sich finden. Das Beste, was uns passieren kann, ist, wie ich bereits sagte, die Angst vor dem Tod. Sie gibt uns Gelegenheit, unsere Rigidität loszulassen. Bei vielen Todesängsten geht es genau um diesen psychologischen Aspekt.

Erste Teilnehmerin: „Dass wir Menschen so vermissen, die sterben, ist ein großes Thema bei Erfahrungen mit dem Tod."
Arny: „Ja, das stimmt. Wenn wir sterben, ist das nicht leicht für die Menschen, die uns lieben. Aber eine Beziehung ist auch ein Raum, ein Raumzeit-Träumen, der Raum zwischen uns. Und dieser Raum

stirbt nicht zwangsläufig mit. Finden Sie einen Menschen, der *gestorben ist*, als Ort auf der Erde und suchen Sie diesen auf, wenn Sie diese Person vermissen, oder spüren Sie sie im Raum."
Zweiter Teilnehmer: „Wenn ich Todesangst verspüre, heißt das dann, dass das kleine *u* sterben muss?"
Arny: „Vielleicht muss es sich einfach ein wenig entspannen und sich dafür öffnen, vom Weg der *geringsten Wirkung* bewegt zu werden."
Zweiter Teilnehmer: „Und dann wird es vorübergehend wieder möglich zu fließen. Aber wenn das kleine *u* stirbt, was ist dann noch da, um mitzufließen?"
Arny: „Grundsätzlich stirbt nur Ihre Identifikation mit den Aktionen von *u,* die Bewusstheit Ihres Prozessgeistes bleibt. Das Gleiche passiert, wenn wir träumen. Aus diesem Grund können Sie Träume ersinnen und erinnern, obwohl Sie *schlafen*!"

DIE METAPOSITION

Normalerweise nutzen Sie Ihr kleines *u* für Bewusstheit, aber das ist nicht Ihre einzige Bewusstheit. Wenn das kleine *u* schwindet, tritt Ihr Prozessgeist mit seinem größeren Bild und einer entspannteren Sichtweise hervor. Ich nenne die Sicht des Prozessgeistes den *Metakommunikator*, etwas, was immer noch da ist, das diesen genialen Überblick über die Dinge hat und offensichtlich Träume schaffen kann. Wenn das kleine *u* Ihre Bewusstheit nicht mehr beherrscht, wird diese wieder zur Bewusstheit des Prozessgeistes. Das kleine *u* hat Teilaspekte, Personen und Dinge im Kopf. Der Prozessgeist sagt, dass die innere Ausrichtung auf all diese Dinge Illusionen der Konsensusrealität sind. Es gibt eine andere Sicht, die auf der Verbundenheit mit dem vier- oder mehrdimensionalen Hyperraum beruht, wie bei veränderten Bewusstseinszuständen oder der Erfahrung des Raumzeit-Träumens.

Wir begeben uns hier auf Grenzgebiete, ich möchte Ihnen also an dieser Stelle für die Toleranz danken, die Sie diesen Themen entgegenbringen. Wenn sich Ihr kleines *u* vorübergehend entspannt, dann sterben die Sichtweisen von *u* + X mit ihm, zumindest vorübergehend. Die Spannung zwischen ihnen verschwindet, wenn Sie zu tanzen beginnen. Sie sind nicht länger mit einem rigiden Teil von sich identifiziert, einem Teil hier und dem anderen dort. Sie sind der Tanz. Sie sind ein fließender Prozess.

In gewisser Weise besteht Ihr einziges Problem in einer übermäßig rigiden Identität, und das wissen Sie auch, wenn Sie sich in bestimmten Situationen sehr angespannt und nervös fühlen. Dann könnten Sie sich erinnern: Vielleicht sollte ich einmal versuchen, mich zwischen den Energien zu bewegen, die mich nervös machen. Rigidität kann etwas Gutes sein, ist aber nicht die ganze Geschichte.

Don Juan sagte: „Halte die Welt an oder fürchte dich, dass sie anhält, wenn du stirbst." Entweder Sie halten die Welt jetzt an, oder Ihre Todesphantasie lässt Sie befürchten, dass etwas anderes die Welt anhält. Die Welt anhalten heißt, Ihrer Körperenergie folgen. Was möchte Ihr Körper tun? Die Propriozeption und Bewegungen Ihres Körpers sind die Passworte für Ihren großen Computer. Geben Sie jedes Mal, wenn Sie an sich arbeiten, das Wort *Körper* ein. Es ist das Passwort für den großen Computer in Ihnen und um Ihren Kopf herum. Halten Sie die Welt an und nutzen Sie den *Tod* als Ihren Ratgeber. Don Juan wollte sagen, dass der Tod existiert, um Ihnen mitzuteilen, dass Ihr Alltagsdenken nicht die ganze Geschichte ist. Halten Sie die Welt des Alltagsdenkens an.

Wer bin ich? Bin ich zum ersten Mal auf diese Erde? Ist es das Ende, wenn ich hier fertig bin? Jede und jeder von uns macht sich darüber eigene Gedanken. Ich wollte nie viel darüber nachdenken, aber dann hatte ich Träume, die mir sagten, ich solle mir mehr Gedanken über diese Themen machen. Als wir einmal in Delhi spazieren gingen, sagte ich zu Amy: „Wir haben uns verirrt. Wir sollten nach einem Haus in Rosa und Grün auf der anderen Straßenseite Ausschau halten." Wir gingen weiter, und da stand ein Haus in Rosa und Grün. Wir waren nie zuvor in dieser Stadt gewesen. Wie konnte ich das wissen? Wir alle haben unsere eigenen Theorien über solche Erlebnisse. Hatte ich hier früher schon einmal gelebt?

Als ich als Austauschstudent nach Europa ging und dort Jungianer kennen lernte, träumte ich, dass Jung zu mir kam. Er lag auf dem Fußboden im Sterben. Er öffnete den Mund und sagte zu mir: „Atme mei-

Der kosmische Tanz des Ursprungs

nen letzten Atemzug ein." Ich hatte ihn nie zuvor geküsst, doch ich legte meinen Mund auf seinen und atmete seinen letzten Atemzug ein. Später fand ich heraus, dass es bei manchen Eingeborenenvölkern heißt, auf diesem Weg gäben wir den Geist einer Person an die nächste weiter.

Wer bin ich also, und wie lange bin ich schon hier? Sie sollten im Hinterkopf behalten, dass Sie sich möglicherweise in historischen Zusammenhängen bewegen. Vielleicht kann Ihnen das eines Tages nützlich sein, vielleicht lohnt es sich, einmal über Wiedergeburt nachzudenken. Es gibt immer wieder kleinere Beweise für Wiedergeburt, und manche Menschen glauben schon immer daran. Vielleicht sehen Sie gerade sehr interessant aus, Sie tragen die richtige Bluse oder das richtige Hemd, aber vielleicht sehen Sie in Wirklichkeit gar nicht so aus.

Es hat mich immer berührt, dass Richard Feynman, ein äußerst rationaler Mensch, 1949 in seinen Texten über Physik (die ich in meinem Buch *Die Verbundenheit mit dem Urgrund des Seins* erläutere [68]) sagt, die Gleichungen der Physik enthielten die Möglichkeit, dass Dinge zeitlich vorübergehend rückwärts laufen. Erleben wir das tatsächlich oder nicht? Ich möchte, dass Sie darüber einmal nachdenken und für diese Möglichkeit offen bleiben.

Bei der nächsten Übung wenden wir uns einem Symptom zu, von dem Sie sich einmal vorgestellt oder befürchtet haben, es könne tödlich sein. Selbst wenn Sie über ein solches Symptom nur phantasiert haben, geht es darum, herauszufinden, wie

diese Phantasie aussah. Sie werden sich in Ihren Prozessgeist begeben und sich aus dieser Sicht fragen: „Wie sieht mein Weg durch die Raumzeit aus?" Das heißt, wie sieht Ihr 10.000-jähriger Weg aus? Wenn Sie Hinweise auf diesen Weg finden, wunderbar. Vielleicht ändert sich Ihr Verständnis dadurch. Ich habe diese Übung lange gemacht, und an meinem Verständnis der Dinge hat sich dadurch nichts verändert. Spielen Sie einfach damit. Und nehmen Sie sich die Freiheit, Fragen zu stellen.

Erste Teilnehmerin: Können Sie etwas darüber sagen, dass es keinen Anfang und kein Ende gibt? Ich weiß, dass irgendwo in der Bibel steht, Gottes Schöpfung habe keinen Anfang und kein Ende und das gelte auch für uns.

Arny: Danke, dass Sie das gefragt haben, bevor wir uns der Übung zuwenden. Unsere Vorstellungen vom Leben beruhen auf Konsensusdenken. Niemand kann genau bestimmen, wann das Leben beginnt und wie es von Anfang an entsteht. (Vielleicht gilt das auch für das Universum.)
Der Abschnitt aus der Bibel, den Sie erwähnen, ist möglicherweise prozessorientiert! Es gibt weder absolute Anfänge noch Enden (außer in der Konsensusrealität, aber selbst hier nur für kurze Zeit). Aus der Sicht des Universums gibt es nur Prozesse.

Zweiter Teilnehmer: Sie erwähnten die Möglichkeit, dass die Dinge zeitlich rückwärts laufen?

Arny: Die Gleichungen der Physik sagen,

wir sind nicht nur Alltagsmenschen. Diese Gleichungen geben uns die Möglichkeit, in der Zeit rückwärts zu gehen.[69] Was ich damit meine, will ich Ihnen einmal anhand einer Grafik verdeutlichen: Die Zeitachse (Z) verläuft vertikal, und die Raumachse (R) verläuft horizontal nach rechts.

Wenn ein Teilchen auf ein Feld trifft, ändert es seine Richtung (linke Zeichnung). In der Quantenphysik (rechte Zeichnung) kann sich ein Teilchen im Feld zeitlich vorwärts und dann rückwärts bewegen, bevor es aus dem Feld auftaucht, um sich in eine neue Richtung zu bewegen!

Wir könnten uns ebenso gut fragen, was mit uns geschieht, wenn wir uns in die starken Felder des Raumzeit-Träumens oder Felder welcher Art auch immer begeben oder diese erfahren. Wir können einfach davon bewegt werden, oder wir öffnen uns für das Raumzeit-Träumen und lassen zu, dass wir durch das Universum gewirbelt werden und im Alltagsleben wieder auftauchen. Die Quantenphysik eröffnet uns die Möglichkeit, im Universum zeitlos geträumt zu werden. In meinem Buch *Die Verbundenheit mit dem Urgrund des Seins* finden Sie mein Verständnis von Feynmans Gedanken über dieses Thema näher erläutert.

Mir kommt es hier darauf an, dass Sie flexibel sind. Sie können aus der Zeit heraustreten, statt sich vom Leben herumschubsen zu lassen oder von einem Gegner *getötet* zu werden. In der folgenden Übung können Sie solche Zeitumkehrungen vorwärts und rückwärts erleben. Vielleicht hilft Ihnen das, sich besser zu fühlen.

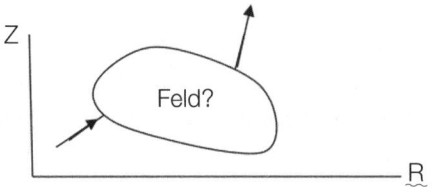
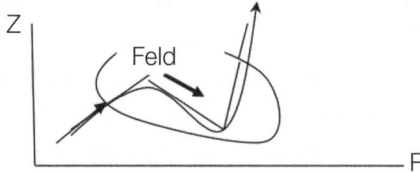

Abbildung 11.4.: Wenn ein Teilchen auf ein Feld trifft.

ÜBUNG: SYMPTOME UND LICHTKÖRPER

1. Vergegenwärtigen Sie sich Ihre schlimmste Phantasie oder Todesphantasie oder ein entsprechendes reales Symptom. Spüren Sie diese höchst beunruhigende X-Energie, drücken Sie sie aus und machen Sie eine Skizze davon.

2. Wer in u gerät dadurch am meisten in Aufruhr? Drücken Sie das aus und skizzieren Sie us Energie.

3. Begeben Sie sich an einen Lieblingsflecken auf der Erde und nehmen Sie u + X dort irgendwo wahr. Lassen Sie zu, dass dieser Ort Sie zwischen u + X hin und her atmet und tanzt. Um sich noch mehr zu lockern, können Sie sich vorstellen, frei und auf nicht vorhersehbare Weise im Universum zu tanzen. Wenn Sie so weit sind, bringen Sie diesen stochastischen Tanz zurück zu dem Ort auf der Erde zwischen X + u und lassen sich von Ihrem Tanz Einsichten oder Lösungen vermitteln.

4. Mit anderen Worten: Schamanisieren Sie: Lassen Sie zu, dass der Tanz sich einliest in das Wesen und den Sinn von X.

5. Experimentieren Sie und formulieren Sie, was Ihre wahre Natur ist und wie Ihr 10.000-jähriger Weg im Universum aussieht. Und bitte schreiben Sie das auf, um es nicht zu vergessen!

ANSCHLIESSEND

Erste Teilnehmerin: „Ich möchte hier gern mitteilen, dass ich an dem ganzen Stress in meinen Schultern und meinem Magen gearbeitet habe und mich jetzt sehr viel besser fühle."

Arny: „Das ist gut, genau darum geht es! Was ist passiert? Wer sind Sie?"

Erste Teilnehmerin: „Ich habe herausgefunden, dass ich eine Sonnentänzerin bin, und die Botschaft lautet: Mut! Den habe ich vergessen! Als ich in diesen äußerst schwierigen Zeiten in Griechenland lebte, habe ich diesen Mut vollkommen vergessen."

Arny: „Können Sie Ihrem Mut einen Ton verleihen?"

Erste Teilnehmerin: „‚Wuuu!' Und die Botschaft lautet: ‚Wir schaffen es! Wir schaffen es!' Ich habe gespürt, dass Griechenland für mich der richtige Ort ist."

Arny: „Begeben Sie sich mitten ins Zentrum von Athen und lassen Sie dort Ihr: ‚Wuuu!' ertönen. Genau dort." (Zu den anderen: „Wenn sie das schafft, schafft auch Griechenland es! Sie wird die nächste Präsidentin von Griechenland!)" (Liebe Leserinnen und Leser, diese Person wurde zwei Jahre nach dieser Erfahrung ins griechische Parlament gewählt!)

Erste Teilnehmerin: „Bislang dachte ich beim Aufwachen immer: Wie schwer das alles ist. Wie mich der Gedanke, wieder nach Griechenland zu gehen, deprimiert. Ich habe gespürt, dass ich mich als Opfer fühle. Das hätte ich bewusst gar nicht gespürt, aber durch den Prozess, den Sie vorgeschlagen haben, ist das ganz deutlich geworden."

Arny: „Ja, weil Sie eine spirituelle Kriegerin sind. Und es geht in jedem Fall um Gemeinschaft. Wenn Griechenland sich wie eine Gemeinschaft anfühlt, dann können Sie die Dinge dort zusammen angehen! Ich weise auf eine Möglichkeit hin. Vielleicht ist das Thema hier, mehr in Gemeinschaft zu machen. Ich übertreibe etwas, aber Sie wissen, was ich meine."

Zweite Teilnehmerin: „Ich bin völlig baff darüber, wie sich das alles praktisch anwenden lässt. Die Bereiche, wo ich in meinen Beziehungen, meinem Aikido-Training und finanziell festgefahren bin, glichen sich alle. Diese Erfahrung half mir, eine Antwort für all diese Bereiche in meinem Leben zu finden, nämlich: ‚Wenn es läuft, lass es laufen und nimm die Dinge einfach, wie sie sind.'"

Dritter Teilnehmer: „Ich habe eine Botschaft empfangen, die ungefähr lautet: „Zeige Menschen, wie sie weit über das hinausgehen können, was sie für möglich halten... Weit, weit, Lichtjahre hinaus über das, was wir für möglich halten!"

Wir sind Prozesse in Gestalt von Menschen. Selbst Leben und Tod sind vielleicht nur kurze Augenblick auf einer viel längeren Reise. Und wenn Sie zumindest für gewisse Zeiten in Berührung mit dem sind, was Sie bewegt, werden Sie sich mit Sicherheit körperlich besser fühlen und Ihr Leben kreativer leben.

....

RÜCKBLICK AUF KAPITEL 11

- Das Raumzeit-Träumen erinnert uns an das Prinzip der kleinsten Wirkung in der Physik.
- Bei subtilen Körperbildern kann es sich um Raumzeit-Traumerfahrungen des Prozessgeistes handeln.
- Halten Sie sich an Ihre Körperenergie. Sie ist das Passwort für das Universum.

- Vergessen Sie nicht, wie Sie heute heißen, aber vergessen Sie auch Ihr 10.000 Jahre altes Selbst nicht.
- Aus der Sicht des Raumzeit-Träumens sind Leben und Tod Zwischenstopps auf einer größeren Reise.

Der kosmische Tanz des Ursprungs

KAPITEL 12
Psychische Krankheit oder das Universum spricht?

„Wir sind alle der Meinung, dass Ihre Theorie verrückt ist. Die Frage, an der wir uns scheiden, lautet: Ist sie verrückt genug, um eine Chance zu haben, richtig zu sein?",

NIELS BOHR IM GESPRÄCH MIT WOLFGANG PAULI

Seit der Quantenphysik glauben manche Wissenschaftler, eine Theorie müsse, um wahr zu sein, ein wenig verrückt sein! Ich möchte mich jetzt dem Raumzeit-Träumen und dessen Anwendung auf Ungewöhnliches zuwenden, das heißt, extreme, *verrückte* oder *psychotische* Bewusstseinszustände.

Wir haben mit stochastischen Prozessen gearbeitet, deren Gesamtverlauf in dem Sinne nicht deterministisch ist, dass der nächste Moment oder Zustand bestimmt wird durch das vorhersehbare Agieren der Person und ein zufälliges Element, das wir nicht präzise voraussagen können. Von Menschen, die wir als *geisteskrank* oder verrückt bezeichnen, oder *psychotischen* Zuständen heißt es oft, sie gingen mit einem Realitätsverlust einher. Wir sprechen hier auch von *instabilen* Zuständen. Viele Menschen in solchen Zuständen machen Erfahrungen mit Göttinnen und Göttern oder dem Universum. Simpel betrachtet, ist jeder stochastische Prozess instabil, da er von einer vorgegebenen deterministi-

schen Norm abweicht, die eine mehr oder weniger kontrollierbare Größe darstellt.

Verrücktheit weicht von sozialen Normen ab, von den Vorstellungen, die eine Gesellschaft von *Normalität* hat. Deswegen sagte ich in *City Shadows*, Verrücktsein bewege sich außerhalb der Normen einer bestimmten Gesellschaft. Geisteskrankheit ist also ein *Schatten*, ein wichtiger Aspekt der menschlichen Erfahrung, von dem die Gesellschaft mehr wissen müsste. Jede und jeder von uns kann oder muss sogar ein wenig verrückt sein. Diese Art von *Verrücktheit*, die gegen die Alltagsrealität rebelliert, kann ein Element, möglicherweise sogar ein zentrales Element von so genannten psychotischen Zuständen sein.

In gewisser Weise plädiere ich in diesem Buch dafür, dass jede und jeder von uns lernen muss, zumindest vorübergehend von sozialen Normen abzuweichen, um *gesund* zu sein. Wer entscheidet, was real ist, ist ein soziales Thema, das auf uns als Individuen ebenso Auswirkungen hat wie

Abbildung 12.1.: Im Bedlam
(Bethlem Royal Hospital), Ausschnitt aus dem Bild ‚A Rake's Progress' (Fortschritte eines Wüstlings)
von William Hogarth, 1763 (Wikipedia).

auf Psychologie, Psychiatrie und Politik. Wer ist verrückt? Wer entscheidet, was *geistig gesund* ist? [70]

MONDFINSTERNIS? EINE GEOMETRISCHE ANGELEGENHEIT

Denken Sie zum Beispiel an den Mond. Wenn sich die Erde bei Vollmond zwischen Sonne und Mond bewegt, sehen die Menschen auf der Nachtseite der Erde, wie der Mond sich verdunkelt und für eine Stunde oder länger ausgeblendet wird. Das

nennen wir Mondfinsternis. Wenn Sie als Sonne mit einer Taschenlampe vor mir stehen und eine zweite Person, die den Mond spielt, hinter mir steht, sehen wir, wie sich die Mond-Person *verdunkelt*, bis ich zwischen ihr und der Sonne aus dem Weg trete oder sie sich bewegt. In jedem Fall verdunkelt sich der Mond, wenn ich als Erde zwischen ihm und der Sonne stehe. Aus dem Blickwinkel der Menschen auf der Nachtseite der Erde verdunkelt sich der volle Mond. Stimmt's? Das ist Konsensusrealität. Das ist das allgemein akzeptierte geometrische Verständnis der Verdunklung des Vollmonds. Die meisten Men-

Der kosmische Tanz des Ursprungs

schen auf der Erde sagen dann: „Aha! Wir haben es gesehen. Wir haben Fotos davon gemacht. Das ist etwas ganz Reales."

WÖLFE FRESSEN DEN MOND

Aber die geometrische Sicht gilt erst in den letzten paar hundert Jahren als Wahrheit über dieses Phänomen. Früher hieß es zum Beispiel bei den skandinavischen Völkern: „Wenn sich der Mond verdunkelt, können wir den Vollmond plötzlich nicht mehr sehen, weil große Wölfe dabei sind, ihn aufzufressen. [71] Die Wölfe fressen die Himmelsplaneten, und wenn Menschen nicht schreien, richtig laut schreien, hören die Wölfe damit nicht auf. Dann fressen sie einfach alles auf."

Heute können wir sagen, dass sich in der modernen, kosmopolitischen Konsensusrealität die Erde zwischen Sonne und Mond schiebt und wir den Mond deswegen nicht sehen können. Aber in einer anderen Realität, die wir einmal als „frühes skandinavisches Träumen" bezeichnen wollen, sehen wir den Mond nicht, weil „Wölfe ihn auffressen und Menschen schreien müssen, um sie davon abzuhalten." Wenn heute ein erwachsener Mensch behaupten würde, dass hinter einer Mondfinsternis Wölfe stehen, würde man ihn für verrückt erklären.

Ich hingegen bezeichne die verrückte Sichtweise als Nichtkonsensusrealität oder Träumen. Sie ist eine zweite Seite der Realität und ebenso real wie diese. Woher weiß ich, ob etwas real ist? Wenn Sie

nach New York fahren und dort den Mond oder die Sonne sehen wollen, würden Sie selbst an einem wunderschönen Tage denken, dass der Mond oder die Sonne sich verdunkelt hat! Warum? Durch den Smog! Durch den ganzen Dreck in der Luft. Sie sehen, Menschen sind wie Wölfe. Menschliche Wesen fressen die Sonne, indem sie unsere Umwelt verschmutzen. Dadurch ist so viel Dreck in der Luft, dass wir die Sterne, den Mond oder die Sonne kaum noch sehen können. Die frühen Skandinavier hatten Recht!

Was ist die Lösung? Heutige menschliche Wesen müssen wie in den mythischen Zeiten Nordeuropas LAUTER SCHREIEN, um „die Wölfe abzuhalten, den Mond aufzufressen." Schreien Sie lauter, um zu verhindern, dass alles verschlungen wird, halten Sie die *Wölfe* davon ab, die Erde aufzufressen! Sorgen Sie für klare Luft!

Diese frühen Skandinavier waren nicht einfach Träumer oder prä-newtonsche Psychotiker. Sie haben nicht einfach nur geträumt! Wir müssen schreien, damit die Menschen, die *Wölfe*, nicht den Mond auffressen, indem sie so viel Smog erzeugen! Mit anderen Worten, Ihre Träume sind Aspekte der Realität. In der einen Realität stellt sich die Erde der Sonne, welche die Erde beleuchtet, in den Weg. Und in der anderen Realität fressen Wölfe den Mond auf, weil die animalistische Natur des Menschen unser sichtbares Universum auffrisst und wir schreien müssen, um das zu verhindern.

Wir brauchen die Sicht der Konsensusrealität, dass die Erde zwischen Sonne und

Mond steht, und die Sicht des Träumens, dass *Wölfe* alles auffressen, was sich am Himmel zeigt. Wenn wir die Geschichte mit den Wölfen nicht ernst nehmen, werden wir die Natur zerstören. Denken Sie einmal über das folgende Zitat aus einem Radio-Interview nach, das Will Hall mit mir machte: [72]

Will Hall: „Was Sie da sagen, hat enorme Auswirkungen auf das Thema psychische Gesundheit, denn von Menschen in psychotischen Zuständen heißt es ja, dass sie den Kontakt zur Realität verloren haben. Als ich in diesen veränderten Bewusstseinszuständen war, und ich war selbst im Krankenhaus mit der Diagnose Schizophrenie, habe ich erlebt, dass ich mich in einer völlig anderen Realität befand. Ich hatte nicht den Kontakt mit der einen Realität verloren. Ich befand mich einfach in einer anderen Realität.

Sie liefern einen Bezugsrahmen aus Physik, Psychologie und Weltspiritualität, der den Gedanken stützt, dass es alternative Realitäten gibt. Die Frage ist, wie stellen wir es an, dass diese Realitäten miteinander kommunizieren oder in Beziehung treten? Welche Implikation hat das, was Sie sagen, für unsere Auffassung von Verrücktheit? Und erzählen Sie uns von Ihrer Arbeit mit extremen Bewusstseinszuständen.“

Arny: „Wir alle leben in Parallelwelten, der Welt des ekstatischen Tanzes und der Welt der Konsensusrealität. Und diese beiden Welten kommunizieren nicht gut miteinander. In gewisser Weise ist

jeder, der keinen Kontakt zum Träumen hat, ebenso verrückt wie eine so genannte verrückte Person, die veränderte Bewusstseinszustände erlebt. Oder besser gesagt, wir alle sind verrückt, so lange wir nicht sämtliche Bewusstseinsebenen wertschätzen.“

Statt das Wort ‚psychische Krankheit‘ ziehe ich den Begriff ‚extreme Bewusstseinszustände‘ vor. Für mich heißt psychisch krank, sich nicht an der Konsensusrealität orientieren oder träumen. Wenn diese Zustände längere Zeit anhalten, spreche ich nicht von psychischer Krankheit, sondern von extremen Bewusstseinszuständen, was aus statistischer Sicht bedeutet, dass die Träumenden mit diesen Zuständen, die nicht mit dem Zollstock und der Uhr vermessen werden können, in der Minderheit sind. Wir alle kennen extreme Bewusstseinszustände und machen in unserem Leben außergewöhnliche, nicht konsensusorientierte Phasen durch. Diese Zustände sind statistisch gesehen nicht so verbreitet wie andere Zustände, deswegen macht es für mich keinen Sinn, sie als krank zu bezeichnen. Aus der Sicht von Prozessen ist nichts krank. Wir alle sollten also versuchen, mit diesen Zuständen möglichst ebenso gut klarzukommen wie mit anderen Situationen im Leben auch.

Die meisten Menschen machen Zeiten durch, in denen sie sich depressiv und kraftlos fühlen. Wir alle werden hin und wieder manisch oder denken: „Ach, zur Hölle, um was geht es in diesem Leben überhaupt? Mir liegt nicht mehr viel dar-

Der kosmische Tanz des Ursprungs

an." Diese Haltung ist sehr verbreitet, vor allem in der dunklen Jahreszeit. Weil viele Menschen diese Zustände nicht wahr haben wollen und marginalisieren, werden Personen, die sie durchmachen, ebenfalls marginalisiert und geringschätzig behandelt: „Ach, du bist so merkwürdig, wahrscheinlich bist du verrückt oder krank." Für mich funktioniert das so nicht. Diese Einstellung ist iatrogen und verletzend.

In vielen Kulturen heißt es: „Wir sind dies. Wir sind nicht das." Ich weiß noch, wie ich in Australien gearbeitet habe und von einer Lehrerin hörte, die zu ihren Aborigines-Schülern sagte: „Hört auf, so viel zu träumen. Ihr müsst auf den Boden der Tatsachen kommen." Damit erklärte sie das Träumen und die Kultur des Träumens und der Phantasie für marginal und marginalisierte die Träumenden. Deswegen sage ich, dass ein Teil menschlicher Schwierigkeiten darauf beruht, dass Mainstream-Kulturen sehr rigide sind und Menschen, die extreme Zustände durchmachen, pathologisieren. Aber diese Menschen könnten mit ihren Erfahrungen ausbalancierend wirken und für die Kultur eine wirkliche Bereicherung sein. Wir brauchen Kulturen, die geistig aufgeschlossener sind.

DIE BLUME IM WALD

Wie ich in meinem Interview für *City Shadows* sagte, sind Menschen in extremen Zuständen und Träumende Schatten dieser Welt. Diese Menschen machen Erfahrungen, die ein Gegengewicht zur Mainstream-Kultur bilden. Wenn wir alle versuchen würden, uns für außergewöhnliche Bewusstseinszustände zu öffnen, wie ich es in *City Shadows* vorschlage, gäbe es wahrscheinlich weniger Verrücktheit in der Welt.

Ich habe vor vielen Jahren reichlich Erfahrungen bei der Arbeit in der europäischen Mainstream-Psychiatrie gesammelt. Die Psychopharmakologie war damals noch nicht weit entwickelt und so zeigte sich auch deutlicher, wie extrem außergewöhnliche Bewusstseinszustände sein können. So bat mich zum Beispiel einmal ein Arzt bei einer seiner Klientinnen in einer psychiatrischen Klinik um Hilfe. Als ich deren Zimmer betrat, hockte sie unter dem Bett und sprach kein Wort. Man sagte mir, diese Frau sei sehr krank und man wisse nicht, was man mit ihr anstellen solle. Sie kam einfach nicht unter dem Bett hervor. Ich ging zu ihr, ohne zu wissen, was ich tun sollte. Ich dachte, da hockt sie unter ihrem Bett, was kann ich tun? Warum mich ihr nicht anschließen? Also kroch ich unter einen Stuhl, der in etwas Abstand zu ihrem Bett stand. Nach einer Weile begann sie plötzlich zu sprechen oder machte vielmehr Geräusche wie der Wind in den Bäumen. Und dann sagte sie zu mir: „Ja, der Wind im Wald ist hier… Es ist nicht gut, ein Mensch zu sein." Ich sagte: „Aha! Gut, bleiben wir, wo wir sind – im Wald."

Diese Frau war der erste erwachsene Mensch, dem ich begegnete, der behauptete, der Wind im Wald zu sein, und mir gefiel das. Diese Frau gab mir durch ihr Verhalten etwas, was ich brauchte. Ich hatte meine jungianischen Studien abgeschlossen, bei denen ich sehr viel auf Stühlen gesessen hatte. Und hier hockte eine Frau unter ihrem Bett und war der Wind im Wald. Das gefiel mir! Ich schätzte ihre Sicht! Was nun? Ich amte einfach die Geräusche nach, die sie machte, und plötzlich führten wir ein *waldähnliches* Gespräch. Ich blies wie der Wind, und sie sagte, sie sei eine Blume im Wald, die der Wind anblies. Ich bekam also gute Rückmeldung! Sie blies, wie der Wind eine Blume im Wald unter ihrem Bett anblies, und ich war der Wind unter einem Stuhl in ihrer Nähe.

Um die Geschichte kurz zu machen, nach ein paar Monaten ging es ihr besser und sie suchte mich in meiner Praxis in der Stadt auf. Eines Tages erklärte sie mir ihre Krankheit oder die damalige Phase mit den Worten: „Arny, ich sagte, es sei nichts wert, ein Mensch zu sein, und der Grund dafür ist, dass meine eigene Familie Menschen sehr viel Schlechtes angetan hat. Als ich das herausfand, kam ich zu dem Schluss, es sei nichts wert, ein Mensch zu sein. Ich wollte mich umbringen, und plötzlich stellte ich fest, dass ich eine Blume geworden war, eine wunderhübsche Blume, die der Wind im Wald bewegte."

Wir weinten beide, und dann wandten wir uns ein Zeitlang der ganz normalen *therapeutischen Arbeit* zu. Sie war jetzt keine Blume im Wald mehr und verhielt sich *normaler*, wie ein Stadtmensch eben. Tatsächlich hatte sie einige Jahre später im sozialen Bereich ziemlichen Erfolg und erlebte viel Gutes! Mit ihr zu träumen, ihrem stochastischen „Tanzprogramm" zu folgen und damit der Seite, welche die Konsensusrealität als verrückt abstempelt, statt diesem Verhalten ablehnend zu begegnen, half ihr. Es ermöglichte ihr, in die Konsensusrealität zurückzukehren, und mich bestärkte es in meiner damals aufkeimenden Liebe für Traumprozesse.

Wenn wir mit veränderten Bewusstseinszuständen tanzen, bringen wir die Welten zusammen. Habe ich ihr geholfen? Vielleicht. Aber sie heilte auch mich. Sie erwies mir einen Liebesdienst. Wie oft bekomme ich als Erwachsener Gelegenheit, mit einer anderen erwachsenen Person zu spielen, die unter dem Bett hockte und tut, als sei sie eine Blume? Diese Frau heilte etwas in mir, indem sie marginalisierte Erfahrungen zur Sprache brachte. War sie verrückt? Oder war die Welt um sie herum zu rigide und musste verrückter und zu einem Ort im Wald werden, wo der Wind über die Blumen streift?

Ein anderes Mal brachten zwei psychiatrische Pfleger einen Mann in meine Praxis, den sie festhielten. Als sie ihn losließen, begann er wie wild herumzuspringen. Man hätte denken können, er sei einfach völlig ausgerastet, manisch, bipolar oder was auch immer. Mit Sicherheit sagen kann ich nur, dass er in mein Zimmer kam, sich auf meinen Stuhl setzte und herumhopste. Ich versuchte damals noch, mich wie ein normaler analytischer Psychologe zu verhalten. Dieser Mann jedoch jagte mir Angst ein, denn einen Moment saß er auf dem Stuhl und im nächsten verhielt er sich völlig verrückt. Er sprang plötzlich von seinem Sitz hoch in die Luft und stieß sich den Kopf an der Zimmerdecke!

Ich hatte nie zuvor jemanden aus dem Sitzen heraus so hoch springen sehen und war sprachlos. Außerdem jagte dieser Mann mir so viel Angst ein, dass ich fast in Tränen ausgebrochen wäre. Ich schrie ihn an: „Heh, das können Sie mit Arny Mindell nicht machen! Wenn Sie möchten, dass ich Ihr Freund bin, können Sie das nicht machen, denn es jagt mir Angst ein! Ich komme mit Ihrem Verhalten nicht klar!" Das stimmte wirklich. Ich konnte nur in meiner so genannten *normalen* Welt bleiben, in der niemand so willkürlich herumsprang wie er, was mir schreckliche Angst machte.

Zu meiner Überraschung hielt er jedoch inne, schaute mich an und sagte: „Mein Gott, niemand hat mich bislang wie ein Mensch behandelt." Ich entgegnete: „Ich behandele Sie gar nicht wie irgendwas oder -wen. Ich habe einfach Angst! Bitte tun Sie das nicht wieder, wenn Sie mit mir arbeiten möchten. Sonst muss ich einen anderen Therapeuten für Sie finden."

Rückblickend kann ich sehen, dass dieser Mann mir einen Gefallen tat. Er schubste mich aus meiner Rolle als Analytiker. Mit seiner springenden, manischen Vehemenz durchbrach er meine beherrschte Haltung, sodass auch ich vehementer wurde. Offensichtlich hatte er nie zuvor erlebt, dass Menschen ihn einfach anschrien. In gewisser Weise machte ihn mein Verhalten verrückt. Und als ich selbst verrückt wurde, das heißt, in Tränen ausbrach und ihm sagte, dass ich Angst habe, wurde er normaler, zumindest vorübergehend. Er fühlte sich wie ein Mensch behandelt. Das war der Punkt, an dem unsere Arbeitsbeziehung begann. Vielleicht war er auf der Suche nach einem Menschen, der sich ihm beim Träumen anschloss. Damals habe ich über solche Fragen nicht nachgedacht, sondern einfach unbewusst reagiert. Er zwang mich zu wachsen, *stochastisch* zu werden, das heißt, teils deterministisch und teils nicht vorhersehbar.

Extreme Zustände sind ein Versuch, nicht nur die vorhersehbaren *realen*, sondern auch die traumähnlichen, zufälligen Welten darzustellen. Zu unser aller Tanz gehören alle Welten. Nichts ist total persönlich. Wie Feynman sagte: „Probiere alle Wege aus."

Da fällt mir noch ein weiteres Beispiel ein. Eines Tages spazierte ein Mensch mit zwei Helfern an seiner Seite in meine Praxis. Er sagte: „Ich bin das Licht." Seine beiden Begleiter sagten: „Er hat bei diesem großen Fest in der Stadtmitte von Zürich gesagt, er sei das Licht. Und während er das allen erzählte, krachte der große Kronenleuchter über uns von der Decke, sodass alle Angst bekamen. Die Leuten hielten diesen Mann für einen verrückten Zauberer! Irgendjemand sagte, Sie könnten ihm helfen."

Dann fing der neue Klient wieder an: „Ich bin das Licht." Und ich dachte: „Das ist aufregend, ich möchte das auch einmal ausprobieren." Also sagte ich zu diesem Mann: „Ich weiß nicht, wie das ist, lassen Sie mich das mal ausprobieren. Ich experimentiere jetzt damit, mich wie das Universum und das Licht des Universums zu fühlen… ja, ich bin das Licht!" Er schien etwas schockiert zu sein, sagte aber klar und deutlich: „Nein! Sie sind verrückt, wenn Sie glauben, das Licht zu sein. Wenn Sie so weiterreden, wird man Sie in die Psychiatrie einsperren." Dieser Rollenwechsel überraschte mich. Offensichtlich musste er so lange das Licht sein, bis eine andere Person diese Rolle übernahm. Die Realitäten sind miteinander verflochten. Als ich sagte: „Ich bin das Licht", entgegnete er: „Nein, das Licht wird Ihnen auf den Kopf knallen. Sie müssen es auf die Erde hinunterbringen." Ich fragte einfach: „Ich weiß nicht, wie das gehen soll. Wie stellt man das denn an?" Er gab mir alle möglichen Ratschläge. Und dann half ich ihm, die Ratschläge zu integrieren, die er mir als *Verrücktem* gab. Er veränderte sich im Lauf der Zeit. Ich weiß aber nicht, was später aus ihm wurde, nachdem wir den Kontakt verloren hatten.

Der stochastische Zustand und möglicherweise damit verflochtene Zustände, die uns miteinander und mit dem Kronleuchter verbinden, sind wie Parallelwelten, wie Kopplungen von Traum und Realität. Ist dies ein psychologisches Beispiel für die Quantenverschränkung von traumähnlichen Zuständen? Manche Menschen erleben in extremen Zuständen magische oder quantenähnliche Phänomene. Aber mein Punkt hier ist, dass Parallelwelten so lange parallel sind, wie wir uns ausschließlich in der Konsensusrealität bewegen. Je tiefer wir gehen, je näher wir der Essenzebene und dem gemeinsamen Träumen, dem Raumzeit-Träumen, dem Universum und dem „Licht" kommen, desto enger rücken Parallelwelten zusammen.

Will Hall: „Arny, einer der Gründe dafür, dass mir der Titel Ihres letzten Buchs *Die Verbindung mit dem Urgrund des Seins. Ein Zugang zur unerschöpflichen Kreativität des Universums* so gefällt, ist, dass ich dabei an die Zustände denke, die ich selbst und andere Menschen mit der Diagnose Psychose erlebt haben. Wir alle hatten dabei das Gefühl, in das Universum eingestöpselt und mit der tieferen, absoluten Wahrheit der gesamten Realität, mit dem Geist Gottes verbunden zu sein. Damit will ich diese Zustände nicht romantisieren, aber für einige von uns ist das so. Halten Sie es für möglich, dass Psychosen oder Verrücktheit eine positive Erfahrung sind und Teil eines Erneuerungsprozesses sein könnten, der das Individuum und sogar die Gesellschaft bereichert, wenn wir ihnen den Respekt, die Aufmerksamkeit und Neugier entgegenbringen, wovon Sie hier sprechen?"

Arny: „Ich denke, dass es natürlich, normal und von entscheidender Bedeutung ist, dass wir uns auf die Essenzebene von Erfahrungen, auf die Gottesebene oder das Raumzeit-Träumen einlassen. Wir alle müssten das häufiger tun und sollten die entsprechenden Erfahrungen nicht einfach pathologisieren. Wir alle müssen lernen, solche göttlichen oder synchronistischen Erfahrungen in die Alltagsrealität einzubringen. Vielleicht hätten wir weniger medizinische Notfälle, wenn unsere Ausbildungsinstitutionen uns über diese Bewusstseinszustände besser aufklären würden."

GESELLSCHAFTEN BRAUCHEN EXTREME BEWUSSTSEINSZUSTÄNDE

Vielleicht sind Menschen, die Erfahrungen mit extremen Bewusstseinszuständen machen, potenzielle Schamaninnen und Schamanen, die die Fähigkeit besitzen, Brücken zwischen den Welten zu schlagen. Es ist wichtig für uns alle, dass wir marginalisierte Erfahrungen machen und zur Sprache bringen, zumindest in einem gewissen Maße. Denken Sie an die typische Situation in Familien, in denen ein Familienmitglied in den Augen der anderen merkwürdige Dinge tut. Vor einigen Jahren habe ich zum Beispiel mit einem Kind gearbeitet, das die eigenartige Gewohnheit hatte, ständig auszuspucken. Dieser Junge spuckte aus, wann und wo er nur konnte. Als seine Eltern ihn zu mir brachten, waren sie verzweifelt. „Was sollen wir mit diesem schlimmen Kind nur anfangen? Er spuckt einfach ständig." Hier haben wir es also wieder mit einem Ungleichgewicht zwischen gesellschaftlicher Realität und Konsensusrealität zu tun. Wir können weder den Eltern noch dem Kind Vorwürfe machen. Die Eltern wollten, dass ihr Kind dieses schlechte Benehmen abstellte. Sein extremes Verhalten hatte so starke Auswirkungen auf sie alle, dass sie ihn zu mir bringen mussten.

Die Schweizer sind schon immer sehr ordentliche Menschen gewesen. Das wusste ich und schlug den Eltern vor, sich zu entspannen und selbst hin und weder mal auszuspucken und ihrem Kind zu erklä-

ren, es habe ihnen die Freiheit gegeben, ebenfalls gelegentlich auszuspucken. Um die Geschichte kurz zu machen, die Eltern spuckten daraufhin tatsächlich hin und wieder aus, und das Kind gab dieses Verhalten nach und nach auf. Wieder sind hier Parallelwelten ein soziales Thema, und ich war so frei (selbst ohne direkten Bezug zum Raumzeit-Träumen), den Eltern vorschlagen zu können, sich hin und wieder selbst merkwürdig zu verhalten. In manchen Ländern ist es gar nichts Schlimmes, gelegentlich auszuspucken.

Wir müssen alle Wege erforschen. Lassen Sie sich um der Demokratie, der Tiefen Demokratie wie der Quanten- und Relativitätstheorie willen vom Leben bewegen. Um Richard Feynmans Erklärung der Quantenphysik mit anderen Worten zu wiederholen: Ein Elektron oder ein Elementarteilchen, das sich von meinem Büro zum Zentrum für Prozessarbeit in Portland begibt, geht nicht einfach auf direktem Weg die Straße entlang. Laut Feynman probiert dieses Teilchen zunächst einmal viele verschiedene Wege aus, bevor es den Weg mit der geringsten Wirkung findet. Vielleicht nimmt es einen Umweg über den Mond oder den Mars. Vielleicht über Hongkong oder Zürich, um zum Zentrum für Prozessarbeit zu gelangen, obwohl mein Büro in Portland sich in dessen unmittelbarer Nähe befindet. Mit anderen Worten, der Weg, den es am wahrscheinlichsten einschlägt, ist schließlich der vernünftigste und vorhersehbarste, und doch müssen zunächst einmal all die verrückten Weg erforscht werden.

Und so brauchen auch wir alle Menschen, unsere ganze Vielfalt, um dort hinzugelangen, wohin wir uns als eine Welt bewegen. Wir brauchen das Raumzeit-Träumen. Es ist ein bisschen verrückt – stochastisch und phantasievoll. Halten Sie sich eng an das Träumen, die Quantenebene und die Ebene universeller Räume. Dann sind extreme Bewusstseinszustände gar nicht mehr so extrem, und Sie werden kreativer. Wenn Sie sich auf einem Weg einseitig oder angespannt fühlen, probieren Sie einfach andere Wege aus. Lassen Sie sich von Ihrem wahren Tanz den Weg weisen. Finden Sie, wenn Sie es brauchen, andere Menschen, die mit Ihnen reisen, während Sie sich von einem Zustand in den anderen begeben. Meditieren Sie und meditieren Sie wieder nicht. Verhalten Sie sich richtig und dann wieder nicht. Sorgen Sie für sich und vergessen Sie nicht, so oft wie möglich ekstatisch zu tanzen.

Ich möchte noch einmal betonen, dass wir jeden und jede von uns brauchen. Wir brauchen jede Erfahrung. Nur zusammen können wir Ganzheit schaffen und die verschiedenen Phasen des menschlichen Tanzes vorführen. Das ist für mich ein sehr wichtiger Punkt. Extreme Zustände sind ein gemeinschaftliches und gesellschaftliches Thema. Sie sind ein medizinisches und ein psychologisches Thema. Und sie sind ein spirituelles Thema, das heißt, sie sind Tanzphasen des zeitlosen Tanzes der Verbundenheit. Je klarer wir erkennen, dass wir alle möglichen Bewusstseinszustände und jeden und jede brauchen, desto besser ist das für alle. Schließlich sind die verrücktesten und eindrucksvollsten Theorien im Universum oft die besten!

Vielleicht sagte der Wissenschaftler, den ich am Anfang dieses Kapitels zitierte, aus diesem Grund zu Pauli: „Wir sind alle der Meinung, dass Ihre Theorie verrückt ist. Die Frage, an der wir uns scheiden, lautet: Ist sie verrückt genug, um eine Chance zu haben, richtig zu sein?"

....

RÜCKBLICK AUF KAPITEL 12

- Die menschliche Natur und die Theorien der Physik müssen ein wenig seltsam, fremd, verrückt und traumähnlich sein, um wahr zu sein.
- Ja, psychische Krankheiten im medizinischen Sinne existieren. Das hat überhaupt nichts Romantisches.

- Aber nein, der Schatten ist nicht *krank* im absoluten Sinn, da er für die Gesellschaft ein potenzielles Geschenk ist, das sie oft nicht als solches erkennt.

TEIL VIER –
Beziehungen
Jenseits von Krieg und Frieden

Wir haben gesehen, dass sich der Prozessgeist oder universelle Geist als stochastischer Tanz zeigt, der uns bewegt. Er kann uns bei körperlichen und psychischen Symptomen helfen. Genau dieses universelle systemische Denken wird uns jetzt helfen, mit den sozialen und organisatorischen Problemen des Systemgeistes zu arbeiten. [73]

KAPITEL 13
Naropas tanzende Dakini

Ich trage heute im Seminar diesen Hut, weil die Bommeln mich daran erinnern, der Raumzeit zu folgen, zu fallen (zeigt, wie der Bommelhut herunterfällt, während er sich bewegt) und es leicht zu nehmen. Es ist auch gut, sich zusammenzureißen und zu kämpfen. Ich bin überhaupt nicht dagegen, sondern liebe das. Aber denken Sie auch daran, gelegentlich zu fallen und loszulassen. Sämtliche Meditationspraktiken sind auch eine Form der Verneigung und der Anwendung bestimmter Formen von Achtsamkeit.

Die Achtsamkeitspraktiken verdanken wir zum großen Teil dem Buddhismus. Ich benutze den Begriff *Achtsamkeit* in dem Sinne, dass Sie Ihre Wahrnehmung einsetzen, um sich etwas bewusstzumachen, das Ihnen normalerweise nicht bewusst ist. Achten Sie auf Ihre Propriozeption, Ihre Bewegungen, Ihre Imaginationen, die Geräusche in Ihrem Umfeld, Ihre Beziehungen und weltlichen Impulse. Menschen haben immer gespürt, dass hinter allen Ereignissen eine allwissende, allmächtige Präsenz, ja, Schwerkraft existiert. Die Schwerkraft oder das Feld, in dem wir leben, ist natürlich nicht allmächtig, aber sie ist kraftvoll und allgegenwärtig in dem Sinne, dass sie überall an uns zieht. Denken Sie also an die Bommeln an meinem Hut oder noch besser an Ihr Haar oder Ihren Schal im Wind.

DAS SYSTEMISCHE DENKEN

Was Sie ohne den Systemgeist tun, kann durchaus gut und rettend sein. Wenn es Ihrer Stadt an Energie fehlt, macht es Sinn, zunächst einmal einen Atomreaktor zu bauen. Aber Achtung! Der Reaktor kann ein Leck bekommen…vor allem, wenn Sie beim Bau Tsunamis und Erdbeben nicht berücksichtigen. Wenn wir Dinge entwickeln, die wir für kausale Lösungen für Probleme halten, ohne das systemische Denken einzubeziehen, kann das aufgrund von Aspekten, die wir nicht bedacht haben, zu Überraschungen führen. Alle Umweltschützer sagen: „Hören wir mit diesem oder jenem sofort auf! Sorgen wir für erneuerbare Energien, lassen wir das sein, tun wir dies!" Aber wenn wir prozessorientiert denken, benutzen wir unser systemisches Denken und sagen: „Wir wollen versuchen, alle Parteien zu einer Beteiligung zu bewegen. Nutzen wir alle Kräfte der Gemeinde, alle Interessenvertreter. Ja, in der Konsensusrealität sollten alle ihren

Müll wegbringen und recyceln, aber das reicht nicht. Wir müssen auch Klarheit in unsere Beziehungen und unsere Gemeinden bringen."

Mein Kritiker sagt dazu nur: „Puh! Ich hasse Beziehungsarbeit! Und ich glaube, anderen geht es genauso." Meine Antwort an dich, lieber Kritiker, lautet: „Großartiger Kommentar! Tritt nicht nur in Beziehung zu anderen, sondern gehe erst einmal tiefer nach innen und verbinde dich mit dir selbst."

DER PROZESSGEIST IN BEZIEHUNGEN

Die tiefen Erfahrungen des Prozessgeistes zeigen sich uns in den Gefühlen, die wir am Anfang einer Freundschaft oder einer Organisation haben wie in den Erzählungen darüber. Diese prägenden Geschichten sind in der Beziehung oder Gruppe immer präsent. Wer hat die Geschichte erfunden? Warum funktioniert die Geschichte in einer Beziehung immer noch? Der Traum, den Sie in der Nacht hatten, bevor Sie mit einem oder mehreren anderen Menschen eine Beziehung oder ein Projekt anfingen, diese Intelligenz, setzt sich fort. Sie begleitet Sie über die Jahre. Sie ist verblüffend.

Die erste Geschichte, der erste Traum oder Mythos von einer Freundschaft ist zum Teil eine deterministische Landkarte. Sie sagt die großen Dinge voraus, aber wie diese Beziehung sich von Moment zu Moment in der Realität bewegt, ist nicht vollständig vorhersehbar. Der Prozessgeist

zeigt sich in Form des Musters der Geschichten, die hinter Organisationen stehen, aber er kann nicht genau sagen, wann was passieren wird. Diese persönlichen Geschichten oder Geschichten einer Organisation sind ein marginalisierter Teil der Realität. Das heißt, sie sind eine Essenzerfahrung, von der Aspekte im Traumland sichtbar werden können. Der Prozessgeist einer Organisation ist die Essenz der Geschichte oder das Gefühl, das dahinter steht. Er ist der Raum, die Atmosphäre zwischen uns.

In der christlichen Mythologie heißt Erleuchtung, in Berührung mit *diesem Raum* kommen. Im Islam geht es um die Vereinigung mit dieser Tiefendimension im Hintergrund, mit Allah oder Irfan, und das Wissen um das Unsichtbare. In der jüdischen *Kabbala* finden wir Worte über die Einheit im Hintergrund. Die Buddhisten sprechen von Nirwana, Buddha-Geist, schöpferischem Geist, leerem Geist, friedlich und Zeit und Raum hinter sich lassend. Die Hindus sprachen von Atman und davon, in Berührung mit etwas Unendlichem zu kommen, um frei zu sein vom kleinen Ich. Ich könnte noch viele weitere Beispiel aufführen. Es ist erstaunlich!

In diesem Teil des Buches geht es vor allem darum, in Berührung mit dem *systemischen Denken* zu kommen: diesem ganz speziellen, freien Körper-Geist-Gefühl. Wenn Sie die Werkzeuge, die Sie sich zur Lösung von Konflikten, sozialen, medizinischen oder organisatorischen Problemen angeeignet haben, nicht anwenden können, müssen Sie sich in den Raum fallen lassen, den wir alle miteinander teilen, den gemeinsamen Grund. Lassen Sie alles los, lassen Sie zu, bewegt zu werden. Wenn Ihre Werkzeuge Ihnen nichts nützen, lernen Sie besser damit umzugehen und dann lockern Sie sich und tanzen.

Wenn Sie zum Beispiel versuchen, mit jemandem zu verhandeln, der völlig in sich zusammengesackt ist, Sie ihn fragen, ob er niedergeschlagen sei, und die Antwort lautet: Nein!, können Sie Folgendes versuchen: Erleben Sie zunächst einmal die Doppelsignale dieser Person (ihre zusammengesunkene Haltung) als Ihre eigenen und gehen Sie über zum Raumzeit-Träumen. Lesen Sie sich dann in diese Signale ein. Vielleicht sagen Sie: „Es ängstigt mich, wenn ich niedergeschlagen bin, deswegen will ich das nicht zeigen. Aber eigentlich fühlt es sich gut an, es hilft mir, aus dem Gespräch auszusteigen und tiefer in mich zu gehen." Der Punkt hier ist, dass Sie sich in den Raum zwischen sich und der anderen Person einlesen oder schamanisierend hineinbegeben

Sie müssen Doppelsignale wahrnehmen und sich dann *verwandeln* und sprechen, als wären diese Signale Ihre eigenen, um ihr nichtlokales Wesen zu spüren und sich mit der anderen Person stärker zu verbinden. Denken sie daran, der Raum zwischen Ihnen ist ein Beziehungsraum. Er ist wie eine Gummimatte. Nutzen Sie also Ihr Raumzeit-Träumen! Wie ich bereits sagte: „Bringe dich in Stimmung, stimme dich ein und steige aus!" Nehmen Sie es leicht und lassen Sie zu, dass „es" Sie bewegt.

NAROPA

Ihr bester Lehrer ist das Gespür für das Gewebe des Universums. Manchmal führt der schnellste Weg dorthin über alltägliche Widrigkeiten und das Gefühl, unglücklich zu sein. Wir alle hassen Schwierigkeiten und ich schließe mich da nicht aus. Aber die Geschichte von Naropa macht deutlich, wie wichtig Schwierigkeiten für unsere Selbstverwirklichung sind. [74]

Vor etwa 1000 Jahren lebte ein großer indischer buddhistischer Lehrer namens Naropa. Es kursieren viele Geschichten über ihn und eine lautet wie folgt. Ich erzähle sie hier mit eigenen Worten:

Naropa verstand die Tiefe des tibetischen Buddhismus vom Kopf her, ohne sie selbst erfahren zu haben. Als er eines Tages meditierte, erschien ihm eine Dakini. Eine Dakini ist „eine tantrische Gottheit, die als weibliche Verkörperung der erleuchteten Energie beschrieben wird." Im Tibetischen heißt Dakini „Khandroma, was bedeutet, ,die, die den Himmel durchquert' oder ,die, die sich im Raum bewegt.'" Manchmal wird Dakini auch poetisch als „Himmelstänzerin" oder „Himmelswandlerin" übersetzt. Abbildungen zeigen die Göttin, wie sie sich durch die Raumzeit bewegt. Vielleicht versuchen wir alle, die wir uns vom Raum bewegen lassen, in Kontakt mit dem Tanz dieser zeitlosen Gottheit, unserer Dakini zu kommen.

Abbildung 13.1.: Naropa (Wikipedia).

Wie auch immer, die Dakini sagte zu Naropa, er habe noch mehr zu lernen und müsse seinen wahren Lehrer in menschlicher Gestalt aufsuchen, Tilopa, ihren Bruder. Also beschloss Naropa, Tilopa zu suchen. Bei der Suche nach seinem Lehrer überquerte er einen Fluss. Er wusste den Weg nicht, sondern folgte einfach seiner inneren Weisung, und als er das Wasser überquert hatte, traf er auf ein paar Gestalten, die sich ihm in den Weg stellten. Sie schlugen ihn zusammen und brachten ihn fast um. Aber er überlebte und ging weiter, um seine Suche fortzusetzen. „Wo ist mein Lehrer? Ich suche meinen Lehrer, Tilopa." Ständig wurde Naropa auf seiner Reise ausgeraubt oder zusammengeschlagen, er

geriet von einer schwierigen Situation in die nächste. Schließlich, nach vielen weiteren Hindernissen und einer langen Reise, kam er an den Punkt, wo er sagte: „ Ich habe genug! Ich kann nicht weiter. Ich bin so niedergeschlagen, so elend. Ich wollte doch nur meinen Lehrer finden, und jetzt bleibt mir nur noch, mich umzubringen." Also griff er nach einem Messer, um sich die Kehle aufzuschlitzen, doch plötzlich erschien vor ihm eine blaue Gestalt. Es war sein Lehrer, Tilopa.

„Ich bin es, Tilopa, ich war immer da." Aber Naropa protestierte: „Was meinst du damit, du warst immer da? Ich konnte dich nicht finden!" Tilopa sagte: „Hast du mich nicht gesehen? Ich war derjenige, der dich ausgeraubt hat. Ich war derjenige, der dich in Schwierigkeiten gebracht hat. Ich war die Kraft, die dich bewegen wollte, dich zurückzunehmen."

Naropa sagte: „Ich konnte dich nicht sehen!" „Ja", erwiderte Tilopa, „aber ich habe dir immer gesagt, die Dinge sein zu lassen, loszulassen." Naropa wurde auf der Stelle erleuchtet und konnte nach vorn gehen und weiterleben. Er wurde ein großer Lehrer, ein Heiliger. Heute ist der tibetische Buddhismus eng mit Naropa verknüpft.

Ein wichtiger Punkt in dieser erstaunlichen Geschichte ist, dass wir unser Leben nach bestem Vermögen leben sollten. Wenn wir dann ein wiederkehrendes Problem haben, das uns deprimiert, völlig damit beschäftigt sind, unser Leben in den Griff zu bekommen, und denken: „Oh! Was habe ich nur falsch gemacht? Warum

Abbildung 13.2.: Tilopa (Wikipedia).

Träumen, Ihre großartige Reiseleiterin, Ihr großartiger Prozessführer und Geist, der Ihnen sagen will, dass nicht Sie, sondern er, der Große Geist, sich in Form von Schwierigkeiten in Ihrem Leben zeigt. Das ist eine losgelöste Metasicht der eigenen Person, Ihrer Beziehungen und Organisationen. Vielleicht denken Sie: „Oh mein Gott! Es ging uns so gut, und jetzt taucht dieses Problem wieder auf!" Aber diese Schwierigkeiten könnten der glücklichste Moment sein. An irgendeinem Punkt unseres Lebens stoßen wir alle auf solche Probleme. Dinge geschehen, die Sie mit Ihrem bewussten Verstand nicht lösen können. Vergessen Sie nicht Naropas Metafähigkeiten, seine raumzeit-träumende Dakini und seinen großen Lehrer, ihren Bruder Tilopa. [75] Die Probleme in Ihrem Leben können das Geheimnis Ihres tiefsten Selbst enthalten, Ihren Prozessgeist und seine Fähigkeit, in das Raumzeit-Träumen und universelle Prozesse hinein loszulassen.

Wir wollen jetzt an einem Problem arbeiten, das Ihnen immer wieder das Gefühl gibt, festgefahren zu sein. Welchem? Wählen Sie das schwierigste. Finden Sie das X und das *u* in diesem Problem und begeben Sie sich dann an einen Lieblingsflecken auf der Erde und spüren Sie die Atmosphäre dort. Lassen Sie los und steigen Sie aus ins Universum. Das heißt, ich bitte Sie, sich vorzustellen, dass Sie frei durch das Universum fallen. Lassen Sie alles los, woran Sie arbeiten. Sie kehren zurück, nachdem Sie wirklich das Gefühl hatten, sich in irgendeiner Form im freien Fall erlebt zu haben.

das nun schon wieder?", sagen wir vielleicht: „Ich dachte, ich hätte das schon lange gelöst" oder „Nun, dieses Problem ist nicht mehr ganz so schlimm" oder „Verdammt noch mal, schon wieder passiert mir das!" Diese Widrigkeiten scheinen einfach nur schrecklich zu sein. Wir brauchen mehr Einsicht, mehr Macht, mehr Polizei, mehr Bürgerrechte, um Katastrophen zu verhindern!!! Aber diese Schwierigkeiten enthalten noch eine weitere, verborgene Lehre.

Die Hindernisse können Ihr heimlicher Lehrer sein. Wiederkehrende Widrigkeiten können Sie zu Ihrem Lehrer führen und Sie zwingen, einem tieferen Rhythmus zu folgen. Naropas Geschichte erzählt von einer Gefühlsfähigkeit, einer *Metafähigkeit*. Hinter Ihren Schwierigkeiten verbirgt sich die tanzende Dakini im Raumzeit-

Der kosmische Tanz des Ursprungs

Freier Fall ist ein guter Begriff. Wenn Sie durch das Universum fallen und nichts Sie aufhält oder behindert, nicht einmal die Luft, bewegen Sie sich in Ihrem eigenen universellen Tanzmuster, in Ihrem eigenen Raum und auf Ihrem eigenen Weg. Dann kehren Sie mit dieser Entspannung im freien Fall zurück zu der Beziehung zwischen den beiden Energien an dem Ort auf der Erde, um sich zu lockern. Das ist es, was wir im Wesentlichen vorhaben. Und durch diese Lockerung können Sie nichtkognitive Lösungen für die Probleme, an denen Sie arbeiten, entdecken. Wir versuchen herauszufinden, in welcher Weise Tilopa hinter dem Problem steht und welcher Sinn und welche Kräfte mit diesen Schwierigkeiten verbunden sind.

Bevor wir die Übung am Ende dieses Kapitels machen, bitte ich Sie, in das Universum hinein loszulassen. Das dauert nur eine Minute:

- Setzen Sie sich auf den Fußboden oder auf einen Stuhl und spüren Sie sich dort. Spüren Sie Ihr Gewicht auf Ihrem Stuhl oder auf dem Fußboden. Vielleicht sitzen Sie am besten dicht an der Stuhlkante, um sich besser bewegen zu können.

- Während Sie so sitzen, stellen Sie sich vor, dass der Stuhl, der Boden und die Erde plötzlich unter Ihnen verschwinden und Sie sich in einer Art freiem Fall im Raum befinden. Erlauben Sie sich, loszulassen, sich zu bewegen, und spüren Sie einen Moment, wie das ist…, einfach im Raum frei zu fallen und sich zu bewegen.

- Genau dieses Gefühl werden Sie in der folgenden Übung erforschen. Richten Sie Ihre Aufmerksamkeit auf diese Erfahrung des freien Falls. Warum, glauben Sie, heißt es, in den Schlaf *fallen*? Dieses Fallen ist eine Art Träumen. Es ist das Gleiche, wie loszulassen, damit Bewegungen im Raum passieren können. Versuchen Sie jetzt einmal Folgendes, vielleicht finden Sie Naropas Dakini, die im Raum tanzt:

ÜBUNG FÜR DIE INNERE ARBEIT: TILOPAS NICHTTUN

1. Vergegenwärtigen Sie sich Ihr schwierigstes oder beharrlichstes Problem, benennen und fühlen Sie es.
2. Welche X-Energie macht Ihnen am meisten zu schaffen (wie zum Beispiel die Energie eines innerer Kritikers, eine Person oder ein Symptom)? Fühlen Sie diese X-Energie und machen

Sie eine Bewegung, die sie ausdrückt. Bekommen Sie wirklich ein Gespür für dieses Problem. Dann fertigen Sie eine schnelle Skizze von dieser Energie an und geben ihr einen Namen.
3. Wer in Ihnen oder welcher Teil von Ihnen (nennen Sie ihn u) gerät durch X am meisten in Aufruhr? Wie ist dieser

Teil beschaffen? Fühlen Sie diese u-Energie, machen Sie eine Bewegung oder mehrere Bewegungen, um sie auszudrücken, und wenn Sie so weit sind, fertigen Sie eine schnelle Skizze von dieser Energie an und geben ihr einen Namen.

4. Nehmen Sie sich jetzt einen Augenblick Zeit, um sich an einen Ort auf der Erde zu erinnern, der für Sie wirklich ein besonderer Ort ist, einer Ihrer Lieblingsflecken. Sicher gibt es davon mehrere, aber lassen Sie Ihr Unbewusstes den Ort wählen, der Ihnen in diesem Moment in den Sinn kommt. Stellen Sie sich vor, tatsächlich dort zu sein, und schauen Sie sich genau um. Finden Sie irgendwo in Land, Wasser, Bergen, Atmosphäre, Tieren oder anderswo einen Ausdruck oder ein Abbild der Energien von X + u. Was an diesem Ort kann für die X-Energie stehen und was für die u-Energie? Spüren Sie jetzt wieder, wie Sie dort stehen, achten Sie auf Ihren Atem, und nutzen Sie dann Ihren Atem, um in diesen Ort hineinzuatmen. Wenn Sie bereit sind, spüren Sie, wie die Erde durch Sie atmet, und beginnen Sie behutsam, sich zu bewegen und zu tanzen. Und während der Ort durch Sie atmet und tanzt, lassen Sie zu, dass er die Energien von u + X in Bewegung umsetzt, als eigene Anteile erforscht und zum Ausdruck bringt.

5. Während Sie jetzt an diesem Ort stehen, spüren Sie dessen Beziehung zum Universum. Entspannen Sie sich zunächst einmal, während Sie sich im Universum bewegen. Fühlen Sie, wie das Universum Sie im Raum bewegt und lassen Sie das zu. Das heißt, spüren Sie, wie der ganze Raum des Universums durch Sie atmet und sich bewegt! Lassen Sie zu, dass das Universum Ihren Körper auf nicht vorhersehbare Weise bewegt und herumkurven lässt. (Bitte seien Sie vorsichtig.) Erleben Sie sich als Wesen, das im Raum tanzt. Wie heißt dieses Wesen?

6. Wenn Sie bereit sind, bringen Sie dieses Wesen, dieses Gefühl von Bewegungsfreiheit, zurück zu Ihrem Ort auf der Erde. Tanzen Sie dort weiter und lassen Sie sich vom Universum helfen, den Tanz zwischen den Erdenergien u + X zu erforschen und auszudrücken. Achten Sie darauf, wie der Tanz Ihres Prozessgeistes mit den Energien von u + X umgeht, als seien es Aspekte eines Prozesses, und seien Sie offen für das, was dieser Tanz Ihnen beizubringen hat. Stellen Sie sich dann vor, wie diese Einsichten oder dieses Lernen Ihr Alltagsleben beeinflussen oder für Sie nützlich sein könnte.

7. Nehmen Sie sich jetzt Zeit, sich Notizen zu folgenden Fragen zu machen:

   a) Wie haben Sie die Auswirkung des Universums auf Ihren Erdentanz erlebt?

   b) Können Sie sich vorstellen, dass dieser Tanz des Universums Ausdruck Ihres wahren, losgelösten Wesens ist, das heißt, Ihres Tilopa? Wie zeigt sich dieses Erleben Ihrer wahren Natur in Ihrem Leben?

c) Experimentieren Sie abschließend damit, zuzulassen, dass Sie Tilopas Nichttun erleben, während Sie davon bewegt werden, aufzustehen, zu sitzen, zu gehen, zu sprechen und sich vorzustellen, dass Sie diese Erfahrung in Ihrem Alltagsleben nutzen.

Arny: „Bleiben Sie bei diesem inneren Bewegungsprozess als einer Art von *Nichttun*."

Erster Teilnehmer: „Ich habe erlebt, wie ich mich endlos ausdehnte, und das fühlte sich gut an. Aber als ich mich den ursprünglichen Themen wieder zuwandte, kam mir der Gedanke: „Ach, das kümmert mich doch einen Scheißdreck." Mein Problem ist Folgendes: Eine Seite in mir möchte in einer langfristigen monogamen Beziehung leben und der andere möchte – mir fällt gerade kein besseres Wort ein – polyamourös sein und viele Geliebte haben."

Arny: „Was ist die *u*-Energie von Monogamie? Die habe ich schon eine ganze Weile nicht mehr zu Gesicht bekommen."

Amy: „Wie bitte?! (Die Gruppe bricht in schallendes Gelächter aus.)"

Arny (ebenfalls lachend): „Was ist für Sie die *u*-Energie für Monogamie?"

Erster Teilnehmer führt die Arme zusammen, um Trost und Sicherheit auszudrücken.

Arny: „Und die polyamouröse X-Energie?"

Erster Teilnehmer macht eine explosivere Geste, die Arme weit geöffnet.

Arny: „Und lassen Sie mich sehen, was Sie getan haben, als das Universum durch Sie tanzte."

Erster Teilnehmer bewegt sich mit weit geöffneten Armen drehend durch den Raum.

Arny: „Das ist ja ein erstaunlicher Anblick."

Erster Teilnehmer: „Ich fühle mich dabei so offen und großartig, aber ich konnte es überhaupt nicht rückverbinden mit den Themen, um die es für mich ging."

Arny: „Kein Problem. Lassen Sie mich den Teil von Ihnen spielen, der diese beiden Energien hat, und Sie bleiben für eine Weile das Universum. (Arny begibt sich an den Platz des Teilnehmers und spielt die sich ausdehnende X-Energie und die tröstende *u*-Energie vor.) Was würden Sie mir raten, wenn Sie mich als die Person mit diesen beiden Energien sehen?"

Erster Teilnehmer: „Nimm dich doch nicht so wichtig."

Arny: „Was heißt das?"

Erster Teilnehmer: „Ich stecke fest in beiden Energien, bin in beiden festgefahren. Ich dachte nicht, dass ich auch in der zweiten feststecke, aber ich wusste, dass ich in der ersten festhänge."

Arny: „Sie stecken zu sehr fest in beiden… Lassen Sie beide los und tanzen Sie einfach."

Erster Teilnehmer: „Danke."

Arny: „Gern."

Zweite Teilnehmerin: „Sie sagen, dass es bei diesen Erfahrungen im Universum nicht um den Tod geht, worum geht es dann beim Tod?"

Arny: „Viele Menschen, mit denen ich gearbeitet habe, haben diese Erfahrungen im Universum gemacht. Meine Mutter zum Beispiel sagte, sie habe gesehen, wie ein Stern im Universum geboren wurde. Jung fand sich selbst im Universum wieder und wollte dort bleiben, doch dann wurde ihm klar, dass Menschen ihn brauchen, und deshalb kam er zurück. Manche Menschen schweben hoch zur Zimmerdecke und blicken von dort herab auf ihren physischen Körper im Bett, können aber nicht höher gelangen. Beim Tod passieren alle solche Dinge. Aus der tiefsten Sicht bedeuten einige dieser Phänomene *Bumm!*, Sie werden sterben, aber das ist auf einer noch tieferen Ebene darunter nicht das Thema. Das Thema ist vielmehr, wie Sie immer Ihr vollständiges Selbst sein können, ganz gleich, was Ihnen widerfährt."

Eine unserer Freundinnen, Wilma Jean Tucker, starb vor ein paar Jahren. Sie nahm gegen die Krankheit, an der sie litt, keine der üblichen Medikamente ein, das entsprach ihr nicht. In ihrem letzten Traum überschwemmte Wasser den Tennisplatz. Sie war eine großartige Tennisspielerin gewesen. Sie sagte also: „Jetzt, wo hier so viel Wasser steht, muss ich lernen auf diesem Platz herumzuplanschen!" Das war ihr letzter Traum.

Ihr bewusster Verstand denkt: „Ich werde sterben", doch etwas anderes in Ihnen sagt, Sie müssen auf dem Tennisplatz, wo jetzt das Wasser steht, neu Tennis spielen lernen.

RÜCKBLICK AUF KAPITEL 13

- Denken Sie an Naropas weise Ratgeberin, die Dakini, und seinen Guru Tilopa: Hinter allem Leid verbirgt sich die Botschaft an Naropa, loszulassen und sich führen zu lassen.
- Das Raumzeit-Träumen kann sich personifizieren in Form einer Engelgestalt, einer mythischen Dakini, die sich durch den Raum bewegt.
- Nutzen Sie Ihren Prozessgeist, wenn Sie sich blockiert und depressiv fühlen, um mit u + X mitzufließen.

Der kosmische Tanz des Ursprungs

KAPITEL 14
Das Tao und die Alchemie von Beziehungen

Beziehungen sind etwas Erstaunliches. Erinnern Sie sich, ich habe in Kapitel 5 die Struktur von Prozessen in Form eines Dreiecks erläutert. An der Spitze befinden Sie sich. Darunter liegt Ihr Traumland, das aus zwei oder mehreren sich überschneidenden Zuständen besteht, die wir u und X nennen. Ihr Prozessgeist ist nicht nur Ihr eigener, sondern überschneidet sich mit denen Ihrer Freunde und steht damit im Austausch. Sie sind nicht einfach nur Sie. Die Erfahrungen mit der Essenz oder dem Prozessgeist verbinden sich mit den Träumen anderer Personen.

Wenn Sie morgens aufwachen und Ihrem Prozessgeist noch ganz nahe sind, haben Sie vielleicht eine Ahnung davon, was Ihr Freund neben Ihnen im Bett geträumt hat. Sie sollten seine Träume raten können, noch bevor er Ihnen einen guten Morgen gewünscht hat. Wenn Sie keine Beziehung haben und allein schlafen, können Sie einmal morgens an jemanden denken und ihn gleich anrufen oder ihm eine Mail schreiben, damit er Ihnen erzählt, was er geträumt hat. Das könnte eine Beziehungsübung sein, die Spaß macht.

Wie ich in Kapitel 5 bereits sagte, nannte Jung dieses Gefühl von Nichtlokalität *Synchronizität*, die typisch für die Ereignisse auf dieser tiefsten Ebene ist. Zu Synchronizitäten kann es deshalb kommen, weil Sie auf der tiefsten Ebene, der Essenzebene, nicht nur Ihr physischer Körper sind. Die Erfahrung des freien Tanzens beim Raumzeit-Träumen kann Ihnen das Gefühl des Nichtkognitiven, Nichtlokalen vermitteln. Der taoistische Weise in Ihnen spürt diese tiefste Ebene und versteht, dass sich Yin und Yang oder die *Zweiheit* des Lebens im Traumland und in der Konsensusrealität überschneiden.

Erinnern Sie sich, in Kapitel 6 sprach ich vom Traumland in Form von Qubits. Der Begriff Qubits verweist auf zwei sich überschneidende Zustände. In unserem Zusammenhang bedeutet Qubits, dass wir eine Person oder ein System mit zwei oder mehr Zuständen sind, die ineinandergreifen. Denken Sie an Schrödingers Katze: Ist sie lebendig oder tot? Wie kann sie tot und lebendig zugleich sein? Die Physik und die Psychologie sagen, jede und jeder von uns sei ein System mit vielen sich überschneidenden und gleichzeitigen Zuständen. Sie träumen von diesem und jenem und es scheint sich dabei um getrennte Traumgestalten zu handeln, aber tatsächlich überschneiden diese sich den ganzen Tag lang, vermischen sich und schwingen vor und zurück.

KR Du + ich, Zeit + Raum, „Bits" wie entweder hier oder nicht hier

TRAUMland du/ich, Zeit + raumähnliche Qubits, superpositioniert und verschränkt wie hier + nicht hier

ESSENZ P.G.

TRAUMland du/ich, Zeit + Raum wie Qubits, superpositioniert und verschränkt wie hier und nicht hier

KR ich und du! Zeit + Raum, „Bits" wie entweder hier oder nicht hier.

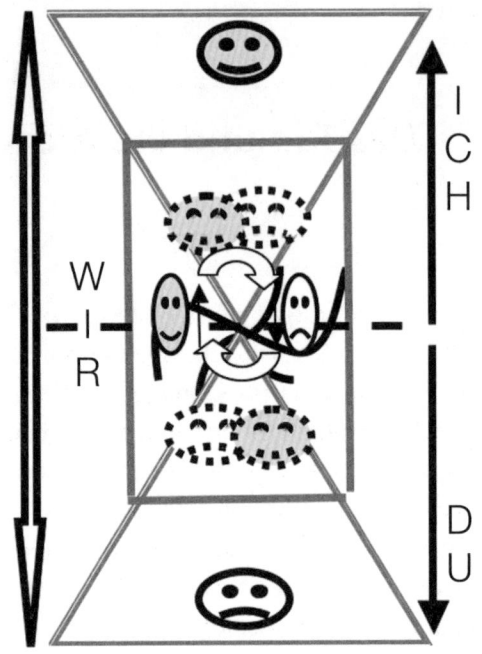

Abbildung 14.1.: Nichtlokalität in der Psychologie.

Bei Konflikten wenden Sie am besten die Metafähigkeit an, in Ihrem Prozessgeist zu bleiben, denn dann sind Sie offen für alle Zustände und haben Abstand dazu. Das ist der beste Umgang mit sich selbst, wenn bei Ihnen zwei Zustände miteinander im Konflikt liegen, und auch der beste Weg, als FacilitatorIn für andere zu vermitteln. Bleiben Sie offen für alle ihre Zustände, sonst geraten Sie in Konflikt mit einzelnen Aspekten davon. Wenn Sie nur in einem Zustand sind, ruft das die anderen polaren Zustände auf den Plan. Wenn Sie nicht in Ihrem Prozessgeist sind, eilen Sie ständig zwischen unzähligen Zuständen hin und her, als wäre der eine oder andere Zustand der einzig richtige.

Warum tanzen wir mit unserem universellen Geist oder Prozessgeist nicht häufiger im Raum? Wie ich bereits in Kapitel 2 sagte, will das Universum oder zumindest unser Gefühl von Wunder scheinbar Einseitigkeit. Warum? Warum sollte etwas so Umfassendes und Schönes einseitig sein wollen? Was passiert da? Denken Sie daran, das Wunder unseres Prozessgeistes wird wach für sich selbst, indem er in Stücke bricht. Um sich selbst zu reflektieren, braucht er Einseitigkeit, die zwei Teile hervorbringt, damit diese sich gegenseitig erfahren und wahrnehmen. Das ist für die Idee der Reflexion und des Bewusstseins von zentraler Bedeutung. Der grundlegende Gedanke hier ist, dass das Universum

Polaritäten offensichtlich für die Selbstreflexion und die Konsensusrealität braucht. Es liebt die Polarisierungen unserer Konsensusrealität.

Teilnehmerin: „Warum muss das Universum sich selbst erfahren?"

Arny: „Ich weiß es nicht. Aber Reflexion, die Essenz des Bewusstseins, scheint ein Teil unseres Universums zu sein. Es liebt Reflexion. Es erwacht dadurch und macht sich selbst Dinge bewusst. Das war schon immer so, nehme ich an. Ich denke, es erwacht zusammen mit uns. Vielleicht sind wir Teile des Universums, die für sich selbst wach werden! Das Universum in seinem augenblicklichen Zustand ist erst 13.8 Milliarden Jahre alt. Hier sind wir also und blicken zeitlich zurück und sehen all die Vielfalt, die aus dem Urknall entstand.

Die Physiker stellen sich die Frage, ob und wie wir Kontakt mit Bewusstsein im Weltraum machen können. [76] Es muss da draußen im Weltraum Bewusstsein geben. Existiert dort eine Sprache? Müssen wir diese lernen? Oder können wir telepathisch kommunizieren? Mir kommt es so vor, als seien Sie und ich ET. Ja, möglicherweise existieren alle möglichen anderen Wesen dort draußen. Ich vermute jedoch, dass es im Universum nichts gibt, was wir nicht in Erfahrung bringen und worüber wir nicht kommunizieren können, denn Sie sind aus demselben Stoff wie das Universum.

Die Alchemisten waren Beziehungsexperten, zumindest in Bezug auf ihre Chemikalien. Sie mischten Substanzen, sahen, wie sie sich miteinander verbinden, und müssen dabei gedacht haben: „Das ist wirklich wunderbar. Zwei chemische Stoffe verbinden sich miteinander, doch diese Einheit oder Gemeinsamkeit muss es schon vorher gegeben haben. Vielleicht wussten die beiden das nicht, bevor wir sie ermutigt haben zusammenzukommen." Sie nannten diese Einheit *Unus Mundus*, die eine Welt, die von Anfang an existiert haben muss. Jung ging davon aus, dass der Beobachter und das beobachtete Ereignis aufgrund dieser *Unus Mundus* manchmal synchronistisch sind. Wenn ich meinen Begriff mit den Begriffen von Jungs Alchemisten zusammenbringe, kann ich sagen, der Prozessgeist ist die Intelligenz, die hinter der *Unus Mundus* steht, dem einen Körper, den wir mit dem Universum gemeinsam haben."

Abbildung 14.2.: Alchemistisches Bild von zwei Menschen mit einem einzigen Körper.

Die Alchemisten sahen in ihren chemischen Verbindungen zwei Personen mit einem einzigen Körper und zwei Köpfen wie in Abbildung 14.2. Das ist eine Darstellung der *Unus Mundus*, eine Personifizierung der Annäherung an den gemeinsamen Grund und des Gefühls, dass uns beide ein und dieselbe Kraft bewegt. [77] Wenn Sie Ihren Prozessgeist einsetzen, um mit einer anderen Person an Ihrer gemeinsamen Beziehung zu arbeiten, fühlen Sie sich mit Ihrem Gegenüber besser und kommen ihm körperlich näher. Handelt es sich um eine sexuelle Beziehung, kommen Sie sich sexuell näher und harmonieren besser. In nichtsexuellen Beziehungen fühlen Sie sich mit der anderen Person friedlicher. Das ist ein bemerkenswerter momentaner Zustand, den Menschen fast immer mit sexuellem Kontakt assoziieren. Dieser Kontakt ist durchaus möglich und der Zustand existiert auch, aber das ist nicht alles. Die eigentliche Quelle dieses Zustands ist die *Unus Mundus*. [78]

Auch Kämpfe sind in Ordnung. Wenn Sie mit einer anderen Person streiten und sich die Energien von $u + X$ deutlicher abzeichnen, können Sie sich näherkommen. Es ist also durchaus gut, sich bis zu einem gewissen Punkt mit einer anderen Person zu kabbeln, weil sich $u + X$ dann wirklich deutlich zeigen.

Ich will Ihnen ein Beispiel aus meiner Beziehung zu Amy geben: Wir streiten uns nicht oft, ob Sie es glauben oder nicht, aber neulich waren wir etwa zehn Minuten lang unterschiedlicher Meinung, was für uns eine große Sache war. Wir wollten gerade zu einer Reise aufbrechen, als ich bemerkte, dass in unserer Wohnung in Portland etwas mit der Zimmerdecke nicht stimmte.

Amy: „Sie leckt schon seit fünf oder zehn Jahren!"

Arny: Eine Baufirma sollte das beheben. Aber die Handwerker leisteten keine gute Arbeit bei der Reparatur der Decke, also sagte ich: „Amy, was denkst du? Sollten wir nicht energischer mit ihnen sein?"

Amy vertrat den Standpunkt: „Ich denke, wir sollten freundlicher mit Ihnen sein, denn sie haben bestimmt ihre Gründe. So ist das Leben nun einmal!" Ich entgegnete: „Das ist nicht das Leben! Ich möchte, dass sie die verdammte Decke reparieren!"

Hier haben wir also $u + X$: Sei freundlicher! Nein, sei energischer!

Ich sagte: „Amy, du solltest nicht so freundlich sein, du willst einfach nicht Klartext mit ihnen reden!" Sie sagte: „Wir müssen Sie freundlicher behandeln."

Wie auch immer, wir brachen das Gespräch ab und kehrten beide an unseren Schreibtisch zurück. Plötzlich wurde mir klar: „Mein Gott, wir sind ja mittendrin! Das ist es! Das ist der glückliche Moment!"

Amy: „Ich hatte diese Einsicht da noch nicht!"

Arny: „Also, wir kehrten beide an unseren Schreibtisch zurück, und ich arbeitete an mir. Ich dachte eine Weile über die Situation nach und dann wurde mir klar, dass ich genauso wie sie empfand, das aber in dem Moment nicht zugeben wollte. Ich wollte die Gefühle dieser Männer ebenfalls nicht verletzen. Sie versuchten ihr Bestes und vielleicht waren sie einfach nicht so gut in ihrem Beruf! Amys Sichtweise war wirklich gut, es war nur nicht die einzige."

Amy: „Und nachdem diese Decke seit zehn Jahren leckte, wurde mir klar, dass du Recht hattest. Ich wollte ja auch energischer sein. Ich war nur einfach zu schüchtern."

Arny: Eins führte zum anderen und am Schluss nahmen wir uns in die Arme. Als wir uns umarmten und sagten: „Ich habe das nicht so gemeint", bemerkten wir beide, dass in diesem Augenblick Amys Stofftier zu Boden fiel, ein Elefant mit Stoßzähnen, der auf ihrem Schreibtisch stand. Das war wichtig, denn daran wurde uns plötzlich klar, dass dieser Elefant uns den Weg wies: weiche Stoßzähne, freundliche Strenge. Also riefen wir den Bauunternehmer an und sagten: „Ihre Männer arbeiten sehr schlampig, aber wir wissen, dass Sie Ihr Bestes versuchen."

Amy: „Ich sagte: „Ich will einfach nicht mehr mit einer Blechdose mitten im Zimmer leben!" Und das Beste war, nachdem wir abgereist waren, wurde alles bestens repariert. Wir wissen nicht, wie sie das machten, aber die Arbeit wurde erledigt.

Arny: Zum ersten Mal in all den Jahren, die wir hier wohnen, haben wir kein Loch mehr in der Zimmerdecke! Streiten ist wichtig, um u + X kennen zu lernen. So können Sie tiefer gehen und den Körper mit den zwei Köpfen finden. Dann kommt Ihnen auch eine Lösung. Wir alle haben mindestens zwei Köpfe auf unserem einen Körper, verschiedene Sichtweisen gleichzeitig.

Teilnehmerin: „Danke dafür, dass Sie hier vor uns an Ihren Themen arbeiten."

Arny: „Ich werde Amys Stofftier und seine starken, aber flauschigen Stoßzähne nie vergessen!"

Gehen Sie in die Tiefe, finden Sie gemeinsamen Grund und schamanisieren Sie in Beziehungen. Hier geht es jetzt vor allem darum, so tief nach innen zu gehen, dass Sie sich in die andere Person einlesen können und dann imstande sind, für sie zu sprechen. Ganz gleich, ob unsere Freunde schüchtern oder extrovertiert sind, in einer angespannten Situation können wir denken: „Sie (oder er) sollte mehr sagen, sie sagt zu wenig über die tiefsten Dinge!" Aber vielleicht sagt die andere Person nicht mehr, weil Sie selbst nicht tief genug gehen. Um das hier klarzumachen: Jemand, der an einer Schwelle steht, braucht vielleicht Hilfe, um diese Schwelle nehmen und sich mitteilen zu können. Doch ein weiterer Grund dafür, dass Ihr Gegenüber nicht mehr sagt, kann darin bestehen, dass Sie selbst nicht tief genug gehen. Wir können für andere und das, was sie sagen, so offen sein, dass wir für sie sprechen können. Dabei geht es nicht einfach darum, die Rollen zu tauschen, sondern darum, tief in sich zu gehen, sodass Sie, wenn Sie wieder zurückkommen, der anderen Per son ein wenig ähnlich sind und für sie fühlen können. Wenn wir so vorgehen, werden unsere Beziehungen leichter.

Vor allem bei der Weltarbeit und der Arbeit mit großen Gruppen erweisen Sie den Teilnehmenden gute Dienste, wenn Sie sich in Augenblicken, wo die anderen sich nicht mitteilen können, in diese einfühlen. Dann müssen Sie achtsam Feedback geben, um sicher zu gehen, dass Sie nicht zu viel sagen. Versuchen Sie in Ihren Beziehungen die Metafähigkeit des Schamanisierens anzuwenden.

Das Gleiche gilt für Organisationen. Wenn Sie als FacilitatorIn tief genug in sich gehen, können Sie auch für andere Menschen sprechen, und dann beginnen diese automatisch ebenfalls zu reden, ohne dass sie von Ihnen dazu aufgefordert werden müssen. Das ist die entspannteste Form von Beziehung! Beginnen Sie über ein Thema zu sprechen; Sie müssen dabei die andere Person gar nicht direkt anschauen. Vielleicht stellen Sie dann fest, dass Sie sich fragen: „Kommt das von mir oder denken die anderen das?" Wenn Sie tief in sich ruhen, kommen die anderen automatisch in Bewegung oder beginnen zu reden. Regen Sie andere an, sich mehr hervorzutrauen, indem Sie wirklich mit ihnen, für sie und für sich selbst sprechen. Damit meine ich,

dass Sie loslassen in den freien Fall und sich Raum geben. Fallen Sie in Schlaf, kommen Sie auf den Boden, seien Sie wie beschwippst, meditieren Sie. Es gibt so viele Wege, wie es Menschen gibt.

Wenn Sie ganz *Sie selbst* und im Universum zuhause sind, können Sie auch anderen den Weg *nach Hause* zeigen. Dann laufen die Dinge besser. Wenn Sie tief mit dem Prozessgeist verbunden sind, sind Sie zuhause. Und wenn Sie zuhause sind, ist die andere Person aufgrund der Nichtlokalität ebenfalls mehr zuhause.

Bei der nächsten Übung geht es um die Arbeit an problematischen Beziehungen. Vergegenwärtigen Sie sich eine solche Beziehung, finden Sie die X-Energie, die für Sie schwierigste Energie dort, und die u-Energie, die sich an X am meisten stört. Jetzt suchen Sie einen Lieblingsflecken auf der Erde auf und experimentieren wieder damit, zuzulassen, dass das Universum sich durch Sie bewegt und durch Sie tanzt. Wir werden uns dann vorstellen, dass die betreffende Person unmittelbar anwesend ist, und erforschen, wie unsere Verbindung zum Universum für die Beziehung hilfreich sein kann. Wenn Sie diesen gemeinsamen Grund, den Ort der *Unus Mundus*, erst einmal betreten haben, kommen Ihnen wahrscheinlich entsprechende Einsichten.

ÜBUNG: BEZIEHUNGEN IN DER UNUS MUNDUS

1. Denken Sie an eine Person und ein Beziehungsproblem, die/das Ihnen zu schaffen macht. Vielleicht stört Sie an dieser Beziehung vieles, aber wählen Sie eine der für Sie schwierigsten Energien (nennen Sie diese X) in dieser Beziehung, an der Sie sich wirklich stoßen. Fühlen Sie diese Energie und machen Sie eine Bewegung mit der Hand, dem Gesicht und dem Körper, um sie auszudrücken. Fertigen Sie eine Skizze von der X-Energie an und beschreiben Sie diese mit ein, zwei Worten.

2. Fragen Sie sich jetzt, welcher Teil von Ihnen, u, sich an dieser X-Energie am meisten stört. Fühlen Sie das, machen Sie eine Bewegung mit Händen, Gesicht und Körper, um es auszudrücken, und dann skizzieren Sie diese Energie. Fügen Sie ein, zwei beschreibende Worte hinzu.

3. Als Nächstes werden Sie zur tanzenden Erde. Erinnern Sie sich an einen Lieblingsflecken auf der Erde und stellen Sie sich vor, dort zu sein. Spüren Sie die Atmosphäre, die Sie dort umgibt. Fühlen Sie die Erde unter Ihren Füßen, die Luft und die Temperatur. Und dann schauen Sie sich um, um herauszufinden, wo die Energien von u + X hier an diesem Ort vertreten sind. In den Geräuschen, den Bewegungen, dem Gefühl, das Ihnen bestimmte Stellen vermitteln, versuchen Sie die Energien von u + X zu lokalisieren. Fühlen Sie jetzt wieder den Ort auf der Erde und lassen Sie diesen durch sich atmen. Und während er durch Sie atmet, lassen Sie sich davon bewegen und werden zu diesem tanzenden Ort. Nutzen Sie diesen Tanz, um die Energien von X + u in diesem Umfeld zu erforschen. Und jetzt wollen wir noch tiefer gehen.

4. Wenn Sie bereit sind, entspannen Sie sich noch weiter und fühlen das Universum. Lassen Sie für eine Weile ganz los, um sich vom Universum ohne Widerstand in der Raumzeit bewegen zu lassen. Lassen Sie sich davon ebenso bewegen, wie der Raum Sie bewegt und herumkurven lässt. Folgen Sie, während Sie von der Raumzeit bewegt werden, Ihren eigenen Bewegungen und Gefühlen. (Achten Sie dabei auf die anderen um Sie herum.) Und wenn Sie bereit sind, bringen Sie dieses Gefühl von Freiheit, diese Bewegungserfahrung wieder zurück zu Ihrem Ort auf der Erde, während dieser durch Sie atmet und tanzt, forscht und sich ausdrückt und Sie zwischen den Energien von u + X hin und her bewegt. Achten Sie darauf, wie diese Körpererfahrung die Energien von u + X aufgreift und Sie diese tiefer erleben lässt. Nutzen Sie Ihre subtile Bewusstheit, um Einsichten wahrzunehmen. Notieren Sie, was Sie durch diese Körpererfahrung lernen.

5. Vergegenwärtigen Sie sich in Beziehungen Ihren Tanz des Universums, das

heißt, die *Unus Mundus*, Ihren taoistischen Weisen. Stellen Sie sich jetzt die reale Person vor, an die Sie gedacht haben, und lassen Sie Ihren universellen Erdentanz in Bewegung kommen, laut werden, sich in die Energien von $u + X$ in dem Raum zwischen Ihnen einlesen und für diese Energien sprechen, als ob alle Anwesenden sie teilen. Stellen Sie sich vor, was dadurch passiert, und halten Sie Einsichten oder Lösungen schriftlich fest.

6. Und schließlich beschreiben Sie kurz Ihre wahre Natur und zeigen Sie so,

wie es Ihnen am liebsten ist. Vielleicht nutzen Sie dafür die Erde, das Universum und Bewegung. Genau das ist Ihre großartigste Beziehungsfähigkeit.

Denken Sie an Ihren Tanz der Verbundenheit. Spüren Sie ihn und versuchen Sie ein wenig ins Wackeln zu kommen, auch wenn Sie sitzen sollten. Wenn Sie aus einer Gesellschaft kommen, in der Menschen nicht viel herumwackeln, möchte ich Ihnen das hier ausdrücklich erlauben, damit Ihnen dieses Wackeln auch in Gruppen oder Freundschaften möglich ist.

....

BEWUSSTHEIT

Ich benutze als Bezeichnung *für* den Umgang mit Konsensusrealität, Zeit, Raum, Kausalität, Medizin, Signalen und so weiter meistens den Begriff *erste Aufmerksamkeit*. *Zweite Aufmerksamkeit* heißt für mich, sich der absichtslosen Dinge wie Doppelsignalen, Projektionen, Traumgestalten und des Potenzials für Rollenspiele bewusstzuwerden. Und die *dritte Aufmerksamkeit* schließlich meint einen auf veränderte, essenzähnliche Bewusstseinszustände gerichteten Fokus, auf vierdimensionale Krümmungen und das Raumzeit-Träumen. Wenn Sie sich frei bewegen, nimmt die dritte Aufmerksamkeit nichtkognitive Erfahrungen und Einsichten wahr. Bleiben Sie wach, während Sie luzide träumen.

Machen Sie die vorige Übung jetzt noch einmal, dieses Mal in Kontakt mit einer

Person, die vor Ihnen steht. Bei dieser dyadischen Übung arbeiten Sie mit einer anderen Person und versuchen die *Unus Mundus* zu entdecken, dieses eine Welt-Universum, den uns allen gemeinsamen unterschwelligen Grund, und versuchen damit ein wenig zu fliegen. Sie können diese Übung mit einer Ihnen bekannten Person oder auch mit einem Menschen machen, dem Sie noch nie begegnet sind.

Sie werden zusammen schamanisieren und sich dabei halb in der Erfahrung Ihres Raumzeit-Träumens und halb in der Konsensusrealität mit der anderen Person bewegen. Spüren Sie das Universum und lassen Sie sich von diesem Gespür bewegen und herumkurven. Beginnen Sie für eine Ihrer X- oder u-Energien zu sprechen, während die andere Person sich gleichzeitig den

Der kosmische Tanz des Ursprungs

Energien von X + u zuwendet. Dann können Sie wechseln und für das X oder u Ihres Gegenübers sprechen und umgekehrt.

Es geht darum, dass Sie so tief wie möglich in diesem Zustand verweilen, um sich in die Energien der anderen Person einzulesen und sie auszusprechen, noch bevor diese an der Reihe ist zu sprechen. Sie schamanisieren auf dem Hintergrund der Tatsache, dass alle diese Energien in einem gemeinsamen Feld angesiedelt sind und wir alle sie miteinander teilen. Sie können sich in dieses Feld und all diese Energien einlesen, bis Sie Entdeckungen machen und zu einer gemeinsamen Einsicht gelangen.

Ihr Prozessgeist weiß, was er zu tun hat, wenn Sie mit Menschen zusammen sind. Er respektiert die andere Person in der Konsensusrealität, indem er sich gemeinsamen Erfahrungen zuwendet, die in gewisser Weise niemandem gehören. Wie soll ein introvertierter Mensch dazu imstande sein? Oder ein schüchterner Mensch? Dürfen Sie als ein stiller Mensch das überhaupt? Ja und nein oder JEIN! Spielen Sie damit. Dieses Schamanisieren ist für alle Menschen aus allen Kulturen durchaus ein wenig heikel, obwohl wir es in der Quantenwelt und im Traumland ständig praktizieren.

RÜCKBLICK AUF KAPITEL 14

- Erforschen Sie den gemeinsamen, nichtkognitiven Körper in der Beziehung zu einem anderen Menschen.
- In der *Unus Mundus* oder im Raumzeit-Träumen sind Sie und andere nicht getrennt.

- Auf der Ebene der Essenz von Beziehungen gibt es nur das tanzende Universum. Nutzen Sie das, um sich in Beziehungskonflikte einzulesen.

KAPITEL 15
Der tanzende Shiva im Geschäftsleben

Die Konsensusrealität ist nicht unsere ganze Realität. Wir haben einfach einen Konsens darüber hergestellt, was unsere Realität ausmacht, und dieser Konsens leistet uns nicht immer gute Dienste. Er schafft auf allen möglichen Ebenen große Probleme: im persönlichen Leben, in Gemeinschaften, Organisationen, in Gesellschaften und weltweit. Ihre Sichtweise ist eine von vielen möglichen Sichtweisen, und wenn Sie nicht tiefer in sich gehen, können Sie sich mit anderen nicht wirklich verbinden. Die tiefste Dimension der Facilitatorin oder des Facilitators ist die Erfahrung ihres oder seines Raumzeit-Träumens vom Gewebe des Universums.

PROBLEME IN ORAGNISATIONEN

Organisationen, die in Schwierigkeiten stecken, brauchen FacilitatorInnen, vor allem, wenn die Mitglieder Angst haben, dass es mit ihrer Organisation bergab geht. Oft sagen diese Menschen dann: „Oh mein Gott, was passiert mit uns, wenn sich unsere ungelösten Probleme ausweiten?" Auch wenn wir uns mit dieser Herausforderung auf der äußeren Ebene auseinandersetzen müssen, würde ich zugleich sagen: „Wenn

Sie Angst haben, dass wir den Bach hinuntergehen, sollten wir dies als augenblickliche Möglichkeit mit einbeziehen." Denken Sie daran, hinter den Problemen kann sich eine Botschaft verbergen, zum Beispiel die Weisheit eines Tilopa.

Wenn wir Angst haben, als menschliche Gesellschaft zu versagen und den ganzen Planeten zu zerstören, kann eine Antwort auf diese Angst lauten: „Hören wir endlich mit diesem oder jenem auf!" Doch eine andere Antwort ist: „Gut! Denk an Tilopa! Lass los und entspanne dich!" Die zweite Lösung besteht darin, sich zu entspannen und tiefer zu gehen. Entspanne deine Nackenmuskeln, diese Welt kann sich verändern. Sie müssen sich nicht in spirituelle ekstatische Zustände begeben, um neue, überraschende Lösungen zu finden!

Es ist ganz natürlich, dass wir Probleme wegschieben wollen. Der erste Schritt bei der Arbeit mit Gruppenkonflikten besteht also darin, der Gruppe zu helfen, ihren Widerstand gegen die Tatsache zu überwinden, dass sie überhaupt Konflikte hat! Gruppen macht es häufig nichts aus, wenn sie mit anderen Gruppen Konflikte haben, aber fast jede Gruppe, mit der ich gearbeitet habe, hat zunächst einmal Widerstände gegen die eigenen inneren Konflikte: „Oh

Abbildung 15.1.: Nataraja: König des Tanzes (Wikipedia).

hineinzuträumen! Vielleicht müssen Sie in der Konsensusrealität jemanden feuern. Aber denken Sie daran, die Person, die Sie feuern, hatte eine Rolle inne, und das Problem, das der Grund für die Kündigung ist, ist auch in gewisser Weise weiterhin Teil des gesamten Traums und der gesamten Vision der betreffenden Organisation. Leiten Sie die Gruppenmitglieder an, sich in ihrem systemischen Denken zu verankern, wo all die verschiedenen Seiten ihren Platz haben.

In Indien stellte man sich den systemischen Geist des Universums als den Gott Shiva vor, den Schöpfer des Universums. Man betrachtete Shiva als Tänzer, als Nataraja. Abbildung 15.1 zeigt Nataraja tanzend in einem großen Ring, der das Universum darstellt. Er hat viele Arme, weil er zahlreiche verschiedene Dinge gleichzeitig tut.

Ich hätte damals am MIT als Erstes diesen Gott studieren sollen. Dann hätte ich gewusst, dass es einen Geist gibt, den Menschen immer lebendig erfahren haben, eine Intelligenz, die hinter dem Universum ständig tanzt. Shiva gilt als Gott der Schöpfung wie der Zerstörung. Aus der Sicht der Essenz stelle ich mir Shiva als Tanz der Verbundenheit vor, den Geist des Tanzes, der das Entstehen und Vergehen von Energien im Universum symbolisiert.

Auf jeden Fall verkörpert Shiva den Prozess des Universums. Seine Hände scheinen sich kreativ zu bewegen, das Feuer, das um das Universum herum lodert, ist heiß, oder sagen wir stochastisch! Der Tanz ist Teil eines Zyklus, und der Tänzer steht auf einer Figur, die Symbol ist für

nein! Schon wieder liegen wir im Clinch! Oh mein Gott, wir müssen sofort eine Lösung finden!" Und wenn Sie als FacilitatorIn das Problem lösen können, dann tun Sie es doch bitte auch! Auch das ist wichtig. Aber denken Sie daran, auch wenn ein Diktator durch eine Revolution abgesetzt werden kann, werden wir die Rolle des Diktators nicht los. Jemand muss in der Dimension, wo Geisterrollen existieren, aufstehen, die störende Energie repräsentieren und zum Beispiel sagen: „Ich bin hier der Boss! Ich gebe die Anweisungen! Tun Sie dies und tun Sie das!" Und dann beziehen Sie andere in diese Rolle mit ein.

Das Prinzip der Tiefen Demokratie lautet: Sei realistisch und denke daran, dass es ein Zivilrecht ist, sich in Geisterrollen die Illusion der Realität. Wenn Sie sich in Ihren Prozessgeist begeben, sind Sie ein wenig losgelöst von der Konsensusrealität und stehen wie Nataraja darüber, das heißt, auf Maya oder der Illusion. Wenn Sie in Ihrem Prozessgeist sind, verlieren Sie zumindest vorübergehend die Illusion, das Selbst oder eine seiner vielen Seiten sei etwas Beständiges.

Das Wort *Nataraja* stammt aus dem Sanskrit und bedeutet König des Tanzes. Der Tanz ist der kontinuierliche Zyklus von Schöpfung und Zerstörung, und der Ring, der den tanzenden Gott umgibt, ist aus Feuer. Alle Gemeinschaften, Gesellschaften, Nationen und Länder durchlaufen Zyklen. So bringen Gesellschaften zum Beispiel Diktatoren hervor, stürzen sie, erneuern sich und oft entstehen dann wieder diktatorische Strukturen. Denken Sie zum Beispiel an die russischen Zarinnen und Zaren. Auf ihren Umsturz folgte der Kommunismus, dann Kapitalismus und Demokratie, und was kommt als Nächstes? Die Tiefe Demokratie?

Shiva symbolisiert den gesamten Prozess von Personen, Organisationen und der Welt, einschließlich der Schöpfung und Zerstörung des Universums und natürlich menschlicher Gesellschaften. Und zugleich symbolisiert er die Fähigkeit, oder Metafähigkeit, soziale Prozesse zu ermöglichen und zu verfolgen. Die produktivste Sichtweise von Führungskräften besteht darin, Nataraja zu finden und all seine Kräfte zu verkörpern.

Große Konflikte und gesellschaftliche Veränderungen gehen immer einher mit dem Einsatz oder Missbrauch von Macht. Wenn Menschen sich der eigenen Macht nicht bewusst sind, führt das zu Spannungen und schließlich zu Konflikt oder Krieg. Probleme, die auf Rangordnungen beruhen, erleben wir überall, sei es in Universitäten, bei Straßenkämpfen oder in Finanzinstituten und bei Rassenkonflikten in Nationen. Überall vergessen englisch sprechende Rednerinnen und Redner, dass mit ihrer Sprache ein sozialer Rang verbunden ist. Fast überall im Mainstream werden Frauen vergessen, und Heterosexuelle vergessen alle sexuell anders orientierten Menschen. Nur wenige Menschen realisieren, dass der eigene Rang eine völlig unbewusste Empfindung ist. Vielleicht nehmen Sie im Verhältnis zu anderen Menschen einen ziemlich hohen Rang ein. Weisen Sie andere einfach darauf hin. Manchmal finden Dinge allein aufgrund einer ehrlichen Eröffnung wie dieser zu einer Lösung.

Machen wir uns und andere darauf aufmerksam, wenn wir oder sie sich ihres Rangs nicht bewusst sind. Verhalten Sie sich wie ein Chef oder eine Chefin, indem Sie Entscheidungen treffen, für die Sie mehr Input von anderen brauchen. Wir brauchen Führungskräfte, die von oben nach unten agieren. Doch ohne Beziehungsfähigkeiten und Gruppenprozesse, die alle mit einbeziehen, kommt es über kurz oder lang zur Revolte. Sie müssen einfach wissen, dass Sie in einer Führungsposition am besten von Anfang an klarstellen: „Um ehrlich zu sein, ich bin manchmal auch eine ziemliche Nervensäge. Ich kann nicht alles." Versuchen Sie

Probleme nach bestem Vermögen an der Oberfläche, auf der Ebene der Konsensusrealität zu lösen. Und gehen Sie dann tiefer und achten Sie auf die Atmosphäre in einer Organisation und die Rollen dort, um auf diesen Ebenen zu arbeiten. Eine Gruppe, die Prozessarbeit mit den eigenen Rollen machen kann, ist eine phantastische Seltenheit! Doch immer mehr wirtschaftliche Organisationen auf der ganzen Welt arbeiten heute in der Form mit Gruppenprozessen.

Die nachhaltige Arbeit mit einer/einem FacilitatorIn konzentriert sich nicht nur auf die Lösung von Problemen, sondern auch auf die Beziehungsprozesse zwischen den einzelnen Bereichen einer Organisation. Es ist wichtig, Lösungen zu finden, aber denken Sie daran, dass ein Bewusstsein für Vielfaltsthemen, für die Verwicklungen zwischen einzelnen Bereichen und Personen eine notwendige Voraussetzung für nachhaltige Lösungen ist. Es ist wichtig zu erkennen, dass sämtliche Konflikte in einer Organisation oder schwierige X-Energien nichtlokal, sondern typisch für alle in der Organisation sind. Versuchen Sie also, sämtlichen Mitgliedern der Organisation zu helfen, die X-Rolle zu integrieren. Am besten verlaufen Gemeinschaftsprozesse, wenn wir sämtliche Mitglieder und Interessenvertreter einbeziehen, damit sie den Konflikt zwischen den Energien von X und u in sich selbst aufspüren können. Wenn wir die Probleme großer Gruppen lösen wollen, ohne sämtlichen Beteiligten zu helfen, sich mit den eigenen Energien von X + u zu versöhnen, finden wir

keine nachhaltigen Lösungen. Fragen Sie die Menschen, wie sie diese Energien und Konflikte innerlich selbst erleben. Weisen Sie die Beteiligten an, sich zwischen den beiden Energien fließend hin und her zu bewegen und nicht lediglich die eine gut und die andere schlecht zu finden.

Alle Interessenvertreter, das heißt, jede Person, Gruppe, Organisation, jedes Mitglied oder System, die an einer Organisation mitwirken oder auf welche diese einwirkt, sind Teilnehmer an den gemeinschaftlichen Prozessen und auch potenzielle FacilitatorInnen. Nicht nur Letztere sind wichtig, sondern auch die Teilnehmenden, weil sie für die unterschiedlichen Seiten sprechen und diese sogar weiterentwickeln können, wenn sie sich in deren Energie einfühlen. Vielleicht haben Sie in der Organisation einen relativ niedrigen Rang, aber wenn Sie in einem angespannten Meeting sitzen, können Sie versuchen, für die verschiedenen Seiten zu sprechen, und sozusagen ein wenig ins Blaue hineinreden. Schauen Sie die betreffenden Personen nicht an, sondern richten Sie den Blick zu Boden oder in den Raum. Schon bald werden andere begreifen, um was es geht. Jeder muss sich den Spannungen in der Gruppe als FacilitatorIn zuwenden, nicht nur die ausgewiesenen FacilitatorInnen.

Bei der folgenden inneren Arbeit wenden Sie sich einem Problem zu, das für eine Organisation, ein Familiensystem, die ganze Welt oder eine soziale Gruppe eine Herausforderung darstellt. Dann fragen wir Sie nach der schwierigsten Person oder Gruppe und finden die Energien von

X + u in diesem Problem. Als Nächstes fragen wir uns, was in Bezug auf dieses Problem in der Alltagsrealität ein Erfolg wäre. Dann machen wir den Nataraja-Tanz, um ein umfassenderes Gefühl dafür zu bekommen, wie das Universum uns bewegt, und zu sehen, wie es mit diesen Energien verfährt. Und schließlich stellen wir uns vor, wie Sie diesen Tanz in der Organisation oder Familie oder in Bezug auf das Weltthema konkret nutzen können. Wie könnten Sie die tanzende Energie auf Ihre Konfliktsituation übertragen? Spüren Sie diese Energie innerlich ganz subtil und sprechen Sie dann auf Ihre Art für die eine wie die andere Seite. Wenn wir dann alle wieder zusammenkommen, meditieren wir darauf, wie Sie dieses Vorgehen oder diese Energie integrieren und als FacilitatorIn oder Beteiligter/r einbringen können.

ÜBUNG: NATARAJAS TANZ DES NICHTTUNS FÜR WELTARBEIT UND WIRTSCHAFTSORGANISATIONEN

1. Wenden Sie sich einem schwierigen wirtschaftlichen, familiären oder sozialen Problem zu. Wenn Sie mehrere zur Auswahl haben, wählen Sie das, das für Sie die größte Herausforderung darstellt. Welches ist bei diesem Problem oder in dieser Organisation für Sie die schwierigste Person oder Gruppe?

2. Stehen Sie jetzt auf und vergegenwärtigen Sie sich dieses Problem und die schwierigste Person oder Gruppe. Welches ist für Sie die irritierendste oder störendsten X-Energie in dieser Gruppe oder Person? Drücken Sie diese X-Energie durch Bewegung aus und sagen Sie begleitend ein paar Worte. Skizzieren Sie diese Energie und schreiben Sie auch die Worte auf. Was wäre für Sie in Bezug auf dieses Thema/Problem ein Erfolg? Notieren Sie sich auch das.

3. Wer in Ihnen, u, regt sich über Xs Energie am meisten auf? Spüren Sie diese Seite in sich, drücken Sie deren Energie durch Bewegung aus und sagen Sie begleitend ein paar Worte. Dann skizzieren Sie auch diese Energie und schreiben die Worte auf.

4. Jetzt finden Sie zu Ihrem Nataraja-Tanz. Entspannen Sie sich und achten Sie auf Ihren Atem. Lassen Sie den Körper ein wenig in Bewegung kommen und Sie dann zu Ihrem Lieblingsflecken oder einem Ihrer Lieblingsflecken auf der Erde bringen, mit dem Sie bereits gearbeitet haben. Beim Atmen schauen Sie sich um und achten darauf, ob die Energien von X + u irgendwo an diesem Ort repräsentiert sind. Während Sie weiter diesen Ort und Ihren Atem spüren, lassen Sie sich von diesem Ort auf der Erde bewegen, zwischen X + u zu tanzen.

5. Jetzt gehen wir noch tiefer. Wenn Sie bereit sind, spüren Sie, wie Ihr Ort

auf der Erde Teil des Universums ist. Lassen Sie los, entspannen Sie sich und lassen Sie sich ohne Widerstände vom Universum in der Raumzeit bewegen. Lassen Sie sich einfach bewegen und herumkurven. Lassen Sie sich von Ihrem Atem helfen, zu fühlen und sich zu bewegen. Und wenn Sie bereit sind, bringen Sie diese Erfahrung des Fließens zurück zu Ihrem Ort auf der Erde und lassen zu, dass dieser durch Sie zwischen den Energien von X + u atmet, sich ausdrückt und hin und her tanzt. Achten Sie darauf, wie der Nataraja-Tanz des Prozessgeistes mit den Energien von X + u verfährt und sich in sie einfühlt, und stellen Sie sich die Wirkung auf Menschen vor. Notieren Sie sich spontane Einsichten.

6. Und schließlich stellen Sie sich vor, den Erden-Universum-Tanz mit diesen Menschen zu tanzen. Werden Sie wirklich tanzen oder den Tanz innerlich nur subtil spüren, während Sie sich mit den anderen Menschen verbinden? Notieren Sie sich, wie Sie damit in dieser Gruppe umgehen wollen.

(Nach dieser Übung arbeiteten Amy und Arny in einem ihrer Seminare vor einer großen Gruppe mit einer militärischen Führungskraft aus einem anderen Land.) Hinterher erläuterte Arny die Arbeit:

Arny: „Als dieser militärische Führer uns vorführte, wie das Universum ihn bewegte, während er sich mit den Spannungen im Militär und dem kriegerischen Konflikt in seinem Land auseinandersetzte, haben sich meine Vorstellungen vom Militär verändert. Er bewies den Mut, tiefer nach innen zu gehen, während er mit der Alltagsrealität umging. Genau solche Führungskräfte brauchen wir. Dieser Mann hat uns wieder einmal gezeigt, dass wir nur lernen, was wir bereits wissen. Er ist deswegen eine wirkliche Führungskraft, weil er mit seinem tiefsten Selbst in Kontakt ist.

Ich war bereit, einen sehr strengen gegnerischen Militärführer zu spielen, ein X, aber unser hier anwesender Soldat brachte mich zum Schmelzen, weil er so eng in Berührung mit dem war, was er diese „gute Erfahrung" nannte. Durch seinen Tanz der Verbundenheit, seine friedliche Art, einfach zu sein, fühle ich mich im Universum zuhause. Das X, das ich zu spielen versuchte, hielt ohne jeden inneren Konflikt inne. Seine Präsenz auf der Ebene der Essenz bewirkte in mir einen nichtkognitiven Wandel. Vielleicht bezahlt die Welt Sie als FacilitatorIn oder Militär dafür, dass Sie einen Konflikt gewinnen oder lösen, aber wir brauchen noch mehr. Dieser Mann hat uns alle ermutigt, uns in der Öffentlichkeit stärker mit unserem tiefsten Selbst zu verbinden.

Das erinnert mich daran, den menschlichen Faktor zu betonen, die Beziehungsthemen, die den Hintergrund von sämtlichen strittigen Themen in Organisationen bilden. Mehr Fachwissen über Organisationen und bessere Manager brauchen wir immer, das heißt Menschen, die schnell und ohne andere zu kontaktieren Entscheidungen treffen können. Doch der universelle Beziehungsfaktor bleibt zentral, wenn auch oft verborgen hinter all den anderen Themen. So produziert zum Beispiel ein Unternehmen wie GM Autos. Die NASA hat an einem Punkt nur noch Raketen produziert. Was immer Ihre Organisation produziert, die Probleme scheinen oft lokal, persönlich oder materiell bedingt zu sein. Trotzdem steht dahinter immer ein nichtlokales Fühlproblem.

So entwickelte die NASA zum Beispiel vor einigen Jahren eine Rakete, die direkt nach dem Start versagte, sodass mehrere Menschen umkamen. Daraufhin lud die NASA Wissenschaftler ein, um den Fehler herauszufinden, und stellte fest, dass ein äußerer Ring versagt hatte, was niemals hätte passieren dürfen. [79] Die Reparatur des äußeren Ringes reichte jedoch nicht, um das Problem zu lösen, das zur Zerstörung von Challenger führte. Vor dem Start waren entsprechende Informationen über diesen äußeren Ring zwischen zwei Abteilungen hin und her gewandert, und die Verantwortlichen dachten: „Ach, die Chancen dass das nicht passiert, stehen 85:15, also verlassen wir uns mal auf die 85." Aber genau die 15 Prozent kamen dann zum Tragen. Das Problem war nicht nur, dass hier keine gute Entscheidung gefällt wurde, sondern dass diese Entscheidung nicht gründlich genug diskutiert wurde, und das war ein Beziehungsproblem!

Oder denken Sie an den Reaktorunfall in Japan, der passierte, als sich der Tsunami vom Meer her dem Land näherte und ganze Städte und darunter auch Atomkraftwerke zerstörte. Der verantwortliche Leiter für den Reaktor in Japan sagte, man habe in den 1990er Jahren, also vor 20 Jahren, überhaupt nicht daran gedacht, dass diese Reaktoren durch Tsunamis beschädigt werden könnten. Wir könnten alle denken: „Nun, das ist ein Fehlurteil." Denn schließlich ist *Tsunami* ein japanisches Wort. Dieser Mann hätte seinen Fehler erkennen müssen. Vielleicht denken Sie, dass ihn Vorwürfe treffen müssten, aber hinter diesen Vorgängen verbirgt sich das größere Problem, dass es zu wenig gemeinsame Absprachen oder organisatorische Treffen zu dem Thema gab, bei dem man alle potenziellen Probleme zur Sprache hätten bringen können. Warum haben die Reaktoringenieure und die Wissenschaftler sich nicht mit Seismologen und Ozeanografen sowie den Ältesten aus den Dörfern zusammengesetzt? Einige dieser Menschen hätten die Gefahr von Tsunamis voraussagen können. Doch zu solch einem Treffen kam es nie. Die Moral der Geschichte für jedes Land lautet, vergesst die Gemeinschaft nicht. Versammeln Sie alle beteiligten Seiten und Parteien um den gemeinsamen Tisch. Bringen Sie so viele Interessenvertreter Ihrer Organisation wie möglich zusammen. Machen Sie aus jeder Organisation, deren Mitglied Sie sind, einen Ort für gemeinsame Treffen, wo anstehende Fragen besprochen werden. Das kann über Leben oder Tod entscheiden. Rufen Sie so viele unterschiedliche Parteien wie möglich zu einem offenen Forum zusammen, auch

Menschen, die Ihre Organisation ablehnen. Paktieren Sie nicht nur mit dem *u*, sondern laden Sie auch die X-Energien ein.

Diktatorische X-Energien sind in sämtlichen Gruppen am schwierigsten. Diese Kräfte sind in einigen der folgenden Kommentare deutlich vernehmbar:

* Das Problem bist du!
* Hör mit dem Unsinn auf, tu's einfach! Fühle nicht, tu's einfach!
* Meine Aufgabe ist, dir zu sagen, wie es geht! Ich weiß es am besten!
* Du hattest Unrecht! Ich hatte Recht! Ich weiß es besser!
* Ich beneide dich, würde das aber nie zugeben. Ich kritisiere dich einfach hinter deinem Rücken.
* Diese Organisation ist Mist!
* Ich bin nicht bereit, mir das anzuhören! Davor verschließe ich einfach die Ohren!

* Dafür ist unsere Abteilung nicht verantwortlich.
* Die Anweisungen erlauben das nicht.
* Ich gehe! Ich bin total ausgebrannt!
* Ich bin als Manager neu hier und muss sagen, die Hälfte der Leute hätte ich gar nicht eingestellt!

Eine Führungskraft, die nicht in ihrem Prozessgeist zuhause ist und keine Affinität zu sämtlichen Seiten im Universum hat, schiebt einige Menschen weg und provoziert damit Konflikte, selbst wenn die Betroffenen gute Arbeit leisten. Wenn wir das Gefühl von zuhause kennen und nutzen, indem wir in öffentlichen Foren mit den X-Energien tanzen, hilft das Organisationen, klar benannte Aufgaben durchzuführen, und schafft einen Ort, wo Menschen sich über anstehende Themen, Sorgen, Probleme und gemeinsame Leistungen austauschen und besprechen können.

....

RÜCKBLICK AUF KAPITEL 15

* Alle Organisationen durchlaufen (tanzende) Zyklen.
* Der Tanz der Verbundenheit des Prozessgeistes im Hintergrund unserer Welt wird verkörpert von Gestalten wie Nataraja und Shiva, die im Universum tanzen.

* Tanzen Sie, um im Universum zuhause zu sein und auch Ihre Organisation nach Hause zu bringen.

KAPITEL 16
MediatorInnen als Meditierende

Veränderungen in der Welt passieren dann, wenn wir uns bei der Arbeit mit anderen an irgendeine Form von Bewegungsmeditation des Raumzeit-Träumens erinnern. Wir leben in einer Welt der Beziehungen – das klingt einleuchtend. Aber was meine ich mit Beziehungen? Für mich heißt das, wir leben in einem Feld miteinander gekoppelter, sich austauschender Prozesse. So können Sie zum Beispiel einen Diktator umbringen – nicht aber die Geisterrolle des Diktators. Wir brauchen Bewusstwerdungsprozesse für große Gruppen; nicht nur anheuern, feuern und Krieg!

Wahrscheinlich stimmen viele Menschen in diesem Punkt mit mir überein. Warum machen wir diese Bewusstseinsprozesse in Gruppen dann nicht häufiger? Die meisten Menschen meiden öffentliche Prozesse zum Teil deswegen, weil sie befürchten, dabei könne eine abgespaltene Energie, X, die sie immer abgelehnt haben, hochkommen. Vielleicht vermeiden wir diese abgespaltene Energie seit unserer frühesten Kindheit. Oder wir haben Angst, sie könne sich öffentlich zeigen. Vielleicht fürchten wir auch, dass wir so besessen werden wie das X. Wie sieht hier die Lösung aus? Nehmen Sie X bewusst mit in das öffentliche Leben. So können Sie zum Beispiel vor einem Großgruppenprozess versuchen, die schwierigste X-Energie, die Sie dort als störend erleben könnten, in Ihrer Vorstellung durchzuspielen. Ihre Arbeit als FacilitatorIn beginnt, bevor Sie mit realen Menschen zusammenkommen.

Helfen Sie anderen zu erkennen, dass wir in einer Welt voller Geister leben, die darauf warten, dass wir zu ihnen in Beziehung treten! Wir leben in einer Welt der Beziehungen. Wie ich bereits häufiger gesagt habe, können wir zum Beispiel Saddam Hussein umbringen – ich denke, nur wenige Menschen mögen ihn. Sie können die Person töten, nicht aber deren Rolle. Heh, das ist so ein simpler Gedanke! Denken Sie daran, sofort wird eine andere Person seine Rolle übernehmen. Und Sie denken bewusst oder unbewusst immer nur: „Bekommen wir diese Person zu fassen!" und vergessen, dass wir die Rolle des Diktators tatsächlich brauchen. Er hat die Macht, Dinge in die Tat umzusetzen. Selbst den so genannten *Terroristen* brauchen *wir* in gewisser Weise: Vielleicht brauchen wir die Essenz des *Terroristen*, diese tiefe Verpflichtung, sich für eine Sache einzusetzen. Das steht für uns alle im Hintergrund. Achten Sie darauf, dass Sie nicht nur Personen verfolgen, deren Rolle jedoch vergessen. Wenn diese Menschen Ihnen Angst machen, können Sie deren Rolle einbringen und in der Öffentlichkeit durchspielen.

Stellen Sie sich eine neue Welt vor, in der Führungskräfte für ihre Gegner ein Zuhause schaffen und gelegentlich sogar vorführen, wie es ist, diese Menschen zu sein! Stellen Sie sich ein Regierungsoberhaupt vor, das zu einem seiner Feinde sagt: „Wissen Sie, etwa einmal im Monat fühle ich mich ein wenig wie Sie!" Die Menschen würden lachen. Natürlich muss man hier eine politisch angemessene Form finden, doch wenn Sie sagen, dass Sie ein wenig wie die anderen sind, ist das vorbildlich für eine neue Weltpolitik. Wählen Sie politische Führer oder Führerinnen, die sich tief in den Systemgeist begeben und die gemeinsamen Rollen in dem Raum zwischen allen erforschen können. Das ist das Tao, oder, wie bereits gesagt, Raumzeit-Träumen. Erlauben Sie sich, nichtlinear zu sein. Ein linearer Redner ist meistens ein nervöser Redner, denn es gibt immer jemanden oder etwas, was ihn bewegen könnte, herumzukurven. Nennen Sie es X oder wie auch immer. Durch das Raumzeit-Träumen werden Sie in angespannten Situationen lockerer. Die Natur sagt zwar einerseits: „Nimm dich zusammen." Aber sie sagt auch: „Denke an dein Träumen und lasse zu, dass dein Körper bewegt wird!"

Etwas in mir sagt: „Arny, erwartest du wirklich, dass die Leute entspannt aussehen, während sie herumtorkeln wie beschwippst oder betrunken?" Ich muss lachen, wenn ich sehe, wie die Polizei Menschen, die herumkurven wie beim Raumzeit-Träumen, auf der Autobahn anhält. Normale Menschen, so denken wir, gehen geradeaus! Aber das ist nur ein ganz kleiner Teil von uns.

Wenn wir lernen, dem Universum und der Krümmung der Raumzeit zu folgen, werden wir kreativer. Wenn es in einer Vorstandsversammlung sehr steif zugeht und Sie sich unwohl fühlen, können Sie ganz leicht auf Ihrem Stuhl hin und her schwanken, um zum Raumzeit-Träumen überzugehen. Nach außen hin sehen Sie völlig vernünftig aus, so als würden Sie nachdenken, aber innerlich sind Sie woanders. Sie schwanken ein wenig, fühlen, *denken*, und dann plötzlich: **Aha!** Das ist einfach Ihr kreativer Geist, Ihr träumender Geist. Moderne Organisationen in der ganzen Welt erkennen allmählich, wie wichtig es ist, sich wach in diesen träumenden Zustand hineinzugeben. Das ist ein sehr wirkungsvoller Weg. Sie können das im Sitzen oder im Stehen tun. Wir werden dieses Vorgehen in wenigen Minuten in der sitzenden Version erforschen.

Ich höre häufig die Frage: „Was, wenn mir das unter schwierigen Umständen nicht möglich ist?" Wie lautet hier die Antwort? Was, wenn Ihnen das unter schwierigen Umständen nicht möglich ist? Meine Antwort lautet: „Richtig, Sie können das nicht tun, aber *es* kann!" Sie können das nicht mit Ihrem Alltagsverstand bewirken, sondern nur durch stochastisches Raumzeit-Träumen. Das kann ich beweisen. Wie? Jeden Abend, wenn Sie zu Bett gehen, kommen alle möglichen seltsamen Dinge hoch. Manchmal sind Sie im Bett so entspannt, dass Sie einen Furz lassen. Das ist nicht unbedingt ein kreativer Akt, zeigt aber, dass Sie freier sind zu träumen!

In diesem Teil vier des Buches konzentrieren wir uns auf eine Spürfähigkeit, die von MediatorInnen als Meditierenden. *MediatorIn* heißt, zwischen zwei oder mehreren Parteien stehen. Das Wort *meditieren* ist verbunden mit *medi* oder Heilung wie auch der Begriff *Medizin*. Die prozessorientierte Meditation heilt die Spaltung zwischen Ihrem Alltagsverstand und Ihrem tieferen Selbst, Ihrem Träumen. Und Mediation passiert zwischen Menschen. Bei Meditation geht es darum, die Spaltung in Beziehungen zu heilen. Wenn Sie Ihrem innersten Selbst näher sind, können Sie besser genießen, was Sie tun, ganz gleich, was es ist. Halten Sie inne, wenn Sie zu angespannt sind, und gehen Sie tiefer.

Wenn Sie als MediatorIn meditieren, ist das hilfreich für das, was ich das ABC des Weltkonfliktes nenne.

- Ihre Probleme sind nicht nur Ihre, sondern auch Teil des Umfelds. Menschen, die Sie kennen, Menschen, denen Sie zufällig begegnen, haben möglicherweise ähnliche Probleme. Das Problem, das nur Sie haben, gibt es einfach nicht. Das klingt vielleicht merkwürdig, denn die Psychologie arbeitet an Ihren Problemen als persönlichen Problemen. Aber *Ihre* Probleme bestehen oft in Konflikten zwischen Ihren Bildern da-

von, was sich im Feld befindet. Wenn ich beginne, auf mich selbst zu meditieren, kann ich mich in die Welt der Menschen oder Organisationen, für die ich arbeite, einlesen.

- Selbst wenn Sie behaupten, keine Probleme zu haben, wird Ihre Umwelt Ihnen welche machen. Manche Menschen sagen, sie hätten keine Probleme. Ich respektiere das, aber die Welt bereitet Ihnen auch dann Probleme, wenn Sie keine haben. Aufgrund der Nichtlokalität ist die Welt da draußen Ihr Problem.

- Wir alle werden zwangsläufig in Konflikte verwickelt, doch Sie können beschließen, das Ganze zu werden, ein Zuhause für den Rest Ihrer irdischen Familie. Da heißt es, ein Bodhisattva zu sein, jemand, der wiederkehrt, um allen Lebewesen zu helfen, auch sich selbst. Sie sind entweder Teil der Situation oder das Ganze. Wenn Sie das Ganze sind, fühlen Sie sich besser, zumindest vorübergehend. Es ist ganz natürlich, Teil von etwas zu sein, und es ist wichtig zu fühlen, dass Sie zugleich das Ganze sind.

DIE METAFÄHIGKEIT, EIN ZUHAUSE ZU SCHAFFEN

Die prozessorientierte Mediatorin schafft ein *Zuhause* für alle Teile. Wenn Sie dazu beitragen können, dass sich alle Parteien mehr oder weniger zuhause fühlen, lösen sich viele Schwierigkeiten von selbst auf, ohne dass es weiterer Fähigkeiten bedarf. „Komm nach Hause, trink einen Tee, tu dies oder das." Wenn Sie mit anderen zusammen ein Gefühl der Verbundenheit empfinden und spüren, dass alle Seiten und Menschen Aspekte Ihrer universellen Familie sind, hilft die so entstehende Gemeinschaftsatmosphäre Probleme zu lösen. Können Sie ein Zuhause schaffen, wenn Sie sich mitten im Streit mit einer Person befinden, die Sie nicht besonders mögen?

Ich führe Ihnen einmal unseren heftigsten Streit vor. (Arny inszeniert eine Auseinandersetzung mit Amy.)

Arny: „Du warst das!"

Amy: „Bist du verrückt? Du warst das!"

Arny: „Nein! Das warst du vor wenigen Tagen, als ich mich so friedlich fühlte!"

Amy: „Das stimmt einfach nicht! Du hast das schon vorher getan!"

Arny: „Was redest du da? Ich bin ein ruhiger, friedfertiger Mensch!"

Amy: „Das stimmt doch gar nicht! Ich bin in unserer Beziehung immer die Friedfertige!"

Welche Struktur hat dieser Streit?

Wir haben hier ein u und ein X. Das u ist der Teil, mit dem wir uns identifizieren („Ich bin ein friedlicher Mensch!"), und der sekundäre Prozess ist X („Grrr! Der andere macht mir Schwierigkeiten!").

Amy und ich befinden uns sozusagen an der Vorderfront, aber dahinter steht bei jedem von uns ein u und ein X, die miteinander verwickelt sind; eine ruhige Energie und eine laute, aggressive Energie. Beide wechseln zwischen den Rollen von u und X hin und her, was unbewusst geschieht. Menschen streiten sich und rotieren dabei zwischen $u + X$, ohne dass es ihnen bewusst ist. Wir haben hier zwei Personen und einen Prozess vor uns. Deswegen brauchen Sie einen Systemgeist, einen Prozessgeist oder Ihren träumenden Geist, um diese Rollenwechsel durchzuarbeiten. Können Sie mitten in einem Streit tief genug gehen? Wie können Sie für das u wie das X, die Friedfertige und den Zänkischen, ein Zuhause schaffen? Stellen Sie sich vor, Sie wären imstande, ein Teil zu sein und gleichzeitig ein Zuhause für alle Teile zu schaffen. Beides zusammen macht Sie zum erleuchteten Mediator!

Die Welt braucht viele soziale Veränderungen, ökologische Einsichten und Umweltverbesserungen. Wir möchten diese Probleme lösen, doch treffen wir überall auf Rangunterschiede. Manche Gruppen haben mehr Geld und mehr Macht als andere, und viele Menschen werden ausgebeutet. Können wir diese Dinge einfach mit ein paar Veränderungen lösen? Nicht so leicht. Aber am wichtigsten ist, dass wir alle bei unserer Suche nach kontinuierlicher Gemeinschaft und Weltteamarbeit tiefer gehen.

Teilnehmer: „Wenn ich in einem Komplex befangen bin, kann ich unmöglich dorthin gelangen."

Arny: „Ja, das ist unmöglich! Andrerseits gehen Sie zumindest ab und zu abends schlafen!"

Teilnehmer: „Stimmt, ich muss mich an den Schlaf erinnern!

Arny: „Freuen Sie sich auf anstehende heftige Konflikte und denken Sie: „Ja! Das ist meine Chance, mich weiterzuentwickeln!" Ich übertreibe, aber ich finde das spannend, denn es ist eine große Sache. Danke für Ihre Frage. Tiefer zu gehen, ist eine Meditationspraxis und die braucht Zeit. Gehen Sie also freundlich mit sich um, wenn Sie meditieren lernen."

WAS IST EINE GEMEINSCHAFT?

Wir leben in einer Welt der Beziehungen, die oft voller Feindseligkeit ist. Diese Feindseligkeit ist ein Aspekt der Welt, und die andere ist die darunter liegende Verwobenheit, um die Menschen seit Tausenden von Jahren wissen (denken Sie an das Tao, die *Unus Mundus*, Shiva, Tilopa und Nataraja, um nur einige wenige zu nennen). Meistens marginalisieren wir Erlebnisse mit dieser Verwobenheit und befassen uns nur mit Teilaspekten an der Oberfläche der Realität. Aber das Gefühl von *Zuhause* und Gemeinschaft bleibt ohne diese tieferen Ebenen unvollständig. Der oder die Älteste in Ihnen weiß das. Wenn Sie viele Schwierigkeiten erlebt haben oder man Sie oft herumgeschubst hat, überleben Sie das unter anderem dadurch, dass Sie ein wenig zum oder zur Ältesten werden. Das hilft Ihnen, ein Zuhause zu schaffen und den anderen Menschen, die Sie umgeben, ein Gefühl von Gemeinschaft zu vermitteln.

Meditieren wir, während wir mediieren. Ich schlage Ihnen vor, die folgende Übung zu dritt zu machen. Wenn Sie mit anderen als Mediator oder Mediatorin arbeiten, sollten Sie diese Übung mit Ihren Kollegen und Kolleginnen machen, bevor Sie damit nach außen gehen. Dabei beschreibt einer von Ihnen ein Problem, das er, nachdem er an sich gearbeitet hat, als Facilitator begleitet, während die anderen beiden es ausagieren. Wenden Sie sich einer Familie, einem Team oder einem Beziehungsproblem in einer Organisation zu, die Sie als FacilitatorIn begleiten möchten. Sie können an den Beziehungsschwierigkeiten, an denen Sie arbeiten möchten, selbst beteiligt sein. Wenn Sie in einer Organisation Schwierigkeiten mit einer Person haben, können Sie an dieser Verbindung arbeiten oder an einer Beziehung zwischen zwei anderen Menschen. Ziel ist, ein Zuhause zu schaffen, wo der Konflikt gelöst werden kann. Wir wollen uns hier einem Streit oder einer Auseinandersetzung zwischen zwei Menschen in einem Team oder einer Familie zuwenden.

Wenn Ihre Partner die beiden Seiten des Beziehungskonfliktes ausagieren, versuchen Sie als Erstes, sie als teilnehmender Zeuge zu begleiten, indem Sie die Beziehungsfähigkeiten anwenden, die Sie sich bereits angeeignet haben. Dann bitten wir Sie innezuhalten, und die beiden Helfer unterstützen Sie dabei, wieder zu Ihrem Tanz des Universums zu finden. Lassen Sie sich von diesem Tanz bei Ihrer Arbeit als FacilitatorIn anleiten, bis die Dinge ins Fließen kommen. Vielleicht fühlt Ihr Tanz der Verbundenheit sich tief in eine Seite ein, vielleicht auch in die andere. Der Gedanke ist, dass Sie aus dieser Perspektive noch besser wissen, wie Sie die Situation als FacilitatorIn begleiten können.

Bitte beachten Sie, dass Sie als FacilitatorIn immer dann erfolgreich sind, wenn einer der Rollenspieler beim Spielen seiner Rolle die Seiten wechselt. Als Spieler sollten Sie sich nicht zwingen, Ihre Rolle weiterzuspielen, wenn Sie spüren, dass die Arbeit des Facilitators bei Ihnen Veränderungen bewirkt.

. . . .

ÜBUNG: MEDITIERENDE ALS MEDIATORINNEN BEI BEZIEHUNGSPROBLEMEN IN FAMILIEN ODER ORGANISATIONEN

Sie arbeiten zu dritt und brauchen Papier und Stift.

1. **Mediator-Facilitator:** Wenden Sie sich einem schwierigen Beziehungsproblem in der Familie, einem Team oder einer Organisation zu. (Sie können selbst eine Seite dieses Problems darstellen.) Einer der Helfer sollte den Facilitator jetzt zu der folgenden inneren Arbeit anleiten:
Welche Energie, X, stört Sie an diesem Beziehungsproblem in der Familie, dem Team oder der Organisation am meisten? Agieren Sie diese X-Energie aus. Wie fühlte sie sich an? Wo spüren Sie X am deutlichsten in Ihrem Körper? Spüren Sie diese Energie dort, nehmen Sie eine Körperhaltung ein, die ihr entspricht, und machen Sie eine Bewegung mit den Händen oder dem ganzen Körper, um sie auszudrücken. Dann fertigen Sie von X eine schnelle Skizze an und benennen diese Energie. Welcher Teil von Ihnen, u, stört sich an dieser X-Energie am meisten? Agieren Sie dieses u aus. Wie fühlt es sich an?

Wo spüren Sie es in Ihrem Körper am deutlichsten? Spüren Sie dort nach, nehmen Sie eine Körperhaltung ein, die u entspricht, und machen Sie mit den Händen oder dem ganzen Körper eine Bewegung, die diese Energie ausdrückt. Dann benennen und skizzieren Sie u auf Ihrem Blatt.

Jetzt wählen Sie einen besonderen Lieblingsflecken auf der Erde. Wenn es mehrere gibt, entscheiden Sie sich für einen. Stellen Sie sich vor, dass Sie sich dort hinbegeben, und achten Sie darauf, wo die Energien von X und u an diesem Ort repräsentiert sind. Jetzt spüren Sie sich selbst an diesem Flecken Erde und lassen diesen durch Sie atmen und sich davon bewegen. Während dieser Ort durch Sie tanzt, lassen Sie zu, dass er die Energien von X und u ausdrückt und sich zwischen beiden hin und her bewegt.

Während Sie sich so bewegen, spüren Sie, wie dieser Flecken Erde auch Teil des Universums ist, das ihn umgibt. Erlauben Sie der Atmosphäre des Universums, Sie spontan zu bewegen. Fühlen

Sie, wie Sie bewegt werden, und fahren Sie fort, bis Sie spüren, dass Sie sich auf nicht vorhersehbare Weise bewegen. Nehmen Sie das wahr und lassen Sie spontane Bewegungen zu. (Achten Sie darauf, sich nicht zu verletzen.) Wenn Sie spüren, dass das Universum Sie frei bewegt, bringen Sie diese Bewegungserfahrung zurück zu dem Flecken Erde und lassen sich von diesem Tanz helfen, die Energien von u und X zu erforschen und zwischen beiden hin und her zu schwingen, bis Sie zu einer Einsicht gelangen. Schreiben Sie diese auf.

2. **Helfer:** Bitte agieren Sie jetzt die Personen oder die u- + X-Seite des Problems aus, an dem der Facilitator arbeiten will.

   a) FacilitatorIn: Widmen Sie sich jetzt diesem dyadischen Problem: Wenden Sie fünf Minuten lang die Methoden an, die Sie in der ersten Aufbaustufe gelernt haben (wie Doppelsignale, Grenzen), um an dem Problem zu arbeiten. Nach etwa fünf Minuten STOPPEN Sie und erinnern sich daran, Ihren Tanz des Universums erneut zu spüren und zu *meditieren, um zu mediieren*: Das heißt, Sie bleiben tief nach innen gerichtet, während Sie äußerlich schamanisieren und sich in die Energien von u + X einfühlen. Halten Sie Ihre Einsichten schriftlich fest.

   b) Alle zusammen: Besprechen Sie jetzt mögliche Einsichten und die Auswirkungen, die das Träumen

des Prozessgeistes des Facilitators auf Ihren Prozess hat.

Wir alle haben in uns eine tiefe Intelligenz, die uns alle möglichen Einsichten über die unterschiedlichen Seiten vermittelt, die der gewöhnliche Verstand wahrscheinlich nicht versteht.

Erste Teilnehmerin: „Das hat bei mir gut geklappt. Ich habe festgestellt, dass ich inmitten heftiger familiärer Auseinandersetzungen ruhiger dasitzen kann. Durch diese Losgelöstheit konnte ich die anderen besser verstehen und unterstützen und war dabei an dem Streit selbst gar nicht mehr wirklich interessiert. Die Dinge entspannten sich zum Teil allein wegen dieser überraschenden Losgelöstheit."

Zweiter Teilnehmer: „Welche Theorie steht dahinter, dass wir die Energien von X und u an jedem Ort der Erde vorfinden?"

Arny: „Der Ureinwohner und der Wissenschaftler in mir denken, dass bestimmte Flecken auf der Erde den Energien ähneln, die wir in uns haben. Wir lieben bestimmte Orte, spüren bestimmte Orte. Zunächst ist das einfach Gefühlssache. Wir können uns einigen Gegenden auf der Erde sehr verbunden fühlen. Das sind Heilungsorte. In meinem Buch *Den Pfad des Herzens gehen* stelle ich Carlos Castanedas Erlebnisse vor. Sein Schamane von den Yaqui-Indianern, Don Juan, sagt, ein Kennzeichen für die zukünftige Schamanin sei die Fähigkeit, überall auf einer Veranda oder in einem Raum einen

Heilungsplatz zu finden. Ein Platz fühlt sich einfach besser an. Das ist zunächst einmal Gefühlssache, aber tatsächlich eine uralte Fähigkeit, von der Menschen seit Anbeginn der Zeit berichten.

An bestimmten Stellen eines Raumes fühlen wir uns unwohl und halten uns eher fern davon. Die Vielfalt der Natur ist immer und überall vorhanden, wenn wir darauf achten. Das ist hier der Grundgedanke: Auf diesem Planten gibt es überall Vielfalt. Aber dieser Planet und dieses Universum, das ist auch die Erde unter unseren Füßen und der Raum von zuhause zwischen uns und hinter allen Vielfaltsproblemen."

Zweiter Teilnehmer: „Bei dieser Übung war die X-Energie für mich ein zustechendes Messer, das auf mich zeigte, und verwandelte sich in der Natur in eine Möwe, die nach unten stürzte, den Schnabel auf ihr Opfer gerichtet. Und mir ist klargeworden, wenn ich in die Natur gehe, entspannt das mein Alltagsdenken und ich urteile weniger. Die Natur ist neutral, sie *ist* einfach und öffnet mein Herz für die Energie und die Menschen in meinem Leben, die diese Energie verkörpern. Die Möwe hatte einen Überblick und konnte fliegen. Diesen Aspekt hatte das zustechende Messer in der Konsensusrealität nicht."

Ich habe durch die Nahtoderfahrung von C.G. Jung, der bei einer Herzattacke die Vision hatte, sich ins Universum zu begeben, wovon ich in Kapitel 8 bereits erzählte, viel über Losgelöstheit erfahren. Ich habe jahrelang über dieses Erlebnis nachgedacht und mir wurde klar, dass Jung tatsächlich versuchte, mehr Abstand zum Alltagsleben zu gewinnen. Es gibt in uns allen diese Stimme, die sagt: „Ich möchte ein wenig wegkommen von alledem und mir das ganze Chaos mit etwas Abstand anschauen." Das ist ein psychologischer Schritt. Ich möchte Ihnen helfen zu sehen, dass die Welt Ihr Ashram ist und Straßenkämpfe Orte für Ihre Entwicklung. Die teilnehmende Zeugenschaft der Facilitatorin ist eine systematische Meditationspraxis und zugleich eine unberechenbare Kunst.

Das Erlernen der Fähigkeiten des Facilitators beruht auf der Praxis Ihrer Bewegungsmeditation, mit der Sie das fühlende Gespür des Raumzeit-Träumens physisch verankern. Ich erinnere mich an dieses Gefühl und halte danach Ausschau, wenn ich angespannt bin. Denken Sie daran, für die X-Energie offen zu bleiben, und schauen Sie, was sie Ihnen geben kann, denn Sie brauchen diese Energie. Für manche Menschen sind die Lehren des Buddhismus hilfreich. Sie erinnern uns daran, dass die Dinge nur scheinbar fest, stabil oder beständig sind, in Wirklichkeit aber sind sie *Maya* oder Illusion.

Ich nenne die Suche nach Losgelöstheit den vierten starken Antrieb. Sex, Hunger und Durst sind die ersten drei. Für mich ist dieser *vierte Antrieb* darauf aus, den gegenwärtigen Moment zu transzendieren. Er steht für das Bedürfnis nach ekstatischen Erfahrungen und Gemeinschaft als lebendigem Fluss und nach bewusster Erfahrung. Wenn wir diesen Trieb nicht anerkennen, drängt er uns zu destruktiven Grenzerfahrungen: schnellen Autos, Drogen und anderen Süchten oder Depressionen. Denken Sie daran, ein Gefühl von Zuhause schaffen heißt, dass Sie Raum schaffen für Menschen, so wie sie sind, und damit auch für die Anteile, die noch keinen Ausdruck gefunden haben. Einige von Ihnen tun das bereits ihr Leben lang. Sie tun es automatisch, deswegen sind Sie an der Arbeit des Facilitators interessiert. Wenn das nicht so wäre, wären Sie nicht hier. Sie wissen bereits, wie es geht. Denken Sie daran, dass sich meditieren und mediieren ähneln. Der Unterschied zwischen ihnen besteht lediglich in einem kleinen „t".

. . . .

RÜCKBLICK AUF KAPITEL 16

- Meditieren Sie, während Sie Prozesse in Organisationen als MediatorIn begleiten.
- Die Welt ist voller Geister (-Rollen), die darauf warten, dass wir mit ihnen in Beziehung treten!
- Ein nächster Schritt in der Politik besteht darin, dass jede und jeder von uns ein Zuhause für Widersacher schafft, indem er oder sie kurz vorführt, wie es ist, sie zu sein.
- Die Suche nach Losgelöstheit ist der vierte große Antrieb.

Der kosmische Tanz des Ursprungs

KAPITEL 17
Rasse, Religion und LGBT-Konflikte

Ernste und dauerhafte weltweite Konflikte kreisen oft um soziale Themen wie Rasse, Religion und Stammeszugehörigkeit. Da jeder Mensch einer oder mehreren Rassen oder Religionen angehört (das gilt auch für Agnostiker und Atheisten) und eine sexuelle Orientierung vertritt, müssen internationale FacilitatorInnen sich der eigenen Probleme in diesem Bereich bewusst sein. Wir alle müssen lernen, losgelöster zu sein, mehr ins Fließen zu kommen und diese Zuordnungen besser zu verstehen. Wir müssen erkennen, dass manche (wie Rasse) soziale Konstrukte sind, die vom momentanen menschlichen Denken und nicht durch die Natur oder biologische Gesetze definiert werden.

Die Arbeit mit hochemotionalen Themen drängte mich, einen Weg für den Umgang damit zu finden. In dieser Hinsicht habe ich viel von Patanjali gelernt, dem mythischen Vater des Yoga. Vielleicht erinnern Sie ihn aus Kapitel 6. Er sagt in seinem *Yoga-Sutra*, dass es bei Erleuchtung darum gehe, ein „im Leben Toter zu sein" oder, wie ich sagen würde, „eine tote Person im Leben zu sein". [80] Er spricht hier von dem Prozess, Ihr kleines *u* sterben zu lassen und durch die tiefere Verbindung zu Ihrem meditativen Wesenskern neu geboren zu werden.

Ich möchte in diesem Zusammenhang auch empfehlen, dass Sie Ihre persönliche Geschichte erinnern und diese nutzen, um Menschen heute zu helfen. Schieben Sie Ihren persönlichen Hintergrund nicht einfach weg, sondern gewinnen Sie etwas Abstand dazu, um ihn losgelöster zu betrachten. Um dieses *Erinnern* geht es meiner Meinung nach, wenn Patanjali sagte, dass wir zweimal geboren werden. [81] Einigen von uns reicht einmal! *Zweimal geboren werden* heißt, Sie gestalten Ihre Lebenserfahrung durch die Verbindung zu tiefen meditativen Zuständen neu.

Wenn Sie sich in Zeiten von Müdigkeit und Niedergeschlagenheit der inneren Arbeit zuwenden, können Sie in einem metaphorischen Sinn *sterben*. Und wenn Sie bewusst loslassen, während Sie sich mit dem Prozessgeist verbinden, können Sie eine zweite Geburt erleben. Tun Sie das nicht bewusst, zieht Ihr Körper Sie einfach nur herunter und Sie denken: „Ich habe genug!" Das kann ein wichtiger Augenblick sein, um nach innen zu gehen. Normalerweise werten Menschen Zustände wie Müdigkeit oder Niedergeschlagenheit ab, aber sie sind nicht unbedingt negativ. Vielleicht sind sie der Anfang zu der Erfahrung, ein zweites Mal geboren zu werden.

Ich spreche von Erleuchtung mitten in der Konfliktarbeit, weil die Arbeit von FacilitatorInnen eine reale wie eine spirituelle Aufgabe ist. Ein erleuchteter Mensch ist meiner Meinung nach jemand, der manchmal in Berührung mit dem gesamten Universum ist und anderen helfen kann, diese Verbindung ebenfalls zu fühlen. Mir gefällt es nicht, dass großartige Führer wie Martin Luther King, Gandhi, John F. Kennedy erschossen werden… diese unglaublichen Menschen. Mir gefällt es überhaupt nicht, wenn Lehrer von mir, die phantastische Menschen waren, auf der Tribüne sterben, weil sie sich für Neues und Ungewöhnliches eingesetzt haben. Ich habe mit weltweiten Führungskräften gearbeitet, die Angst hatten, dass man sie umbringt, und mit Schauspielern und Schauspielerinnen, die befürchteten, auf der Bühne erschossen zu werden. Die Fähigkeit, sich fallen zu lassen und hinter die Dinge zu schauen, gehört nicht nur zum natürlichen Prozess aller Menschen, sondern kann auch eine Schutzfunktion haben.

Bitte versuchen Sie zu *sterben*, bevor Sie umgebracht werden. Auch MediatorInnen sind manchmal nervös und haben Angst, „erschossen" zu werden. Das ist ein und dasselbe. Es gibt immer jemanden, der sagt: „Du blöder Idiot! Du liegst falsch mit deinem Alter, Rasse, Hautfarbe, Geschlecht, Religion oder sexueller Orientierung!" oder: „Du bist zu groß, zu klein, zu fett, zu dünn und so weiter." Peng! Ihre Erlebnisse mit Misshandlung und Diskriminierung warten im Hintergrund immer darauf, in neuer Konstellation wieder aufzuleben.

Wenn Sie nervös werden, kann das ein glücklicher Moment für Sie sein! Sie könnten denken: „Jemand kann mich nicht leiden, jemand ist hinter mir her, jemand will mich verletzen. Ich werde das beiseiteschieben, einfach so hinnehmen, tief atmen." Schieben Sie diese Gefühle jedoch nicht weg, denn sie könnten der Beginn zur Erleuchtung sein. Perfekt! Tun Sie stattdessen den nächsten Schritt und bringen Sie Ihre menschliche Familie, die Energien von u und X *nach Hause*. Das ist für Sie innerlich wie äußerlich die beste Methode.

Bevor wir uns Konflikten in Großgruppen zu Themen wie Rasse und Religion zuwenden, wollen wir einmal über *Alibipolitik* sprechen. Jede und jeder von uns hat schon einmal erlebt, wie es sich auf den unteren Rängen anfühlt. Wir alle haben Erfahrungen damit gemacht, einer Minderheit anzugehören, und sei es als Kind in unserem Familiensystem. Einige Menschen stehen immer über uns.

Aber alle von uns haben Erfahrungen mit dem Thema Rangordnung, sei es in Bezug auf Rassismus, Sexismus, Homophobie, Altersrassismus, Gesundheitswahn und so weiter. Überall auf der Welt müssen wir wachsam sein für Islamphobie (oder Angst vor Muslimen), Antisemitismus, Alterrassismus, Sexismus, Homophobie und ökonomische Unterschiede. In all diesen Bereichen haben Sie einen gewissen Rang oder gehören zu den Unterlegenen. An irgendeinem Punkt macht jede und jeder von uns die Erfahrung, wie es ist, eine überlegene Position einzunehmen oder unterlegen zu sein.

Ich habe über dieses Thema bereits in meinem Buch *Mitten im Feuer* gesprochen. Jetzt möchte ich die Alibipolitik erforschen, die subtilste Form der Misshandlung von Menschen, die einen niedrigeren Rang einnehmen als Sie. Alibipolitik findet immer dann statt, wenn eine privilegierte Person eine weniger privilegierte Person für eigene Zwecke vereinnahmt, ohne an diesem Menschen wirklich interessiert zu sein. Dieses Verhalten kann unbewusst ablaufen. So kann Alibipolitik zum Beispiel im Spiel sein, wenn eine Zeitschrift einen Journalisten mit jüdischem Namen einlädt, einen Hetzartikel gegen Israel zu schreiben, um ihn dann, kaum ist der Artikel erschienen, mit der Begründung zu feuern, „keine Verwendung mehr für ihn zu haben". In den USA könnte das so aussehen, dass man eine Afroamerikanerin anheuert, Texte gegen positive Diskriminierungen zu schreiben, um sie dann wieder zu entlassen. Hier kann bewusst oder unbewusst Alibipolitik betrieben werden.

Alibipolitik kann sich als Doppelsignal äußern, das auf nationaler oder globaler Unbewusstheit beruht. Ein Signal besagt: „Ich mag dich", und das andere äußert das Gegenteil. Diese Alibipolitik ist oft fester Bestandteil eines Systems. Manche modernen Demokratien bestehen auf einem freundlichen Umgang mit Gruppen, die durch das politische System Schaden genommen haben. Das ist zwar gut gemeint, kann aber ebenfalls verletzend sein. Ich weise hier auf die Alibipolitik hin, weil sie, wenn sie unbewusst ist, meistens verletzend ist. Wenn ich einer Minderheit ange-

höre, kann sie mir das Gefühl vermitteln, „Hm, man mag mich nicht wirklich als die Person, die ich bin!"

Wenn zum Beispiel eine schwule Person oder allgemeiner ein LGBT (lesbisch, schwul, bisexuell, transgender) Zuspruch dafür bekommt, dass sie sich gegen die Homo-Ehe ausspricht, kann das ein Doppelsignal sein. Das primäre Signal ist: „Ich möchte vorbildlich sein für unsere Demokratie. Ich möchte ein guter Heterosexueller sein und Minoritäten anerkennen. Ich möchte nett zu diesen Menschen sein, auch wenn sie mir eigentlich egal sind und ich mir meiner äußerlich nicht sichtbaren Privilegien oder der Tatsache, dass ich andere benutze, ohne dass sie mir am Herzen liegen, nicht bewusst bin." Hinter dieser Alibipolitik verbirgt sich auf Seiten des sie Ausübenden wie auch auf Seiten der ausgenutzten Partei der ehrgeizige Wunsch voranzukommen sowie die subtile Überzeugung, dass „unser Wert von der öffentlichen Meinung abhängt".

Ein weiteres Beispiel: Ich bin weltweit allein dadurch privilegiert, dass ich männlich, Amerikaner und Weißer bin und Englisch spreche. An bestimmten Orten kann mir das auch Nachteile bringen. Vor einigen Jahre wollte eine große Organisation aus Deutschland mit uns zusammenarbeiten. Zuerst war ich von dieser Aussicht ganz begeistert. Ich dachte: „Großartige Idee! Warum nicht?", und dabei marginalisierte ich meine misstrauischen Zweifel, die ich auch dann noch in Bezug auf diesen Auftrag hatte, als ich zusagte. Ich machte mit dieser Organisation keine besonders guten Erfahrungen, weil ich das Gefühl hatte, dass diese Menschen mich nicht wirklich mochten. Sie waren nicht wirklich interessiert an unserer Arbeit. Sie wollten uns ausnutzen, weil sie jüdische Personen brauchten und dachten: „Die können uns auf unserem Weg weiterhelfen." Und so trennten wir uns nach einer Weile von dieser Organisation. Ich hatte unsere Zusammenarbeit ursprünglich bejaht, weil ich dachte, durch diesen Kontakt würden Amy und ich „weiterkommen", und dabei schob ich meine skeptischen Gefühle beiseite: „Wem liegt denn etwas an dir als Person, Arny, und an deinen Gefühlen? Vielleicht wenden sie sich an uns, weil sie Alibipolitik betreiben?"

Mein Punkt ist, dass die Alibipolitik nicht nur in der Außenwelt existiert, sondern auch in uns. Wir alle müssen achtsam sein und den Mut haben, uns persönliche und soziale Themen bewusstzumachen und darüber mit anderen zu sprechen.

Amy: „Mir war überhaupt nicht bewusst, wie wichtig für sie war, dass wir Juden sind. Ich freute mich einfach darauf, mit dieser großen Gruppe zu arbeiten. Wir teilten bestimmte Ideen, und ich dachte, das ist doch großartig. Als mir klar wurde, dass sie nicht wirklich an uns interessiert waren, fühlte ich mich mehrfach benutzt, und wir beschlossen, uns auf faire Weise zu trennen."

Arny: „Denken Sie daran, Menschen ist meistens nicht bewusst, dass sie Alibi-

politik betreiben. Sie handeln oft ohne jede Absicht. Es handelt sich hier um ein systemisches Problem, das die meisten Menschen sich überhaupt nicht klarmachen. Aus diesem Grund spreche ich hier von einer subtilen Angelegenheit, die manchmal durchaus gut gemeint sein kann. Der wichtigste Punkt hier ist: Alibipolitik ist oft ein Doppelsignal. Das eine Signal sagt: „Lasst uns beide in der Welt vorankommen und anderen zeigen, dass wir aufgeschlossene Menschen sind", und das andere sagt: „Sie als Person sind uns egal."

In der Konsensusrealität haben Sie, je nach Situation, mehr oder weniger Macht. Doch aus der Sicht des Traumlands können auch Personen, die einer so genannten *Minderheit* angehören, viel Macht haben. Tatsächlich kann Ihnen das Gefühl, Opfer zu sein, einen *Opferrang* geben, wie ich das nenne, eine seelische Entrüstung. Das kann ebenso destruktiv wie konstruktiv sein. Doch Sie können auch in bestimmten Situationen der Konsensusrealität Opfer sein und das entsprechende Chaos trotz dessen Komplexität zugleich als FacilitatorIn begleiten. Auf der tiefsten Ebene des Verstehens gibt es keine eindeutigen Fehler (obwohl wir Fehler oder Schuldzuweisungen in der Konsensusrealität klar benennen). Aus der tiefsten Sicht liegt nicht nur diese oder jene Seite falsch, sondern wir alle müssen wissen, wo und wann wir am meisten Macht haben und möglichst bewusst damit umgehen.

9/11: RASSEN- UND RELIGIONSKONFLIKTE

Bevor wir uns der Großgruppenarbeit zum Thema 9/11 zuwenden, wollen wir an dem Thema Marginalisierung arbeiten, denn das löst bei allen Menschen unangenehme Empfindungen aus. Um mit diesem Gefühl innerlich arbeiten zu können, brauchen Sie ein offenes Herz für sich selbst. Die folgende Übung gibt Ihnen Gelegenheit, mit Situationen in Ihrem Leben zu arbeiten, wo Sie sich marginalisiert fühlten.

Das kann auch ein ständiges Gefühl sein, das auf Ihrer Rassenzugehörigkeit, Ihrem Geschlecht, Ihrer sexuellen Orientierung, Ihrer finanziellen Situation oder Ihrer Gesundheit beruht. Vielleicht bekommen Sie in bestimmten Bereichen auch mehr soziale Anerkennung, wie in Bezug auf Ihr Aussehen oder Ihre Intelligenz. Hier spielen viele verschiedene Faktoren zusammen. Diese Übung soll Ihnen helfen, sich als Individuum oder Team vorzubereiten auf ein Treffen oder ein offenes Forum, das sich solchen Themen widmet.

....

INNERE ARBEIT: MARGINALISIERUNG UND IHR ZEN-GEIST

1. Denken Sie an eine Situation, in der Sie sich sozial marginalisiert oder verletzt gefühlt haben. Vielleicht haben Sie dieses Gefühl ständig und es geht auf Ihre Rassenzugehörigkeit, Ihr Geschlecht, Ihre sexuelle Orientierung, Alter, Gesundheit oder Ähnliches zurück. Vielleicht hat man Sie wegen Ihres Aussehens, Ihrer Intelligenz oder Ihres Mangels an Intelligenz verächtlich behandelt. Jede und jeder von uns macht solche Erfahrungen. Wer hat in dieser Situation Ihnen gegenüber seine Überlegenheit ausgespielt? Machen Sie sich Notizen dazu.

2. Wie ist die X-Energie dieses oder dieser Menschen beschaffen, die Ihnen gegenüber ihre Macht ausgespielt haben? Agieren Sie diese X-Energie aus und spüren Sie, wo Sie X im Körper am stärksten wahrnehmen. Jetzt bringen Sie diese Energie mit einer Körperbewegung zum Ausdruck, fertigen eine Skizze davon an und benennen Sie.

3. Welcher Teil von Ihnen, u, stört sich an dieser X-Energie am meisten? Agieren Sie ihn aus, spüren Sie, wo Sie diese Energie im Körper am deutlichsten wahrnehmen, und bringen Sie sie dann mit einer Bewegung zum Ausdruck. Machen Sie eine Skizze davon und beschreiben Sie diese u-Energie mit ein paar Worten.

4. Jetzt wählen Sie einen Lieblingsflecken auf der Erde. Sollte es mehrere davon geben, wählen Sie spontan einen aus. Stellen Sie sich vor, sich dort hinzubegeben, schauen Sie sich um und nehmen Sie wahr, wo die Energien von u und X durch bestimmte Aspekte dieses

Ortes verkörpert sind. Spüren Sie sich jetzt dort stehen und lassen Sie zu, dass dieser Flecken Erde durch Sie atmet und Sie bewegt. Erlauben Sie diesem Ort, die Energien von $u + X$ als eigene Anteile auszudrücken, während er Sie zwischen den beiden hin und her bewegt.

5. Während Sie sich bewegen, spüren Sie diesen Flecken Erde jetzt im Universum, das ihn überall umgibt. Spüren Sie, wie die Räume des Universums Sie spontan bewegen. Spüren Sie, wie es ist, „bewegt zu werden", und fahren Sie fort, bis Sie fühlen, dass Sie sich auf nicht vorhersehbare Weise bewegen. (Achten Sie dabei auf Ihrer unmittelbare Umgebung.) Wenn Sie das Gefühl haben, dass das Universum Sie frei bewegt, bringen Sie diese Bewegungserfahrung zurück zu dem Flecken Erde. Lassen Sie sich von dem Tanz und seiner universellen Perspektive helfen, die Energien von $u + X$ zu erforschen und zwischen beiden noch tiefer hin und her zu schwingen, bis Ihnen Einsichten kommen. Machen Sie sich Notizen dazu.

6. Bewegen Sie sich hin und her, bis Ihnen eine kleine Einsicht kommt. Sie sollten diese Einsichten aufschreiben, denn da sie nicht kognitiv sind, können wir sie leicht vergessen. Diese Einsichten können nützlich sein; vielleicht zeigen sie Ihnen, wie Sie Ihre unterschiedlichen Energien nutzen oder wie Sie mit äußeren Umständen umgehen könnten. Dann machen wir weiter mit unserem Gruppenprozess.

GRUPPENPROZESS

Wie Sie bereits wissen, gibt es verschiedene Möglichkeiten, diese Gruppenprozesse zu gestalten, was auch von kulturellen Aspekten abhängig ist. In Japan spielen sich diese Prozesse meistens relativ ruhig ab. In Südamerika sprechen die Menschen oft alle gleichzeitig durcheinander. In Russland kann dieser Prozess ziemlich dynamisch sein. Wie er im Einzelnen verläuft, ist kulturell bedingt. Es gibt hier nicht den einen richtigen Weg.

Als FacilitatorIn sollten Sie diese unterschiedlichen kulturellen Hintergründe bedenken, denn Menschen aus manchen Kulturen sind sehr schüchtern und brauchen eine Einladung, um sich zu äußern. Es ist wichtig, sich klarzumachen, dass hier in diesem Raum unterschiedliche Menschen, Länder und Nationen zusammenkommen. Schauen wir einmal, wer den nächsten Gruppenprozess als Facilitatorin oder Facilitator begleiten wird.

(Arny dreht seinen Stift, der Mohammad als Facilitator *wählt*.)

Arny: „Danke, dass Sie sich bereit erklären, Facilitator zu sein! Was haben Sie bei der Arbeit an sich selbst gerade erlebt? Ich kann mir gut vorstellen, dass Sie als Palästinenser in den Vereinigten Staaten auf viele Hindernisse stoßen."

Mohammad: „Das fängt schon beim Namen Mohammad an."

Arny: „Wenn Menschen Ihren Namen hören?"

Mohammad: „Ja, vor allem hier in den USA…"

Arny: „Islamphobie ist eine schmerzliche Erfahrung. Welche Xs + us kamen bei Ihnen hoch?"

Mohammad: „X attackiert mich als Terroristen, und das u ist ziemlich friedlich, glücklich, das Gegenteil davon, was andere manchmal von mir denken. Ich habe nicht vor, Sie mit einer Bombe in die Luft zu jagen!"

Arny: „Das ist gut gesagt und doch so eine schwierige Sache! Es tut gut, darüber zu lachen. Die u-Seite ist das Gegenteil von X. Was könnte Ihnen bei Ihrem eigenen Lernen helfen?"

Mohammad: „Ich bin hier zum ersten Mal Facilitator! Ich bin froh darüber, dass der Stift oder das Tao oder wer auch immer mich gewählt hat. Meine innere Arbeit hat mir etwas Abstand verschafft, schauen wir mal, was passiert."

Arny: „Ja, wir können mit Ihnen hinterher noch weiterreden und uns persönlich unterhalten, wenn wir fertig sind."

Nach einem einstündigen Gruppenprozess voller Schmerz und Wunder…

Arny: „Das war ein erstaunlicher Gruppenprozess! Um ihn zu vervollständigen, teilen wir uns jetzt in Kleingruppen auf, wo wir die Vielfaltsthemen besprechen, die hochgekommen sind. Der nächste Schritt wäre dann, das, was wir gelernt haben, via Fernsehen und Internet öffentlich zu machen. Bringen wir es auf die Straße. Aber da dies ein Trainings-seminar ist, möchte ich als erstes Mohammad befragen.

Lieber Mohammad, lassen Sie uns jetzt über Ihre Erfahrungen als Facilitator in einer so komplexen Situation sprechen! Als Erstes möchte ich Sie fragen: Wissen Sie, ob Sie tiefere Gründe dafür haben, hier auf diesem Planeten zu sein? Einfach Glück gehabt? Ich weiß, das ist praktisch nicht zu beantworten, und doch…"

Mohammad: „Sei du selbst. Lass nicht andere für dich sprechen, zeige, wer du wirklich bist, und überlass nicht denen, die sagen, sie würden dich vertreten, das Wort. Und lebe Demokratie so, wie es deinem eigenen Gefühl entspricht."

Arny: „Wenn ich Ihre Äußerungen hier auch nur einmal höre, könnte ich alles andere zu diesem Thema vergessen. Leben Sie Demokratie so, wie es Ihrem eigenen Gefühl entspricht!"

Mohammad: „Das ist schwer. Ich glaube, ich hoffe, etwas bewegen zu können. Ich kenne mich mit der Seite des Opfers gut aus und versuche jetzt, etwas über die andere Seite zu erfahren."

Arny: „Ich danke Ihnen für diese Worte. Manchmal sind Sie ein wenig schüchtern, dann wieder gar nicht. Darf ich damit experimentieren, Ihre Stärke ein wenig hervorzulocken? Packen wir uns bei den Händen und drücken wir zu. (Arny und Mohammad greifen sich bei den Händen und drücken sie gegeneinander, zunächst behutsam, dann kräftiger.) Halten Sie sich nicht zurück, machen Sie weiter… Ich liebe diese Kraft an Ihnen. Sie lächeln. Warum?"

Mohammad: „Ich mag die auch, und das überrascht mich!"

Arny: „Ich versuche Ihnen zu zeigen, dass Sie ein Mensch sind, der sehr viel innere und äußere Stärke besitzt. Wie jetzt gerade (drückt gegen Mohammads Hände) – das machen Sie wirklich gut. Das Besondere an Ihnen als Mediator ist Ihre Großherzigkeit. Sie sagen, Sie gehörten zu den Opfern, aber Sie waren alles andere als einseitig. Sie haben viel Kraft. Das könnte ich Ihnen niemals beibringen. Das ist Ihre innere Kraft als Person, und Ihre ruhige Stärke und Ihre innere Gefasstheit haben eine sehr positive Wirkung. Das sind Qualitäten Ihres Prozessgeistes, die Sie wirklich gut nutzen.

Jetzt habe ich eine Frage. Spüren Sie Ihre Kraft, während wir hier beide zudrücken, und stellen Sie sich vor, Sie würden diese Kraft nutzen, um andere anzuleiten. Wie können Sie diese Kraft einsetzen, um die Wahrheit Ihrer Gefühle laut auszusprechen? Wie können Sie diese Kraft noch besser nutzen, um tief nach innen zu gehen und anderen zu helfen? Wie könnte sie Ihnen helfen, noch mehr ins Fließen zu kommen? Es gibt auf diese Fragen nicht nur die eine Antwort. Die Antwort wird jede Woche anders ausfallen, aber wie würde sie jetzt lauten? Sie schauen zu mir und wir lächeln uns an."

Mohammad: „Ich kann meine Kraft spüren, sie ist ganz offensichtlich. Ich versuche, sie wirklich einzusetzen, aber ich brauche dafür Hilfe. Diese westliche Welt ist mein Problem und mein Spielfeld! Ich weiß, was hier vor sich geht. Und ich lebe jetzt seit einem Jahr hier, verstehe das alles aber noch nicht wirklich. Ich könnte also für westliche Menschen kein guter Ratgeber sein."

Arny: „Aber Sie könnten uns hier einen kleinen Rat geben."

Mohammad: „Gut… sei bewusst, bilde dich weiter, bring deine Bewusstheit ein! Ich möchte, dass Sie sich alle öffnen für andere!"

Arny: „Sehr gut! Wir sollten uns für andere Menschen öffnen, denn das haben wir noch nicht wirklich getan. Es ist gut, dass Sie uns das sagen. Können Sie uns dabei helfen?"

Mohammad: „Ich lebe jetzt seit einem Jahr in diesem Land. Könnten Sie sich auch für mich ein wenig öffnen? Ich bin überhaupt nicht gefährlich. Wenn Sie also für mich nicht offen sind, sind Sie es auch nicht für andere Menschen. Versuchen Sie zuerst einmal, mir offen zu begegnen."

Arny: „Auch wir brauchen Ermutigung. Wir mögen anderen Schwierigkeiten machen, aber wenn es darum geht, uns zu öffnen, wie Sie es sagen, sind wir alle Kleinkinder. Wir sind Kleinkinder und Erwachsene. Das heißt, eine neue Identität entwickelt sich: erwachsen, Vater oder Mutter, ein Zuhause für andere werden. Wenn Sie als Facilitator genau mit den Situationen arbeiten, die Sie krank machen, arbeiten Sie mit einem Thema, mit dem Sie in der Minderheit sind. Das scheint fast unmöglich zu sein. Und zugleich haben Sie diese verrückte, erstaunliche Kraft und sind diese Kraft. Ich weiß nicht, wo diese verflixte Power herkommt, aber sie ist es, die Sie träumen lässt. Kein Geist, leerer Geist, Prozessgeist, guter Geist, wie immer Sie es nennen wollen. Sie wissen um die Dinge, die Sie bewegen, und das ist die Essenz des Facilitators, sie macht es Ihnen möglich, zwischen verschiedenen Seiten zu wechseln und sich zu erinnern, dass Sie nicht nur Kind, sondern auch Eltern sind. Danke."

(Wendet sich jetzt an alle.)

Spüren Sie alle Ihre Kraft, Ihre Präsenz. Sie ist uns voran. Ihr eigener Prozessgeist, Ihre besondere Kraft, Ihre Schönheit ist Ihnen voran. Auf diese Präsenz habe ich auch Mohammad hingewiesen; kein anderer Mensch kann seine Präsenz entwickeln. Jeder Mensch besitzt diese Kraft. Wenn Sie sich diese Präsenz bewusstmachen und diese Kräfte nutzen, ist das eine große Sache. Das braucht viele Jahre, und zugleich ist dafür noch nicht einmal eine Minute erforderlich. Vielleicht sehen Sie diese Präsenz auf Babybildern von sich. Fragen Sie Ihre Freundinnen und Freunde, was sie für ein Gefühl von Ihnen haben, auch wenn Sie nicht anwesend sind!

Selbst wenn Sie einer gesellschaftlichen Minorität angehören und sich verletzt und abgewertet fühlen, ist da immer noch das Gefühl von eigener Kraft. Bei manchen Menschen (das gilt nicht für alle) provoziert dieser Minderheitsstatus diese Kraft sogar; manchmal äußert sie sich als Aggression, doch wie auch immer sie sich zeigen mag, sie ist da. Ich möchte das betonen. Es ist wirklich verletzend und niederschmetternd, wenn andere uns marginalisieren, doch zugleich gibt es da auch einen anderen Rang, den, das alles zu durchleben. Auch das ist ein Rang. Manchmal spreche ich hier von einem spirituellen Rang.

Denken Sie daran, wir befinden uns im Raum des Universums, auch wenn wir uns nur mit dem Fleckchen Erde identifizieren, auf dem wir gerade stehen. Wir sind nicht nur Teile des Dialogs, sondern der Tanz zwischen den Teilen. Ihr Prozessgeist ist ein stochastischer Tanz. Die Teile sind verbunden mit Ihrer Identität, aber der Tanz ist Ihr größeres Selbst.

Gehen wir jetzt dazu über, an Konflikten, die auf der LGBT-Thematik beruhen, mit Hilfe von Meditation zu arbeiten. Bevor wir Gruppenprozesse dazu machen, möchte ich Ihnen eine Frage stellen: Wissen Sie, wie viele Länder oder selbständige Staaten es heute, 2012, in der Welt gibt? Etwa 204. Wissen Sie, in wie vielen dieser Länder gleichgeschlechtliche Ehen erlaubt sind? Es sind 12. Das bedeutet, ein Land von 17 erlaubt solche Ehen. Das ist ein wirkliches Problem, das bis zu einem gewissen Grad nach außen hin gar nicht sichtbar wird. Die Folge ist, dass Menschen, die nicht in heterosexuellen Beziehungen leben, häufig Angst vor anderen Menschen haben. Es handelt sich hier also um ein wichtiges psychologisches wie soziales Thema mit weitreichenden Folgen. Ich habe mit Familien gearbeitet, in denen

Teenager sich umbringen wollten, weil sie sich ihren Angehörigen nicht zu eröffnen wagten. Doch das Leiden dieser Jugendlichen ist nicht nur schrecklich und sinnlos. Es hat mir geholfen, große schwulenfeindliche Gruppen in den Vereinigten Staaten umzustimmen. Dieses soziale Thema stellt einen medizinischen Notfall dar, der überall in der Regierung und im Schulsystem nach Veränderungen schreit.

Mich schmerzen diese Beinahselbstmorde und tatsächlichen Selbstmorde. Warum müssen Menschen sich umbringen, damit die Dinge sich verändern? Vor vielen Jahren haben wir hier in Portland ein offenes Forum über sexuelle Orientierung veranstaltet, das auf dem öffentlichen Kabelsender immer noch läuft. Veranstalten Sie ein Forum zu sozialen Themen, informieren Sie Ihren lokalen Fernsehsender, damit dieser die Veranstaltung sendet. Das schadet niemandem und kann viel Gutes bewirken.

Machen wir zuerst einen kurzen Durchgang mit der inneren Arbeit, die wir bereits kennen. Wir alle müssen in Bezug auf dieses Thema unsere Mitte finden, bevor wir öffentlich damit arbeiten. Ich werde Sie gleich nach der schmerzlichsten und schwierigsten X-Energie in Bezug auf Ihre sexuelle Orientierung fragen. Vielleicht geht es für Sie um eine persönliche Erfahrung, ein weltweites Thema, das Sie bewegt, oder anderes mehr. In jedem Fall geht es um Ihr eigenes Erleben.

Bitte beachten Sie: Wenn Sie bei diesem oder welchem Thema auch immer nicht in Kontakt mit Ihrem innersten Selbst kommen, können Sie einmal auf folgende drei Punkte achten:

- Ihr kleines inneres u hat sich noch nicht genug äußern können. Wie zum Beispiel: „Ich habe Angst. Ich möchte das tun, weiß aber nicht wie." Geben Sie den Gefühlen Ihres inneren u eine Stimme. Es muss sich vollständig zeigen können, sonst wird es Ihnen hinderlich sein.
- Das zweite mögliche Problem betrifft das X: Was genau stört Sie an diesem X? Wovor haben Sie Angst? Auch diese Störung oder Angst muss vollständig zum Ausdruck kommen, sonst können Sie nicht aus der Konsensusrealität aussteigen.
- Die dritte Möglichkeit ist, dass Sie kurz davor sind, loszulassen, zu entspannen, sich zu bewegen und zu träumen.
- Gut, wir wollen jetzt die Übung mit u + X auf LGBT-Themen anwenden.

INNERE ARBEIT

1. Stellen Sie sich die Frage: Was ist für mich die schwierigste Rolle, Person oder Gruppe in Bezug auf das ganze Thema der sexuellen Orientierung und der LGBT-Thematik? Welches ist für Sie hier die verletzendste und schwierigste Rolle? Was ist am schmerzlichsten und störendsten? Eine bestimmte Person oder Gruppe, eine bestimmte Energie oder mehrere Faktoren? Schauen Sie, ob Sie einen Hauptfaktor finden, auf den Sie sich zunächst einmal konzentrieren.

2. Vergegenwärtigen Sie sich diese Rolle oder Person. Wie ist die X-Energie dieser Rolle, Person oder Gruppe? Wie fühlt sich die Energie an, die Ihnen zu schaffen macht? Schauen Sie, ob Sie diese Energie spüren können, und machen Sie eine Geste, die das Störende oder Schwierige darstellt. Spüren Sie, wie sich das in Ihrem Körper anfühlt. Bekommen Sie ein gutes Gespür für diese X-Energie.

3. Jetzt fragen Sie sich, welcher Teil von Ihnen, u, stört sich an dieser X-Energie am meisten? Wie ist dieser Teil von Ihnen? Machen Sie eine entsprechende Geste und spüren Sie, wie dieser Teil von Ihnen sich im Körper anfühlt.

4. Denken Sie jetzt an einen Flecken Erde, den Sie lieben. Stellen Sie sich diesen Ort vor. Stellen Sie sich vor, dass Sie dort sind und sich umschauen. Schauen Sie, ob Sie diese Energien dort vorfinden. Wo zeigt sich an diesem Flecken Erde die X-Energie? Wo sehen Sie die Energie von u an diesem Ort verkörpert?

5. Wenn Sie die Energien auf diesem Flecken Erde gefunden haben, stellen Sie sich vor, Sie seien selbst diese beiden Energien und lassen zu, das jede Sie bewegt. Drücken Sie die X-Energie eine Weile durch Bewegung aus und lassen Sie dann die u-Energie zum Ausdruck kommen.

Wechseln Sie ein paar Minuten zwischen beiden Energien hin und her. Experimentieren Sie mit beiden. Während Sie das tun, spüren Sie, wie dieser Flecken Erde mit dem größeren Universum, Kosmos oder Sonnensystem verbunden ist.

6. Lassen Sie sich von diesem Gefühl, im Universum zu sein, bewegen. Entspannen Sie sich ein wenig hinein in dieses Gefühl, lassen Sie sich davon bewegen, selbst wenn Sie im Stuhl sitzen, spüren Sie die Gelöstheit. Spüren Sie diesen weiten Raum und die Gelöstheit im Universum, während Sie sich davon bewegen lassen. Und wenn Sie dann so weit sind, kehren Sie mit Ihrer Erfahrung dieses Raumes, dieses Universums zurück und erforschen die X-Energie und die u-Energie an Ihrem Lieblingsort noch ein wenig tiefer. Vielleicht vermitteln Ihnen die an diesem Ort verkörperten Energien von X + u eine neue Einsicht, mit der Sie vor dieser neuen Sicht der Dinge noch kei-

ne Erfahrungen gemacht haben. Lassen Sie diese Einsicht zwischen diesen Energien aus der Sicht des Universums hin und her fließen und schauen Sie, was Sie Ihnen bringt oder noch sagen kann.

7. Wenn Ihnen eine Einsicht gekommen ist, gehen Sie jetzt dazu über, sich Notizen dazu zu machen.

Nach dieser inneren Arbeit haben die Teilnehmenden einen Großgruppenprozess als FacilitatorIn begleitet. Sehr schnell mündete der Großgruppenprozess in einen heftigen Gruppenprozess zur LGBT-Thematik, die bei vielen Angst und schmerzliche Erlebnisse hochbrachte. Eine Gruppe von Lesbierinnen löste an einem bestimmten Ort auf der Welt bei einigen Heterosexuellen Ärger aus, weil diese Frauen so viel Macht ausübten. Andere verbündeten sich gegen Heterosexuelle, weil sie der Meinung waren, dass diese Frauen ohne diesen Machtzusammenschluss keinen Platz zum Leben und keine Daseinsberechtigung haben würden.

Der Prozess endete mit einem verblüffenden Augenblick, in dem der Mainstream volles Verständnis für die Erfahrungen der LGBT-Minderheit zeigte. Aber dadurch entstanden in der Gruppe auch alle möglichen weiteren Probleme, weil einige sich aufgrund der Übermacht der anderen verletzt und ohnmächtig fühlten. Das passiert häufig. Wenn die Arbeit mit einem Gruppenprozess gut läuft, ermutigt das die Teilnehmenden, sich neuen oder bislang noch nicht berührten Themen zuzuwenden.

Dabei erinnerte sich eine Frau daran, wie sie in einem südamerikanischen Land gekidnappt worden war. Meiner Meinung nach war die schwierige Geschichte ihrer Misshandlung typisch für alle Menschen, die mit der LGBT-Thematik zu tun haben.

MISSHANDLUNG UND BEFREIUNG: DIE ARBEIT MIT EINEM ENTFÜHRUNGSOPFER

Sonia: „Danke an alle dafür, dass ich hier zum Thema Misshandlung in meine Vergangenheit gehen kann. Ich muss einfach einmal klipp und klar sagen, dass mein Land, Kolumbien, mir totale Angst macht. Das Schmerzliche an diesem schrecklichen Thema ist, herauszufinden, wie ich mich für die sozialen Probleme in diesem Land engagieren und dagegen etwas unternehmen kann, sodass es wirklich allen hilft, den Tätern wie den Opfern!"

Arny: (Sieht, dass die anderen nicht wissen, wovon sie eigentlich spricht.) „Sonia, wenn Sie sagen, Sie versuchen herauszufinden, was Sie dagegen unternehmen können, was ist dieses *dagegen*? Sagen wir, ich kenne die Geschichte Kolumbiens nicht, um was geht es?"

Sonia: „Um die Hoffnungslosigkeit angesichts der Gewalt im Land. Die Betäubtheit in Bezug auf die Ereignisse dort. Es ist, als würden wir völlig ausschalten, was dort tatsächlich passiert, und mit unserem Leben einfach weitermachen."

Arny: „Was geht denn da vor sich? Rebellenkämpfe, Drogenkartelle, Gewalt zwischen verschiedenen ethnischen Gruppen?"

Sonia: „Krieg, Tod, töten, Entführungen."

Arny: „Sie scheinen viel darüber zu wissen, zu viel! Ich kann nur raten, was Sie durchgemacht haben, deswegen möchte ich hier ganz behutsam sein."

Sonia: „Das ist schon in Ordnung. Ich bringe dieses Thema hier ein, weil ich wirklich einen Weg finden möchte, damit zu arbeiten. Sollte ich das alles einfach loslassen? Was soll ich tun?"

Arny: (Spielt die vermuteten Rollen für Sonia durch.) „Wenn Sie entführt und wirklich schlecht behandelt worden sind, wissen Sie, dass es da draußen Angreifer gibt, die gewalttätig sind und die fast alles tun würden, um zu bekommen, was sie brauchen. Da Sie bereit sind, damit zu arbeiten, können wir sagen, dass es ein X gibt, das Ausdruck finden muss. Und es gibt auch ein *u*, das wahrscheinlich Dinge sagt wie: „Ich möchte etwas dagegen unternehmen, aber ich bin verunsichert über diese Sache… die Menschen, die gewalttätig sind, sind…" Wie würden Sie diese Menschen beschreiben?"

Sonia: „Sie töten blind. Sie sind voll blinder Rache."

Arny: „Sind Sie an dem Punkt, wo Sie uns zeigen können, wie sich die Energie der blinden Rache bei diesen Personen äußert?"

Sonia: „Gleich hier? Sie sind kalt wie Stein. Nichts dringt zu ihnen vor. Sie sind wie eine Bombe, die alles vernich-

tet, was auf ihrem Weg liegt, was, ist egal… sie löscht einfach alles aus. Sie haben kein Herz, Gefühle oder überhaupt irgendwelche Empfindungen."

Arny (überprüft, ob es Sonia so weit gut geht, dass sie weitermachen kann.) „Gut. Alles in Ordnung bei Ihnen?"

Sonia: „Ja."

Arny: „Ich mag Ihre Stärke. Und ich möchte auch den Teil unterstützen, der äußerst nervös ist angesichts dieses Themas, den Teil, der die X-Aggressoren hasst und Opfer ist. Können wir für den Raum schaffen, damit er sich äußern kann?"

Sonia: „Ich habe Angst zu sterben, ich bin zu jung, um zu sterben. Ich möchte nicht umgebracht werden. Ich fürchte mich…"

Arny: (Spricht für das *u*.) „Bring mich nicht um! Ich habe Angst zu sterben!"

Sonia: (Wechselt plötzlich zu X über.) „Mir sind alle und alles egal."

Arny: „Was geschieht da gerade? Sie scheinen zu lächeln. Was passiert mit Ihrer Hand, was tut sie?"

Sonia: „Meine Hand liegt hier auf meinem Herzen, um mich zu schützen."

Arny: „Gut. Machen Sie diesen Schutz nach außen noch deutlicher, wenn Sie können."

Sonia: „Als *u* schütze ich mich… gegen alles!"

Arny: „Genau! Das *u* hat die Energie von X in sich aufgenommen. Das ist berührend. Wenn Sie bereit sind, machen Sie doch bitte weiter und erzählen Sie uns, wie Sie diese Energien in der Alltagsrealität nutzen konnten."

Sonia: „Ich werde mit Menschen über das alles reden…, ich meine das, was ich durchgemacht habe. Fast ohne Angst... Ich werde sagen: Ich bin durch die Hölle gegangen! Das tut so weh, dieser Schmerz ist nicht nur mein Schmerz, sondern der Schmerz aller Menschen in meinem Land. Ich spreche nicht nur von mir. Und scheinbar bekommt die Welt nichts mit von dem, was in Kolumbien passiert. Es gibt so viel Leid aufgrund der Entführungen und der Drogenkriege, und aus dem Ausland fließen Gelder in das Land, die diese Kriege finanzieren."

Arny (als X): „Was werdet ihr mit uns anstellen? Wir haben Gewehre und sind arm, und wir wollen dieses Geld haben! Ich will mehr Geld, mehr Drogen, und ich werde weiter töten."

Sonia (als *u*): „Wir haben dich vergessen. (Fast entschuldigend zu X.) Wir sind wie unbewusste Zombies, die einfach tun, was sie wollen, und nach außen hin scheint alles in Ordnung zu sein. Alles ist gut, die Menschen sind glücklich."

Arny: „Mich berührt, was Sie sagen. Was sollte Kolumbien tun?"

Sonia: „Wir müssen uns wirklich den tiefen Schmerz darüber bewusstmachen, dass wir in einem Land leben, das sich im Kriegszustand befindet, einen Schmerz, der uns täglich, Tag und Nacht begleitet. Wir können ihn nicht vergessen. Das ist schwer zu verstehen für Menschen, die nicht dort leben. Versuchen Sie, sich das vorzustellen! Es ist wirklich entsetzlich, abends zu Bett zu gehen und nicht zu wissen, ob jemand in Ihr Haus einbricht und Sie entführt."

Arny: „In Ihr eigenes Haus? Da könnte jemand kommen und Sie entführen?"

Sonia: „Ja. Sie dringen in Ihr Haus ein. Das ist schrecklich! Wir hören in den Nachrichten von Entführungen, aber wie können wir das Gefühl von Tod wirklich spüren, das uns Tag für Tag umgibt und das wir wegrationalisieren! Es ist schwer, wirklich in Kontakt mit diesem Gefühl zu kommen, wir könnten jederzeit ausgelöscht werden."

Arny: (Spielt eine X-Rolle in Kolumbien.) „Was stellen Sie an mit dieser Energie, die sagt: Ich will alles! Ich werde für wenig Geld töten! Was wirst du mit mir anstellen? GRRRrrr!"

Sonia: „Ich weiß nicht, was ich tun soll!"

Arny (zu Sonia): „Folgen Sie Ihren Händen. Ihre Hände zeigen nach vorn. Was wollen Sie tun?"

Sonia: „Ich habe keine Angst vor dir. Ich muss sagen: Ich habe leider keine Angst vor dir!!" (Spielt jetzt den Täter.) „Du hast keine Ahnung, wer ich bin! Du weißt überhaupt nicht, wie ich bin! Du weißt nicht, wie es ist, wenn Gott dich vergessen hat. Du weißt nicht, was es heißt, von Gott wirklich vergessen worden zu werden. In mir ist alles leer, ich habe nichts, woran ich mich festhalten kann."

Arny: „Was ist mit euch passiert? Wie ist das passiert? Wir kennen euch wirklich nicht und wollen euch kennen lernen! Bevor du mich umbringst, sag mir zumindest, wer du bist!"

Sonia: (Spielt immer noch den Täter) „Das Leben hat für mich überhaupt keinen

Wert mehr. Keinen Wert, keine Zukunft. Ich habe nichts. Ich habe nichts zu verlieren. (Wird ruhiger) Ich habe nichts zu verlieren."

Arny (zu Sonia selbst): „Diese Äußerungen sind so berührend, sie bringen mich fast dazu, mich ihnen anschließen zu wollen. Ich sehe, dass Sie anfangen, sich zu entspannen, ich möchte Ihnen also sagen: Bringen wir diesen Dialog ins kolumbianische Fernsehen und verbreiten wir ihn auch anderswo. Ich werde Ihnen dabei helfen."

Sonia: „Ich danke Ihnen!"

Amy: „Vielen, vielen Dank dafür, dass Sie das alles mit uns zusammen durchgegangen sind."

Arny (Zu allen): „Der Prozessgeist will *u* und X erkennen, verstehen und nach Hause bringen, sodass beide gehört werden. Ich bin tief berührt von der Situation in Kolumbien und von Sonias Mut. Das größte Hindernis hier war wahrscheinlich, dass sie keinen Zugang zu ihrem Prozessgeist hatte und deswegen nicht schamanisieren und sich in die Aggressoren, in das X, nicht einfühlen konnte. Um mit solch schwierigen nationalen und internationalen Situationen arbeiten zu können, müssen wir alle an unseren eigenen Erfahrungen mit Misshandlung und sozialen Ängsten arbeiten, um mit sämtlichen Beteiligten in Fluss zu kommen und sie zu verstehen."

RÜCKBLICK AUF KAPITEL 17

- Wenn Sie Ihr tiefstes Selbst finden, ist das Erleuchtung und wie eine *zweite Geburt*.
- Die Essenz von Meditation und Mediation besteht darin, für alle ein *Zuhause* zu schaffen.
- Unsere realistischen, finanzorientierten, machtgetriebenen Demokratien brauchen eine tiefere Demokratie und FacilitatorInnen, die in Kontakt mit der tiefsten Ebene von allen sind, mit unserem *Zuhause* im Universum.
- Wenn Sie eine Minderheit sind, brauchen Sie viel innere Stärke und Weisheit, um Gruppenprozesse als Facilitatorln begleiten zu können. Denken Sie daran, wie Mohammad trotz der Islamophobie in den USA seine Kräfte hier aktiv einsetzen muss.
- Manche LGBT-Themen hängen zusammen mit den falschen Vorstellungen des Mainstreams vom Leiden und von der Macht marginalisierter Menschen.
- Die Unterdrückung diverser Probleme durch den Mainstream in Südamerika und anderen Ländern provoziert bei den dortigen Minderheiten Gruppenreaktionen, die alle in Gefahr bringen. Denken Sie an Sonias Geschichte.

TEIL FÜNF –
Prozessorientierte Ökologie

Wir marginalisieren innere Anteile von uns selbst genauso, wie wir andere Menschen marginalisieren, die wir nicht kennen, nicht mögen oder fürchten. Auf ähnliche Weise marginalisieren und zerstören wir auch Teile der Umwelt. Das gehört zwar zu unserer Natur, doch zu unserer Natur gehört auch, tiefer zu gehen, Ebenen von Raumzeit-Träumen aufzusuchen und der Umwelt und der Welt, mit denen wir oft im heftigen Konflikt liegen, zu helfen.

Die prozessorientierte Ökologie oder POÖ bringt Psychologie und Erdsysteme zusammen. Sie ist eine Wissenschaft wie auch eine Kunst, die nicht nur das Verständnis von unserer individuellen Natur als Mitglieder der Erdbevölkerung und von einzelnen Aspekten von uns fördert, sondern auch das Beziehungsbewusstsein zwischen uns allen. Wir brauchen eine globale Theorie und ein systematisches Training in Ältestenschaft. Wir müssen etwas über die Einzelheiten und Teile erfahren und verstehen und spüren, wie das Universum diese zusammenbringen kann.

KAPITEL 18
Ökologie als Wissenschaft und Kunst

Ich diesem Kapitel möchte ich besonders betonen, dass der Raum zwischen uns unser Zuhause für alles ist, was existiert. Dieser Raum ist unser Lebensraum, der Ort, den wir bewohnen. Nicht nur die Erde, sondern auch das Universum ist unser Zuhause. Anders gesagt, um unserer Erde zu helfen, müssen wir denken wie das Universum, so wie wir uns jedes Mal, wenn wir einem System helfen wollen, in dessen Denken einfühlen müssen.

Abbildung 18.1.: Die Erde ist unser Zuhause (NASA).

Das griechische Wort für Zuhause oder Haus ist *ecos*. Ökologie ist die Wissenschaft, welche die Verbreitung und das Vorkommen (oder die Seltenheit) von lebenden Organismen und deren Austausch mit anderen lebenden Organismen und ihrer Umgebung studiert. Zu dieser Umgebung gehören meistens das Klima, die Geologie wie auch die anderen Organismen, die den Lebensraum teilen.

Bei der prozessorientierten Ökologie geht es nicht nur um die Verbreitung und das Vorkommen von lebenden Organismen und deren Austausch mit anderen lebenden Organismen und ihrer Umgebung, sondern auch um die möglichen Gefühle, Träume, nichtlokalen Interaktionen und das Raumzeit-Träumen aller Beteiligten. Mit anderen Worten, die Ökologie ist das Studium unseres Zuhauses, wozu auch die Austauschprozesse in und zwischen uns allen und der übrigen lebenden oder leblosen Welt und dem Universum gehören. Unsere Wurzeln in dem Raum, der uns umgibt, verbinden uns mit allen und allem im Universum, unserem Zuhause.

Schamanen wie Carlos Castanedas Don Juan sind Öko-Schamanen in dem Sinne, dass sie mit den Gefühlen oder Träumen der Umwelt arbeiten. Mein Interesse am Schamanismus richtet sich auf das magische Feld, das die mexikanischen Yaqui-Indianer das *Nagual* nennen, womit sie die mysteriöse Kraft der Erde meinen, die uns bewegt. Das *Nagual* ist eine Art Raumzeit-Träumen. In diesem Buch habe

Der kosmische Tanz des Ursprungs

Abbildung 18.2.: Das Universum IST unser Zuhause (NASA).

marginalisieren. In diesem Sinne sind wir Umweltignoranten und hinterlassen, ohne es überhaupt zu merken, überall unseren Müll. Die Ökologie ist also nicht nur ein wissenschaftliches Fachgebiet, sondern ein soziales und psychologisches Thema. Wenn sich Ökologie mit Themen wie Geld, Privilegien und Klassenherrschaft vermischt, wenn Menschen dort ihren Müll hinkippen, wo die Grundstückspreise niedrig und die Bewohner arm sind, haben wir es mit Öko- oder Umweltrassismus zu tun.

Die Psychologie muss ökoorientierter werden, um ganzheitlicher zu sein. Die Ökopsychologie versucht, Ökologie und Psychologie zusammenzubringen. Diese Entwicklung hat Theodore Roszack in seinem erstmals 1992 in den USA erschienenen Buch *Ökopsychologie – Der entwurzelte Mensch und der Ruf der Erde* zusammenhängend erläutert. [82] Wir nehmen zwar andere Menschen wahr, messen aber unseren Erfahrungen mit Wasser, Bäumen, Steinen und Tieren keinen großen Wert bei. Die Ökopsychologie fördert unsere Beziehung zu den Wäldern, den Ozeanen und allen natürlichen Umgebungen und damit unsere Fürsorge für die Erde, auf der wir leben. Sie ist ein entscheidender Faktor bei der Schaffung eines Planeten, der für alle Lebewesen nachhaltig ist. Die Ökologie beschäftigt sich im typischen Falle mit der Biosphäre, der Erdoberfläche, die für das Leben steht. Seltener wendet sie sich auch dem äußeren Raum oder einfach den Räumen zwischen der Erde und um die Erde herum zu.

ich das Raumzeit-Träumen bereits mit dem Träumen, dem Tao, dem Quantengeist und dem Prozessgeist in Zusammenhang gebracht.

Wir alle sind tendenzielle Umweltignoranten. Jedes Mal, wenn wir uns nur auf uns selbst konzentrieren und tun, als wären wir unabhängig von der Welt, die uns umgibt, verleugnen wir nicht nur unsere lokale Umgebung als lebendige Einheit, sondern auch die Erde und das Universum. Da sich Ökologie mit der Beziehung zwischen den Tieren und allen Dingen und ihrer natürlichen Umwelt befasst, verleugnen wir das alles, wenn wir unsere Gefühlsbeziehung zur lebenden und zur leblosen Welt

DAS SYSTEMISCHE DENKEN IN DER ÖKOLOGIE

Stellen Sie sich vor, ich besäße einen großen Tisch, auf dem ein ziemliches Durcheinander herrscht. Ich sehe das im Vorbeigehen und sage: „Gut, räumen wir dieses Chaos auf." Dann fege ich das Durcheinander vom Tisch, es fällt auf den Boden, und ich gehe weg. Halten Sie das für eine gute Idee? Ich habe den Tisch leer geräumt, aber das Durcheinander auf dem Boden ist noch größer. Das ist keine nachhaltige Lösung. Wie kommt das? Sie löst das psychologische Problem der *Entsorgung* nicht. Ich habe das Chaos einfach umgeschichtet. Ich habe das Symptom des Durcheinanders allopathisch behandelt, statt mich mit *dem Müllproduzenten* auseinanderzusetzen. Eine umfassendere Lösung wäre, eine Müllentsorgungsparty zu feiern und ein Zuhause für alle Beteiligten zu schaffen, den Müll wie die Müllproduzenten.

Was geschieht, wenn der Stadtverwaltung auffällt, dass eine Gegend der Stadt aus verschiedenen Gründen verwahrlost ist, und beschließt, dort den anfallenden Müll zu lagern? Es stinkt! An einem Ort in der New Yorker Bronx konnte man vor ein paar Jahren den Fluss vor lauter Müll nicht mehr sehen. Als meine Großmutter noch lebte, gab es dort einen Fluss, aber ich habe ihn nie gesehen, weil sich zwischen dem Haus, in dem meine Großmutter wohnte, und dem Fluss so viel Abfall häufte. Ich habe den Fluss erst kürzlich entdeckt. Um den Fluss von der Wohnung meiner Großmutter aus sehen zu können, hätte man erst einmal den Müll abtragen müssen.

Was würden wir tun, wenn es ein Erdbeben gäbe und Chaos entstände? Was würden wir dann tun? Wem würden wir Vorwürfe machen? Was sollen wir unternehmen? Natürlich hat da jede und jeder von Ihnen seine eigenen Überlegungen und möglichen Antworten. Aber das ist die große Frage. Die Ökologie muss sich mit den tiefer gelegenen Erdbewegungen beschäftigen, sonst sind Erdbeben wie das schreckliche in Haiti für die meisten von uns ein totaler Schock. Es ist entsetzlich, was die Menschen da unten durchmachen. (Dieser Abschnitt des Buches protokolliert ein Seminar aus dem Jahr 2010.) Wir haben erst kürzlich mit einer Gruppe gearbeitet, die mit uns nach Haiti fahren wollte. Ich habe eine Organisation für Hubschrauberrettung unterstützt, die Lebensmittel für hungernde Menschen aus der Luft verteilt.

Ökologie und Weltarbeit hängen eng miteinander zusammen. Die Menschen haben sich bei ihrem Kampf um die Lebensmittel, welche die Hubschrauber abwarfen, gegenseitig verletzt. Ich habe, während ich Zeuge dieser Ereignisse wurde, Raumzeit-Träumen praktiziert, und mir ist dabei klar geworden, dass die Gewalt der Erde Teil der Natur ist und ich die Menschen, die um Lebensmittel kämpften, nicht einfach nur kritisieren kann, weil dieser Kampf ganz natürlich ist. Ich schlug also vor, unter den Hubschraubern, welche die Bevölkerung mit Lebensmitteln versorgten, große

Lautsprecher anzubringen und den *bösen* Menschen dort unten, die den Alten und Kranken Nahrungsmittel entrissen, zu sagen: „Alle sind hungrig! Sie sind hungrig! Sie haben seit einer Weile nichts gegessen, und wir bringen Ihnen Lebensmittel. Es ist ganz natürlich, dass Sie darum kämpfen wollen. Wir verstehen das." Wir haben zu dem X gesprochen: „Verausgaben Sie sich aber nicht beim Kämpfen, denn dann werden Sie noch hungriger." Und das hat funktioniert. Die Kräftigsten und Gesündesten schnappten sich die Lebensmittel zuerst, doch statt sie selbst zu verzehren, gaben sie diese tatsächlich an Menschen weiter, die schwächer waren als sie.

Wenn Menschen dringend lebensnotwendige Versorgungsgüter brauchen und wir ihnen diese einfach hinwerfen, müssen wir gefasst sein auf das verzweifelte Verhalten, das wir so pauschal *böse* nennen. Wir müssen lernen, uns in die psychische Verfassung anderer Menschen hineinzuträumen, um sie zusammenzubringen, statt noch mehr Steine (Negativurteile) auf sie zu werfen. Wenn wir uns das ganze Feld bewusstmachen, verstehen wir diese Bedürftigkeit und bedenken alle Beteiligten.

Ein Aspekt von Ökologie ist die Beschäftigung mit der Erdatmosphäre, dem Klima und dem Klimawechsel. Wie begegnen wir der globalen Erwärmung? Findet diese statt? Wie gehen wir mit den damit verbundenen Schwierigkeiten um? Haben Sie dieses Thema in den Medien verfolgt? Was ist 2009 auf der Klimakonferenz der Vereinten Nationen in Kopenhagen passiert? Die reichen Nationen sagten: „Wir erwarten, dass die armen Länder sich uns anschließen. Wir werden sie, falls nötig, finanziell unterstützen." Die armen Nationen rissen sich keinesfalls um diese Chance, und die reichen Nationen kratzten sich am Kopf und fragten sich: „Warum schließen sie sich uns nicht an?" Meine Antwort lautet: Weil es im Vorfeld nicht genügend Austausch gab. Es gab keinen Gruppenprozess! Wir verstärken das Leiden des gesamten Planeten, weil wir uns den Menschen und der Erde einzeln zuwenden und die Erde erforschen, ohne menschliche Beziehungen zu berücksichtigen. Kurz gesagt, wenn wir einen Teil ohne Beziehung zum Ganzen verändern, erzielen wir keine nachhaltigen Lösungen.

Ökologie wird hauptsächlich in den newtonschen Begriffen von Ursache und Wirkung verstanden. Wenn eine Wirkung passiert, wie dass ein Gegenstand zu Boden fällt, lasst ihn uns aufheben oder verhindern, dass überhaupt jemand etwas zu Boden fallen lässt. Wir brauchen aber einen Austausch, der alle und jeden einbezieht, auch Träume, Raumzeit und Schwerkraft.

Was würden Sie zum Beispiel mit einem Menschen anstellen, der seinen Müll auf die Straße wirft? Sollten Sie einfach vorbeigehen? Wie oft gehen Sie auf der Straße an Müll vorbei und denken: „Das hat einfach jemand dorthin geworfen!" Haben Sie den Abfall jemals aufgehoben? Manchmal. Hängt von Ihrer Stimmung ab. Haben Sie den Abfall jemals entsorgt? Was könnte an der Person, die ihren Müll wegwirft, Gutes sein?

Die prozessorientierte Ökologie sagt: Suchen Sie den Austausch mit dem Müllproduzenten, entsorgen Sie ihn nicht einfach. Ist daran, Abfall zu produzieren und ihn wegzuwerfen, irgendetwas Gutes? Manchmal müssen wir Dinge einfach loslassen. Es gibt eine Meditationstechnik, die genau das aufgreift: Lass es los. Im Buddhismus geht es immer wieder darum. Können Sie im gegenwärtigen Augenblick einfach etwas loslassen? Ich sage nicht, dass das eine gute Sache ist, aber um wirklich etwas zu bekämpfen, müssen Sie das Schlechte ebenfalls kennen und entsorgen. Rangieren Sie nichts einfach aus.

Die prozessorientierte Ökologie bringt alles und alle nach Hause. In der Tiefen Demokratie hat jede und jeder das Recht, gehört zu werden! Wir brauchen ein Zuhause mit dem richtigen *Klima* oder der richtigen *Atmosphäre*, in der wir mehr Verständnis und Teamarbeit entwickeln. Dann können wir das Feld der Ökologie als Beziehung zwischen Organismen und deren Umgebung aktualisieren. In der Ökologie geht es um Zuhause und Beziehungen. Vielleicht hat auch der *Böse* etwas beizusteuern. Diese *Bösen* schließen sich Ihnen eher an, wenn Sie so denken. Meditierende, die ihren inneren Müll fallen lassen, und Menschen, die Colaflaschen fallen lassen, sind nur aus der Sicht *guter Menschen böse*, die sagen, recycele alles, selbst aber den Bösen nicht recyceln. Recycling ist eine Metafähigkeit. Wir müssen den Bösen recyceln. Rangieren Sie ihn nicht einfach aus. So war es zum Beispiel früher bei einigen Völkern auf dem Südpa-

zifischen Inseln ganz normal, Dinge auf die Straße zu werfen, weil sich dieser Abfall in jenen Tagen in Kompost verwandelte. Unsere heutigen Produkte sind jedoch meistens nicht biologisch abbaubar, sondern häufen sich. Dinge wegzuwerfen, war einmal eine gute Sache. Heute trägt es zur globalen Katastrophe bei.

Wenn wir ohne Systemgeist Gutes tun wollen, ist das nicht nachhaltig. Denken Sie an die Insel Nantucket vor der Ostküste der USA. Man kam auf die Idee, Windräder für die Energieerzeugung auf dem großen, leeren Landstrich aufzustellen, der sich dort direkt über dem Ozean erhebt. Die meisten halten das für eine gute Idee, weil es Geld und Energie spart, aber die Eingeborenen, die dort leben, teilen diese Meinung überhaupt nicht. Diese Menschen brauchen einen unverstellten Blick auf den Himmel, um täglich die Sonne aufgehen zu sehen, und diese Windräder bringen sie in große religiöse und weltanschauliche Konflikte. Also bringt man die Inselregierung vor Gericht. Einen Handlungsschritt unternehmen heißt den ganzen Planeten beeinflussen. Nantucket ist ein eigenes Ökosystem, das aus der Insel, der Atmosphäre und dem Wasser, die sie umgeben, und der gesamten Bevölkerung besteht.

ÖKOLOGIE ALS TAOISMUS?

Ich möchte Ihnen ein weiteres erstaunliches Beispiel für ein Ökosystem erzählen, wo Probleme auftauchen. Stellen Sie sich eine Insel vor, eine kleine Insel, auf der Sie Schafe züchten, die Gras fressen. Alles ist bislang gut gelaufen, bis es plötzlich ein Gewitter gibt, bei dem Ihre Grasweiden abbrennen. Ihre Schafe verenden schon bald vor Hunger, und Sie sind in einer schwierigen Lage. Mein Gott, was soll ich tun? Soll ich überhaupt neue Schafe kaufen? Was kann ich tun, damit das Gras schnell nachwächst? Sie wissen nicht, was Sie unternehmen sollen. Sie denken daran, einen Ökologen in der Stadt oder auf dem Festland aufzusuchen, beschließen aber stattdessen, Ihre Nachbarin einzuladen, die Taoistin ist. (Nehmen wir einmal an, es gäbe dort eine Taoistin.)

Der verzweifelte Schafzüchter erzählt der Taoistin: „Meine Weiden sind abgebrannt und meine Schafe sterben mir weg. Was soll ich tun?" Und die Taoistin entgegnet: „Ooh, hmmm. Was ist zu tun?" Diese hellsichtig geschulte Taoistin tut jetzt etwas, was mit der Zeit hoffentlich alle Menschen lernen: Sie begibt sich ins Tao und praktiziert eine Form von Raumzeit-Träumen, vielleicht indem sie auf das Tao meditiert. Auf jeden Fall sagt sie: „Oooh, Tao", und gibt dann die Antwort: „Tue nichts."

„Oh, aber ich gehe zugrunde!", protestiert der Schafzüchter.

„Tue nichts! Es gibt nichts zu tun", erwidert die Taoistin.

Nehmen wir an, der Schafzüchter glaubt ihr schließlich und entspannt sich. Was, glauben Sie, passiert daraufhin? Der Bauer könnte seine Existenzgrundlage verlieren, das ist eine Möglichkeit. Doch kurz darauf treiben einige Samen vom Festland herüber, entkommen den Fischen, säen sich am Rande der Insel aus, und bevor Sie sich versehen, wächst dort wieder Gras. Ist das nicht wunderbar? Wie konnte die Taoistin das wissen?

Das Tao des Raumzeit-Träumens ist ein Systemgeist. Bislang ist der Taoismus in der modernen Ökologie nicht ausreichend berücksichtigt worden. Ich will damit sagen, er wird hier dringend gebraucht! Wir brauchen Menschen, die sich in den Prozessgeist des betreffenden Gebietes einfühlen und in Erfahrung bringen, was dort vor sich geht. Die Taoistin hatte das Gefühl, es sei nicht notwendig, aktiv zu werden, obwohl auf der Insel kein Gras mehr wuchs, denn schon bald würde wieder welches wachsen. Natürlich hätte sie auch sagen können: „Siedele um auf das Festland!"

Ökologie als Wissenschaft sollte sich auf Erfahrungen auf der Essenzebene wie auf Chemie und Biologie, Physik, Klimawandel, Erosion und Evolution konzentrieren. Stellen wir uns hier einmal ein ökologisches MIT-Modell vor. Ich habe mit Wissenschaftlern dort korrespondiert, mir ihr Modell von globalen Systemen angeschaut und herausgefunden, wie diese MIT-Gruppe die Welt versteht. Sie beraten die Regierung zu ökologischen Fragen. Ich möchte mir eines ihrer Modelle von der Welt hier einmal mit Ihnen zusammen anschauen.

In Abbildung 18.3 finden Sie in der Mitte ein quadratisches Feld mit der Überschrift „Erdsystem". Dieses Erdsystem hat vier Bereiche: Atmosphäre, urbane oder städtische Prozesse, das Land selbst und den

Ozean. In der Mitte des Diagramms sehen Sie den Begriff „Gekoppelte Prozesse von Ozean, Atmosphäre und Land". Der Ozean steht im Austausch mit der Atmosphäre und infolgedessen verändern sich auch die Gegebenheiten auf dem Land, selbst wenn der Ozean keinen direkten Kontakt mit einem bestimmten Landstrich hat. Das bezeichnen wir als Kopplung. Zwei Dinge tauschen sich auf der anderen Seite der Welt aus und ich fühle das hier, obwohl ich mir der Verbindung zur anderen Seite der Welt nicht bewusst bin. Ein weiteres Beispiel für einen gekoppelten Prozess ist, wenn ich jetzt etwas tue, wie zum Beispiel Müll wegwerfen. Dann könnten Fische diesen Abfall fressen, die wir dann essen, und davon könnten wir krank werden. Das sind kausal miteinander verbundene, gekoppelte Prozesse.

Alle Lebewesen stehen miteinander im Austausch. Sie sind miteinander verkoppelt. Was ein Mensch tut, ist gekoppelt an andere. In diesem Erdsystem beeinflussen sämtliche Prozesse in der Atmosphäre und auf dem Land sich gegenseitig direkt und wahrscheinlich auch indirekt oder nichtlokal. Die Ökologen müssen über lokale, aber auch über nichtlokale oder traumähnliche Gefühle und Interaktionen nachdenken.

Die Abläufe auf der Erde werden durch Vulkane beeinflusst. Als der Mount St. Helen neulich zu brodeln begann (relativ gesehen), kam einer der MIT-Mitarbeiter zu dem (wahrscheinlich übertriebenen) Schluss, dass dabei genug Sauerstoff in die Luft gelangte, um Ausgleich zu schaffen für die gesamte Industrielle Revolution seit ihren Anfängen im 17. Jahrhundert. Hallo? Wir arbeiten daran, Plastik zu recyceln, aber wenn Mount St. Helen rülpst, hilft das unserer ökologischen Situation nicht. Denken Sie an unsere Beziehung zur Sonne, wie die Sonne alle möglichen Stoffe abstößt und uns und unseren Planeten damit beeinflusst. Die Frage, wie viel C02 in die Luft gelangt, ist ziemlich kompliziert. Sollten wir Reflektoren in die Luft schießen, um die Strahlung und Hitze der Sonne zu blockieren? Ja und nein. Monokausale Lösungen erzeugen neue Probleme.

Alle, die wir Diagramme erstellen, wollen für die Zukunft dieses Planeten das Beste, doch manchmal vergessen wir, den speziellen Faktor mit einzubeziehen, den ich „die Bewusstheit unseres tiefsten Selbst" nenne. Die Wissenschaft behandelt Menschen oft als einen Teil von vielen in einem kausal interagierenden System. Wir müssen die traumähnlichen Faktoren ebenfalls einbringen. Welche psychologischen Veränderungen brauchen wir? Eine hat bereits angefangen, viele Menschen sagen heute schon: „Schmeiß deinen Müll nicht einfach weg, versuche ihn zu recyceln." Die Wirtschaft realisiert allmählich, dass man Geld mit Maschinen machen kann, die weniger fossile Brennstoffe brauchen und Energie erzeugen kann, ohne die Umwelt zugrunde zu richten. (Fossile Brennstoffe werden aus Energien wie Kohle, Öl und Gas produziert, die sehr viel Kohlenstoff enthalten und aus dem Zerfall komprimierter toter Organismen entstehen.)

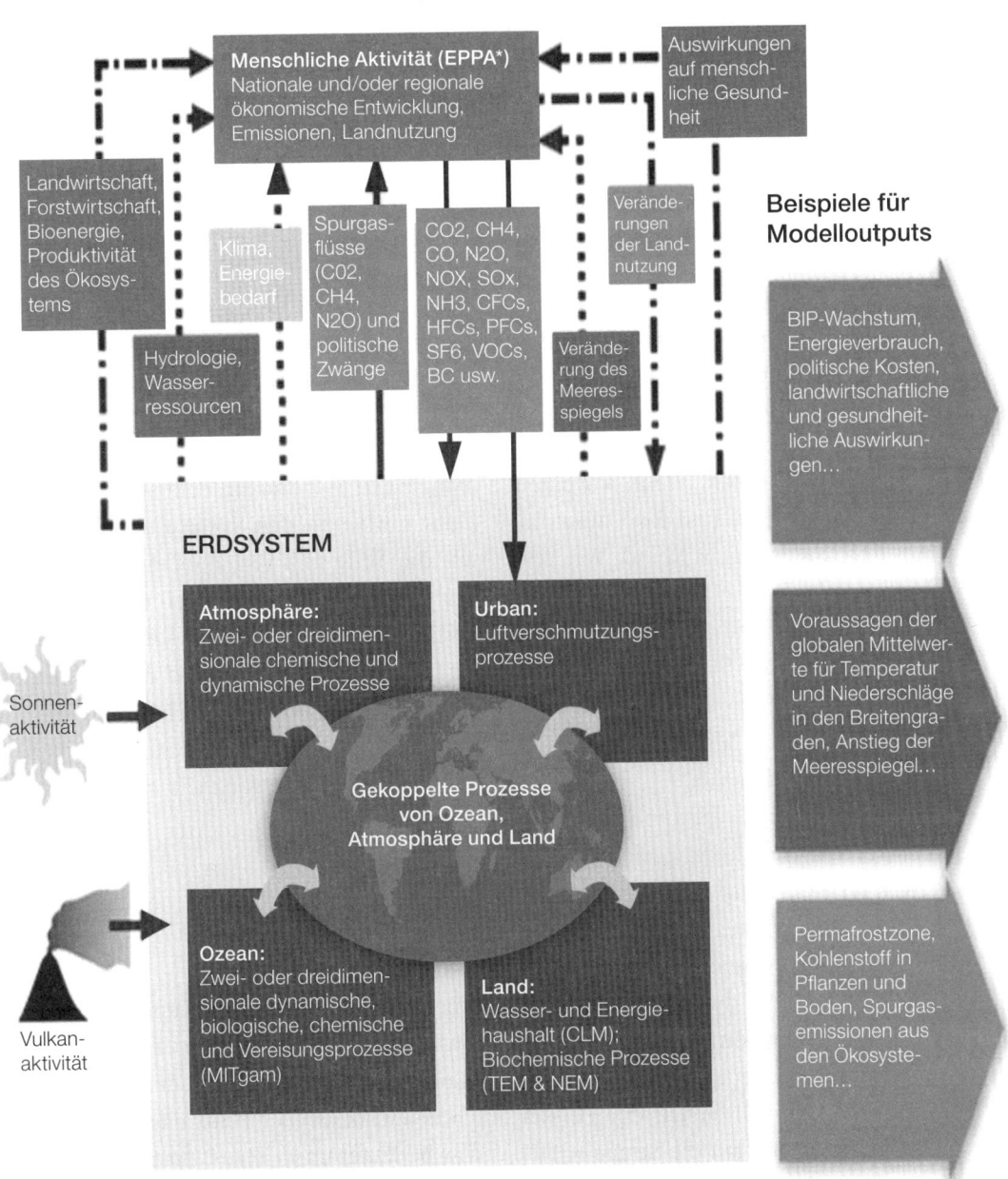

Menschliche Aktivität (EPPA*)
Nationale und/oder regionale
ökonomische Entwicklung,
Emissionen, Landnutzung

Auswirkungen
auf mensch-
liche Gesund-
heit

Landwirtschaft,
Forstwirtschaft,
Bioenergie,
Produktivität
des Ökosys-
tems

Klima,
Energie-
bedarf

Spurgas-
flüsse
(CO2,
CH4,
N2O) und
politische
Zwänge

CO2, CH4,
CO, N2O,
NOX, SOx,
NH3, CFCs,
HFCs, PFCs,
SF6, VOCs,
BC usw.

Verände-
rungen
der Land-
nutzung

Hydrologie,
Wasser-
ressourcen

Verände-
rung des
Meeres-
spiegels

**Beispiele für
Modelloutputs**

BIP-Wachstum,
Energieverbrauch,
politische Kosten,
landwirtschaftliche
und gesundheit-
liche Auswirkun-
gen...

ERDSYSTEM

Atmosphäre:
Zwei- oder dreidimen-
sionale chemische und
dynamische Prozesse

Urban:
Luftverschmutzungs-
prozesse

Sonnen-
aktivität

**Gekoppelte Prozesse
von Ozean,
Atmosphäre und Land**

Voraussagen der
globalen Mittelwer-
te für Temperatur
und Niederschlä-
ge in den Breitengra-
den, Anstieg der
Meeresspiegel...

Vulkan-
aktivität

Ozean:
Zwei- oder dreidimen-
sionale dynamische,
biologische, chemische
und Vereisungsprozesse
(MITgam)

Land:
Wasser- und Energie-
haushalt (CLM);
Biochemische Prozesse
(TEM & NEM)

Permafrostzone,
Kohlenstoff in
Pflanzen und
Boden, Spurgas-
emissionen aus
den Ökosyste-
men...

* emission prediction and policy analysis =
Emissionsvorhersage und politische Analyse

*Abbildung 18.3.: Erdsystem. (Integriertes globales Systemmodell des MIT von 2011.
Siehe mit.edu/images/diagram-igsm-)*

Unsere Wissenschaften müssen mit der Psychologie und den Regierungen zusammenarbeiten. Nachhaltige Lösungen erfordern, ein Einvernehmen mit Menschen zu finden, die zu viel Angst haben, um an die Zukunft des Planeten zu denken. Wir müssen lernen, uns mit unseren Nachbarn zu verstehen – weniger Krieg, bitte. Wir versuchen, unseren Planeten mit der üblichen allopathischen Medizin zu behandeln, das heißt, einfach aufhören mit dem, was die Biosphäre für Menschen oder Tiere vergiftet. Dieser allopathische Ansatz ist gut und wichtig. Nehmen wir zum Beispiel die Luft, die wir atmen. Wenn ich einen tiefen Atemzug nehme und dann ausatme, kommt CO_2 aus meinem Mund. Wir verbrennen Kohle. Was glauben Sie, wohin sich die Kohlenstoffatome der Kohle mit dem Rauch bewegen? Sie werden zu CO_2, Kohlendioxid, und fliegen in der Welt herum. Werde ich diese Moleküle oder diese Atome jemals wiedersehen?

Tyler Volk, Professor für Biologie an der Universität von New York, berichtet, dass Experten für Kohle ihm erzählt haben, der Kohlenstoff, den wir ausatmen, gehe in die Atmosphäre, und es dauere wahrscheinlich nur ein Jahr, bis er in die Blätter des Baumes gelangt, neben dem wir sitzen. [83] Alles, was wir tun, landet also schnell wieder bei uns. Oh! Das sollten wir der Person sagen, die ihren Müll auf die Straße wirft! „Passen Sie auf, dass der demnächst nicht wieder bei Ihnen landet!" Das Wunder der Ökotheorie besteht also darin, dass sie versucht, diese Dinge zusammenzubringen, aber sie braucht eine wirklich globale, ganzheitliche Theorie, die Menschen, Konflikte und Teamarbeit einbezieht.

HOLISMUS

Holismus (von *holos*, einem griechischen Wort, das so viel wie „alles", „ganz", „vollständig" oder „total" bedeutet) ist der Gedanke, dass wir die Eigenschaften eines physikalischen, biologischen, chemischen, sozialen, ökonomischen oder mentalen Systems nicht dadurch erfassen können, dass wir die Teile, aus denen es zusammengesetzt ist, einzeln erforschen. Vielmehr bestimmt das System als Ganzes, wie die Teile sich verhalten. Mit anderen Worten: Wenn wir *diesen* Teil wegen *jenes* Teils verändern – *ich* verändere *Sie*, *Sie* verändern *die anderen* –, ist das wichtig, aber nicht die ganze Geschichte. Alle Teile stehen miteinander im Austausch, sodass wir tatsächlich eine ganzheitliche Systemtheorie brauchen.

WAS HEISST ZUHAUSE?

Wie ich zu Beginn dieses Kapitels bereits erwähnte, stammt das Wort *ecos*, das in Ökologie enthalten ist, aus dem Griechischen und heißt hier Haus oder Zuhause. Was bedeutet unser Haus, unser Zuhause, wirklich für uns? Zunächst einmal geht es hier um das Gefühl, das wir mit einem bestimmten Ort oder Raum verbinden. Hören Sie sich einmal ein Lied über eine Stadt an, die Sie lieben. Denken Sie zum

Beispiel an Norah Jones und stellen Sie sich vor, wie sie von Manhattan singt. Sie erinnert mich damit an diesen Stadtteil, an die guten Erfahrungen, die ich dort machte, die Arbeit, die ich in Harlem und Umgebung fand. Diese Musik beschreibt ein Gefühl von Zuhause:

I go back to Manhattan
As if nothing ever happened
When I cross that bridge
It will be as it always is
As if nothing else existed.

(Ich kehre zurück nach Manhattan,
Als sei gar nichts geschehen.
Wenn ich gleich über diese Brücke gehe,
Wird sie sein, wie sie immer gewesen ist,
Als ob nichts anderes existiert.)

Gut, vielleicht bringen Sie Manhattan nicht die gleichen Gefühle entgegen wie die Sängerin oder ich, aber mir treibt dieses Lied Tränen in die Augen, weil es mich an all die Menschen dort und an wirklich tiefe und wichtige Erlebnisse erinnert. Wie Künstler und Sängerinnen wissen, gehören diese unbeschreiblichen Gefühle zu einem Zuhause. Diese Musik ist ein Teil von Zuhause. Sie ist Teil des ganzen Feldes von Zuhause.

Ich möchte hier noch ein weiteres Zuhause einbringen. Menschen, die in der kleinen Küstenstadt Yachats leben, sagen, dass Amys Lied *Coastal Town* sie an ihr Zuhause an der Küste von Oregon erinnert. Sie sollten sich das Lied einmal anhören: [84]

Evening in this coastal town
People watch as the sun goes down
Fisher people drift out to sea
Their lights glow on the dark blue sea.

(Abend in der Küstenstadt
Menschen betrachten den
Sonnenuntergang
Fischer treiben hinaus aufs Meer
Ihre Lichter leuchten auf dem
dunkelblauen Meer.)

Nicht nur ich, sondern auch andere Menschen aus Yachats sagen: „Das erinnert uns an Yachats! Das ist für uns ein Zuhause." Und sie haben das Lied auf die Webside der Stadt gestellt. Denken Sie einmal an Ihr Land. Vielleicht mögen Sie es nicht besonders, aber denken Sie an die Lieder über Städte und nationale Themen. Viele Menschen beginnen zu weinen, wenn sie die Nationalhymne ihres Landes singen. Warum? Warum weinen sie? Was sagen diese Tränen über ihr zuhause aus, ob sie es mögen oder nicht? Was meine ich hier?

Wir sind uns der Essenzerfahrung von unserer Welt, von unserem zuhause oft nicht bewusst… und so sind wir auch oft nicht zuhause. Die Aspekte von Zuhause sind real und traumähnlich, innere, gemeinsame, musikalisch-poetische Erfahrungen. Zuhause, das heißt bestimmte Tiere mit pelzigen Nasen, besondere Vögel, Steine und Luft, Müll, Monster und Menschen, aber Zuhause ist auch ein musikalisches Gefühl, das über Details hinausgeht. Der wichtigste Punkt ist hier für mich, dass wir uns nicht unserem Zuhause als Ganzheit zuwenden, wenn wir lediglich mit der Realität einzelner Aspekte arbeiten. Wir brauchen die Traumlanderfahrung von Zuhause, die Sie fühlen und hören können, um mit deren Systemgeist zu arbeiten. Nutzen Sie das Ganze, um an den Teilen zu arbeiten.

Holistisch oder ganzheitlich bedeutet, dass wir etwas nicht in Einzelbestandteile zerlegen können, weil wir es dadurch zerstören. Der Atomismus und die newtonsche Physik sind real, dieses verändern, jenes verändern, doch ohne ein tieferes Gefühl von dem Feld, in dem wir leben, vermitteln sie uns nur einzelne Aspekte von Zuhause. Die Ökologie braucht *ecos*; Zuhause, Tiefe Demokratie: das heißt das Reale und das träumend Erfüllte, Werte, Phantasien und die Tänze des Prozessgeistes auf der Essenzebene.

Die Inuit, die Ureinwohner von Alaska, und die Menschen im Himalaja denken, dass wir in die Erde hineinatmen müssen, damit sie lebendig bleibt, und der Atem der Erde uns lebendig hält. Genau das ist holistisches Denken. Der Holismus existiert auch in der Quantenphysik. Im Quantenholismus agieren die Teile auf unerklärliche, quantenverschränkte Art und Weise zusammen.

Der Quantenholismus ist ein Aspekt von Zuhause. Wenn Sie in eine Quantensystembox hineinschauen, sind einige Teilchen verschränkt. Wie kommt es, dass Sie, wenn Sie ein Teilchen anschauen und sehen, eins ist oben, wissen, dass sich das andere nach unten bewegt? Etwas verbindet die beiden Teilchen, etwas, das

Physiker (wie zum Beispiel Niels Bohr) früher als quantentheoretischen Holismus bezeichneten. Manche Physiker sagen: „Was wir nicht messen können, davon reden wir auch nicht." Sie können die Quantenwellenfunktion, die besagt, dass Verschränkung möglich ist, nicht messen, also wissen wir nicht, was das ist: „Das ist einfach Mathematik!" Andere Physiker sagen: „Aber die Mathematik gibt es, also existiert der quantentheoretische Holismus." Wir können holistische Felder wie das Raumzeit-Träumen (noch) nicht messen, aber ich glaube, solche Felder liegen Einsteins Konzept vom Äther (das ich in Kapitel 7 erwähnt habe) zugrunde.

Die prozessorientierte Ökologie ist die Tiefe Demokratie der Ökologie. Ein Zuhause hat viele Ebenen: Zuhause ist real, Zuhause ist Träumen, Zuhause ist die Essenzebene. Und die Essenzebene ist der holistische Hintergrund, der uns hilft, mit all den verschiedenen Konflikten zu arbeiten. Ich weiß noch, dass einer meiner Klienten, als er im Sterben lag, sagte: „Wir kommen nach Hause." Ich fragte: „Was ist Zuhause?" Und er erwiderte: „Das Haus Christi." Ich sagte: „Erzählen Sie mir, wie ist es da drinnen?" Und er sagte: „Es fühlt sich dort wirklich gut an." Ich spreche hier von der Praxis, die Dinge auf der Essenzebene zu spüren.

Teilnehmerin: „Im Buddhismus heißt diese Essenzebene, glaube ich, *kensho* – keine Trennung."

Arny: „*Kensho* heißt, sich bewusstzuwerden, dass es keine Trennungen gibt, auch das ist ein holistisches Modell. *Nichtlokalität* ist ein weiterer Begriff für eine holistische Situation. Zwischen uns existiert kein Raum."

Erinnern Sie sich, in Kapitel 4 erläuterte ich die holistische Natur der Atmosphäre anhand des griechischen Wortes *Kairos*, das „Wetter" wie auch „der richtige Moment" bedeutet. [85] In diesem Zusammenhang erwähnte ich auch den Begriff *Ma*, was auf japanisch etwa „der Raum zwischen zwei strukturellen Teilen" heißt. Künstlerinnen und Künstler verstehen die Kraft des Raumes. Künstlerische Bilder bestehen aus Teilen, doch diese stehen aufgrund des Raumes zwischen ihnen im Austausch miteinander. Picassos Bild *Guernica* zum Beispiel zeigt uns nicht nur einen Ausschnitt aus dem Zweiten Weltkrieg, sondern diesen als Gesamtphänomen. Das ist holistische Kunst.

Holismus ist der verbindende Boden zwischen Wissenschaft und Religion und der Grenze zwischen allem. Bei der prozessorientierten Ökologie geht es darum, real zu sein, atomistisch zu sein, und die verschiedenen kleinen Teile zusammenzufügen. Das Anliegen hier ist, tiefer zu fühlen und auf der Grundlage Ihrer tiefsten inneren Gefühle mit den verschiedenen Aspekten von Dingen zu arbeiten. Was bedeutet das alles für das politische Denken?

Nehmen wir einmal an, die Grünen sagen: „Wir wollen die Leute stoppen, die zu viele Wälder abholzen! Wir werden sie uns schnappen und sie stoppen!" In einer Hinsicht ist es eine gute Sache, zu sagen, dass wir die weitere Abholzung der Wälder verhindern müssen. Aber dies ist eine politische Frage, was gäbe es also noch zu sagen? Was ist mit den Menschen, die mit der Holzwirtschaft ihren Lebensunterhalt verdienen? Sie stünden dann vor dem Nichts. Was ist mit den Forstwirten, die vom Regenwald leben? So einfach ist das alles nicht. Aus der Sicht der prozessorientierten Ökologie ist es nicht dies oder das. Es geht um Beziehungen, setzen wir uns also zusammen, um miteinander zu reden und unseren Prozessgeist zu benutzen.

Abbildung 18.4.: Nichtlokalität in Picassos Guernica (Wikipedia).

Bitte überlegen Sie jetzt, an welchem Umweltproblem Sie gern arbeiten möchten. Welches der vielen Umweltprobleme liegt Ihnen wirklich am Herzen? Wählen Sie eins. Ich zum Beispiel würde mich für das Erdbeben entscheiden, das gerade in Haiti passierte. Stellen Sie sich die Energie dieses Erdbebens vor. Ich werde die X-Energie des Erdbebens in Bewegung umsetzen und dann eine Energieskizze davon anfertigen, die entsprechend dynamisch sein wird. Und dann gibt es da noch das kleine *u* in mir, das über dieses Erdbeben und die schrecklichen Dinge, die es angerichtet hat, so aufgebracht ist – dieser Teil von mir ist ruhiger und zentriert. Die Energie dieses *u* würde ich als Unendlichkeitssymbol zeichnen. Und dann finde ich in Form einer körperlichen Erfahrung zum Prozessgeist.

Die Idee hier ist, dass Sie durch eine Körpererfahrung zum tiefsten Teil von sich finden, ihn fühlen, um diese Erfahrung dann mit einem Flecken Erde zu verbinden. Ich werde nicht die ganze Meditation mit Ihnen machen, aber es geht auch hier darum, sich in Ihren Prozessgeist zu begeben und sich mit ihm zu bewegen, bis ein nichtkognitiver Moment eintritt, der nicht vorhersehbar ist. Dort finden Sie zum Raumzeit-Träumen und zu möglichen Lösungen.

IGNORANZ

Teilnehmer: „Bevor wir diese Übung machen, möchte ich hier gern sagen, dass die Umwelt für mich primär ein materielles Problem ist. Grundlegend ist dabei, dass wir Ressourcen schneller verbrauchen als sie ersetzt werden, und die Umweltverschmutzung schneller passiert, als wir sie abbauen können. Wir bauen unsere Wohnungen und Häuser zunehmend so, dass sich darin nicht mehr gut leben lässt. Ich habe damit zu kämpfen, dass die Konsensusrealität diese simplen Tatsachen nicht akzeptiert, obwohl sie aus der Sicht der Wissenschaft und des gesunden Menschenverstandes doch so offensichtlich sind. Ich kenne keinen einzigen Menschen, der durch seine bloße Lebensweise keinen Schaden anrichtet. Wir alle beschleunigen das Problem und haben noch nicht einmal angefangen, diese Entwicklung wenigstens zu verlangsamen.“

Arny: „Ja, alles, was wir tun, bescheunigt das Problem; selbst wenn wir einfach nur unser Leben leben. Problematisch ist bereits, dass wir auf diesem Planeten so viele sind.“

Teilnehmer: „Das zu begreifen ist unglaublich schmerzlich, und meistens muss ich das einfach ausblenden. Es tut einfach zu weh. Wie helfen wir Menschen, die ignorieren, sich diesen Tatsachen zu stellen und die damit verbundenen Gefühle zu akzeptieren, wie auch die Botschaft dieser Gefühle, die uns sagen, in welch verzweifelter Lage wir uns befinden? Die meisten Menschen scheinen nicht bereit zu sein, sich diesen schmerzlichen Gefühlen zu stellen.“

Arny: „Ich bin völlig Ihrer Meinung. Menschen müssen unter anderem zu hören bekommen, dass die menschliche Rasse vielleicht nicht mehr lange hier ist, wenn sie nicht aufwacht und die eigene Natur und die Natur der Erde und des Universums begreift.“

Teilnehmer: „Ich kann nicht sehen, dass wir mit der uns zur Verfügung stehenden Energie verantwortungsbewusst umgehen.“

Arny: „Sie haben Recht. Es gibt hier einen riesigen X-Faktor, einen Ignoranten! Das ist eine Geisterrolle.“

Teilnehmer: „Richtig, 90% der Spezies,

die jemals existiert haben, sind bereits ausgelöscht. Das ist wahrscheinlich auch unser Schicksal."

Arny: „Ja, das ist einer der Gründe dafür, dass ich diese besorgniserregende Situation erforsche. Wie können wir für alle eine nachhaltigere Zukunft schaffen? Hier im Raum ist sehr viel Ungeduld spürbar, mit unserer Ökoarbeit jetzt weiterzumachen."

....

ÜBUNG: PROZESSORIENTIERTE ÖKOLOGIE IN ANWENDUNG AUF DIE PROBLEME DIESER ERDE

Konsensusrealität, Träumen und HOLISTISCHES Raumzeit-Träumen

1. Wählen Sie ein Umweltproblem, das Ihnen am Herzen liegt. Wie sieht eine mögliche Lösung in der Konsensusrealität aus? Sehen und fühlen Sie die Energie dieses Umweltproblems und setzen Sie diese in Bewegung um. Machen Sie dann eine Skizze davon und nennen Sie diese Energie X. Gibt es Menschen, die Sie an dieses X erinnern?

2. Wer in Ihnen ist durch X am meisten aufgebracht? Fühlen Sie diese u-Energie, setzen Sie sie in Bewegung um und machen Sie dann eine Skizze davon.

3. Suchen und finden Sie in Ihrem Körper den tiefsten Teil von sich. Dann atmen Sie in diesen Körperbereich, und wenn Sie so weit sind, bringen Sie ihn mit einem Ort auf der Erde in Verbindung. Atmen Sie in diesen Flecken Erde hinein und seien Sie dieser Ort, bis Sie die Erfahrung machen, dass er durch Sie tanzt.

4. Jetzt entspannen Sie sich noch weiter, um wieder in Berührung mit Ihrem Raumzeit-Träumen zu kommen, und wenn Sie zum Tanz gefunden haben, nutzen Sie diese Körpererfahrung, um das X und das u auf der Erde zu erforschen. Forschen Sie und schreiben Sie auf, was der Tanz des Raumzeit-Träumens Ihnen in Bezug auf den Umgang mit dem Problem von X + u rät. Wie sehen diese Einssichten aus, wenn Sie sie mit der Lösung auf der Ebene der Konsensusrealität vergleichen, die Ihnen zu Beginn der Übung kam?

ANSCHLIESSEND

Arny: „Diese Übung zeigt uns nichtkognitive Lösungen auf. Es ist schwierig, Nonverbales oder Nichtkognitives zu zeigen, aber Sie werden fühlen, worum es geht. Dabei ist zu bedenken, dass auch Lösungen wichtig sind, die so aussehen, dass Menschen weniger Auto und mehr Bus fahren. Doch die Medien sagen, dass vor allem in den USA etwa 50 % der Öffentlichkeit und ein kleinerer Prozentsatz von

Wissenschaftlern keinerlei soziale oder ökologische Veränderungen wollen und die Menschen in unserem Land sogar den Klimawandel bezweifeln. Dahinter verbirgt sich ein heftiger Konflikt. Angeregt durch die Klimaphysikerin Prof. Catherine Gautier-Downes, hat Amy mit Wissenschaftlern und Vertreterinnen der verschiedenen Seiten ein offenes Forum veranstaltet. [86] Auch ein konservativer Thinktank, der Menschen schickt, damit sie solche Foren stören, tauchte bei uns auf. Viele Menschen vertraten lautstark diese oder jene Seite! Erstaunlich, dass das Forum trotzdem gut verlief und Menschen auf beiden Seiten der Debatte über den Klimawandel schließlich die Seiten wechselten, weil sie anfingen, wirklich zu verstehen, was passiert, und sich sogar miteinander anfreundeten. Offensichtlich steht da noch mehr Arbeit an, aber dies war immerhin ein Anfang.

Innere Arbeit, wie wir Sie in der letzten Übung getan haben, hilft uns, prozessorientierte Lösungen zu finden, was für mich heißt, sich nacheinander für alle Seiten zu öffnen und sie zu unterstützen. Mir geht es also bei der letzten Übung darum, beim Tanz des Prozessgeistes zu bleiben, bis er Ihnen Informationen zu dem anstehenden Thema vermittelt. Lassen Sie sich überraschen. Ich würde jetzt gern hören, was Sie gerade erlebt haben und ob noch Fragen offen sind."

Erste Teilnehmerin: „Meine anfängliche Lösung bestand in einer radikalen Bevölkerungskontrolle: die Jungen, die Alten, die Gebrechlichen, nicht so viele Kinder, also auf vielen Ebenen. Und als ich mit X + u gearbeitet habe, stellte sich tatsächlich heraus, dass ein Teil von mir die Kontrolle über alles an sich reißen will und der andere Teil ganz erstarrt und sehr erschrocken ist. Das Raumzeit-Träumen war dann wie beim Tai Chi – ein Fließen mit dem, was diese beiden Seiten bewegte und nichts davon hielt länger an. Ich fühlte, dass beide Seiten sich überforderten und sich entfalten würden, wenn ich beide unterstützte. Der Punkt war, Vertrauen zu haben in diese Seiten, die sich entfalteten und ständig veränderten, und mich nicht so stark an das zu klammern, was im jeweiligen Augenblick geschah."

Arny: „Danke für Ihren Bericht. Tai Chi ist ursprünglich ein Erdentanz gewesen, der sich aus den Elementen der Erde entwickelte, den Tieren, den Wolken, der Sonne. Das alles steckt im Tai Chi. Sie haben erlebt, dass zwischen den Energien ein Tanz stattfindet, der ein *Zuhause* für sie schafft, sodass sie besser zusammenarbeiten können."

Zweite Teilnehmerin: „Ich habe etwas Ähnliches erlebt. Mein Thema war, dass die großen Farmen die kleinen schlucken. Die Energien waren zugleich Hände, die sich langsam bewegten, wobei die eine nach oben und die andere nach unten drückte. Mein Gefühl war, dass wir den Konflikt nicht lösen können, dass wir keine Schöpfer sind. Etwas anderes will passieren. Diese Einsicht hatte ich noch nie. Ich war immer eine engagierte

Umweltkämpferin, immer aktiv, aber das Gefühl bei der Übung eben ist neu. Es weckt in mir den Wunsch, mich mehr auf andere zu beziehen und mehr in Gemeinschaft zu machen. Und von da aus kann ich mir vorstellen, mich wieder an politische Schauplätze zu begeben und dort schwierige Themen liebevoller, freundlicher und entspannter anzugehen."

Arny: „Richtig, weder die konventionelle Aktivistin noch die Skeptikerin sind das Ende der Geschichte. Es geht immer um Beziehungen. Mich macht wirklich glücklich, was ich von Ihnen beiden gerade gehört habe."

Dritter Teilnehmer: „Ich möchte einfach auf die Atmosphäre hier zwischen uns hinweisen, nachdem wir alle wieder zusammengekommen sind, um miteinander zu reden. Vor der Übung war ich so angespannt, und jetzt sitze ich hier viel ruhiger und entspannter. Nach diesem Zugang zu unserem Prozessgeist und unserem Flecken Erde fühlt sich das einfach wie ein sehr wichtiger Weg an, zu der Verbundenheit zu gelangen, die wir brauchen, um diesen Ansatz in die Weltarbeit und offene Foren einzubringen."

. . . .

RÜCKBLICK AUF KAPITEL 18

- Die prozessorientierte Ökologie befasst sich mit der Realität, dem Träumen und der Essenzebene sämtlicher Interessensvertreterinnen und –vertreter bei einem Konflikt oder einem Umweltproblem.

- „Deine Familie nach Hause bringen" heißt, selbst die störenden Faktoren als Teil unserer Familie zu betrachten und alle Parteien zum Raumzeit-Träumen zu bewegen.

- Wir brauchen Kontakt zum Universum, um der Erde helfen zu können.

KAPITEL 19

Quantenkohärenz im persönlichen Leben und in der Ökologie

Im letzten Kapitel habe ich erzählt, dass man mich einmal fragte, wie man die Menschen in Haiti mit Lebensmitteln versorgen könne, ohne dass es dabei unter ihnen zu Kämpfen kommt. Die Hilfsorganisation, die mich um Unterstützung bat, gehörte zum südlichen Kommando der US-Armee. Die Person am Telefon hatte zunächst wie ein gewöhnlicher Angestellter geklungen, der einfach helfen wollte, aber da meine Methode wirkte, erfuhr ich, wo diese Person tatsächlich arbeitete, und war schockiert. Die SouthCom, das südliche Kommando der Armee der Vereinigten Staaten, hat seine Basis in Miami. Offensichtlich setzt man diese Methode dort jetzt auch für weitere Rettungsaktionen ein, weil sie so gut funktionierte. Das Raumzeit-Träumen hat Eingang in die Armee gefunden!

Im letzten Kapitel sprach ich davon, dass prozessorientierte, ökologisch fundierte Lösungen im Prinzip holistisch sind – sie arbeiten mit den Beziehungen zwischen sämtlichen Seiten. Bevor ich die Probleme in Haiti anging, benutzte ich meinen eigenen irdisch-verwurzelten Prozessgeist, um die Macht von X als Facilitator zu beglei-

ten, das Erdbeben, das ich deutlich spürte, als das Meer gegen die Felsen schlug und dann in der Ferne des Ozeans Stille eintrat. Das nahm der Energie dieses Erdbebens für mich den Schrecken – es war einfach ein Sturm, auf den ruhiges Wetter folgte. Mir wurde klar, dass der Impuls zum Töten, um an Lebensmittel heranzukommen, ebenso natürlich ist wie ein Erdbeben. Genau diese Einstellung inspirierte mich, den *Managern* der Situation zu sagen, sie sollten durch ihre Lautsprecher mit den Menschen unten sprechen und ihnen sagen: „Es ist in Ordnung und ganz natürlich, dass ihr um Nahrungsmittel kämpfen wollt, aber das ist nicht die ganze Geschichte. Verausgabt euch nicht beim Kämpfen, sonst werdet ihr noch hungriger."

Das funktionierte! Die Menschen hörten tatsächlich auf mit ihrem Gerangel. Man hat mir das erzählt. Die Menschen unten hörten diese Botschaft aus den Lautsprechern des Helikopters, und die Kräftigsten und Fittesten von ihnen, die in der Mitte standen, um als erste ihre Lebensmittel zu bekommen, fingen die Kisten auf, bildeten einen Kreis, und viele von ihnen gaben die Nahrungsmittel weiter an die Alten und

Schwachen und die Kleinen ganz am Rande des Kreises, die sonst vielleicht nichts abbekommen hätten.

Die prozessorientierte Ökologie kreist um das Gefühl von Zuhause. Die Idee von Zuhause hat viele Dimensionen. Sie meint nicht nur die Einrichtung Ihrer Wohnung, sondern auch ein Gefühl. Bevor Sie mit einer Person oder einer Organisation als Klient arbeiten, sollten Sie darauf achten, für alle beteiligten Energien ein *Zuhause* zu schaffen. Kranke oder leidende Menschen suchen deswegen Ihren therapeutischen Rat, wenden sich an Sie als Wirtschaftscoach oder Beraterin, weil sie dieses Zuhause brauchen, selbst wenn das gefühlte Bedürfnis danach ihnen selten bewusst ist. Wahrscheinlich fühlen sich viele Menschen mit sich selbst oder in ihren Gemeinschaften nicht zuhause.

Wir können am besten helfen, wenn wir dieses Gefühl von Zuhause vermitteln. Was hindert uns daran, uns zuhause zu fühlen? Manchmal haben Menschen Hunger, Angst oder Panik oder sind einfach ärgerlich. Erforschen Sie die störenden X-Energien und bringen Sie sie ein in das größere Feld, sodass sie nicht mehr irritierend sind, sondern zu kreativen Faktoren werden.

TOE ODER EINE THEORIE VON ALLEM

In gewisser Weise ist die Ökologie eine Theorie von allem, oder sollte es jedenfalls sein. Wir brauchen etwas, das alle Teile zusammenfügt, etwas, das Sie einbringen können, wenn Sie mit Rettungshubschraubern, Klimawechsel, Organisationen, Umweltfragen oder an sich selbst arbeiten. Gibt es etwas, dass alles zusammenbringt? Eine Theorie von allem!

Die Ökologie muss sich, um holistisch zu sein, den einzelnen Teilen wie diesen in ihrer Gesamtheit zuwenden. Drei holistische Ansätze kommen mir dabei in den Sinn, die ich bereits erwähnt habe. Ihr erster Traum in der Kindheit strukturiert tendenziell die meisten Ereignisse in Ihrem Leben. Die Glaubenssysteme von Ureinwohnern und spirituellen Traditionen gehen von Feld-Geistern aus, Göttern und Göttinnen, die alles miteinander verbinden. Die Quantenphysik und die Quantenwellenfunktion und die Idee der Verschränkung sind holistisch in dem Sinne, dass die Teile eines Systems an unterschiedlichen Orten miteinander verbunden sind, ohne dass wir wissen, was sie miteinander verbindet.

Das ist eine interessante Theorie, aber ist Sie in Ihrem Alltag anwendbar? Ich hatte neulich, wie viele Menschen hin und wieder, Probleme mit meinem Computer. Das ist heute so verbreitet wie die übliche Erkältung. In der Woche konnte ich über die drahtlose Verbindung keine Internetverbindung herstellen! Wenn mein PC nicht funktioniert, ist das für mich, wie wahrscheinlich auch für viele von Ihnen, ziemlich dramatisch, weil die meisten meiner nationalen und internationalen Kontakte darüber laufen. Mir brach also der Schweiß aus. Ich weiß nicht, wie das bei Ihnen ist, aber wenn ich nervös werde, fange ich an zu schwitzen. Ich versuchte, das Problem zu beheben! *Zu beheben!* Das klappte nicht. Am selben Tag hatte schon jemand unsere Pin-Nummern für Banküberweisungen geklaut und jetzt noch das! Manchmal ist das Leben ziemlich kompliziert. Wie auch immer, ich bemühte mich nach Kräften und begann zu schwitzen. Ich sagte zu mir: „Arny, mit dir stimmt etwas nicht!"

„Aber das bin nicht ich, das ist die WLAN-Verbindung!", sagte mein kleines *u*. Ich bat also Amy um Hilfe, und sie rief Freunde an (Joe, vielen Dank für deine Hilfe!), sie rief die Nachbarn unter uns und über uns und alle an, die in unserem Haus einen Computer haben. Mir wurde klar, dass hier etwas nicht richtig war. Ich versuchte es also wieder einmal mit meiner eigenen Theorie! Ich arbeitete mit ganz praktischen Schritten an mir. Ich musste „Ja!" sagen zu meiner Nervosität. Dann begab ich mich in einen halb träumenden Zustand, und bei diesem Raumzeit-Träumen machte es in meinem Körper klick! klick! und der Computer funktionierte wieder! Aber ich konnte nicht zurückverfolgen, was ich da eigentlich getan hatte. Ich kann das immer noch nicht genau sagen. Ich hatte ganz logische Schritte getan, aber ich wusste nicht, was da passierte. Ich werde mich gründlicher über drahtlose Verbindungen und die Zusammenhänge zwischen Technologien wie Intel und Windows und Raumzeit-Träumen informieren und diese erforschen müssen. Ich liebe das Raumzeit-Träumen, weil es nichtkog-

nitiv ist, aber es ist auch frustrierend für den normalen Verstand, das kleine *u* in der Konsensusrealität, das alles genau wissen möchte!

Teilnehmer: „Veranstalten Sie demnächst eine Konferenz über Computer und Prozessarbeit?"

Arny: „Ich will es versuchen! Ich bin noch am Lernen. Was ich eigentlich sagen wollte, ist, was da falsch lief – nun, meine drahtlose Netzwerkverbindung funktionierte nicht –, aber was wirklich falsch lief, war, dass ich meine Nervosität nicht bejahte, sondern lediglich als Symptom betrachtete. Der in mir, der die Dinge pathologisierte, und das Symptom waren im Konflikt. Solange X sagte, *u* solle nicht so nervös sein, solange X sagte: „Nimm's leicht, warum bist du so nervös?", statt mit einem Ökogeist, einem Prozessgeist Ja zu der pathologisierenden Seite wie auch der Nervosität zu sagen und tiefer zu gehen, hatte ich ein Problem.

Dabei kommt mir eine Frage: Wenn es so wertvoll ist, sich in Ihren Prozessgeist zu versenken und die einzelnen Seiten zusammenzubringen, warum tun wir das dann nicht häufiger? Warum sind wir, biologisch, psychologisch oder spirituell (oder wie auch immer) nicht ständig auf unseren Prozessgeist eingestimmt? Wie kommt es, dass wir uns von einem so tiefen und nützlichen Teil von uns abgespalten haben? Wenn unser Prozessgeist so großartig ist, warum haben wir uns dann davon abgewendet?

Aus der holistischen Sicht des Prozessgeistes sind das Erdbeben, der Hunger und die mörderische Panik Teile des Universums. Es braucht sie, wie ich bereits sagte, um für sich selbst wach zu werden. Und trotzdem, warum vergessen wir diese wunderbare Möglichkeit, wenn wir sie einmal entdeckt haben? Und warum verlieren wir unser Gefühl für das Ganze immer wieder?

DEKOHÄRENZ

Es gibt auf diese Frage nicht die eine Antwort, sondern wahrscheinlich so viele Antworten, wie Menschen existieren. Um darauf antworten zu können, wollen wir einmal gründlicher darüber nachdenken, was es heißt, mit unserem tiefsten Selbst eins zu sein. Denken Sie an den Schlaf als mögliches Beispiel: Sie sind eins, wenn Sie träumen. Für Ihren träumenden Geist gehören diese und jene Seite beide zum Träumen. Sie können „das gute kleine Selbst hier" wie „das Gebrüll dort" sein. Der träumende Geist hat für beide Platz. Und wenn Sie dann aufwachen, wenden Sie sich meistens der Seite zu, mit der Sie sich identifizieren. Bevor Sie aufwachten, gab es viele Möglichkeiten, nach dem Aufwachen gibt es nur eine.

Wenn wir nur in der Welt der Teile und damit in der Konsensusrealität verankert sind, sind wir wie ein Fisch ohne Wasser. Wenn wir uns nur in der Konsensusrealität bewegen, ohne ein Gefühl für das Träumen, die Erde, das Universum, das Feld, in dem wir schwimmen, sind wir wie ein Fisch auf dem Trockenen. Wir brauchen das Feld, den Teil von uns, der Ja sagt zu diesem und Ja sagt zu dessen Gegenteil. Das Feld selbst ist nicht im Konflikt. Ein Teil von Ihnen mag im Konflikt sein, aber das Feld hat Raum und Mitgefühl für alle Ihre Anteile. Ich nenne die Tendenz, sich aus der grundlegenden Einheit herauszubewegen, *Dekohärenz*.

KOHÄRENZ

Kohärenz heißt, wie ich bereits sagte, eingestimmt sein. Dekohärenz bedeutet demnach, die Verbindung zu Ihrem grundlegenden, stochastischen, tanzenden Selbst zu verlieren. Und wir verlieren sie, weil wir als Menschen festgelegt wie auch total zufällig sind. Ihr Alltagsgeist muss sehr flexibel und offen für spontane Veränderungen sein, um eingestimmt zu bleiben. Wo zeigt sich das Problem der Kohärenz in spirituellen oder religiösen Traditionen? Was sagen diese Traditionen über Kohärenz? Was sagen Sie Ihnen? Ihre Kernbotschaft – wenn auch nicht immer das Dogma – lautet: „Komm in Berührung mit deinem tiefsten Selbst", ganz gleich, welchen Namen es hat.

EINSEIN MIT ALLEM
EINSSEIN MIT GOTT

Die Nez Perce-Indianer in Joseph, Oregon, erzählen, als die Europäer kamen und zu ihnen sagten: „Ihr müsst arbeiten und pünktlich sein", habe ihr Häuptling, Joseph, erwidert: „Meine Leute werden niemals arbeiten, sie träumen." Ich weiß noch, wie ich das hörte, als wir in Joseph waren, der Stadt, die nach diesem Häuptling benannt wurde. Denken Sie jetzt, dieser Mann wolle nicht arbeiten? Nein, das hat er damit nicht gemeint. Was er sagte, war vielmehr: Wir nehmen unsere Ganzheit mit uns. Ganz gleich, was wir tun, wir müssen träumen. Wenn Sie also wie die meisten von uns von 9 bis 17 Uhr arbeiten müssen, sollten Sie dabei Ihr Träumen nicht vergessen.

Die Aborigines in Australien sagen, dass wir die Erde träumen. Buddhistische Meditierende sprechen vom Buddha-Geist und die zen-buddhistische Rinzai-Sekte spricht von *mu-shin*, eins sein mit allen Dingen. Gibt es noch weitere Meditationspraktiken oder innere Erfahrungen, die Ihnen helfen, eins zu sein mit Ihrem ganzen Selbst? So viele, wie es Menschen gibt. Ich habe gesagt, „steig halb ein und halb aus", und meine damit einen Zustand, in dem wir halb schlafen und träumen und zugleich wach sind in der Konsensusrealität, auf dieser Ebene und auf jener Ebene. Das Einbringen des Prozessgeistes in die Konsensusrealität ist eine Frage der persönlichen Entwicklung, wir können Leute nicht dazu zwingen. „Oh! Der Wecker klingelt! Steh auf und zieh dich an!" – auch das ist wichtig. Dekohärenz!

HAT DEKOHÄRENZ AUCH ETWAS GUTES?

Vielfalt! Dekohärenz schafft Klarheit, getrennte Welten und Vielfalt. Bei Dekohärenz gibt es immer jemanden, der sagt: „Heh! Du hast mich vergessen! Du hast mich und meine Leute vergessen!" Es gibt viel gute Vielfalt, die auf Dekohärenz zurückgeht, dazu gehören auch unsere Überlegungen, Teile und Aspekte von Bewusstheit. Aus der tiefsten Sicht sind Katastrophen und Einseitigkeiten, welche die Vielfalt bedrohen, ein Potenzial für mehr Bewusstheit. Ihre psychischen Probleme kommen ständig wieder hoch: „Oh! Dieses alte Problem wieder. Ich bin wirklich für nichts gut! Bitte nicht das schon wieder. Ich habe 30 Jahre lang daran gearbeitet. Warum komme ich nicht darüber hinweg?" Eine ganz andere psychologische Herangehensweise wäre, sich stattdessen zu fragen: „Wie kann ich mich für dieses Problem jetzt öffnen?"

KONGRUENZ UND KOHÄRENZ

Ich muss mich mal eben mit mir selbst besprechen: „Arny, warum musst du über Kohärenz reden? Ist das für die Psychologie nicht ein neuer Begriff? Warum ihn nicht in der Physik lassen?" Eine andere Seite von mir sagt: „Nein, das ist kein neuer Begriff, er begegnet uns auch in anderen Zusammenhängen. Und ja, es ist ein neuer Begriff. Ich benutze ihn, weil ich unsere

Vorstellung von Kongruenz aktualisieren und das Raumzeit-Träumen besser verstehen möchte!"

In der Prozessarbeit meint Kongruenz die Kongruenz von Signalen. *Kongruenz* ist ein Maßstab dafür, inwieweit Sie übereinstimmende Signale aussenden. Wenn mein Arm sich zum Beispiel ganz eigenständig und ohne dass ich als ganze Person daran beteiligt bin, nach rechts bewegt, bin ich inkongruent. Gehe ich hingegen mit der Bewegung mit, ist sie kongruenter mit all meinen Signalen.

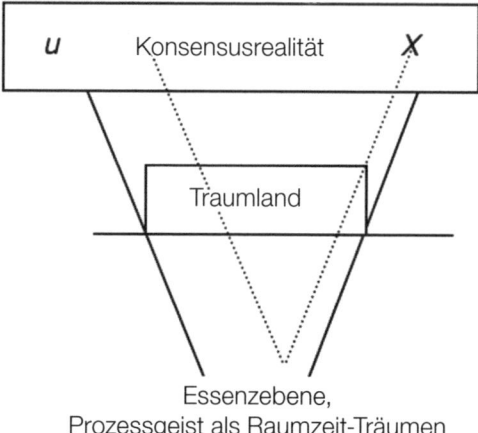

Abbildung 19.1.: Der Prozessgeist in der Realität oder Träumen im Wachzustand

In der Prozessarbeit heißt Kongruenz, dass Sie eins sind mit Ihrem Prozessgeist, mit dem Raumzeit-Träumen. In diesem Zustand spüren Sie schon vorher, dass Ihr Arm sich gleich heben wird, und gehen mit der Bewegung mit, sodass die Übergänge weniger abrupt sind. Alle Ihre Signale – Ihr Körper, Ihr Geist und Ihre Seele und was sonst noch immer – agieren als Einheit.

Kongruenz heißt übereinstimmen mit den Signalen und Ereignissen im Traumland oder in der Konsensusrealität oder beiden. Kohärenz verläuft von unten nach oben, von den Ebenen der Essenz und des Traumlands in die Konsensusrealität. Bei Kohärenz befinden Sie sich in einem halb träumenden Zustand und Ihre Signale senden alle dieselbe Botschaft, singen sozusagen alle dasselbe Lied.

Zu Inkongruenz kommt es immer dann, wenn Sie oder andere Menschen Doppelsignale aussenden oder sich unbewusst verhalten. Dann können Sie sagen: „Ich möchte diesen Personen gern helfen, kongruenter zu werden, indem sie ihre Doppelsignale wahrnehmen und in bewusstes Handeln umsetzen." Das ist, wie einen Traum integrieren. Darum gehört Kongruenz zum Traumland und den Ebenen der Konsensusrealität.

Kohärenz ist ein Gefühl der Essenzebene, das Gefühl, mit Ihrer grundlegenden Natur so eng verbunden zu sein, dass Sie nicht inkongruent werden. An Doppelsignalen ist nichts verkehrt, doch Kohärenz geht aus der Essenzebene hervor und ist einfach nachhaltiger! Kohärenz ist ein Gefühl des Prozessgeistes, bei dem Sie völlig kongruent sind, ohne an Ihren Signalen arbeiten zu müssen.

Was ich die Ebene der Essenz oder des Prozessgeistes nenne, würden einige Quantenphysiker als *Psi*-Funktion, das heißt Wellenfunktion, bezeichnen. Was ist die Wellenfunktion? Sagen wir, ein imaginäres Summen, das Grundmuster hinter den Dingen. Menschen, die sich ihr zum ersten Mal zuwandten, hielten sie für real, doch tatsächlich handelt es sich hier um ein traumähnliches, imaginäres Summen. Niemand hat die Wellenfunktion jemals gesehen. Sie ist ein mathematisches Muster, mit dessen Hilfe sich Dinge erklären lassen, aber niemand weiß genau, was sie ist.

Abbildung 19.2.: Tai Chi.

In Kapitel 2 erzählte ich, dass Schrödinger zuerst glaubte, seine Entdeckung der Wellenfunktion sei falsch, weil sie impliziert, dass zwei Dinge gleichzeitig wahr sein können. Seine Katze konnte gleichzeitig tot und lebendig sein! Oder wir können gleichzeitig gut und böse sein!

Die Überlagerung von Gegensätzen war für die Wissenschaftler zu Beginn des 20. Jahrhunderts ein großes Problem. Bis zu der Zeit hatte es nur Objekte gegeben. Jetzt gab es auch sich überlagernde Quantenzustände! Wie können zwei Dinge gleichzeitig wahr sein? Können Sie gut und böse zugleich sein? Ein schrecklicher und ein phantastischer Mensch? Unser Prozessgeist begrüßt sämtliche Teile von uns! Das Raumzeit-Träumen Ihres Prozessgeistes, der Tanz der Verbundenheit in Ihnen, heißt alles willkommen. Er ist ein Zuhause wie ein Tanz, der alle Energien und Teile oder Momente des Tanzes einbezieht.

In meinem Buch *Der verborgene Code des Bewusstseins* erzähle ich, wie Niels Bohr, einer meiner großen Helden, in seinen späten Lebensjahren für seine Kopenhagener Interpretation der Quantentheorie eine Tai Chi-Medaille verliehen bekam. Das Tai Chi-Symbol besteht aus einem Kreis mit dem Yin-und-Yang-Zeichen, weil Tai Chi, oder das *Größte und Höchste*, davon ausgeht, dass Yin (die weibliche Energie) und Yang (die männliche Energie) miteinander verwoben sind. Laut Taoismus war vor allen anderen Dingen Tai Chi, das Yin-Yang-Symbol, das zum Ausdruck bringt, dass vor jedem Einzelnen zwei rotierende (wellenähnliche!) Elemente gleichzeitig existierten. Ich kann zwischen beiden fließen und beide sein, ein Erdbeben wie ein total ruhiger Mensch, von einem zum anderen rotierend, vor allem, wenn ich kohärent bin!

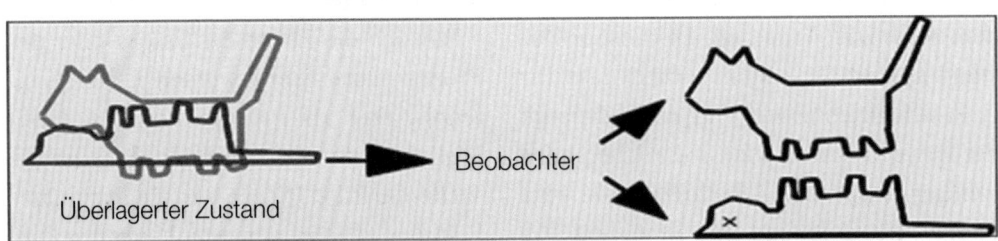

Abbildung 19.3.: Schrödingers Katze: tot und lebendig zugleich (Wikipedia).

Der kosmische Tanz des Ursprungs

Wie ich bereits sagte, umfasst die Quantenphysik gegensätzliche Energien. In der Abbildung unten zum Beispiel sehen Sie auf beiden Seiten zwei Katzen. Die eine Katze steht mit steil aufgerichtetem Schwanz da. Sie ist eine lebendige Katze. Die andere Katze liegt auf dem Boden, die Füße in der Luft und mit langem, flachen Schwanz. Sie ist tot. Eine ist lebendig und die andere tot.

Das Grundmuster der Quantenphysik, die Wellenfunktion, beschreibt die Katze als tot und lebendig gleichzeitig (wie auf der linken Seite). Schrödinger glaubte zunächst, diese Anomalie beweise, dass die Quantenphysiker falsch lagen. [87] Doch tatsächlich irrte er sich in Bezug auf seine Arbeit, mit der er durchaus richtig liegt. Obwohl er selbst nicht daran glaubte, konnte seine Katze tatsächlich tot wie lebendig sein und sich in zwei oder drei Zuständen gleichzeitig befinden. In psychologischen Prozessen, meditativen Zuständen und spirituellen Erfahrungen ist es absolut möglich, dass wir ein netter Mensch und ein schrecklicher Mensch wie auch das sind, das sagt: „Ich bin beides."

Wir wissen aus der Psychologie – und die Physik wundert sich darüber noch immer –, dass wir in einem Traum gleichzeitig tot und lebendig sein können. Sie können gleichzeitig hier wie dort sein. Wie entsteht dann Realität, wenn Sie entweder dieses oder jenes sind?

Wenn Sie morgens aufwachen und hellwach sind, vergessen Sie Ihr Träumen oft und sind wie die rechte Katze, die ihren Schwanz steil aufrichtet. Obwohl Ihnen das meistens nicht auffällt, träumen Sie

aber immer noch, doch jetzt wird dieses Träumen zum Doppelsignal. Dann sehen Sie aus wie die Katze rechts, die dekohärent geworden sind. Sie sind gespalten und leben in Parallelwelten.

Die heutigen Physiker sagen, dass die Wellenfunktion bei Beobachtung kollabiert. Niemand weiß genau, was das eigentlich bedeutet. Trotzdem fragen wir uns vielleicht: Ist die Wellenfunktion tatsächlich kollabiert? Ja, in der Konsensusrealität. Aber nein, sie ist nicht kollabiert. Die Wissenschaftler haben einfach die multiplen Realitäten des Träumens, der Quantenmathematik und der Parallelwelten marginalisiert, die wir auf der linken Seite des Bildes sehen. Die Prozessarbeit sagt, wenn wir aufwachen, entwickeln wir alle unseren primären Prozess der Konsensusrealität und einen sekundären träumenden Prozess, der davon ein wenig abgespalten zu sein scheint. Das Träumen verschwindet nicht. Es kommt in Ihren Doppelsignalen und Symptomen und in Ihren Beziehungsproblemen unmittelbar zum Ausdruck.

Wenn Sie wach sind, träumen Sie gleichzeitig, Sie sind einfach dekohärent! Das heißt, Sie marginalisieren das Träumen und nennen das Realität! Kohärent sein heißt jedoch, diese träumende Haltung, diese umfassendere, fühlende Haltung, ins Alltagsleben einbringen.

Teilnehmer: „Was meinen die Physiker, wenn sie sagen, dass die Wellenfunktion kollabiert?"

Arny: „Sie meinen, dass sie verschwindet. Ihre imaginären Eigenschaften verschwinden, und das Ergebnis ist eine einzige, messbare Konsensusrealität. Entweder der Schwanz der Katze ist steil aufgerichtet oder er liegt tot und flach am Boden wie auf der linken Seite des Bildes. In unserer gegenwärtigen Konsensusrealität kann es keine zwei Realitäten geben. In der Psychologie jedoch lautet die Antwort, dass beide Realitäten weiterhin existieren, Sie sehen jedoch nur eine. Das ist ziemlich aufregend. Parallelwelten existieren, wir marginalisieren die träumenden Welten einfach. Die Physik steckt seit den 1920er Jahren in diesem Dilemma fest. Die Psychologie erkennt diese Marginalisierung, aber sie muss die Frage stellen: Was weckt uns auf? Die Katzen sind eine Metapher aus der Physik. Sie vermitteln uns eine Ahnung von diesem schlüpfrigen Ding namens Bewusstheit, mit dem wir es hier zu tun haben. Schrödinger versuchte, die Dinge mit Hilfe der Katze zu vereinfachen. Seiner Meinung nach sagt die Mathematik, dass etwas laut physikalischem Prinzip gleichzeitig tot und lebendig sein kann.

Chuang Tzu (oder auch Zhuangzi, siehe Abbildung 19.4), der alte Taoist, muss das alles verstanden haben, denn eines Morgens erwachte er aus einem Traum und fragte sich: „Bin ich ein Schmetterling, der träumt, ein Mensch zu sein, oder ein Mensch, der träumt, ein Schmetterling zu sein?" Wir sind beides, die Traumgestalt und die reale Person in einem Traum, und wir sind ein Prozess, der sich zwischen beiden bewegt. Wir sind Menschen wie auch Träume. Die folgende Übung zu Quantenschwingungen hilft Ihnen vielleicht, das Phänomen der Kohärenz besser zu verstehen und zu fühlen.

Abbildung 19.4.: Zhuangzi träumt von einem Schmetterling (oder ein Schmetterling träumt von Zhuangzi). (Wikipedia)

Der kosmische Tanz des Ursprungs

ÜBUNG: KOHÄRENZ UND DEKOHÄRENZ DES PROZESSGEISTES

1. Was ist heute Ihr größter Konflikt mit gegensätzlichen Energien (liebenswert und hart, wild und ruhig usw.)? Fühlen, benennen und skizzieren Sie die Energie, die Ihnen im Augenblick am nächsten ist, als *u,* und nennen Sie die, die Sie am meisten stört, X.

2. Spüren Sie jetzt die Schwingung Ihres Prozessgeistes, indem Sie zunächst einmal in Ihrem Körper nach dem tiefsten inneren Ort forsten. Atmen Sie in diesen Ort hinein und verbinden Sie die Körpererfahrung, die Sie dabei machen, mit einem Flecken Erde. Sind die Energien von *u* + X dort irgendwo präsent? Atmen Sie in die Erde hinein, lassen Sie zu, dass die Erde sich durch Sie bewegt und durch Sie singt, bis sich ein Rhythmus, ein Tanz oder ein Lied zeigt. Achten Sie darauf, wann Sie kohärent werden, nämlich dann, wenn Sie mit Ihrem Tanz oder Lied eins sind. Fertigen Sie eine Energieskizze vom Tanz des Prozessgeistes an. Wie begrüßt oder versteht Ihr Tanz, das heißt, die Kohärenz, die Energien von *u* + X? Wie sind beide im Erdentanz oder Lied Ihres Prozessgeistes präsent?

3. Erinnern Sie sich jetzt wieder an Ihr Alltagsselbst und die Welt der Teile. Wenn Sie die Verbindung zu Ihrem Prozessgeist dabei verlieren und wieder in die Dekohärenz gehen, fallen Ihnen dann diese Konfliktzustände in Ihrem eigenen Innenleben, Ihren Beziehungen oder in den Nachrichten über die Ereignisse in dieser Welt auf? Und schließlich lassen Sie zu, dass dieser Flecken Erde und der Raum über diesem, die Luft und der Himmel, Sie spontan bewegen. Und wenn Sie spüren, dass Sie sich frei bewegen, bringen Sie diese Erfahrung im Universum zurück zu den Erdenergien. Spüren Sie das stochastische, zufällige Element in Ihrem Tanz? Achten Sie einmal auf Ihr Gefühl von Kohärenz. Wie würde es sich jetzt anfühlen, wenn Sie sich nur der einen statt auch der anderen Ihrer Erdenergien zuwenden würden?

Vielleicht haben Sie entdeckt, dass Sie weder ein Problem noch kein Problem haben. Wenn Sie kohärent mit Ihren tiefsten Erfahrungen sind, sind Sie ein Tanz, der scheinbar problematische Widersprüche zusammenbringen oder auflösen kann. So wie wir uns als Individuen und als Gruppe von unserem grundlegenden Systemgeist abspalten, zerspalten wir uns auch in Einzelaspekte und Energien, die unlösbare Probleme zu sein scheinen. In diesem Kapitel haben wir erforscht, wie wir zuhause ankommen und mit allem, was wir sind, kohärent sein können.

RÜCKBLICK AUF KAPITEL 19

- Kongruenz heißt eins sein mit Signalen.
- Kohärenz heißt, Ihrem tiefsten Selbst, dem Tanz der Verbundenheit des Universums, nahe sein.

- Kohärenz lässt zu, dass zwei scheinbar widersprüchliche Energien oder Fakten in der Konsensusrealität beide gleichzeitig wahr sind, weil beide zu demselben Tanz, derselben Gemeinschaft gehören.

KAPITEL 20
Die Sintflut verhindern:
Kohärenz in Schöpfungsmythen

Wie kann Kohärenz uns bei ökologischen Schwierigkeiten helfen? Verbirgt sich hinter der Evolution unseres Planeten ein größeres Bild? Was wird mit uns geschehen? Wohin bewegen wir uns? Gibt es die eine Antwort? Erinnern Sie sich, wir haben über Ökologie aus der Sicht der Konsensusrealität, des Träumens und der universellen Ebenen des Geistes gesprochen. Ökologie ist etwas anderes als Umweltschutz. Dieser versucht Menschen, die das bislang ignoriert haben, wach zu machen für die Anfälligkeit unserer Erde und der auf dieser stattfindenden Veränderungen, die auch auf das Chaos zurückgehen, das wir hier anrichten.

Denken Sie daran, die Essenz von Ökologie beruht auf dem griechischen Wort *ecos*: Zuhause. Ein Zuhause ist nicht nur ein traumähnliches Gefühl, sondern auch etwas ganz Reales: Lösen wir das CO2-Problem! Gestalten wir unser Haus oder unsere Wohnung umweltfreundlicher. Kümmern wir uns um die Ozeane. Unser Zuhause ist real.

In unserer Wohnung gab es ein großes Problem! Dort, wo der Lüftungsschlauch unseres Trockners an der Decke angeschlossen war, entwich Luft. Oh! Bevor wir zu Bett gingen, machte der Trockner komische Geräusche und dann: Zisch! Blies er in die Wohnung! Ist Ihnen das auch schon einmal passiert? Das gehört auch zum Thema Zuhause.

Die Lüftungsleitung für den Trockner in unserer Wohnung war aus der Wand gebrochen, und Amy musste das reparieren. Wie geht man da am besten vor? Es gibt viele verschiedene Ebenen. Sie brauchen ein spezielles Klebeband, um die Leitung wieder zu befestigen. Wenn Sie das nicht zur Hand haben, hilft vielleicht auch Beten, aber meistens ist das weit weniger wirkungsvoll als dieses Klebeband. Und genauso wichtig ist, wie Sie den Schlauch dort oben in das Loch in der Decke stecken, wo er herausgerutscht ist, während Ihre Freundin oder Ihr Freund Sie an den Füßen festhält, damit Sie nicht rückwärts von der Leiter fallen. Dafür ist die nächste Ebene des Träumens nötig! Drängen Sie ungeduldig voran oder bitten Sie die ausströmende Luft, Ihnen zu helfen? Ja und ja. Vielleicht können Sie sich, während Sie das Klebeband befestigen, an Ihren Tanz der Verbundenheit erinnern. In einem ganz realen Zuhause brauchen Sie alles.

Zuhause ist eine multidimensionale und

komplexe Idee und auch eine Meditation. Tief im Hintergrund Ihres Zuhauses liegt Holismus. Die holistische Metapher der Wellenfunktion, die ich aus der Quantenphysik für unsere Zwecke übernommen habe, ist ein Aspekt des umfassenden Musters hinter einem geschlossenen System und dieses Muster kann auch Ihrer Wohnung und dem ganzen Universum zugrunde liegen. Wenn ich mir die entweichende Luft nur anschaue, statt sie zu fühlen, marginalisiere ich das Träumen, das Summen und die Kohärenz, die Leben strukturieren.

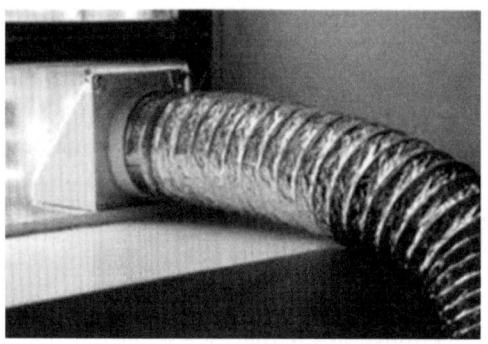

Abbildung 20.1.: Lüftungsschlauch.

Die meisten von uns haben gelernt, das Träumen zu vergessen. Doch im Traum überlagern sich die einzelnen Teile. Mein Lüftungsschlauch mag in der Konsensusrealität gerissen sein, und zugleich ist er immer noch ganz. Menschen, die mit anderen Menschen auf tiefen Ebenen arbeiten, wissen, dass ihre Klienten, selbst wenn sie beschließen, eine der Gestalten in ihren Träumen zu sein, hier wie in ihrem Körper und ihren Bewegungen auch noch andere Gestalten sind. Ich habe über diese

sekundären Prozesse bereits gesprochen. Wenn ich sage: „Ich bin Arny und nicht die anderen Gestalten in meinem Traum", oder: „Ich bin nicht du", werde ich nicht nur inkongruent, sondern dekohärent. Ich identifiziere mich nur mit mir, und die Folge ist, dass die anderen Gestalten mir zu schaffen machen.

Wie auch immer, um diesen Schlauch zu reparieren, kann ich ihn einfach ins Loch zurückstopfen und als Problem betrachten. Glauben Sie mir, das habe ich versucht und es hat mich wirklich ermüdet! Amy hat mich erinnert, meinen Prozessgeist zu benutzen, um den Schlauch zu reparieren. Also ging ich in mich und begann zu tanzen. Plötzlich ließen sich die Teile des Schlauches, die nicht mehr in die Wand zu passen schienen, wieder dort anschließen. Und zu meiner Überraschung dauerte das Ganze ungefähr zehn Minuten, obwohl ich mich vorher schon eine Dreiviertelstunde vergeblich abgemüht hatte! Ich werde hier nicht in die Details gehen – Sie können sich sicher vorstellen, was ich meine. Setzen Sie Ihre kognitive Intelligenz und Ihre Kraft ein, um Dinge zu bewerkstelligen, und vergessen Sie Ihren nichtkognitiven Systemgeist nicht, wenn Sie vor Problemen stehen, die in Ihrem gewöhnlichen Bewusstseinszustand schwer lösbar zu sein scheinen.

UNSER GRÖSSERES BILD

Menschen haben immer nach dem größeren Bild gesucht: einer Sicht des Lebens, die auf einem Systemgeist, einem Pro-

Der kosmische Tanz des Ursprungs

zessgeist beruht. Die meisten spirituellen Traditionen und Religionen beruhen auf Schöpfungsgeschichten, an deren Bedeutung sich Menschen zu halten versuchen, doch oft gelingt ihnen das nicht. Wir wollen uns diese Geschichten einmal näher anschauen und sehen, was wir von ihnen über die Erde, die Abläufe im Universum oder den Systemgeist lernen können. Das ist, als würden wir uns auf den großen Traum konzentrieren, der sich hinter dem Universum verbirgt, vergleichbar der Suche der Physiker nach einer einheitlichen Feldtheorie, mit dem Tao, Shiva oder Pachamama.

Zuerst einmal wollen wir uns noch einmal fragen: Gibt es ein größeres Bild? Wie sieht die Geschichte unseres Planeten aus? Gibt es überhaupt eine? Hängt sie zusammen mit dem ganzen Universum? Ist sie die Wellenfunktion der Quantenphysik, Raumzeit, dunkle Energie oder die Kombination, von der ich immer wieder spreche, das Raumzeit-Träumen des Prozessgeistes? Hilft das größere Bild uns in Bezug auf unsere Zukunft? Wenn wir wüssten, dass es ein größeres Bild gibt, könnte uns das für den Umgang mit lokalen Problemen hilfreich sein.

FÜNF GRUNDMUSTER VON SCHÖPFUNGSMYTHEN

Wir finden diese größeren Bilder unter anderem in den großen Träumen oder Schöpfungsmythen der Menschheit. Die frühesten schriftlich überlieferten Mythen, von denen wir heute wissen, gehen zurück bis auf 3500 Jahre vor Christus. Vielleicht gibt es noch frühere, doch von diesen finden wir eine schöne Sammlung in dem Buch *A Dictionary of Creation Myths,* wo die Herausgeber schreiben, alle Schöpfungsmythen hätten fünf Grundmuster.[88] In der Physik, zum Beispiel, haben wir den Mythos vom Urknall. Er ist deswegen ein Mythos, weil wir daran glauben, unter anderem zwar aufgrund dessen, was wir empirische Beweise nennen, doch eigentlich weiß niemand genau, was am Anfang geschah oder wie dieser verlief. Für die Mythologie gilt, dass der erste, allgemein verbreitete Schöpfungsmythos, an den Menschen glaubten, lautete:

1. **Die Schöpfung entstand ursprünglich aus dem Chaos oder Nichts.**

Arny: „Wie begann die Schöpfung aus dem Chaos oder Nichts? Sie kennen die Antwort aus Ihrem eigenen Leben."

Teilnehmer: „Aus meinem eigenen Leben kenne ich das Nichts als Schauspieler. Meine Darstellungen gehen meistens aus dem Nichts hervor, weil ich aus dem Nichts heraus improvisiere, und wenn ich zeichne, beginne ich mit dem Chaos und von dort aus geht es weiter."

Arny: „Danke. Und gibt es spirituelle Traditionen, die auf dem Nichts beruhen? Der Taoismus

Im Zen-Buddhismus die Idee von *mushin*, die Vorstellung von einem leeren, kreativen Geist.

Fukushima Roshi sagte immer zu uns, begebt euch in den leeren Geist, den kreativen Geist, den offenen Geist, den er *mu-shin* nannte. Dann griff er nach seinem Pinsel und malte eine phantastische Kalligraphie. Einer unser kreativsten Zustände sieht so aus, dass wir uns einfach öffnen und schauen, was unsere Aufmerksamkeit auf sich lenkt. Das heißt, aus dem Nichts heraus schöpfen."[89]

2. **Die Schöpfung entstand aus einem kosmischen Ei oder einem mütterlicher Urgrund wie dem Träumen, von dem die australischen Aborigines sprechen.**

Diese Überzeugung liegt meinem Vorschlag zugrunde: „Begeben Sie sich in Ihren Prozessgeist, ins Innere der Erde, ins Innere des Universums." Wir projizieren, erleben oder entdecken in der Erde und im Universum und damit im Träumen Gefühle, die uns völlig neue Ideen vermitteln können.

3. **Die Welt entstand, als bislang vereinte, irdische Welteltern sich trennten.**

Dieses Thema finden Sie in vielen frühen Mythen. Das Universum bestand aus zwei Menschen, die sich liebten, sich nahe waren, und als ihr Einssein zerbrach, war das der Anfang der Entstehung der Welt.

Wie denken Sie darüber? Nicht viele von uns sehen in der Trennung von zwei Menschen einen kreativen Akt. Was könnte dieser Mythos bedeuten? Wenn zwei Dinge wirklich eins sind, erzeugen sie keinen lauten Knall. Die Alltagsrealität tritt dann ein, wenn diese Kohärenz oder Kongruenz zerbricht. Und dann kommt es zu Trennung und Dekohärenz, und wir erwachen in der Konsensusrealität für die Welt der Teile.

Diese Schöpfungsmythen betonen, dass die Trennung vom Schöpfer ein sehr kreativer Akt sein kann. Wir sind eins, und dann werden wir entzweit. Was ist das Gute an dieser Trennung? Sie ist nicht nur etwas Schlechtes. Die Abspaltung von den Göttinnen und Göttern kann sehr kreativ sein. Denken Sie an Eva und Adam. Sie weigerten sich, Gottes Gebot zu befolgen, und das war der Anfang der Entstehung der Welt! Keiner vollkommenen Welt, aber mit Sicherheit einer interessanten, die zumindest eine Herausforderung ist!

4. **Gott befielt der Erde, Gestalt anzunehmen.**

In der Bibel steht in Genesis 1:9, dass Gott dem Wasser unten befiehlt, sich an einem Ort zu sammeln, damit das Trockene sichtbar werde. Gott gibt Erde und Meer ihre Namen und befiehlt der Erde, „junges Grün" wachsen zu lassen, „alle Arten von Pflanzen, die Samen tragen, und Bäume, die Früchte tragen." Er sagte zu den Wassern: „Scheidet euch, auf dass die Erde sichtbar werde."

Was passiert hier? Gott bittet um Trennung! Klingt ein wenig wie der Urknall! Aus einem wabernden *Nichts* entsteht etwas! Wacht auf, tretet aus

Der kosmische Tanz des Ursprungs

den Wassern hervor! Trennt euch und lasst uns hier etwas Konkretes schaffen! Und so wird die Welt geboren.

5. Tauche tief hinunter bis zum Grund der Gewässer, um die Erde zu finden.
Am Anfang sind die Wasser, und erste Wesen tauchen tief in sie hinein, finden interessante Dinge und bringen die Erde nach oben an die Oberfläche.
Hier geht es um eine uns allen angeborene Macht. Beginne in der Konsensusrealität, dann tauche tief in dich selbst ein oder werde *depressiv* oder traurig. Doch wenn wir nach unten, innen und in die Tiefe gehen, kann etwas Neues zum Vorschein kommen.

Das Wort Depression wird ziemlich inflationär benutzt. Häufig sind Depressionen Vorläufer von kreativen Phasen. Sagen Sie bei Depressionen oder in vorkreativen Phasen nicht einfach nur: „Ich bin depressiv und muss mehr Kaffee trinken", „Ich muss mir Medikamente besorgen" oder Ähnliches. Gehen Sie nach innen in Meditation. Vielleicht ist da nicht nur Erschöpfung. Tauchen Sie tief. Es ist in Ordnung, nach unten in die Erde hinabzusteigen. Vielleicht lässt sich dort Neues fischen oder wird aus der Erde geboren. Manchmal müssen Sie sich ganz nach unten begeben, um nach Neuem zu suchen, und manchmal taucht das Neue ganz von selbst auf.

SINTFLUT

Die Autoren, auf die ich mich hier berufe, gehen davon aus, dass in fast sämtlichen Schöpfungsmythen der Anfang verbunden ist mit einer Sintflut, einer großen Flut oder dem Gegenteil, einer großen Dürre.[90] In diesen Geschichten hat der Schöpfer oft das Gefühl, Fehler begangen zu haben: „Huch! Was ich da geschaffen habe, läuft nicht so gut!" Der Schöpfer bekommt allmählich eine regelrechte Abneigung gegen seine eigene Schöpfung und denkt: „Diese Leute sind einfach nicht richtig! Sie sind nicht wirklich gut! Räumen wir die Tafel ab und tischen die Suppe noch einmal auf!" Also schafft der Schöpfer eine große Sintflut und schickt seine Schöpfung zurück ins Chaos. Diese Sintflut ist ein großes Thema. Riesig! Was halten Sie davon?

Die großen Geistwesen schaffen Unglaubliches – die Welt, die Erde, die Planeten und was sonst noch alles – und sagen dann: „Nun, ich bin mir nicht so sicher, ob es das ist", kratzen sich am Kopf und kommen zu dem Schluss: „Versuchen wir's noch einmal." Wie denken Sie darüber? Was passiert hier?

Erste Teilnehmerin: „Warum sollte irgendjemand davon ausgehen, gleich beim ersten Mal alles richtig zu machen?"
Zweiter Teilnehmer: „Es gibt viele Schöpfungen. Leben und Tod, Tode und Leben, die darauf beruhen, dass es zurück ins Chaos geht."

Hatten Sie noch nie das Gefühl: „Oh mein Gott, alles bricht hier zusammen! Was kommt als Nächstes? Ich habe Angst vor dem Tod! Ich habe Angst, dass das alles über mich hinwegflutet, dass ich krank werde, Depressionen bekomme. Das ist einfach zu viel für mich. Bricht die ganze Welt zusammen?" Das ist die Angst vor der Sintflut. Sie haben das Gefühl: „Ich kann nicht mehr. Ich bin total fertig!" Das ist eine verbreitete und wichtige menschliche Erfahrung. An diesem entscheidenden Punkt der Katastrophe ertönt immer der Ruf nach Therapeutinnen, Beratern, Institutionen und spirituellem Rat. Die Angst vor Überflutung, vor völligem Versagen oder dem Tod ist Teil des menschlichen Vermächtnisses.

Und doch gibt es bei dieser Sintflut immer so etwas wie eine *Arche*, ein großes Boot, das Menschen befördert und Samen für eine neue Schöpfung. Was treibt da auf dem Wasser? Hoffnung! Unsere hoffnungsvollen Träume halten uns über Wasser, wenn in der Konsensusrealität alles unterzugehen scheint. Die Arche ist so gebaut, dass sie auf dem Wasser treiben kann, damit ihre *Fracht* überlebt. Sie ist ein System, so beschaffen, dass wir uns in andere Bewusstseinszustände begeben und die Botschaft hören können: „Du begibst dich auf eine Reise in die dunkle Nacht der Seele." Solche Archen sind Systeme, die Ihre innere Bewusstheit nutzen, um diese Zustände zu verfolgen und mit ihnen mitzufließen. Die Bewusstseinssysteme der Essenz sind *Archen*, die Dinge über Wasser und im Fluss halten. Die Bewusstheit unserer

grundlegenden Essenzebene und Systeme, die mit anderen Bewusstseinszuständen arbeiten, können äußerst hilfreich sein.

Dabei fällt mir wieder Haiti ein. Mitten in der Flutkatastrophe der Haitianer stellte man mir die Frage: „Was würden Sie den Menschen raten, die darauf warten, dass ihre Freunde und Verwandten aus den Trümmern geborgen werden?" Ich sagte ihnen, sie sollten ihre spirituellen Lieder singen, ihre Voodoo-Gesänge für Gott. Ich nahm an, dass diese Lieder für viele im engen Zusammenhang mit ihrem Glauben stehen. Diese Lieder des Prozessgeistes, die Menschen immer in sich tragen, sind ebenfalls *Archen*. Die *Arche* ist ein Gefühl, eine Theorie oder eine spirituelle Erfahrung, die Menschen das Gefühl gibt, in schwierigen Lebensphasen getragen zu werden.

Sie sind innerlich aufgefordert, eine *Arche* zu bauen und damit ein Potenzial zu verwirklichen, dass Sie sich bewusstmachen und bauen sollten, bevor Probleme auftreten. Das heißt, Sie sollten Ihre Bewusstheit entwickeln, damit diese Sie selbst durch schwierigste Zeiten tragen kann. Deswegen macht es Sinn, dass Sie sich darin üben, sich von Dingen zu lösen und zu fließen, wenn Ihre alltägliche Realität ins Wanken zu geraten scheint.

Kann mir jemand erklären, was da oben im Garten Eden passierte, als Gott sagte: „Spielt nicht mit dieser Schlange herum", und Eva (oder war es Adam?) erwiderte: „Hm, wir probieren es aber trotzdem?"

Gott sagte: „Heh, ihr beiden, das war nicht richtig von euch! Zur Strafe für euren

Ungehorsam müsst ihr zur Erde hinabsteigen und dort Leben und Tod erfahren." Aus dem mangelnden Respekt für Gott entstand das Zeitgefühl! Die Schlange kroch am Boden, und Adam und Eva blickten auf den großen Baum der Erkenntnis von Gut und Böse wie den Apfel und ähnliche Dinge. Aber was geschah dort wirklich? Ich verstehe Gott hier als Bild, nicht als höhere Macht, die diese Geschichte erfunden hat. Gott ist einfach ein Bild in einer größeren Geschichte, aber trotzdem, was passiert hier?

Wenn wir NEIN sagen zu unserem tiefsten, kohärentesten Selbst, indem wir uns mit der Konsensusrealität identifizieren und das Träumen marginalisieren, geraten wir in Schwierigkeiten, erschaffen eine Welt und machen viele verschiedene Erfahrungen. Wir erschaffen durch Dekohärenz die Zeit, wachen auf und erschaffen die Welt. Die Sintflut kommt später, und anschließend passiert ein vollständiger Neuanfang. Was ich hier sagen möchte, ist, dieses Nein zu Gott ist Teil eines Prozesses, des sehr bedeutsamen Prozesses, Nein zu sagen und den Kontakt zu Ihrem tiefsten Selbst zu verlieren. Dieses „Nein!" zu Gott schafft große Probleme, und viele Menschen werden Ihnen raten, „Ja!" zu Gott zu sagen und zu Ihm zu beten. Aber manchmal ist es gut, zu Gott NEIN zu sagen, denn selbst wenn es uns in Schwierigkeiten bringt, entsteht dadurch auch Neues.

In all diesen Geschichten geht die Schöpfung auf die eine oder andere Weise aus dem Nichts hervor. Die Schöpfungsgeschichte, die ich Ihnen in Kapitel 2 vorstellte, enthält ebenfalls Aspekte dieser Mythen. In der Geschichte heißt es, dass am Anfang das *Wundern* war. Das heißt, ein Prozess des Staunens, der nach sich selbst fragte und in Teile zerfiel, sodass daraus Vielfalt, Reflexion und die Konsensusrealität entstand. Auch den Prozess von Kohärenz und Dekohärenz finden wir in all diesen Geschichten. Dann kommt es oft zu einer Sintflut, doch auch zum Prozess der Rettung durch eine Arche, das heißt, einem Neubeginn.

DER ZYKLUS VON KOHÄRENZ UND DEKOHÄRENZ

Die Schöpfungsmythen schildern Zyklen von Kohärenz-Dekohärenz-Kohärenz, wie wir sie alle durchlaufen. Dabei fällt mir das tibetischer Rad des Lebens ein, das diese zyklischen Prozesse und auch das Potenzial der Befreiung symbolisiert, verkörpert durch eine Buddha-Gestalt, die „aus dem Rad ausgestiegen ist" und zum Mond zeigt, der losgelöst von der Erde im Himmel steht. An diesem Punkt möchte ich auf einen prozessorientierten ökologischen Zyklus auf der Erde hinweisen, der die Möglichkeit der Losgelöstheit enthält. Dieser Zyklus ist Teil des größeren Bildes oder ist selbst das größere Bild. Dekohärenz sorgt für Vielfalt und ist für das Bewusstsein notwendig. Wenn ich Nein sage zu meinem Prozessgeist, verwirkliche ich viele realistische Dinge, leide aber schließlich auch. Und durch dieses Leiden wird mir allmählich ein früherer, allumfassender Zustand bewusst, den ich bislang nicht realisiert habe. Ein Aspekt von Kohärenz besteht also darin, Nein zu sagen, um gezwungen zu sein, etwas wiederzuentdecken, das sich ursprünglich so gut anfühlte. Schaffe Chaos auf Erden und erinnere dich dann an deinen tiefsten Antrieb: „Lass mich bewusst nach der Weisheit des Universums suchen, die mich bewegt, und sie zurück auf die Erde bringen."

Wenn Sie Ihr tiefstes Selbst vergessen, können Sie sagen: „Wie dumm von mir!", oder denken: „Nun, vielleicht kann ich diesen tiefen Zustand jetzt bewusst neu entdecken." Mir geht es hier darum, dass Dekohärenz für Vielfalt sorgt und das Bewusstsein anregt. Der Kollaps der Wellenfunktion ist in uns angelegt – Schöpfung, Agonie, Dekohärenz und schließlich die Rückkehr zum Einssein mit seinen vielen Parallelwelten. Die Welt befindet sich in einem PROZESS, in dem es nicht nur die eine Lösung gibt, sondern ein Auflösen, Lösen und Erkennen des Fließens der Dinge, die Verleugnung dieses Fließens und dann der Versuch zu klären, was geschieht, wenn wir das größere Bild ignorieren.

In der nächsten Abbildung finden Sie ganz unten einen Augenblick von KOHÄRENZ, einen kohärenten Zustand von ganzheitlichem Einssein für diesen einen Moment. Diese Abbildung lässt sich auf Individuen, Paare und sämtliche Gruppen anwenden. Auch bei Paaren und in Freundschaften sehen wir dekohärente Muster. Partner lieben sich, werden zu Freunden und gehen wieder auseinander. Die meisten Freundschaften erleben immer wieder

kleinere oder größere Turbulenzen. Und das Gleiche gilt für Organisationen. Vielleicht befindet sich die ganze Welt mitten in einem solchen Muster, und das ist das größere Bild hinter den Umweltproblemen, welche die Erde bedrohen.

Nach der anfänglichen Phase der Kohärenz kommt Phase 1, die ich „Schöpfung" nenne. In dieser Phase sind wir immer noch mehr oder weniger kohärent. Die Gruppe erträumt sich neue Ideen. Träumend gehen wir Fragen nach wie: „Hm, was könnte ich heute tun?" Und dann in Phase 2 (oben links) wachen wir auf. Alle denken: „Ich habe geträumt. Jetzt will ich mich der Konsensusrealität zuwenden." In Phase 2 sind wir immer noch relativ kohärent, aber die Teile und Konflikte zeigen sich deutlicher, auch wenn noch kein Krieg zwischen ihnen ausbricht.

Phase 2 ist die Welt der Konsensusrealität oder einer neuen Welt, von der jeder hofft, dass sie Bestand hat. Überall Aufschwung, Weiterentwicklung. Es gibt, je nach Person und Organisation, viele Namen für diese Phase. Konsensusrealität heißt, wir versuchen etwas Neues: Wir möchten neu anfangen, möchten unsere Träume und Ideen verwirklichen. Auch wenn unsere Wellenfunktion kollabiert, sind wir noch immer ziemlich kohärent, doch schon bald wird unsere Dekohärenz zunehmen.

Phase 3 nach der Halbzeit am *Nachmittag* der Epoche oder Periode (sei es ein Jahrtausend oder ein Tag) bringt große Probleme mit sich, denen man nicht länger ausweichen kann. Wir greifen andere an.

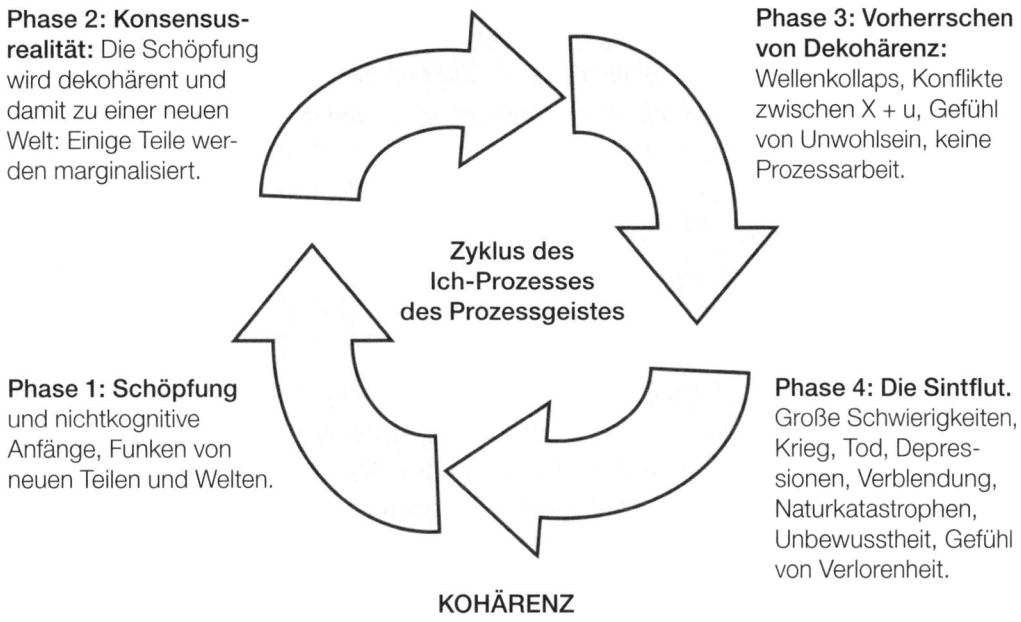

Phase 2: Konsensusrealität: Die Schöpfung wird dekohärent und damit zu einer neuen Welt: Einige Teile werden marginalisiert.

Phase 3: Vorherrschen von Dekohärenz: Wellenkollaps, Konflikte zwischen X + u, Gefühl von Unwohlsein, keine Prozessarbeit.

Zyklus des Ich-Prozesses des Prozessgeistes

Phase 1: Schöpfung und nichtkognitive Anfänge, Funken von neuen Teilen und Welten.

Phase 4: Die Sintflut. Große Schwierigkeiten, Krieg, Tod, Depressionen, Verblendung, Naturkatastrophen, Unbewusstheit, Gefühl von Verlorenheit.

KOHÄRENZ

Abbildung 20.2.: Universelle Prozessmuster: Leben und Ökologie als Prozess.

X + *u* befinden sich jetzt in einem starken Spannungszustand. Die X-Energie wird immer problematischer, da *u* sie immer stärker marginalisiert, und unsere Dekohärenz (oder die einer Organisation) nimmt bedrohlich zu. Wie bei der Industriellen Revolution laufen die Dinge am Anfang gut, aber dann gehen sie zu weit. X (der Dreck, der Kohlenstoff und die Umweltverschmutzung) wird für das *u* in uns zu viel und spaltet sich von *u* immer mehr ab. Wir befinden uns immer noch in der Welt der Realität, aber die Konflikte verstärken sich.

In Phase 4 erreicht unsere Dekohärenz ein bedrohliches Ausmaß. X + *u* sind jetzt klar getrennt. In Organisationen und in unserem Privatleben kommt es zu Beziehungsproblemen, wir befinden uns innerlich und äußerlich im Konflikt. Das ist eine ziemlich extreme Phase. Jetzt wenden wir uns an Therapeutinnen, Coaches und andere Retter um Hilfe. In Phase 3 unterstützen wir eine Seite zu Ungunsten der anderen. Störende Symptome verstärken sich, wir werden nervös und die Dinge kommen uns zunehmend bedrohlich vor. Und plötzlich haben wir das Gefühl, dass unsere Welt auseinanderbricht, die Sintflut droht.

In Phase 4 kommt die Sintflut tatsächlich. Wir haben endgültig genug! Wir werden noch depressiver oder schlafen den ganzen Tag, schreien und brüllen herum oder verziehen uns vor quälender Angst in unser Schneckenhaus. Wir möchten sterben oder befürchten, verrückt zu werden. Wir haben Angst, dass unsere Welt auseinanderbricht. Wir vergessen, dass die Erde sich immer weiter dreht. Die Tibeter fertigen raffinierte Sand-Mandalas an, und dann wusch!, fegen sie ihr Werk wieder weg! Die Navajos, die tibetischen Buddhisten und viele andere haben erkannt, dass unsere ursprünglichen Anlagen gut waren, haben aber nicht daran festgehalten. Feg das alles weg! Fang ganz neu an! Und so begeben wir uns in tiefe Traumzustände und die Welt beginnt noch einmal ganz von Neuem.

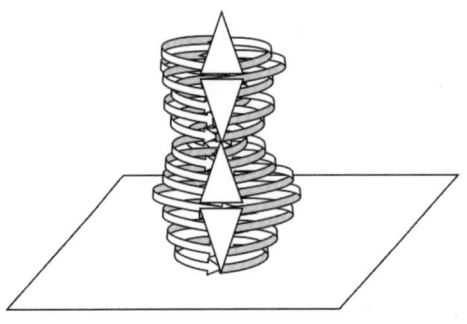

Abbildung 20.3.: Ökologische Zyklen, die um unsere Mitte herum verlaufen.

Unsere Welt ist ein Prozess. Wir bewegen uns in Zyklen, kehren mindestens ein Dutzend Mal zu Problemen zurück, die lange zurückzuliegen scheinen. Wir tun das nicht deswegen, weil wir schlechte Menschen oder dumm und unbewusst sind (wie manche von uns mit sich schimpfen). Das stimmt nicht. Dieser Ablauf ist ganz natürlich und tatsächlich auch notwendig. Wenn wir um unser Thema häufig genug kreisen

und sich uns das gleiche Problem immer wieder stellt, kommen wir damit vielleicht langsam und allmählich ein wenig voran. Wir werden dabei zu Mitschöpferinnen und −schöpfern des Universums. Das heißt, wir begreifen allmählich: „Aha! Jetzt befinde ich mich in der Realität. Jetzt bin ich dabei, dekohärent zu werden." Dieser Zyklus wird leichter, wenn wir ihn bewusst wahrnehmen. Wenn wir den statischen Punkt ganz unten in der Abbildung wieder erreichen, werden wir erneut zu Mitschöpferinnen und −schöpfern und können damit bewusster unseren Teil zum größeren Bild beitragen. Durch unser aktives Mitwirken an der Schöpfung unserer Welt werden die Dinge leichter.

Anfänglich brauchen wir viele Jahre, um diesen Zyklus zu durchlaufen. Das nächste Mal brauchen wir vielleicht schon weniger Zeit und so weiter. Für die meisten Menschen gilt, dass dieser Zyklus, wenn sie ihn wieder und wieder durchlaufen haben, allmählich ein wenig kürzer wird. Die Teile rücken enger zusammen und es dauert nicht mehr so lange. Doch dann brauchen wir wieder länger, dann kürzer. Im Verlauf der Zeit kann der Zyklus zu einer Spirale mit ständig wechselndem Durchmesser werden. Wir kommen, während wir kreisen, der Essenz näher, und dann entfernen wir uns wieder davon.

Wir alle tanzen diese Zyklen, wie den Tanz der Verbundenheit, wie das Universum. Das heißt, wir kreisen durch Ebenen des Bewusstseins (Essenz, Traumland und Konsensusrealität) und unterschiedliche Phasen von Kohärenz und Dekohärenz.

Tatsächlich hat wohl unser ganzer Planet vier oder fünf Zyklen von Massenausterben durchlaufen. [91]

Was bewirkt, dass wir von einer Periode zur anderen übergehen? Was treibt uns an? Manche nennen es Gott. Ich spreche vom Raumzeit-Träumen des Prozessgeistes. Nennen Sie es, wie Sie wollen. Wir träumen und schlafen, um dann mit einem Urknall aufzuwachen und Dinge zu marginalisieren. Das ist ein ganz grundlegender Prozess. Ich kann Ihnen nicht sagen, warum er existiert oder worauf er beruht. Niemand hat darauf bislang eine Antwort gefunden. Die Sonne geht auf und unter.

Wenn wir unserer Mitte und damit dem Raumzeit-Träumen unseres Prozessgeistes eng verbunden sind, werden wir zu Mitschöpferinnen und -schöpfern. Wir lernen zu spüren, jetzt dies und dann das, und jetzt atme ich in meinem Rhythmus, jetzt kann ich mit dem Prozess meines Lebens mitgehen, ich bin präsent damit. Dieses Präsentsein, diese Zeugenschaft, ist eine Art Mitschöpfung. Mitschöpfung heißt, mit unserem Prozess, dem Prozess der Welt mitgehen, während er von innen nach außen und wieder nach innen verläuft, vom Leben zum Tod und immer so weiter.

Globale Erwärmung: Könnte es möglich sein, dass sich unsere Welt in Phase 3 befindet, an dem Punkt, wo wir das Gefühl haben, alles menschliche Leben auf diesem Planeten könne ausgelöscht werden, während dieser weiterexistiert? Für die Perioden von Massenausterben in der Vergangenheit werden mehrere Gründe angeführt wie zum Beispiel Überschwemmungen, Eruptionen von Basalt (Vulkangestein), sinkende Meeresspiegel und Asteroideneinschläge. [92]

Vulkanausbrüche: Elf Fälle, die alle mit einem erheblichen Massenausterben verbunden waren.

Absinken des Meeresspiegels: Zwölf Fälle, von denen sieben mit einem signifikanten Massenausterben einhergingen.

Asteroideneinschläge: Zahlreiche Fälle, darunter gigantische.

Heute scheinen wir uns als Weltbevölkerung in Phase 3 zu befinden und auf Phase 4 zuzurasen. Viele Menschen sprechen vom Herannahen einer verhängnisvollen Umweltkatastrophe. Skeptiker bezeichnen sie als Alarmisten. Steht das Ende unserer augenblicklichen Welt und unseres Planeten, wie wir sie zu kennen glauben, unmittelbar bevor? Ich weiß es nicht, aber diese Angst aktiviert mit Sicherheit sehr viel Kreativität. Dieses größere Bild der Welt besagt, wir werden in Depressionen verfallen, uns vor der Sintflut fürchten und kommen dann wieder tiefer in Kontakt mit der Natur. Meine Hoffnung ist, dass unsere kleinen *u*s aufgrund dieses drohenden Niedergangs von Gruppen und Individuen aktiv werden und in Berührung kommen mit dem Raumzeit-Träumen, das uns hilft, unsere Polarisierungen und Unterschiedlichkeiten in einen kreativen Prozess einzubringen. Ich bezweifele, dass wir diesen Zyklus aufhalten können, aber wir können ihn mit Sicherheit leichter, kreativer und produktiver für alle Beteiligten gestalten!

Wie ich bereits erwähnte, durchlaufen wir diesen Zyklus schneller, wenn wir mit dem Raumzeit-Träumen des Prozessgeistes verbunden sind, was auch unser Gefühl von Gemeinschaft verstärkt. Als ich zum Beispiel neulich mit Amy die Straße entlangschlenderte, wurde mein Prozessgeist dekohärent. Ich konnte nur immer den Mann anstarren, der vor uns ging, und hörte und sah nichts anderes mehr. Dieser Mann aß einen Müsliriegel. Er wickelte ihn aus der Verpackung und warf diese einfach weg. Jemand, der sich gesund ernährte und die Verpackung einfach wegwarf! In meiner dekohärenten Phase, abgeschnitten von meinem Prozessgeist, rannte ich hin, hob die Verpackung seines Müsliriegels auf und wollte sie ihm bringen. Ich wollte sagen: „Heh! Schauen Sie mal, das hier ist Ihr Abfall!" Aber ich konnte ihn nicht einholen! Gottseidank! Und wissen Sie warum? Weil ich mich ihm überlegen fühlte! Ich war so selbstgewiss, dass ich nicht mehr bei mir war, und befand mich in Phase 2 oder 3. Ich würde diesem armen, unbewussten Mann zeigen, wie man Abfall richtig entsorgt!

Stattdessen machte ich eine dieser Übungen, die auch wir hier machen, und dabei wurde mir klar, dass ich mit dieser Situation auch anders und besser umgehen konnte. Ich freue mich schon darauf, diesem Mann noch einmal zu begegnen. Wenn er dann wieder seinen Abfall wegwirft, werde ich hoffentlich in Phase 4 und damit auch kohärenter sein. Ich habe meditiert darüber, was ich in solch einer Situation jetzt tun würde. Ich würde die Verpackung des Müsliriegels aufheben, zu ihm gehen und sagen: „Oh Meister, danke dafür, dass du mir gezeigt hast, wie man loslässt, Dinge einfach wegwirft und sie leicht nimmt, denn ich bin gerade in einer Lebensphase, wo das Loslassen für mich wichtig ist. Wenn es für dich in Ordnung ist, wirf du doch das Papier in eine Mülltonne, oder ich nehme es mit nach Hause und lege es auf meine Fensterbank, damit es mich an das Loslassen erinnert." Sehen Sie den Unterschied?

Ich kann mich in Richtung Kohärenz bewegen und diesen Mann wie auch mich (in Form meines kleinen u) als notwendige Vielfalt im größeren Bild betrachten. Tue ich das nicht, recycele ich nicht, sondern schaffe noch mehr Konflikte. Das ist nun nicht schlimm oder falsch, aber in Phase 4 will ich mehr als das. Wir müssen den ganzen Zyklus vor Augen haben. Je bewusster wir sind, desto mehr sind wir wahrscheinlich imstande, diesen Zyklus abzukürzen und die Katastrophen zu vermeiden, die wir so sehr fürchten.

Teilnehmerin: „Der Mann, der die Verpackung wegwarf, wurde zu Ihrem Lehrer. Als Sie seinen Müll aufheben und ihm hinterher tragen wollten, haben Sie diesen Mann marginalisiert. Aber haben Sie an dem Punkt nicht auch einen Teil von sich marginalisiert? Welchen?"

Arny: „Ja, ganz klar. Sie haben völlig Recht! Meinen eigenen *Umweltsünder*. Den musste ich recyceln. Nach dem Meditieren betrachtete ich ihn nicht mehr als einen Bösewicht da draußen oder in mir, der die Umwelt verschmutzt, sondern als Person, von der ich lernen kann. Vielleicht habe auch ich anderen etwas beizubringen, aber die Erkenntnis, dass dieser Mann für mich ein Lehrer ist, vermittelte mir die Erfahrung, Mitschöpfer zu sein."

Teilnehmerin: „Als Sie sich von ihm abgespalten haben, war das also Dekohärenz?"

Arny: „Ganz genau. In der Konsensusrealität bin ich nicht er. Ich wurde dekohärent und damit gespalten und inkongruent, nicht integriert, nahe am Punkt der Sintflut! Indem ich dann an mir gearbeitet und mich ins Raumzeit-Träumen begeben habe, konnte ich sehen, huch!, wir gehören in ein und demselben Tanz beide zusammen!

....

ÜBUNG: UNSERE SCHÖPFUNGS- UND UMWELTVERSCHMUTZUNGS-GESCHICHTEN

Wir wollen jetzt unser tiefstes Selbst erforschen und herausfinden, wie wir es in der Welt nutzen können.

1. Finden Sie im tiefsten Innern Ihres Körpers Ihren Prozessgeist, atmen Sie hinein und bringen Sie diese Erfahrung in Zusammenhang mit einem Flecken Erde. Seien Sie dieses Stück Land und lassen Sie zu, dass es durch Sie tanzt.

2. Jetzt entspannen Sie sich noch weiter und lassen zu, dass das ganze Universum durch Sie tanzt. Machen Sie bei diesem Tanz des Raumzeit-Träumens die Erfahrung, sich eins zu fühlen mit dem Universum?

3. Achten Sie jetzt auf Ihre Neigung zur Dekohärenz. Was ist daran positiv und was negativ? Lassen Sie sich eine kurze Geschichte einfallen über diesen Verlust und Gewinn. Wie sehen Sie aus, wenn Sie im Zustand der Dekohärenz waren und dann wieder kohärent sind?

4. Vergegenwärtigen Sie sich eine unordentliche Ecke in Ihrer Wohnung oder Ihrem Haus, die in diesem Augenblick Ihre Aufmerksamkeit auf sich zieht oder Ihnen einfällt. Wie sieht die Energie, X, dieser Unordnung aus? Welcher Teil von Ihnen, (u) stört sich an X? Jetzt werden Sie zum prozessorientierten Ökologen und tanzen wieder Ihr Raumzeit-Träumen. Lassen Sie sich tanzend zwischen der Energie der Unordnung, X, und u, dem Teil, der sich daran stört, hin und her bewegen, um beide, X + u, schätzen zu können.

5. Was ist das Gute an der Unordnung? Wie rät Ihr Tanz Ihnen, mit dieser Unordnung umzugehen? Achten Sie auf Einsichten und schreiben Sie diese bitte auf, um sie sich zu merken. (Wenden Sie diese Übung bei Gelegenheit auch auf andere Unordnungen auf der Welt an.)

ANSCHLIESSEND

Teilnehmerin: „Meine Unordnung bestand in einem großen Stapel Papiere in meinem Aktenschrank, Zettel, Rechnungen, Zeitschriften. Der Stapel wächst immer höher, bis er schließlich zusammenkrachen wird, wenn ich auch nur ein Blatt Papier herausziehen will."

Arny: „Alle lachen, als würden sie das gut verstehen! Schauen Sie sich all die schuldbewussten Gesichter hier im Raum an. Das ist wirklich komisch."

Teilnehmerin: „Ich versuchte, der Unordnung zu entkommen, indem ich mich unter den Kaffeetisch verkroch."

Arny: „Sie haben sich vor Ihrer Unordnung versteckt? Wie kreativ! Stellen Sie sich vor, Sie reden mit Ihrer Unordnung: „Du machst mir solche Angst, dass ich mich vor dir verstecken will!"

Teilnehmerin: „Von meinem Platz unter dem Kaffeetisch aus begann ich die Papiere, Rechnungen und Zeitschriften neu zu ordnen und tanzte mit allen einzeln. Ich konnte dann wirklich alle schätzen: „Nun, was ist Schönes an der Stromrechnung?" Und dann kam eine Antwort wie: „Oh, was die Stromrechnung betrifft, wenn ich mich jetzt gleich an meinen Computer setze und sie bezahle, Ping!, dann kann ich sie in die Papiertonne werfen, und Ping!, gesagt, getan, und das hat sich erledigt!" Und das alles ist ein Tanz. Wenn ich diese Rechnung bezahle, habe ich Licht und mir wird der Strom nicht abgedreht. Und ich kann sie hin zur Mailbox und wieder weg davon tanzen. Ich kann sie sofort bezahlen, statt sie in dem Stapel verschwinden zu lassen, und so habe ich Zeit, eine Menge von dem Mist loszuwerden. Ich brauche das alles nicht. Ich kann das ganze Zeug reduzieren und mich entscheiden, mit den Dingen hin und wieder zu tanzen."

Arny: „Oh, Sie hypnotisieren mich regelrecht mit Ihren Beschreibungen, das ist wirklich bemerkenswert. Dieser andere Bewusstseinszustand ist so wichtig. Wenn wir hier und da ein wenig mit den Dingen tanzen, ist das wirklich eine völlig andere Umgehensweise damit als Ihre übliche innere Einstellung zu diesem Thema vor dieser Übung."

Teilnehmerin: „Ich beschloss, diese Papiere einfach nicht mehr abzulehnen, während ich diesen Stapel vorher hasste."

Als ich anfing, Ökologie zu studieren, habe ich bei Spaziergängen ab und zu Mülltonnen geöffnet. Amy hat mich dabei gefilmt. Und ich habe hineingeschaut – das müssen Sie auch einmal ausprobieren, oder vielleicht besser nicht. Die Mülltonne öffnen und nachschauen, ob da etwas drin ist, das Sie gebrauchen könnten. Werden Sie zu einer Person, die von Abfällen lebt. Sprechen Sie mit dem Müll. Machen Sie einen Tanz daraus. Außer Vermeidung gibt es viele kreative Wege, mit der Realität umzugehen.

RÜCKBLICK AUF KAPITEL 20

- Viele Schöpfungsmythen aus aller Welt, die beschreiben, wie die Erde zum Leben erwacht, weisen eine Reihe von typischen Motiven auf.
- In allen Geschichten folgt auf die Schöpfung über kurz oder lang die fast vollständige Auslöschung oder Sintflut.
- Die Geschichte der Erde und vielleicht sogar die Ökologie selbst verläuft in Zyklen, die sich von Kohärenz zu Dekohärenz bewegen, wo wir inkongruent werden, kämpfen und eine Sintflut erleben, die uns schließlich wieder nach Hause führt.
- Die bewusste Wahrnehmung des Tanzes der Verbundenheit kann Phase 4 verkürzen und persönliche und globale Sintfluten ein wenig erträglicher machen.
- Recyceln Sie den *Umweltsünder*.

KAPITEL 21
Goldgräber: Umweltverschmutzung, Ökologie, du und ich

Erinnern Sie sich an Phase 3 in Abbildung 20.2., die Periode von Konflikt und Dekohärenz, die ich im letzten Kapitel erläutert habe? Auf diese Phase folgt Phase 4, die Sintflut. Wir erleben das *Universum* (wörtlich: „eine Umdrehung") als zyklisch. Schöpfungsmythen aus aller Welt schildern, wie die Schöpfung nach der Sintflut von Neuem beginnt (u.a. mit Hilfe einer Arche). Unmittelbar darauf gelangen wir an den grundlegenden Punkt, den ich den „kohärenten Punkt" nenne, und dringen damit vor zur Essenz der Dinge. Hier erleben wir auch unseren Prozessgeist.

Individuen, Gruppen, Organisationen und die ganze Welt durchlaufen wahrscheinlich ähnliche Zyklen. Sie sind kohärent, fangen etwas Neues an; Sie geraten in Konflikte mit sich selbst und sind schließlich desorientiert, erschöpft oder sogar ein wenig depressiv. Ihr Prozess geht in die Tiefe, und dann träumen Sie davon, neue Welten zu erschaffen und ganz von vorn anzufangen. In Beziehungen und Gruppen sind wir uns anfangs sehr nahe. Dann machen wir zusammen neue Schritte und erleben Schwierigkeiten, sodass wir zurückfallen, uns neu umschauen und die Beziehung oder Organisation neu auf-

bauen. Wir alle spüren diese Abläufe, nehmen uns jedoch meistens nur im jeweiligen Augenblick wahr und vergessen die umfassendere Sicht, den Tanz des Universums.

Teilnehmerin: „Ich frage mich, ob diese Überlegungen der Idee von Balance widersprechen? Denn wenn wir in Balance sind, können wir doch nicht diese Zyklen durchlaufen – oder?"

Arny: „Jung sagte, der Prozess der Individuation, also die Selbstwerdung des Menschen, beruhe darauf, dass er die Gegensätze in sich ausbalanciert. Ich denke, er würde mit mir heute übereinstimmen, wenn ich sage, dass Balance tatsächlich ein zyklischer Prozess ist. In Balance sein heißt, die verschiedenen Phasen zunächst an unterschiedlichen Punkten zu bekämpfen und dann deren Abläufe allmählich zu akzeptieren, auch die Zustände, wo wir völlig außer Balance sind.

Das Universum ist ein Prozess. Folgen Sie Ihrem Prozess. Wenn Sie mit dem Tanz der Verbundenheit in Berührung sind, fällt es Ihnen ein wenig leichter, diese Phasen zu durchleben. Wir brauchen einen solchen mythischen Gesamtblick, um als

Planet zusammenarbeiten zu können. Ich habe immer wieder auf den Gedanken von *ecos*, Zuhause, hingewiesen. Wir müssen uns im Universum zuhause fühlen, um mit all den irdisch begründeten Problemen auf diesem Planeten umgehen zu können. Recyceln Sie unangenehme Gefühle, verwerfen Sie sie nicht einfach.

Wenden wir uns jetzt den Themen Zuhause, Nichttun und Umweltverschmutzung zu. Neben dem C02, das auf fossile Brennstoffe zurückgeht, gilt als unser zweiter schlimmster Umweltverschmutzer Quecksilber. Die globale Quecksilberverschmutzung geht vor allem auf den relativ kleinen Sektor des Goldminenbaus zurück und damit auf unsere Gier nach Gold. [93] Das meiste Quecksilber landet in unserem Trinkwasser und in den Fischen, Bäumen und Pflanzen, die wir essen, oder in der Luft, die wir atmen. Quecksilber im Körper tut uns nicht gut. Es führt zu Läsionen im Gehirngewebe, schädigt das Herz und ist giftig. Wenn wir zu viel Fisch mit zu viel Quecksilber essen, fühlen wir uns nicht besonders gut.

GOLDGRÄBEREI

Wenn wir uns auf das Umweltgift Quecksilber als eines von vielen konzentrieren, zeigt uns das, wie wir mit globalen Problemen arbeiten können. Zuerst müssen wir uns fragen, warum und wie wird reines Gold gewonnen? Warum ist Gold wichtig? Stellen wir uns vor, ich gehöre zu den Armen dieser Erde, ein Kind, das an einem kleinen Fluss im Norden von Shanghai lebt, ein Mann im brasilianischen Amazonasgebiet. Oder ich bin ein mächtiger Industrieller und liebe Gold, weil das viel Geld einbringt. Ich besorge mir einfach eine Goldpfanne und schürfe damit ein wenig Geröll aus einem Fluss, in dem sich Gold befinden soll. Dann gebe ich mein mitgebrachtes Quecksilber in das Geröll und mische beides mit den Händen durch. Das Quecksilber amalgamiert mit dem Gold und die Gold-Quecksilber-Mischung sinkt auf den Grund, während das Geröll oben bleibt. [94] Ich schwenke die Pfanne, um das Zeug loszuwerden, das ich nicht haben will, und darunter bleibt mein Silber-(Quecksilber)-Gold-Metall. Als Nächstes erhitze ich diese Gold-Quecksilber-Mischung mit einem Lötbrenner, damit das Quecksilber in Luft und Boden verdampft. Die Erhitzung der Mischung lässt das Quecksilber in der Luft verdampfen, aber vielleicht werfe ich den Rest auch einfach ins Wasser. Und genau dieser Vorgang ist mitverantwortlich für die Quecksilberverschmutzung! Jetzt sammeln Sie Ihr Gold ein und bekommen viel Geld dafür.

Wenn Sie einer Person, die diese Arbeit mit bloßen Händen verrichtet, erzählen, das mache langfristig krank, erwidert sie vielleicht: „Ja, aber ich kann damit in kürzester Zeit viel Geld machen. Damit ernähre ich meine Familie und komme im Leben voran. Dann ist mein Leben eben kürzer, was soll's?"

Goldgräberei, Quecksilber, Wirtschaft, Psychologie und Umwelt sind gekoppelte ökologische Prozesse. Gold ist als

Schmuck begehrt, und weil es schnelles Geld verspricht. Die Goldpreise steigen besonders dann, wenn der Aktienmarkt starke Schwankungen aufweist. In der Abbildung unten sehen Sie eine Reihe von Personen im Gespräch. Nehmen wir einmal an, die Beziehungen zwischen ihnen werden dadurch belastet, dass diese Menschen nicht viel Geld haben. „Was sollen wir tun? Wir brauchen Geld!" Oder sie werden aus anderen Gründen gierig. Ihr Beziehungsstress hängt möglicherweise zusammen mit ihrer Gier nach Gold. Beziehungsprozesse und individuelle Prozesse hängen zusammen mit der Quecksilberverschmutzung in Gewässern, in denen Fische leben. Der Prozess der menschlichen Beziehungen dieser Personen ist gekoppelt mit den Prozessen in der Atmosphäre, in Bäumen, Boden, Niederschlägen und der ganzen Erde.

Ein Beispiel für gekoppelte Prozesse in der Psychologie ist, dass Menschen in einer Stadt Schwierigkeiten haben und auch Personen an anderen das fühlen können, sogar ohne Fernsehen oder Internet. Sie können auch durch Klatsch davon erfahren. Es gibt lokale, kausale wie auch nichtlokale Verkopplungen, die weit über bestimmte Orte hinausreichen. Was immer Sie tun, ist direkt oder indirekt mit allem anderen verbunden wie *Indras* Netz, ein universelles, großes Netz. Wird am einen Ende des Netzes gezogen, bewegt sich auch die andere Seite, selbst wenn es keine direkte lineare Verbindung zwischen

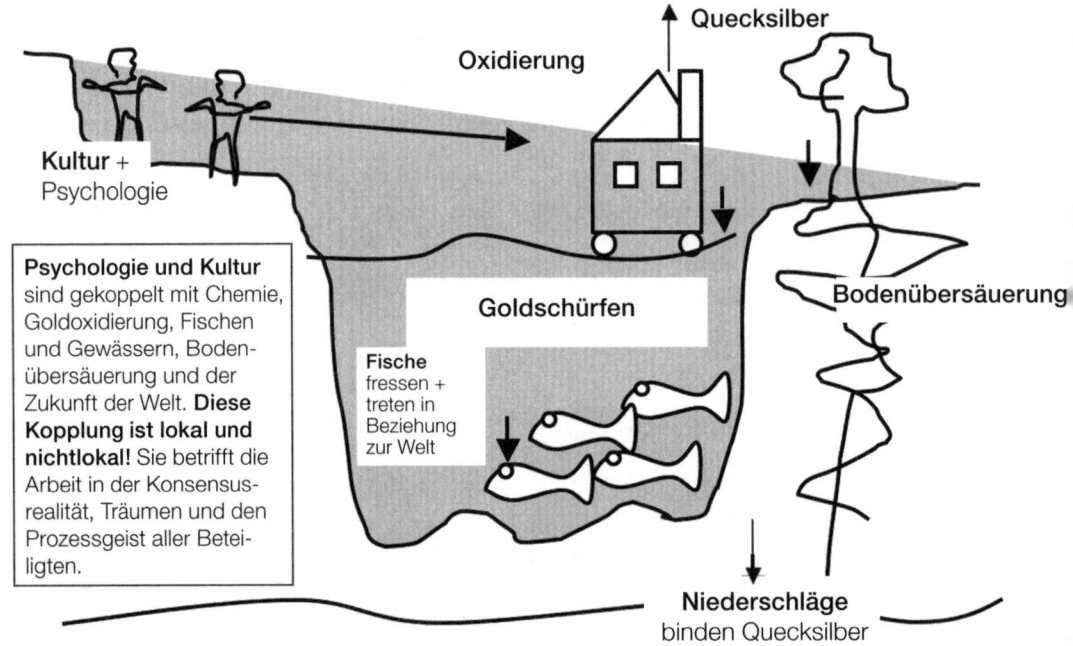

Quecksilber

Oxidierung

Kultur +
Psychologie

Psychologie und Kultur sind gekoppelt mit Chemie, Goldoxidierung, Fischen und Gewässern, Bodenübersäuerung und der Zukunft der Welt. **Diese Kopplung ist lokal und nichtlokal!** Sie betrifft die Arbeit in der Konsensusrealität, Träumen und den Prozessgeist aller Beteiligten.

Goldschürfen

Bodenübersäuerung

Fische fressen + treten in Beziehung zur Welt

Niederschläge binden Quecksilber

Abbildung 21.1.: Gekoppelte ökologische Prozesse.

Der kosmische Tanz des Ursprungs

beiden gibt. Man könnte sagen, ein Netz vermittelt uns ein Gespür für Kopplungen. Dinge sind nicht nur direkt miteinander verbunden, sondern durch das Raumzeit-Träumen auch indirekt gekoppelt.

Komplexe Kopplungen sind in der Physik, Chemie und Ökologie ein typisches Phänomen. Ich möchte Ihnen einfach ein Gespür für gekoppelte Prozesse vermitteln, diese erstaunliche wechselseitige Verbindung von vielen einzelnen Prozessen. Wenn zum Beispiel ein zweijähriges Kind am Strand mit Sandhaufen spielt, fließt das Wasser in seine Burg hinein und wieder hinaus. „Ich will mir eine Sandburg bauen", denkt das Kind, und diese Burg beeinflusst sämtliche Nationen der Welt. Durch Wasser ist alles eng und direkt miteinander verbunden, Störungen im Wasser hängen mit der ganzen Atmosphäre zusammen. Alles, was wir tun, ist miteinander verbunden.

Wie hilft uns das Verständnis dieser komplexen gekoppelten Prozesse in Bezug auf die Welt? Wenn ich zum Beispiel sage: „Quecksilber ist weltweit einer der schlimmsten Faktoren für Umweltverschmutzung!", was fehlt dann bei meiner Beschreibung dieses Umweltproblems? Die ganze Komplexität fehlt. Zunächst einmal fehlen die Psychologie des Beobachters und Klarheit über das u. Wir sehen X, wissen aber nichts über u. Dieses u könnte eine Person sein, die sagt: „Du solltest das nicht tun! Das ist schlecht!" Oder das u könnte ein Mensch sein, dem es finanziell sehr gut geht und der sagt: „Du solltest dir über Geld nicht so viele Gedanken machen. Lass das Gold einfach los."

Unsere erste These lautet, dass dieses u (sagen wir, ein konventioneller Umweltschützer) und dieses X (nennen wir es Gier nach Gold) beide Aspekte der Natur und damit notwendig sind. Das u, das sagt: „Sei nicht so gierig", ist in Ordnung, aber ich glaube nicht, dass diese Äußerung etwas ändert, denn mir ist noch nie ein Mensch begegnet, der nicht zumindest gelegentlich ein wenig gierig ist. Unsere zweite These lautet, dass wir eine oder einen Ältesten brauchen, die imstande sind, das u und das X zu recyceln. Der Facilitator, der Tanz Ihres Raumzeit-Träumens, ist wie Musik. Drückt zum Beispiel ein Schritt des Tanzes die Seite in Ihnen aus, die sich eine saubere Umwelt wünscht, und der andere Schritt steht für ein X, das auf Gewinn aus ist, brauchen Sie das Raumzeit-Träumen, um beide Rhythmen zu einen kohärenten Tanz zu verbinden, in dem sie zusammenarbeiten.

NICHTTUN

Wir alle erleben die *Umweltverschmutzung* im eigenen Körper und in dessen Umgebung. Unsere gierige Seite treibt uns so an, dass sie uns von unseren Körpergefühlen abspaltet und uns vergiften kann. Wenn Sie sich bei der Arbeit ständig unter Druck setzen, wirkt sich das auf Ihren Körper aus. Das ist nicht nur als solches schlecht, sondern belastet Sie auch körperlich. In Beziehungen setzen wir dann uns und den anderen unter Druck. Die problematische Haltung, „Ich muss Druck ma-

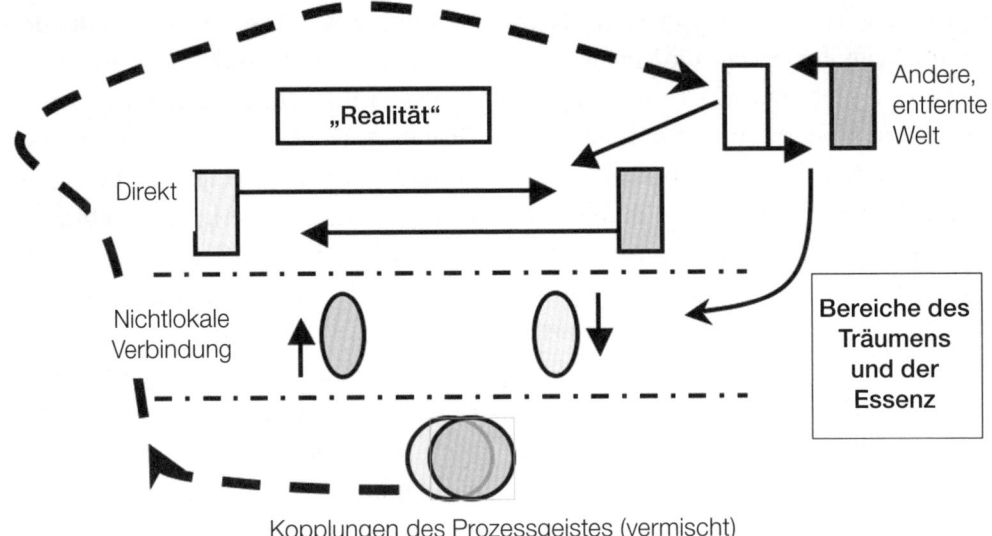

Kopplungen des Prozessgeistes (vermischt)

Abbildung 21.2.: Der Prozessgeist hilft bei nichtlokalen Kopplungen
Reale Personen (Vierecke) verbinden sich in der Realität und in Träumen (Ovale)
mit dem Prozessgeist (Kreise).

chen, damit die Dinge erledigt werden", belastet Beziehungen stark.

Es muss jetzt fünfzig Jahre her sein, dass ich zum ersten Mal das *Tao Te King* las. Hier ist die Rede von *Wu-Wei*, Nichttun. Der weise Mensch tut alles, und doch tut er nichts. Vor 50 Jahren habe ich noch gesagt: „Na, viel Glück Kumpel! Wie tust du denn Dinge, ohne sie zu tun?" Das ist unser größtes Projekt! Heute ist das offensichtlich auch unser zentrales Projekt, was diesen Planeten betrifft! Wenn Sie an das Tiefste denken, was Sie sich in Ihrem Leben wünschen, und sich eng daran halten, während Sie vorangehen; wenn Sie auf ein Höheres Wesen meditieren oder es erfahren, können Sie sich so reich fühlen, als hätten Sie einen *Gold*schatz gehoben.

Wie wir in Kapitel 14 gesehen haben,

glaubten die Alchemisten an die Erfahrung einer einheitlichen Welt, die sie die *Unus Mundus* nannten. Die Alchemisten wollten Gold herstellen! Ihre bekanntesten Projekte bestanden in der Umwandlung gewöhnlicher Metalle wie Blei in Gold oder Silber und der Herstellung eines Allheilmittels, das alle Krankheiten kurieren und das Leben unendlich machen würde. [95]

Was ist dieses Allheilmittel, das uns gesund und reich macht und allen Dingen ihr höchstes Ideal abgewinnt? Hier geht es nicht nur um Geld. Denn der reichste Mensch kann sich arm fühlen! Vor ein paar Jahren haben Amy und ich mit den 15 reichsten Menschen in den Vereinigten Staaten gearbeitet. Wir machten einen Gruppenprozess mit ihnen, und zwar umsonst, weil wir den Verdacht hatten, dass

Der kosmische Tanz des Ursprungs

sie arm sind. Wir haben kein Geld von ihnen genommen. Und das erzähle ich hier, weil Reiche auch arm sein können… Nun, wie Sie wissen, sind wir Menschen fragile Wesen und werden alle einmal sterben. Die Panik oder Angst vor Existenznot oder Krankheit macht uns alle zu armen Menschen. Wir waren schockiert, wie arm diese Menschen waren, denn sie hatten entsetzliche Angst um ihre Gesundheit. Sie waren gierig, aber nicht nur nach Geld. Sie waren auf der Suche nach dem Gold der Heilung, der Zeitlosigkeit und Gesundheit; das heißt, nach Losgelöstheit, was immer das für den Einzelnen heißen mochte.

GIER, PANIK, ANGST UND TUN

Ihr eigener innerer Kritiker kann Sie wachrütteln, damit Sie Ihr Leben auf die Reihe bekommen. Aber meistens macht dieser Kritiker Sie ärmer. Er sagt Dinge zu Ihnen wie: „Du bist in der Konsensusrealität kein perfekter Mensch. Streng dich an, besser zu sein als andere!" Die grundlegende Kritik, mit der wir alle zu kämpfen haben, lautet: „Mit dir stimmt etwas nicht!" Das ist die universelle Botschaft: „Mit dir stimmt etwas nicht! Du besitzt kein *Gold*!" Bei Vergleichen mit anderen können Sie besser oder schlechter abschneiden. Besorgen Sie sich Medikamente, wenn Ihr Bluttest dafür spricht, verdienen Sie Geld, wenn Sie können, aber passen Sie auf. Am häufigsten sagt Ihnen diese kritische Stimme, dass Sie Ihre Träume ignorieren und sich anstrengen und aktiv werden sollen.

„Du bist solch ein Nichtsnutz! Du wirst es nie zu etwas bringen! Du bist ein Versager! Du musst mehr DRUCK machen!" Dieser Kritiker stammt aus der Konsensusrealität und wird angefeuert durch biologische Antriebe, die ihn drängen: „Du musst Erfolg haben! Du wirst es nicht schaffen!", oder: „Du bist krank und stirbst!"

Das ständige *Tun* lässt uns im Alltag einrosten und rigide werden, da wir in unserer Angst und Panik auf Sicherheit aus sind. Die Folge ist, dass die meisten von uns unwillkürlich zu Goldgräbern werden und sich selbst umbringen, um im Leben zu einem ge*machten* Menschen zu werden. Das Goldgräber-Verhalten geht auf unsere Angst, unsere Biologie, Psychologie und die globale Wirtschaft zurück. Doch auch im Träumen können große Schätze verborgen sein, das heißt, eine kostbare innere, *goldene* Erfahrung, Ihr Prozessgeist. Welten auseinanderbrechen zu lassen oder zusammenzubringen ist etwas sehr Wertvolles. In Kapitel 19 erwähnte ich Häuptling Joseph, der sagte: „Meine Leute werden niemals arbeiten. Sie sind Träumende." Damit meinte er nicht, dass seine Leute nur herumhocken und nichts tun, sondern dass sie ihren Kontakt zum Träumen nicht aufgeben würden. Ich sprach auch vom *Tao Te King* und von *Wu-Wei* oder Nicht-tun. Im *Wu-Wei* tun Sie sehr wohl Dinge, aber eben nicht nur Sie allein, denn Sie werden zum Tun bewegt. Ihr Prozessgeist bewegt Sie. Carlos Castanedas Don Juan sagte, Schamanen sollten „die Welt anhalten". Für die Thailänder ist dieser Schamane der Goldene Buddha, die größte Buddha-Statue der Welt. Sie befindet sich im Tempel von Wat Traimit, in Bangkok (im Distrikt Samphanthawong in Chinatown), Thailand.

Meditation, Stille und das Heraustreten aus dem linearen Zeitgefühl beruhigen nicht nur unser Nervensystem, unseren Parietallappen im Gehirn (der mit unserem Empfinden von Raum und Zeit zusammenhängt), sondern lockert auch unser Ich-Gefühl in Bezug auf die Konsensusrealität. Dieses Gefühl von innerer Ruhe, während wir in Bewegung sind, gehört zur Aufgabe der inneren Goldgewinnung. Es ist die Essenz des Goldes, das alle im Außen suchen. Ohne diese Gold-Essenz neigen wir dazu, uns auszunutzen, herumzu-

schubsen, zu dekohärieren, das heißt, den Bereich der Essenz zu verlassen und uns ausschließlich in der Konsensusrealität zu verankern.

WAHRES GOLD IST ZEITLOS

Denken Sie daran, Teilchen können sich zeitlich vor wie zurück bewegen, zumindest in der theoretischen Quantenmechanik. Wenn wir lernen, das psychologisch zu tun, ist das medizinisch wirksam: Aus der Zeit herauszutreten kann gut für Ihre Gesundheit sein und unterstützt Sie wahrscheinlich auch bei Ihrem Tun.

Abbildung 21.3.: Der Goldene Buddha der Thai (Wikipedia).

Der kosmische Tanz des Ursprungs

ÜBUNG: GOLDGRÄBER FINDEN ZUHAUSE DAS WAHRE GOLD

1. Inwiefern sind Sie eine *Goldgräberin* oder ein Goldgräber? Wie und wann setzen Sie sich zu stark unter Druck, und wie schadet Ihnen das? Agieren Sie Ihren inneren Antreiber aus und skizzieren Sie diese X-Energie.
2. Wer in Ihnen empört sich über diese Energie am meisten? Agieren Sie *u*s Energie aus und skizzieren Sie diese.
3. Gehen Sie über zum Raumzeit-Träumen. Fühlen Sie einen Ihrer Lieblingsflecken auf der Erde, atmen Sie hinein und lassen Sie diesen Ort durch Sie tanzen. Sehen Sie dort die Energien von X + *u*? Lassen Sie die Erde durch Sie tanzen und entspannen Sie sich noch mehr. Lassen Sie jetzt das Raumzeit-Universum durch Sie tanzen. Tanzen Sie, bis Ihr Tanz Ihnen zeigt, wie Sie mit dem inneren Antreiber umgehen können. Spüren Sie die Auflösung dieses Problems im Körper?
4. Wie schadet oder beeinflusst dieser Druck Ihren Körper, Ihre Sexualität, Ihre Beziehungen? Kehren Sie jetzt zum Tanz Ihres Raumzeit-Träumens zurück und lassen Sie zu, dass dieser das *Antreiben* umwandelt, sodass es für alle nützlicher ist. Fühlen Sie Ihr Raumzeit-Träumen. In welcher Hinsicht ist es *Gold*? Machen Sie sich Notizen.

Probieren Sie diese nichtkognitive Methode aus, wenn Sie sich zu stark unter Druck setzen. Experimentieren Sie abends vor dem Schlafengehen damit und beobachten Sie Ihre Träume. Versuchen Sie mit dieser Übung mehr über Sexualität herauszufinden. Denken Sie an Ihr Raumzeit-Träumen, wenn Sie morgens aufstehen, ins Badezimmer gehen und sich den Hintern abwischen. In diesem Buch geht es darum, dass Sie sich Ihres Tanzes 24 Stunden am Tag bewusst sind.

Um umweltfreundlich zu handeln, versuchen Sie am besten Energie zu sparen, Stimmungen und Plastik zu recyceln, und, wenn Sie sich zu viel Druck machen, das *Gold* zu finden, nach dem Sie suchen. Lassen Sie Ihren Tanz der Verbundenheit die Dinge lokal regeln. Bleiben Sie beim Tun und bei der Arbeit für den Umweltschutz in Ihrem Prozessgeist verankert. Das hilft Ihnen, Schwierigkeiten zu lösen, und hat vielleicht sogar nichtlokale Auswirkungen.

Holen Sie sich nach Haus zu Ihrem *ecos*. Druck zu machen ist in Ordnung, aber schauen Sie, dass Sie sich besorgen, was Sie wirklich brauchen. Schaffen Sie für sämtliche Menschen und Energien ein Zuhause.

Denken Sie daran, morgens auf der Toilette den Spülungsknopf zu *drücken*, aber drücken Sie nicht zu stark! Und nehmen Sie diese Einsicht mit in Ihren Tag und hinaus in die Welt.

RÜCKBLICK AUF KAPITEL 21

- Ökologie besteht aus zahlreichen verschiedenen gekoppelten Prozessen, die einen holistischen Systemgeist brauchen.

- Gold ist ein Symbol für Sicherheit, aber die Essenz von Gold besteht darin, sich an die Struktur des Universums anschließen zu können, denn wenn es die Dinge erledigt, entsteht am wenigsten Umweltverschmutzung.

TEIL SECHS –
Erde, Geld und
das größere Bild

KAPITEL 22
Dein Körper, unsere Erde

Je besser Ihr Verhältnis zu Ihrem Körper ist, das möchte ich Ihnen gern klarmachen, desto besser geht es unserem ganzen Planeten. Körperbewusstsein, Kontakt mit Ihrem Raumzeit-Träumen, sich zu erleben als *Tanz der Verbundenheit* – das alles ist zentral für Meditation und Ihre innere und unsere äußere Weltarbeit. In Kapitel 9 haben wir uns ausführlich mit körperlichen Symptomen beschäftigt. In diesem Kapitel möchte ich mich wieder auf solche Symptome konzentrieren, dieses Mal aber liegt die Betonung darauf, dass die Arbeit mit körperlichen Problemen nützlich für das ökologische Wohlbefinden unseres kleinen Planeten sein kann. Im nächsten Kapitel zeige ich Ihnen dann, wie Ihnen körperliche Erfahrungen bei finanziellen Themen helfen können.

Wie Sie wahrscheinlich schon erlebt haben, kann das Raumzeit-Träumen als Grundlage für eine prozessorientierte Ökologie Ihnen helfen, Gruppenprozesse als FacilitatorIn mit einer neuen Art von *Führung* zu begleiten, die sich an das Beziehungsfeld zwischen uns anschließt, um für viele Themen konkrete persönliche und politische Antworten zu finden. Eine Hauptthese von *Der Tanz der Verbundenheit* lautet, dass sämtliche Aspekte von Spannungen und Konflikten *Familienmitglieder* sind, die wir, um Schwierigkeiten aufzulösen, *nach Hause* ins Universum bringen müssen. Für manche Menschen ist das ganz offensichtlich. Schließlich leben wir in diesem Universum. Die Erde wie alle Menschen, Tiere, Pflanzen, chemischen Stoffe und anderes mehr sind Aspekte unserer Familie. Zeigen wir unserer Familie also den Weg nach Hause. Familien haben Probleme, das ist fast eine Definition von Familien und Gruppen. Hier werden unterschiedlichen Meinungen geäußert. Bringen wir diese Unterschiede nach Hause, zurück zu unserer grundlegenden Essenz, wo wir am losgelöstesten sind.

Das Problem ist, dass Sie körperliche Erfahrungen meistens als *Ihre* körperlichen Erfahrungen betrachten. Die meisten Menschen bringen ihre körperlichen Erfahrungen nicht in Verbindung mit der Umwelt, es sei denn, sie leiden an Allergien. Aber es ist eher ungewöhnlich, dass wir denken, unsere körperlichen Beschwerden, wie zum Beispiel Kopfschmerzen, könnten mit der Umwelt zusammenhängen. Wie sieht die Beziehung zwischen Ihren Symptomen, Ihren Beziehungen und unserer Ökologie aus?

Der kosmische Tanz des Ursprungs

Die meisten Probleme, sei es in den Beziehungen zwischen Menschen oder der Beziehung zu unserem Planeten, haben einige wenige Ursachen. Wie ich bereits in Kapitel 1 sagte, bewirkt aus der Sicht der Monokausalität ein Ding das andere. Monokausalität, die Suche nach einer Lösung für ein Problem, kann eine gute Sache sein, wenn Sie diese Lösung finden. Wenn Sie zum Beispiel Kopfschmerzen haben, nehmen Sie eine Aspirin. Das ist so lange gut, wie es wirkt und Sie nicht ständig Tabletten nehmen müssen. Doch oft reicht eine einzige sogenannte *Lösung* nicht aus. Monokausalität ist vernünftig, aber sie trennt zwischen den verschiedenen Disziplinen: Hier die Medizin, dort die Umwelt, die Physik ist da drüben und die Psychologie ganz im Hintergrund.

Erinnern Sie sich noch an Parallelwelten? Die Physik sagt: „Wir wollen die Psychologie nicht in die Physik einbringen." Wie ich in Kapitel 3 erwähnte, stellte der Buchrezensent von der *American Psychological Association*, dem eines meiner Bücher gefiel, trotzdem die Frage: „Was hat die Physik in der Psychologie zu suchen?" In der Konsensusrealität leben wir in Parallelwelten, Paralleluniversen: Physik, die Umwelt, Psychologie, Spiritualität. Selbst spirituelle Lehrer spalten die Welt und sagen manchmal: „Werdet nicht zu materialistisch!" Für die Arbeit mit den größten Problemen, die mit sich überlagernden, gekoppelten Prozessen verbunden sind, brauchen wir unser systemisches Denken, unseren Prozessgeist.

Selbst wenn Sie keine körperlichen Probleme haben, können Sie sich aufgrund der starken Kopplung von zahlreichen inneren und äußeren Prozessen manchmal hier krank fühlen, wenn ein Mensch sich anderswo durch irgendetwas gestört fühlt. Sie denken dann, es sei Ihre Sache, dass Sie sich krank fühlen, und natürlich stimmt das auch, aber vielleicht sind das nicht nur Sie. Die Wissenschaften der Konsensusrealität halten sich meistens an die Vorstellung von monokausalen Zusammenhängen und Paralleluniversen. Üben Sie sich in losgelöstem systemischem Denken. Als BuddhistIn denken Sie vielleicht: „Oh, alles kommt und geht." Wir können diesen Gedanken ein wenig ausweiten und sagen, dass es manchmal durchaus nützlich ist, an Dingen festzuhalten, solange wir daraus kein Programm machen! Unsere größten Konflikte spielen sich nicht zwischen Ländern oder Personen ab, sondern zwischen Paralleluniversen, die alle sagen: „Wir sind nicht die anderen!"

Wir alle neigen manchmal dazu, die Wichtigkeit der Konsensusrealität zu sehr zu betonen und den Schamanismus zu marginalisieren. SchamanInnen wissen, wie sie in Berührung mit der Essenz von Gemeinschaft und dem individuellen systemischen Denken kommen können. Die Zivilisationen haben sich zu modernen Gesellschaften entwickelt. Menschen benutzen weltweit das Internet, und die meisten haben die uralten Schamanentänze vergessen. Die Definition von Schamanismus hängt von der Gruppe ab, die Sie danach fragen. Schamanismus ist das Glaubenssystem einer bestimmten Kultur, meistens der Kultur von Ureinwohnern. Diese Menschen glauben, dass wir uns für die Lösung bestimmter Probleme in einen anderen Bewusstseinszustand begeben und mit etwas Größerem eins werden müssen (dessen Bezeichnung von Kultur zu Kultur wechselt). In meinem Buch *Den Pfad des Herzens gehen* erläutere ich, wie Castanedas Schamane, Don Juan Matus, sich mit dem *Nagual* verbindet. [96] Es gibt viele verschiedene Namen für diesen heiligen, entspannten Ort. Das *Nagual* ist jedoch nicht nur ein Raum, sondern auch der Schamane oder die Zauberin selbst, die ihre Gestalt wechseln, die Konsensusrealität verlassen und sich in einer anderen Form erfahren. Hier benutze ich das Wort *Schamanin*, um auf unsere Fähigkeit zu verweisen, uns mit dem Raumzeit-Träumen zu verbinden und aus diesem Raum Informationen für das Alltagsleben mitzubringen. Das ist eine ziemlich verkürzte Definition von Schamanismus. Unsere schamanistischen Heilerinnen und Heiler aus Afrika nannten sich Medizinfrauen und –männer. [97] Heutige Therapeutinnen und Therapeuten sollten sich an diesen Aspekt ihrer Arbeit erinnern.

Wie auch immer, der Schamanismus geht zurück bis in die Zeit vor unserem Erwachen mit einem größeren oder kleineren Urknall und der grundlegenden Dichotomie von „Ich bin dies und nicht das". In der Psychologie ist das Wiederfinden dieser ursprünglichen schamanistischen Erfahrung und der Antwort auf die Frage: „Wer war ich ursprünglich?", die wichtigste spirituelle Aufgabe.

Das Universum und unser eigener Geist lösen einen Urknall aus, wenn unser Einssein zerbricht und wir zu denken beginnen: „Ich bin dies, ich bin nicht das." Dann müssen wir Brücken schlagen zwischen Parallelwelten. Wir brauchen eine größere Perspektive, damit die ganze Vielfalt unserer Welt nicht nur ein Bündel Probleme ist, sondern nützlich und notwendig für unsere Selbstreflexion.

Erster Teilnehmer: „Ihre Art, die Dinge zu sehen, erinnert mich an Thomas von Aquin, der sagte, das Gutsein des Schöpfers spiegele sich im Gutsein jedes seiner Geschöpfe wider, und je mehr Geschöpfe zusammenkommen, desto mehr Liebe sei da. Und andrerseits sprechen Sie von schlimmen Dingen, die geschehen und geschehen sind, wie Völkermord und Umweltzerstörung. Ich kann mir nicht vorstellen, dass das einfach Teil der Vielfalt ist, und wir noch etwas anderes tun oder sind."

Arny: „Ich bin vorsichtig mit Begriffen wie „Gutsein" und „Liebe", weil Sie in manchen Umfeldern ein wenig überstrapaziert werden. Ich sage also einfach nur, dass Selbstreflexion und Bewusstsein notwendig sind. Wir haben es mit dramatisch vorwärtsdrängenden wie auch ruhigeren Energien zu tun. Wir haben Diktatoren, und jetzt haben wir die 1% und die 99 % in der Occupy-Bewegung. Vielfalt gibt es immer."

Erster Teilnehmer: „Aber wir können die gesamte Biosphäre zerstören, da einfach von Vielfalt zu sprechen, ist platt."

Arny: „Ich höre, was Sie sagen. Auch ich bin platt! Wollen Sie von mir hören, dass ich sage, die Welt sei dumm?"

Erster Teilnehmer: „Sie ist nicht dumm, aber es reicht nicht, die Ungeheuerlichkeit dessen, was wir zu tun imstande sind und dabei sind zu tun, einfach nur zu benennen. Das macht mir große Sorge!"

Arny: „Gut für Sie. Sie sollten dann destruktivere Begriffe benutzen als ich. Ich mag solche Dispute. Sie helfen mir, in Balance zu kommen. Ich bin wie Sie, ich will auch nicht, dass Menschen zu schnell aufwachen! Und es gibt auch noch die Sicht, dass Menschen nur aufwachen, wenn sie sich gegenseitig entsprechend häufig in Bedrängnis bringen. Das ist schrecklich, das ist dumm, und es so zu benennen, hilft uns aufzuwachen. Ich bin also, was das betrifft, Ihrer Meinung… teilweise."

Erster Teilnehmer: „Danke."

Zweiter Teilnehmer: „Ein alter Spruch von Heraklit lautet, „Streit ist der Vater aller Dinge"."

Dritte Teilnehmerin: „Mir ist aufgefallen, dass ich müde geworden bin, als Sie über diese Dinge sprachen. Plötzlich erwachte dann mein Interesse an Ihren Worten. Solange eine gewisse Intensität im Raum fehlte, war ich schläfrig. Diese Intensität machte mich wach und weckte mein Interesse an Vielfalt."

Arny: „Wau!"

KÖRPER UND UMWELT

Unser Körper schickt uns häufig „Weckrufe" in Form von Beschwerden, die sich wiederholt melden. Die Menschen, die Sie nicht mögen und die am häufigsten in Ihren Gedanken auftauchen, zeigen sich oft auch in Form von störenden körperlichen Symptomen. Vielleicht sind Sie nicht offen für diese Menschen, Ihr Körper aber ist es mit Sicherheit. Denken Sie an eine wirklich widerwärtige Person. Denken Sie an den schlimmsten Diktator, den Sie sich vorstellen können, sei es in Ihrer Familie oder in Ihrem Land. Und da ist er oder sie irgendwo in Ihren Träumen und in Ihrem Körper. Wenn ein X Sie wirklich stört, ist es natürlich, dass Sie Nein dazu sagen, doch gleichzeitig müssen Sie diese Energie irgendwie nutzen. Ich benutze den Buchstaben X für diese Energie, weil er uns an das erinnert, wovon wir uns getrennt haben, sei es ein Ex-Partner oder eine Energie, die Sie innerlich abgespalten haben. Energien, die wir abspalten, tauchen in unserem Körper als Symptome und Träume auf, die u, die Träumende, stören. Es ist wichtig, sich daran zu erinnern, dass Sie als Individuum ein u + X in sich haben, denn u + X zeigen sich auch im Traumland, sie sind nicht lokal.

Sie finden also u + X innen wie außen in Gestalt von anderen wie auch in der Welt vor! Sie geraten nicht nur mit sich selbst in Konflikt, sondern auch mit engen Freundinnen und Partnern. Das u und das X in Ihrem Körper tauchen auch in Partnerschaften auf, und dieselben Energien, die Sie in Ihren Partnerschaften ärgern, ärgern Sie auch in der gesamten Welt und in Ihrer Umgebung.

Sie ärgern sich vielleicht über unzählige Dinge in Ihrer Umgebung, doch meine Frage hier ist vor allem, wie Sie mit Ökoproblemen auf unserem Planeten umgehen können, indem Sie sich zunächst einmal Ihrem Körper zuwenden, um dann die hier gewonnenen Einsichten auf die Umweltarbeit anzuwenden. Ich möchte mit Ihnen erforschen, wie Sie mit den Energien arbeiten können, die Sie körperlich stören, und lernen, die auf der körperlichen Ebene gewonnenen Erfahrungen zu nutzen, um Umweltprobleme anzugehen.

Das simpelste Beispiel dafür, dass unser Körperbewusstsein mit der Umwelt zusammenhängt, ist unsere Diskussion über das ständige Tun und Machen und den Druck, den wir auf uns und andere ausüben, die wir im letzten Kapitel anhand des Beispiels von Goldgräbern geführt haben. Als MacherIn denken Sie: „Ich muss das oder jenes sofort erledigen!" In gewisser Weise werden Sie zur Goldgräberin, was Sie stresst, und nach einer Weile sind Sie wirklich erschöpft. Dieses X ist für Sie persönlich ein körperliches Problem. Wenn Sie sich zu stark unter Druck setzen und Ihre Körpersignale ignorieren, die sagen, nimmt es leichter, fühlen Sie sich körperlich unwohl oder noch schlechter.

Ähnliches gilt, psychologisch gesehen, auch für unsere Umwelt. Wenn ich mich antreibe, ein Ziel zu erreichen, fahre ich zehn Stundenkilometer schneller als nötig, verbrauche mehr Benzin und erzeuge mehr Umweltverschmutzung. Wen kümmert das schon? Ich erreiche mein Ziel schneller! Oder ich habe keine Zeit, über die Umwelt überhaupt nachzudenken. Was soll's? Wenn Sie genug Geld haben, denken Sie: „Ich kaufe mir jetzt einfach etwas, was ich eigentlich gar nicht brauche! Vergiss die Welt! Einfach schnell etwas anschaffen!"

Genau dieser psychische Druck, dieses Tun und Machen, das Ihren Körper stresst, kann auch die Umwelt belasten. Druck und Tun sind psychologische und materielle Themen, die sich im Körper und in der Umgebung abspielen. Einige Physiker am MIT sagen, dass wir diesen Planeten nutzen, als handele es sich um anderthalb oder sogar zwei Planeten. Manche sprechen in diesem Zusammenhang sogar von drei Planeten! Wenn Sie darüber nachdenken, können Sie sehen, dass die Verdopplung oder Verdreifachung unserer Erwartungen an diesen Planeten nicht zu nachhaltigem Handeln führt. Das ist ein großes Problem. Wir überbeanspruchen (missbrauchen?) den Planeten. Die Folge ist, dass die Erderwärmung und die Umweltverschmutzung zunehmen, Spezies aussterben und manche Menschen sagen: „Entweder wir ändern uns in den nächsten 100 Jahren oder es nimmt ein böses Ende! Bringt die Menschen dazu, ihr schädliches Verhalten aufzugeben! Sorgt dafür, dass diese Dinge aufhören! Gebietet dem Treibhauseffekt Einhalt!"

Dasselbe $u + X$ zeigt sich in Ihnen wie in Ihren Beziehungen, Gemeinschaften und dem ganzen Planeten.

Abbildung 22.1.: Dasselbe u + X.

Meine Frage an Sie ist, warum es an diesem Punkt in den USA so schwer ist, den Klimawandel ins Bewusstsein zu bringen?

- Gier
- Unterschiedliche Meinungen
- Angst
- Nachlässigkeit
- Dummheit
- Wirtschaft

Es gibt dafür viele Gründe. Einer ist Apathie („Was soll's?") und ein anderer Panik. Dieser Panik wenden wir uns selten zu. Panik heißt, „Ich kann mir nicht leisten aufzuhören mit dem, was ich hier tue, der Gedanke macht mir Panik. Wenn ich oder wir damit aufhören, bricht unsere Wirtschaft zusammen und ich verdiene nicht mehr genug Geld!" Und immer so weiter. Panik ist eines von vielen schwierigen Gefühlen, die wir abspalten und beiseiteschieben.

Ein weiterer Grund dafür, dass die Öffentlichkeit hier bei uns in den USA die Brisanz der Umweltzerstörung nicht zu realisieren scheint, ist die mangelnde Kommunikation zwischen Wissenschaftlern. Auf jeden Fall gibt es viele verschiedene Positionen in Bezug auf den Klimawandel.

Die Menschen der unterschiedlichen Lager sind sich nicht besonders wohlgesonnen, und so gibt es kaum wirkliche Begegnungen. Da sind die, die etwas gegen die Umweltverschmutzung und die Erderwärmung unternehmen möchten, und andere, denen diese Themen egal zu sein scheinen und die sich weigern, sich von der Wissenschaft unter Druck setzen zu lassen. Wir brauchen mehr Wertschätzung für die Vielfalt und auch mehr Zusammenarbeit. Und um zusammenarbeiten zu können, brauchen wir mehr Abstand, mehr Raum und mehr Losgelöstheit.

Denken Sie an Einsteins Universaltheorie der Raumzeit. Das relativistische Denken sagt, dass der Raum zwischen uns nicht gerade ist. Wenn Sie zu Menschen sagen, „Ich möchte etwas zwischen uns geraderücken", wollen sie ihnen im Grunde vermitteln: „Ich möchte die Biege zwischen uns kriegen." Vergessen Sie die Krümmung der Raumzeit nicht. Wenn ich Amy einen Lichtstrahl sende, sieht sie ihn, weil sie nicht weit von mir sitzt. Aber auch wenn zwischen uns beiden ein großer Planet stünde und ich ihr meinen Lichtstrahl direkt senden wollte, würde er sie erreichen, sich aber aufgrund des anderen Planeten krümmen. Es reicht nicht aus, in Beziehungen direkt und gradlinig zu sein!

Um mit Amy in einem kraftvollen Feld zu kommunizieren, muss ich mein Licht anders ausrichten, damit sie „das Licht sieht". Denken Sie daran, unser Universum ist nicht gerade und quadratisch. Es ist gekrümmt. Wenn Sie zwischen sich und einem anderen Menschen wirklich etwas geraderücken wollen, müssen Sie ein wenig herumkurven. Und das heißt, Sie müssen sich in einen leicht veränderten Bewusstseinszustand begeben. Sie können zwar sagen: „Sei gradlinig!", aber vielleicht erreicht das den anderen nicht. Sie brauchen einen anderen Bewusstseinszustand, um wirklich kommunizieren zu können. Vergessen Sie das *Nagual* und das Raumzeit-Träumen nicht! Das ist der andere Bewusstseinszustand. Das ist Relativität.

Raumzeit-Träumen ist der grundlegende allgemeine Prozess im Hintergrund. Dieser andere Bewusstseinszustand ist gemeinsamer Grund. Woher weiß ich, dass er gemeinsamer Grund ist? Weil ich im Restaurant häufig beobachte, dass Menschen dort in größeren Gruppen eine Menge trinken. Ich habe mir das genau angesehen. Tun Sie das auch einmal! Da zeigt sich die Natur direkt vor Ihrer Nase. Warum trinken diese Leute? Menschen verfehlen sich mit ihrem *gradlinigen* Gerede. Sie suchen einen gemeinsamen *gekrümmten* Boden oder Grund.

Teilnehmerin: „Ich verstehe Ihren Gedanken vom gemeinsamen Grund nicht."

Arny: „Der *gemeinsame Grund* ist die Erfahrung, dass wir alle zusammen eine Einheit sind und ein und dieselbe Erde bewohnen. Stellen Sie sich eine Gruppe von Menschen vor, die in einem Büro zusammenarbeiten und dann zusammen ausgehen, um etwas zu trinken. Dabei teilen sie alle eine bestimmte Atmosphäre, eine Art gemeinsamen Grund. Wenn Menschen ein wenig betrunken sind, empfinden sie häufig mehr Verbundenheit mit anderen. Einsteins Gleichungen, welche die Räume des Universums beschreiben, sind ebenfalls eine Art gemeinsamer Grund. Auf dem Hintergrund seiner Raumzeit sind Beobachter, die sich irgendwo im Universum befinden, imstande, sich in Bezug auf ihre Beobachtungen oder Messungen zu verstehen oder aufeinander *einzustimmen*. Der Gedanke der Raumzeit macht es möglich, vier verschiedene Beobachtungen so auszudrücken, dass es für alle überall einen Sinn ergibt. Die Raumzeit ist also ein gemeinsamer Grund. Und wenn Sie als FacilitatorIn Ihr eigenes entspanntes Raumzeit-Träumen einsetzen, um mit anderen Kulturen zu kommunizieren, verstehen die Menschen Sie, weil Sie atmosphärisch ein *Zuhause* schaffen."

Denken Sie daran, auf die winzigen stochastischen Bewegungen zu achten, wenn Sie mit dem Raumzeit-Träumen an sich selbst arbeiten. Sie sind vergleichbar mit myoklonischen Zuckungen (kurzen, unwillkürlichen Muskelzuckungen), die Sie wahrscheinlich vom Einschlafen kennen.

Hat Ihr Körper Sie schon einmal geweckt, weil Sie im Traum eine Treppe hinuntergehen und Ihre Beine sich bewegt haben? Sie schlafen ein, tun in Ihrem Traum einen Schritt, Ihr Bein zuckt und Sie wachen auf der Treppe auf? Das sind myoklonische Zuckungen, eine mögliche Beschreibung eines Traumzustands. Ihre Bewegungen sind hier stochastisch.

Wie ich in Kapitel 2 erläutert habe, ist unsere Psychologie zum Teil deterministisch und anhand Ihres Kindheitstraums vorhersehbar, zum Teil aber auch zufällig. Ich kann nicht genau sagen, wann oder wo Sie etwas Bestimmtes tun werden. Wie ich ebenfalls in Kapitel 2 sagte, ist der mathematische Begriff für diese Kombination aus deterministisch und zufällig *stochastisch*.

Die Relativitätstheorie hat viele deterministische Qualitäten, doch auch die Quantenwelt beinhaltet bestimmte Schwankungen. Wenn Sie also Ihrer Erfahrung des Raumes folgen, sind Ihre Bewegungen stochastisch. Sie machen Bewegungen, die vorhersehbar (macht entsprechende Bewegungen vor) und ganz typisch für Sie sind, aber dieses Wackeln (macht eine plötzliche Schüttelbewegung) ist zufällig. Diese zufälligen Bewegungen sind sehr wichtig, denn sie zeigen, dass Sie dem Träumen und der oder dem Träumenden wirklich nahe sind.

Teilnehmer: „Wie hängen zufällige und sekundäre Prozesse zusammen?"
Arny: „Großartige Frage, danke. Erinnern Sie sich, zufällige Bewegungen entstehen, wenn Sie mit Ihrem kleinen u identifiziert sind, Ihrem primären Prozess in der Konsensusrealität. Und dann tauchen in Ihrem Körper traumähnliche Prozesse auf, die sich in Form von Symptomen und Doppelsignalen äußern. Bei der Erfahrung des Raumzeit-Träumens jedoch tanzen Sie sozusagen selbst den Tanz der Verbundenheit. Sie bewegen sich auf der Ebene der Essenz, und die Prozesse fließen von einem Signal zum anderen, ohne primär oder sekundär zu sein. Es gibt dabei kaum einen primären Prozess. Auf der Ebene der Essenz fließen die Energien ineinander, ohne in Konflikt zu geraten. Sie lassen sich nicht mehr trennen. Erfahrungen auf der Essenzebene wie das Raumzeit-Träumen unterliegen nicht der Kontrolle Ihres normalen kognitiven Geistes, Ihrer normalen Identität. In der Essenz dessen, wer wir sind, gibt es Vorhersehbares und zugleich gelegentlich nicht vorhersehbare Hüpfer! Vergessen Sie diese Hüpfer nicht! Ein Mensch, der die Hüpfer vergessen hat, hat sich selbst vergessen.

Nutzen wir jetzt Ihr globales systemisches Denken, Ihr tiefstes Selbst für die Arbeit mit auftauchenden körperlichen Energien und entsprechenden Symptomen. Später schauen wir uns den Planeten als einen Aspekt Ihres Körpers an. Ich bitte Sie gleich, sich dem körperlichen Symptom zuzuwenden, das Ihnen im Augenblick am meisten zu schaffen macht oder einmal zu schaffen gemacht hat. Es kann auch ein Symptom sein, das nur in Ihrer Vorstellung existiert.

Und dann fahren wir fort wie in früheren Seminaren und Kapiteln."

Teilnehmerin: „Ich frage mich, ob Sie einen Rat oder eine Anleitung für eine Anfängerin wie mich haben. Ich habe den Eindruck, dass einige hier doch schon eine ganze Weile auf diese Art an sich arbeiten und es ihnen leichter fällt, Zugang zum Raumzeit-Träumen zu bekommen und sich bewegen zu lassen."

Arny: „Gute Frage. Machen wir's ganz einfach. Was spüren Sie gerade?"

Teilnehmerin: „Ich habe Kopfschmerzen, autsch!"

Arny: „Zeigen Sie mir, wie man Kopfschmerzen macht. Manchmal verstehen Anfänger die Energien von u + X am besten, wenn sie überlegen, wie man zum Beispiel Kopfschmerzen macht, und sich vorstellen, einer anderen Person Kopfschmerzen zu bereiten. Spielen Sie das wie mit Kasperpuppen. Jedes Kind kann das. Zeigen Sie mir spielerisch, wie Sie Ihre Kopfschmerzen machen, indem Sie so tun, als hielten Sie einen Ball in Ihren Händen. Aha! Ich sehe, dass Sie diesen Ball mit den Händen zusammendrücken! Gut, jetzt sehen wir X, diese zusammendrückende Energie. Welcher Teil von Ihnen mag diese Bewegung nicht? Stellen Sie sich vor, die Puppe oder der Ball zu sein und malen Sie sich deren Reaktion aus."

Teilnehmerin: „Sie hasst diesen heftigen Druck und dieses Zusammenquetschen. Der Ball will einfach Frieden und Ruhe!"

Arny: „Wunderbar! Als Nächstes gehen Sie zum Raumzeit-Träumen über. Manche Anfänger stellen sich am besten vor, ein wenig betrunken zu sein. Seien Sie einfach betrunken (aber ohne Alkohol bitte!). Stellen Sie sich vor, beschwippst zu sein, das gibt Ihnen etwas Abstand von den Energien der Konsensusrealität."

Teilnehmerin: „Huch! Aha! Ich hab's! Von hier aus kann ich dem u und dem X jetzt Ratschläge geben!"

Arny: „Gut. Wir wollen das jetzt alle ausprobieren."

....

ÜBUNG: KÖRPERLICHE SYMPTOME UND RAUMZEIT-TRÄUMEN

1. Vergegenwärtigen Sie sich das schlimmste augenblickliche oder früher einmal erlebte körperliche Symptom. Es kann auch nur in Ihrer Vorstellung existieren. Erinnern Sie sich daran, spüren Sie es noch einmal und fragen Sie sich, welche Energie dieses Symptoms für Sie am störendsten ist (wie zum Beispiel Hämmern, Stechen, Erschöpfung, Druck, Hitze). Spüren Sie diese Energie und drücken Sie sie durch Bewegung (indem Sie zum Beispiel eine Faust machen) und ein paar begleitende Worte aus. Nehmen Sie sich Zeit, diese Energie

wirklich zum Ausdruck zu bringen, um ein Gefühl dafür zu bekommen, was sie Ihnen sagt und was sie von Ihnen will. Wir nennen diese störendste Energie X. Machen Sie eine Skizze von der X-Energie und geben Sie ihr einen Namen.

2. Wer in Ihnen (u) fühlt sich von dieser X-Energie am meisten gestört? Wie ist dieser Teil von Ihnen (zum Beispiel friedlich oder wild)? Welche Energie hat er? Fühlen Sie diese Energie und drücken Sie diese u-Energie durch Bewegung und ein paar Worte aus. Nehmen Sie sich Zeit, sie wirklich zum Ausdruck zu bringen, um ein Gespür dafür zu bekommen, was Sie Ihnen sagen will und was Sie von Ihnen will. Jetzt machen Sie eine Skizze davon und geben ihr einen Namen.

3. Denken Sie jetzt an einen Flecken Erde, den Sie lieben. Vielleicht gibt es davon viele. Lassen Sie einen hochkommen, um sich darauf zu konzentrieren und sich vorzustellen, dass Sie dort sind. Schauen Sie sich um und achten Sie darauf, ob Sie die Energien von X + u dort irgendwo verkörpert finden. Wenn es Ihnen hilft, können Sie diesen Flecken Erde und seine Energien auch zeichnen. Und dann stehen Sie dort und spüren sich an diesem Ort. Stellen Sie sich vor, dass die Erde durch Sie atmet und Sie zwischen X + u hin und her bewegt, während Sie abwechselnd die eine und dann die andere Energie durch Bewegungen und mit Worten ausdrücken, wenn Ihnen spontan welche einfallen.

4. Nehmen Sie sich jetzt einen Moment Zeit, um sich zu entspannen. Entspannen Sie Ihren Geist und Ihre Augen und spüren Sie den Raum, der diesen Flecken Erde umgibt (wie auch immer das für Sie aussieht), und den Raum zwischen den Energien von X + u. Stellen Sie sich dann vor, dass Sie über dem Flecken Erde und den Energien von X + u in die Luft steigen. (Legen Sie Ihr Papier zur Seite, wenn es Sie stört.) Steigen Sie noch weiter hoch ins Universum und gewinnen Sie noch mehr Abstand. Spüren, fühlen Sie den Raum des Universums, der Sie überall umgibt, und entspannen Sie sich hinein, bis Sie wahrnehmen, dass dieser Raum Sie bewegt und herumkurven lässt (wie ein Blatt im Wind). Während Sie weiter zulassen, so bewegt zu werden, achten Sie auf weiche Bewegungen, zufällige, spontane, nicht vorhersehbare, kleine, zittrige Wackelbewegungen und Bewegungsflirts und gehen einfach mit diesen Bewegungen mit. Lassen Sie diese Bewegungen zum Teil Ihres Tanzes werden und sich vom Universum weiter frei und überraschend bewegen. (Achten Sie darauf, sich und andere nicht zu verletzen.) Und während Sie sich bewegen, stellen Sie sich vor, ein Mensch, ein Geist oder ein Naturwesen zu sein, das sich so bewegt, und fragen: „Wie heißt dieser tanzende Geist?“

5. Wenn Sie dieses Wesen kennen gelernt haben und spüren, dass Sie sich spontan bewegen, bringen Sie diese Erfahrung zurück zu Ihrer Familie auf der Erde, X + u. Das heißt, Sie blicken als

diese Tänzerin oder dieser Tänzer im Universum zurück auf $X + u$ auf der Erde und achten darauf, ob und wie diese Energien Teile Ihres Tanzes sind. Tanzen Sie weiter, bis der Tanzgeist des Universums Ihnen einen Hinweis zu $X + u$ und Ihrem körperlichen Problem gibt. Das können überraschende und nichtkognitive Einsichten sein. Bitte notieren Sie sich diese Lösungen für Ihr $X + u$ und den Namen Ihres tanzenden Geistes. Inwiefern ist dieser Tanzgeist schon immer ein authentischer Aspekt von Ihnen gewesen?

Nach dieser Übung möchte ich Ihnen eine Frage stellen: „Wer sind Sie?" Die Antwort wechselt natürlich. Sie machen unterschiedliche Erfahrungen. Aber wer sind Sie als Tänzerin oder Tänzer? Ich würde gern einige Stimmen dazu hören. Haben Sie eine Ahnung oder einen Hinweis, wer die Tänzerin in Ihnen ist? Hat sie sich selbst einen Namen gegeben?

Jemand sagte: „Großer Geist." Eine andere Antwort war: „Bravo." Wieder andere sagten: „Die aufgehende Sonne, der verwundete Gott, das Jigglypuffsmile-Monster, Prajna, die Weisheit der Leerheit im Buddhismus, der Wolf, Geistvogel, stetiger Fluss, Donner und Blitz, Drachenflügel, Josephine Baker (eine afroamerikanische Tänzerin, die alle Regeln brach und ihrer Zeit weit voraus war), der Diamantengeist, Hündchen nach seinem Bad!"

„Wau! Bitte „tragen" Sie diese Erfahrungen. Wir sollten sie viel häufiger zu sehen bekommen. Danke!"

Erste Teilnehmerin: „Ich habe mit meinen Knieproblemen gearbeitet. Dabei fiel mir auf, dass ich die Zerbrechlichkeit des Körpers aus der kosmischen Distanz ergreifend und rührend fand. Ich war überrascht, wie liebenswert dieser Körper ist. Meine beiden Energien waren die brechenden Wellen und das Lavagestein. Mit der Zeit wird es abgetragen, die Ufer bröckeln und verändern sich durch die Erosion. Auch in meinen Knien hat im Verlauf der Zeit so etwas wie eine Erosion stattgefunden. Das fühlte sich an wie… wie etwas, das mir meine Menschlichkeit bewusstmacht oder die Zerbrechlichkeit dieses Augenblicks im Leben, was mich wirklich berührt hat."

Zweiter Teilnehmer: „Ich war sehr überrascht, was für mich bei dieser Übung herauskam. Es ergab sich aus meinem bedrückendsten Symptom, Schmerzen im Rücken, wo sich Narbengewebe gebildet hat, weil ich zu schwer getragen habe, sodass ich und mein u uns wirklich oft wie ausgelaugt fühlen. Und aus dieser Erschöpfung heraus machte ich durch das Raumzeit-Träumen die Erfahrung: „Box zurück!" Das hat mich überrascht."

Arny: „Das Gute an Symptomen ist, dass sie uns zwingen, uns die Vielfalt unserer inneren Kräfte und unsere Tendenz bewusstzumachen, uns nur einer unserer Energien zuzuwenden, einer der unendlich vielen in unserem Tanz."

DIE UMWELT

Erinnern Sie sich, dass ich an früherer Stelle in diesem Kapitel sagte, die Energien von u + X, die Sie körperlich beeinträchtigen, seien in gewisser Weise Aspekte von störenden Energien in Beziehungen und auch in der Umwelt. Viele, viele Dinge, Tausende von Dingen, können Sie auf diesem Planeten stören. Wir wollen jetzt mit den für Sie schwierigen Energien arbeiten und zu diesem Zweck wieder das X finden, dieses Mal in der Umwelt.

In ihren körperlichen Erfahrungen spiegelt sich die Umwelt wider. Oder ist die Umwelt oder die Welt eine Widerspiegelung Ihres Körpers? Wir werden uns auf ein Umwelt-X konzentrieren, das Sie an Ihr körperliches Symptom X erinnert. Wenden Sie sich einem Umweltproblem zu, das Sie an das X erinnert, mit dem Sie gerade auf der körperlichen Ebene gearbeitet haben. Diese X-Energie findet sich möglicherweise auch in der Umwelt. Wenn ich sage *Umwelt*, meine ich damit sowohl nichtorganische Dinge wie auch menschliche Wesen, wie zum Beispiel Umweltaktivisten oder Gegner der Fraktion, die den Klimawandel stoppen will, die Ihnen zu schaffen machen. Vor Jahren hat mich der Umweltschützer Al Gore mit seiner einseitigen Vehemenz gestört. X kann also eine Person oder Gruppe in der Umweltbewegung sein, an der Sie sich stören, oder materielle Dinge wie Chemikalien in der Luft, die zur globalen Erwärmung oder Vernichtung bestimmter Arten beitragen und so weiter.

Mit der Umwelt sind unzählige Dinge verbunden. Ihre eigene Natur wird entscheiden, woran Sie heute arbeiten wollen. Wenden Sie sich noch einmal der X-Energie in Ihrem Körper zu und finden Sie dann die X-Energie, die Sie in der Umwelt stört, seien es materielle Gegebenheiten, Personen oder Gruppen. Was kommt Ihnen in diesem Augenblick in den Sinn?

- Verbrennung von Plastik
- Krankenhausabfall – Abfallverbrennung und der Abfall selbst
- Städtebauliche Entwicklung
- Zigarettenrauchen
- Papierabfall
- Zerstörung ursprünglicher, wilder Ökosysteme
- Landbesitz. Teilung, Besitz und Privatbesitz von Land
- Konsumwahn
- Krieg

Krieg ist der eine große Faktor für Umweltverschmutzung, von dem wir immer sagen, dass Menschen ihn nicht berücksichtigen, das Kohlendioxid, das Kriege produzieren. Das ist ein Hauptfaktor. Die Kosten und das Kohlendioxid, die mit Kriegen verbunden sind, werden selten in entsprechende Überlegungen mit einbezogen. Fahren wir fort:

- Vergiftung des Wassers
- Abschlachten von Walen und Delphinen
- Fracking
- Abholzung der Wälder
- Müllablagerungen im Pazifik von der Größe von Texas

- Flurbereinigung
- Genetische Veränderungen von Futtermitteln, Lebensmitteln und in der Landwirtschaft
- Ölsand in Kanada als Symbol für die Ölindustrie
- Umweltvergiftung durch elektronische Geräte, Handys und Mikrowellen
- Flächenbrände
- Abfall im Weltraum!
- Abschlachten von Wölfen
- Der ständige wirtschaftliche Druck, durch Produktion Profite zu machen, und wachsender Konsum
- Vergiftung unserer Gewässer durch Medikamente
- Ölkatastrophen
- Bau von Staudämmen, Zerstörung des Lands von Ureinwohnern
- Kohlendioxidausstoß, im kleinen und großen Rahmen
- Nicht nachhaltige Lebensstile
- Datenmanipulation zu politischen Zwecken
- Neue Modelle und schnelle Vernichtung der alten, sodass wir ständig neue Dinge kaufen
- Tagebauprojekte im großen Stil

In Basel glaubte die Stadtregierung vor einige Jahren, das Heizungsproblem dadurch zu lösen, dass man die thermale Hitze unter der Erde nutzt. Das war gut gemeint, aber das Eindringen durch die oberste Erdschicht löste in der Stadt ein Erdbeben aus. Lösungen für Umweltprobleme sind also nicht immer nachhaltig.

Amy: „Ich hörte neulich von Ziegenhirten in der Mongolei, die Kaschmirwolle produzieren. Während der weltweiten Rezession kauften die Menschen kein Kaschmir mehr, und das traf diese Hirten empfindlich. Dazu kommt, dass die Ziegen auf diesem unfruchtbaren, dürren Land leben, das sie aufscharren, um an Fressbares zu gelangen. Die Staubwolken auf ihrem Berg trieben aus der Mongolei bis nach China und trugen zu der dort bereits erheblichen Umweltverschmutzung noch bei. Der Staub verstärkte die Umweltverschmutzung dermaßen, dass die Chinesen versuchten, den Hirten zu verbieten, Ziegen auf diesem Land zu halten, was sie immer getan hatten. Arme Ziegen! Arme Hirten! Zur gleichen Zeit gab es in der Mongolei heftige Schneefälle, sodass viele Ziegen verendeten. Das Leben von Ziegen ist also mit Sicherheit keine monokausale Angelegenheit, sondern mit einem ganzen Netz von verwickelten, gekoppelten Problemen verbunden. Das Leben der Ziegenhirten wird beeinflusst von den Chinesen, das Leben der Ziegen wird beeinflusst durch das Wetter und die Nachfrage nach Kaschmir aus der westlichen Welt!"

Wie Sie sicher noch wissen, habe ich in Kapitel 4 das griechische Wort *Kairos* erläutert. Es bezieht sich auf die Zeiten, die Weltatmosphäre, das Gefühl des Tao. Wir brauchen ein systemisches Denken für den Umgang mit unserer lokalen und globalen Atmosphäre. Wir müssen *Kairos*, die Gefühlsatmosphäre und damit in einem ganz konkreten Sinne das Klima zwischen uns verbessern. Erinnern Sie sich, *Chronos* verweist auf die aktuelle Zeit, das heißt die Zeit der Konsensusrealität: 15 Uhr, 16 Uhr, 18 Uhr. Und *Kairos* ist die Gefühlszeit, das Klima zwischen uns. Für die Arbeit mit der Umwelt müssen wir das Wetter, das Klima zwischen uns verbessern: *Kairos.*

Der Zustand des Klimas ist wahrscheinlich heute eine der größten globalen Herausforderungen für die Menschheit. Vielleicht ist der Klimawandel das erste wirklich globale Problem, denn obwohl es auf der Erde viele Kriege gibt, sind davon nicht alle gleichermaßen betroffen wie vom Klima. Das Klima, die globale Erwärmung, braucht unser aller Engagement; es gibt niemanden, der davon nicht betroffen ist. Bei der Arbeit an einem globalen Thema müssen wir an unserem globalen *Kairos* arbeiten, um das Gemeinschaftsgefühl zwischen uns zu stärken. Wie ich bereits sagte, müssen wir „die bösen Buben recyceln". So müssen wir zum Beispiel Diktatoren bekämpfen, dürfen dabei aber nicht vergessen, dass der Diktator eine Rolle, eine Energie ist. Amy spricht im Kapitel 6 ihres Buches *Die Weisheit der Gefühle. Metafähigkeiten* über Recycling. [98]

Recyceln Sie den Diktator und nutzen Sie die Macht, die mit dieser Rolle verbunden ist, besser. Recyceln Sie! Wir atmen die verschmutzte Luft ein und wir atmen auch die schlechte Atmosphäre ein, die wir zwischen uns schaffen. Wenn wir diese verschmutzte Luft und diese schlechte Atmosphäre recyceln können, gelingt es

uns vielleicht besser, dem Klimawandel nicht nur in unserem persönlichen Leben sondern auf dem ganzen Planeten besser zu begegnen.

Amy: „Oh! Du betrittst einen Raum, in dem eine Familie sitzt, die Konflikte hat, und das ist für dich körperlich spürbar, greift dich körperlich an! Verändere diese Atmosphäre und es entsteht mehr Gemeinschaft."

Arny: „Wir wollen als Erstes an der Welt arbeiten, als wäre sie ein körperliches Symptom. Vergegenwärtigen Sie sich ein körperliches Problem, ein Symptom. Es kann dasselbe sein, an dem Sie schon gearbeitet haben, oder ein anderes. Wir werden erforschen, welche Energien mit diesem Symptom verbunden sind. Und wenn Sie diese X-Energie gefunden haben, fragen Sie sich, in welchem Umweltthema sie sich widerspiegelt. Vielleicht sind das bestimmte Ereignisse auf der Erde oder eine bestimmte Person, über die Sie wirklich aufgebracht sind. Als Nächstes fragen wir, welcher Teil von Ihnen sich an diesem X so stört, und suchen dann einen Flecken Erde auf. Wenn sich Ihr Umweltthema an einem bestimmten Ort abspielt, können Sie diesen wählen oder irgendeinen Flecken Erde, den Sie lieben; beides eignet sich für diese Übung. Wir werden diese Energien dort finden, uns dann nach oben in den Raum begeben und unseren Tanz des Universums mit seinen stochastischen Bewegungen tanzen, um zu sehen, welchen Rat wir dabei erhalten.

Sollten Sie diese Übung zu zweit machen, ist es manchmal hilfreich, wenn Ihr Partner die Energien von $u + X$ für Sie ausagieren, um sehen zu können, wie Sie dieses Problem als FacilitatorIn in der Arbeit mit Menschen tatsächlich begleiten würden. Und vergessen Sie nicht, Ihre Ergebnisse schriftlich festzuhalten.

....

ÜBUNG: KÖRPER- UND UMWELTARBEIT

1. Wenden Sie sich dem heftigsten Symptom zu, an dem Sie im Augenblick leiden, früher einmal gelitten haben oder das nur in Ihrer Vorstellung existiert. Vergegenwärtigen Sie es sich, fühlen Sie es und fragen Sie sich, was das Schlimmste an diesem Symptom ist (zum Beispiel pochende, stechende Schmerzen, Erschöpfung, Druck, Hitze). Fühlen Sie diese quälende Energie, machen Sie eine Bewegung, um sie auszuagieren (machen Sie zum Beispiel eine Faust), und finden Sie ein paar beschreibende Worte dafür. Nehmen Sie sich Zeit, um diese Energie wirklich auszudrücken und ein Gefühl dafür zu bekommen, was sie sagt und will. Wir nennen diese schlimmste Energie X. Machen Sie eine Skizze von dieser X-Energie und geben Sie ihr einen Namen.

2. Wer in Ihnen (u) fühlt sich durch diese X-Energie am meisten gestört? Wie fühlt sich dieser Teil von Ihnen an (zum Beispiel um Frieden bemüht, wild)? Welche Energie ist damit verbunden? Spüren Sie diese, machen Sie eine Bewegung, um diese u-Energie auszuagieren, und sagen Sie ein paar begleitende Worte dazu. Nehmen Sie sich Zeit, diese Energie wirklich zum Ausdruck zu bringen, um ein Gefühl dafür zu bekommen, was sie sagt und will. Dann machen Sie eine Skizze davon und geben dieser Energie einen Namen.

3. Die Helferin sollte, falls notwendig, ihren Prozessgeist nutzen, um die Energien von $X + u$ ihres Partners auszuagieren.

4. Welches Umweltproblem oder welche Menschen im Zusammenhang mit einem Umweltthema erinnern Sie an diese X-Energie? Welches u ist durch dieses X am meisten aufgebracht? (Dieses u kann ein wenig anders beschaffen sein als das ursprüngliche u, das mit Ihrem körperlichen Symptom verbunden war.) Stellen Sie sich jetzt vor, den Flecken Erde aufzusuchen, wo sich dieses Umweltthema abspielt, oder sich an Ihren Lieblingsort auf der Erde zu begeben und die auf die Umwelt bezogenen Energien von $X + u$ dort zu finden. Zeichnen Sie diesen Ort und die Energie von $X + u$, wenn Sie möchten. Spüren Sie sich jetzt selbst an diesem Ort und stellen Sie sich vor, dass die Erde sie zwischen $X + u$ hin und her at-

met, während Sie erst die eine, dann die andere Energie durch Bewegung ausdrücken und auch durch Worte, wenn Ihnen welche kommen.

5. Dann nehmen Sie sich einen Moment Zeit, um Ihre Augen und Ihren Geist zu entspannen. Spüren Sie den Raum, der diesen Flecken Erde umgibt auf eine Weise, die sich für Sie richtig anfühlt, und auch den Raum zwischen den Energien von X + u. Stellen Sie sich vor, dass Sie sich von diesem Ort allmählich wegbegeben und in die Luft über diesem Ort und damit auch über X + u steigen. (Legen Sie Ihr Blatt beiseite, wenn es Sie stört.) Steigen Sie noch weiter nach oben ins Universum und gewinnen Sie noch mehr Abstand. Spüren und fühlen Sie den Raum des Universums, der Sie von allen Seiten umgibt. Entspannen Sie sich hinein in diese Räume und spüren Sie, wie diese Räume sie bewegen, herumkurven lassen und hierhin und dorthin ziehen. Während Sie so bewegt werden, achten Sie auf die kleinen, merkwürdigen Bewegungsschlenker, folgen Sie Ihnen und tanzen einen freien, nicht vorhersehbaren Tanz. (Helfer: Wiederholen Sie diesen letzten Satz noch einmal und betonen Sie die kleinen, merkwürdigen Schlenker.) Gehen Sie mit diesen kleinen komischen Schlenkern einfach mit. Lassen Sie diese zum Teil Ihres Tanzes werden. Lassen Sie sich vom Universum weiter frei und überraschend bewegen. (Achten Sie darauf, sich und andere nicht zu verletzen.)

6. Wenn Sie spüren, dass in Ihrem Tanz spontane Bewegungen entstehen, bringen Sie diese tiefe Erfahrung zurück zu Ihrer Familie auf der Erde. Das heißt, Sie schauen als diese Tänzerin im Universum auf den Flecken Erde zurück und achten darauf, ob die Energien von X + u Teil Ihres Tanzes sind. Dann schauen Sie im Universum tanzend zurück auf X + u auf der Erde. Erinnern Sie sich an das Problem zum Thema Umwelt (Helfer: Agieren Sie das X + u noch einmal aus, sollte das notwendig sein) und fahren Sie fort zu tanzen, bis dieser Tanz des Universums Ihnen einen hilfreichen Tipp gibt für Ihr ökologisches oder Ihr menschliches Problem. Agieren Sie, als würden Sie das Umweltthema von X + u als FacilitatorIn begleiten, oder stellen Sie sich das vor. Und machen Sie sich dann Notizen.

ANSCHLIESSEND

Erster Teilnehmer: „Ich habe an dem globalen Ölproblem gearbeitet. Zuerst war ich wie ein Zombie, eine Mischung aus diesen ruckartigen Bewegungen und den fließenden. Mein Helfer hat das für mich ausagiert, damit ich es *sehen* kann, und das war wirklich gut. Er hat mir gezeigt, dass meine ganze rechte Körperseite das Geschehen dominiert und die andere Seite wie gelähmt war. Ich hatte früher einmal einen Leistenbruch und Bänderrisse in meinem linken Bein und Fußgelenk. Als mein Prozessgeist mich so gehen *sah*, wurde mir klar, dass ich innerlich unter einer Spaltung leide zwischen rechts und links, zwischen einer dominanten und einer unterwürfigen Energie, einer psychischen Spaltung, die sich auch in meinen Erfahrungen mit dem Umweltthema zeigt: Da ist die Ölindustrie, diese scharfe, wirbelnde, treibende Energie, welche die Erde und das Wasser vergiftet auf der einen Seite, und auf der anderen die Erde – unterwürfig, vergiftet, der verletzliche Aspekt.

Ich konnte sehen, wie diese körperliche Konstellation sich in meinem Leben fortsetzt in Form von Polaritäten zwischen aggressiv nach außen gehen einerseits und andrerseits eher passiv und offen sein. So zum Beispiel als ich an der Verseuchung des Wassers arbeitete, an versenktem Plastik, das so langlebig ist, sich in den Ozeanen sammelt und dort für immer bleibt. Aber dann hat der Tanz des Universums mich an mein ewiges Wesen erinnert, das ich vergesse – das wir alle vergessen. Dieses *ewige* Plastik brachte mich zu der plötzlichen Erkenntnis, dass ich ewig bin, und die dauerhafte Beständigkeit des Plastiks versuchte dieses Träumen in mir zu wecken! Welche Überraschung! Ich brauchte diese Erfahrung, um mit meiner Öffentlichkeitsarbeit fortfahren zu können.

Bei meiner inneren Arbeit ging es auch darum, mich zu erinnern, dass ich – ja – endlich bin und gleichzeitig auf eine Art immer da sein werde, es macht mir also etwas aus, dass dieses Plastik bleiben wird. Diese Erkenntnis ermöglicht mir, die nächsten Schritte zu tun und mit diesem Thema in offenen Foren zu arbeiten.“

Arny: „Wau! Was für ein Paradox. Indem Sie selbst zum Abfall geworden sind, haben Sie erfahren, wie Sie damit umgehen können.“

Zweite Teilnehmerin: „Mein quälendstes Symptom ist mein Knie, die Knochen. Ich bin dort operiert worden. Vorgestellt habe ich mir den Abbau der Knochen. Die Knochenstruktur ist angegriffen. Ich habe mir vorgestellt, wie der gleiche Abbau in der Welt passiert, die Abholzung der Wälder, die Industrie, die Maschinen, die Zerstörung. Dann zeigten die Bewegungen meines Tanzes des Raumzeit-Träumens mir, wie ich „loslassen und geben und dann nehmen“ kann. Nimm, was du brauchst, gib, was du kannst. Dieser Kreislauf von Geben und Nehmen. Nimm nicht mehr, als du brauchst, oder mehr als du zurückgeben kannst.“

Arny: „Nimm und gib gleichermaßen, nachhaltiger Lebensstil. Das wäre Ihre politische Botschaft.“

Dritte Teilnehmerin: „Für mich wurde ganz deutlich, dass ich lernen will, wirklich zu schätzen, was auf dieser Erde in Bezug auf den Umgang mit Abfall bereits passiert. In meiner Ursprungsfamilie war die umweltfreundliche Abfallentsorgung durchweg Thema, für mich ging es also darum, Menschen, die ich Müll entsorgen sehe, darin zu bestärken, und zu sagen: „Hallo, danke, dass Sie das machen.“ Also auch die Arbeit der Müllmänner zu schätzen, denn die hat man lange genug geringschätzig behandelt und ausgegrenzt.“

Arny: „Danke, dass Sie uns alle wach dafür machen."

Vierte Teilnehmerin: „Ich bin jetzt gut 40 Jahre alt und war als Teenager und bis Anfang 20 viele Jahre für den weltweiten Umweltschutz aktiv. Es war eine anstrengende Zeit, und am Ende war ich völlig ausgebrannt und wusste gar nicht mehr, wo's langgeht. Ich habe also stattdessen versucht, ganz einfach zu leben und ein Beispiel zu sein, aber nicht mehr die Retterin zu spielen, weil mich das einfach überfordert hat. Seit der Zeit bin ich nicht mehr wirklich aktiv geworden. Aber diese Übung war für mich sehr berührend, weil mir klar wurde, dass ich, als ich mich vom aktiven Einsatz verabschiedete, diese Polarisierung beibehalten habe: Ich bin ein guter Mensch, die Leute aber, die tonnenweise Sachen kaufen, sind einfach nur schlechte, gedankenlose, destruktive Menschen, an denen nichts Gutes ist. Diese Übung gab mir Gelegenheit, mit diesen Menschen wirklich ins Gespräch zu gehen und ihre Entscheidungen persönlich zu schätzen. Sie haben vor kurzem über diese Holzfäller gesprochen, die versuchen, ihren Lebensunterhalt zu verdienen, damit ihre Kinder die Schule besuchen und sie ihre Rechnungen bezahlen können, sodass wir uns ihre ganz realen Lebensmotive genau vorstellen konnten. Ich weiß noch, wie wir in meinen zwanziger Jahren alle so entschlossen kämpften, uns anketteten, demonstrierten und dabei vergaßen, dass auf der anderen Seite auch lebendige Menschen mit ihrer eigenen Geschichte standen. Es war schön zu erleben, dass ich mich nach 20 Jahren dieser Vergangenheit wieder zuwenden konnte."

Arny: „Danke für Ihr Engagement und dafür, dass Sie einen Schritt weiter getan haben. Wir müssen den Klimawandel stoppen und auch das Beziehungsklima zwischen uns allen verbessern.

....

RÜCKBLICK AUF KAPITEL 22

- Nutzen Sie den Tanz Ihres eigenen Prozessgeistes, um Umweltprobleme als FacilitatorIn zu begleiten.
- Ihr Körper gehört Ihnen und zugleich sind seine Polarisierungen ein Spiegel für das, was auf der Erde geschieht.

- Wir könnten sagen: „Dein Körper, unsere Erde". Arbeiten Sie also von innen nach außen an der Welt.

KAPITEL 23
Prozessorientierte Ökonomie:
Ansteckung und Gemeinschaft

Ich habe Sie mit dem Gedanken bekannt gemacht, dass der Raum, der uns umgibt, stochastisch ist, das heißt, berechenbar und deterministisch wie auch spontan und zufällig. In Kapitel 9 sagte ich, dass Raum in diesem Sinne wie ein Kind ist. Ein großartiges Beispiel dafür gaben mir ein paar Kinder, die vor unserer Wohnung in Portland spielten. Beide Eltern bummelten mit ihren Kindern vorbei, und eines der Kinder, ein ganz kleines, ließ sich immer wieder ablenken, schaute nach oben, schaute nach unten, wanderte hierhin und dorthin. Die Eltern waren erstaunlich. Wie wir später erfuhren, unterrichteten sie ihre Kinder selbst zuhause und hatten beschlossen, sie tun zu lassen, was sie wollten! Dieses kleine und jüngste Kind war also einfach es selbst. Es schaute sich eine Weile um und statt dann auf dem Weg weiterzugehen, verließ es diesen und tapste herum. Die Eltern ließen es. Es ließ sich auf die Wiese plumpsen, hockte da ein paar Minuten, stand auf und kehrte zu den Eltern zurück. Doch dann sah es wieder etwas auf dem Boden, setzte sich

hin und schaute sich das an. Wie Sie sich vorstellen können, brauchten die Eltern ziemlich lange, um irgendwo anzukommen!

Die Botschaft lautet hier für mich, dass es in Ordnung ist, ein einschätzbarer und im Wesentlichen zielgerichteter Erwachsener zu sein. Doch gleichzeitig ist es auch in Ordnung, ein spontanes, kindlich kreatives, nicht zielorientiertes Geschöpf zu sein, das sämtliche Wege erforschen muss und dabei trotzdem vorankommt. Diese Eltern waren mit ihren Kinder zusammen ein stochastischer Prozess.

Amy hat eine einfache, kurze Übung entwickelt, um das stochastische Wesen des Raums zu erfahren. Wenn Sie in Ihrem Leben vor einer bestimmten Aufgabe stehen, können Sie Ihren offenen, kreativen Prozessgeist bitten, Ihnen zu zeigen, wie Sie vorgehen sollen. Diese Übung geht schnell. Der Gedanke hier ist, dass wir uns oft einen mehr oder weniger gradlinigen Weg überlegen, dem wir folgen wollen, unser Prozess jedoch oft nicht einfach und linear verläuft.

ÜBUNG

1. Denken Sie an eine Aufgabe, die Sie in Ihrem Leben angehen möchten. Das kann alles Mögliche sein, vom Universitätsabschluss, den Sie gern machen möchten, bis zum Ladenbesuch. Schreiben Sie diese Aufgabe auf und legen Sie dann das Blatt in einem guten Meter Abstand vor sich auf den Boden.

2. Jetzt entspannen Sie sich und spüren den Raum zwischen sich und dieser Aufgabe. Gleich bitte ich Sie, sich zu bewegen und darauf zu achten, wie der Raum Sie herumkurven lässt, sodass Sie zufällige Bewegungen machen, und zu schauen, was passiert, wenn Sie sich auf die Aufgabe zu bewegen. Vielleicht dreht der Raum Sie im Kreis, schickt Sie in die entgegengesetzte Richtung oder Sie setzen sich einfach hin oder gehen direkt geradeaus. Wir wissen nicht, was Sie tun werden, aber wir werden herausfinden, was der Raum über die Aufgabe sagt, auf die Sie sich zubewegen.

3. Kommen Sie jetzt ein wenig ins Träumen. Lassen Sie Kopf und Nacken los und hüpfen Sie ein wenig, Ihre Augen werden schwer… entspannt… verträumt… und dabei spüren Sie einfach den Raum zwischen sich und dieser Aufgabe – wie immer sich das für Sie anfühlen mag.

4. Wenn Sie bereit sind, beginnen Sie jetzt ganz langsam auf die Aufgabe zuzugehen, spüren den Raum und lassen sich davon herumkurven und herumbewegen. Lassen Sie auf diesem Weg zufällige, spontane, wackelnde Bewegungen zu. Vielleicht bewegt der Raum Sie rückwärts oder wohin auch immer.

5. Seien Sie achtsam, während Sie sich auf diese kleinen, spontanen Bewegungen einlassen. Vertrauen Sie diesen Bewegungen einfach… und erlauben Sie ihnen, sich weiter zu entfalten. Fragen Sie, was diese Bewegungen Ihnen zu vermitteln versuchen. Folgen Sie der Natur des Raumes mit seinen Schlenkern und Kurven und fragen Sie, was diese spontanen Erfahrungen Ihnen über Ihre Aufgabe sagen wollen.

6. Wenn Sie eine Idee bekommen, schreiben Sie in jedem Fall auf, was Ihnen über die Aufgabe, die Sie sich gestellt haben, in den Sinn gekommen ist.

7. Der grundlegende Gedanke hier ist, dass Sie warten können, bis Sie nachts zu Bett gehen und von Ihrer Aufgabe träumen oder Ihre Bewegungen jetzt träumen lassen können.

Amy: „Mir ist bei dieser Übung etwas ganz Lustiges passiert, als ich sie zuhause ausprobiert habe. Etwas peinlich war es auch, aber eigentlich mehr lustig. Ich arbeitete an der Planung dieses Seminars und war etwas angespannt. Ich suchte meine Papiere zusammen, aber irgendwie konnte ich nicht klar denken. Ich versuchte mir vorzustellen, wie ich vorgehen wollte, und machte also diese Übung als Teil meiner Vorbereitungen auf dieses Seminar.

Während ich auf und ab ging, spürte, wie der Raum um mich herum sich bewegte, und auf zufällige Bewegungen wartete, stellte sich Arny plötzlich hinter mich und zog mir die Hosen herunter! Das war so lustig (beide lachen). Und ich dachte dann: „Oh Gott, eine Minute mal, ich warte hier darauf, dass etwas Zufälliges passiert! Ich muss mich endlich konzentrieren!" Wir begannen beide zu lachen, und mir wurde klar, das war ja das Zufällige! Manchmal haben wir wirklich eine lange Leitung! Solche Dinge passieren im Laufe des Tages ständig, und wir denken: „Oh, das ist einfach dumm, ich will die Sache jetzt richtig angehen." Und dabei verpassen wir „das Richtige"! Mir wurde klar, dass ich spielerischer, entspannter und mit mehr Freude da herangehen und tatsächlich auch „nackter" sein muss im Sinne von: „Das bin ich. Das alles bin ich!", und nicht anders sein zu wollen. Das war wirklich ein Spaß!"

Arny: „Es macht Spaß, mit ihr zu spielen! Ich möchte Sie alle erneut erinnern: Lassen Sie das Raumzeit-Träumen in Ihr Leben ein. Die Verbindung zum Raum ist, wie ich bereits sagte, in gewisser Weise eine Sache auf Leben und Tod. Oft sieht unser Prozess so aus, dass wir die Raumzeit bei Nahtoderfahrungen suchen. Menschen, die dem Tod nahe sind, machen manchmal die Erfahrung, dass sie ihren gewöhnlichen Körper der Konsensusrealität verlassen, nach oben und aus dem Raum schweben und dann, wenn sie auf die Erde zurückkehren, enttäuscht sind. Sie sind unglücklich darüber, zurückkommen zu müssen, aber etwas sagt ihnen, dass sie zurückkehren müssen. Diese ganz entscheidende Raumzeiterfahrung in Todesnähe versuchen wir hier zu integrieren. Kinder verstehen die Raumzeit, und in unserem tiefsten Selbst verstehen wir sie alle."

Teilnehmerin: „Wenn wir diesen Tanz machen, *welcher* Teil in mir bemerkt dann die zufälligen Bewegungen? Und wenn wir zu zweit arbeiten, können der anderen Person diese Bewegungen dann ungewöhnlich vorkommen, für mich aber sind sie vollkommen?"

Arny: „Je nachdem, wie tief Ihre innere Arbeit beim Raumzeit-Träumen geht, betrachtet hier Ihr tiefstes Selbst, Ihr Prozessgeist sich selbst. Das ist wie kurz vor dem Aufwachen, während Sie wach und zugleich noch in Kontakt mit der Traumwelt sind. Wie ich bereits in Kapitel 2 erwähnte, haben Wheeler und andere gesagt, dass das Universum sich selbst betrachtet. Und ja, Ihr natürliches Selbst, der Tanz des Universums sieht für andere etwas merkwürdig aus, weil es für sie ungewohnt ist, Menschen frei tanzen zu sehen!"

Jetzt möchte ich mich der Tiefen Demokratie und globalen Fähigkeiten zuwenden, um dann zur prozessorientierten Ökologie überzugehen. Über dieses Thema habe ich bislang noch nicht gesprochen. Dass ich das jetzt tue, verdanke ich den führenden Philosophinnen und Philosophen der Occupy-Bewegung. Einige von ihnen aus New York, Portland, Chicago, London, Kairo und anderen Orten haben sich in diesem Winter per Mail an mich gewandt mit dem Betreff: „Bewegung sucht Mentor". Ich betrachte mich nicht als Mentor, aber sie hatten das Gefühl, die Prozessarbeit könne ihrer Bewegung und ihrem weltweiten Prozess, an dem im Augenblick so viele Menschen auf diesem Planeten beteiligt sind, weiterhelfen. Welche ökonomische Veränderung will hier passieren?

In den vorigen Kapiteln sprach ich über Ihre Beziehung zu X, dem Teil von Ihnen, den Sie unabsichtlich abgespalten haben. Unabsichtlich heißt, Sie haben diese Spaltung nicht bewusst gewollt, sie ist Ihnen noch nicht einmal bewusst. In gewisser Weise hat das die Natur getan. Die Natur besteht auf parallelen, getrennten Welten,

Abbildung 23.1.: Occupy-Bewegung. Occupy USA, Kanada, Europa, Nordafrika, Australien (Wikipedia).

die sich nicht immer verbinden. Aus diesem Grund müssen wir alle tiefer in uns gehen, um diese Verbindungen wieder herzustellen.

Der grundlegende Gedanke hier ist: „Bring deine Familie nach Hause!" Das heißt, Sie bringen das *u*, den Teil von Ihnen, der Ihrem primären Prozess näher ist, und das abgespaltene X nach Hause. Bringen Sie die Beziehung zwischen beiden nach Hause zu einem tiefen inneren Gefühl, einer universellen Sichtweise. Viele Probleme spitzen sich zu, weil wir nicht zuhause sind. Wir müssen uns wieder dem Schamanismus zuwenden und *ecos*, was, um es hier noch einmal zu wiederholen, wörtlich „Haus" oder „Zuhause" heißt und die Wurzel des Wortes Ökonomie bildet.

Es ist normal, dass wir Dinge abspalten, aber wir Menschen sind mit dieser Abspaltung so weit gegangen, dass wir einen Wechsel, einen globalen Wechsel brauchen. Unsere alten Leitfiguren haben Polarisierungen betont und verstärkt. Jetzt brauchen wir neue Führungskräfte, die sich diesen Polarisierungen achtsam zuwenden und sie offen legen und das heißt depolarisieren!

DIE NEUEN FÜHRUNGSKRÄFTE NUTZEN BEWUSSTHEIT

Die neuen Führungskräfte greifen Geisterrollen auf, spielen sie noch einmal durch und bringen dabei alle Ebenen von Bewusstheit ein. Sie wissen, dass diese Bewusstheit nicht nur die eigene ist, sondern alle Menschen Macht und Bewusstheit besitzen. Alle sind verantwortlich. Das ist eine neue politische und psychologische Richtung für unsere zukünftige Welt. Natürlich ist es mit vielen Herausforderungen verbunden, diese neue Form der Führung zu verwirklichen. Es scheint so einfach zu sein, uns bewegen zu lassen und zu träumen. Das ist wirklich keine große Sache… und doch… wir tun es so selten! Warum? Darauf gibt es nicht die eine Antwort, aber die eine Lösung: Entspannen Sie sich ein wenig und praktizieren Sie einfach Raumzeit-Träumen!

Die Natur selbst scheint Vielfalt zu wünschen; deswegen sind die Teile wichtig. In unserer Kultur ist es nicht üblich, bei einem Meeting aufzustehen und zu sagen: „Ich möchte heute über a und b sprechen und zu diesen Themen auch mit Ihnen träumen." Und doch ist das keine große Sache. Wirklich nicht! Aber die meisten Erwachsenen schrecken davor zurück, ohne Drogen mit anderen zusammen zu träumen.

Wir bewegen uns bei der Wahrnehmung der Felder, die uns umgeben, an unterschiedlichen Bewusstheitsgrenzen entlang. Das Feld der Konsensusrealität zum Beispiel zeigt sich bei Gesprächen als Atmosphäre. Vielleicht sitzen wir mit einer kleinen Gruppe beim Abendessen, sprechen über andere Menschen, und ein *Feld* oder eine *Atmosphäre* entsteht. Was für ein Feld ist das? Eine Dimension dieses Feldes zeigt sich, wenn bestimmte Teilaspekte oder Menschen erwähnt, aber nicht dargestellt oder als Prozesse begriffen werden. Solch ein Feld der Konsensusrealität hinterlässt

Spannungen in der Luft. Das Gesprächsfeld ist aufgeladen mit *Pollen*, um es einmal so zu sagen. Aber wenn wir uns an die Teilaspekte erinnern und sie ausagieren, wird das Feld interessanter und dynamischer. Zu Spannungen kommt es immer dann, wenn Dinge erwähnt, aber nicht erforscht werden. Wenn wir diese Dinge verarbeiten, entspannt sich das Feld.

Ein weiteres traumähnliches Feld ist die Stimmung zwischen Ihnen und Ihren Freunden. Hier gibt es eine verborgene, traumähnliche, noch nicht erwähnte Person oder ein entsprechendes Thema, ein $X + u$ im Hintergrund dieser Stimmung, die noch nicht verarbeitet sind. Sagen wir, Sie treffen sich zum Beispiel mit Freundinnen oder Hausmitbewohnern zum Frühstück. Die Gäste kommen morgens und sind schlechter Laune, und Sie denken: „Oh nein. Nicht wieder diese Stimmung! Ich kann das nicht ausstehen. Sprechen wir über etwas Erfreuliches." Dieses Bemühen von Ihrer Seite heitert die anderen vorübergehend auf. Aber es gibt ein X und ein u in diesem Feld, möglicherweise ein gemeinsames oder sogar nichtlokales, das auf der Ebene der Interaktion nicht verarbeitet wird. Und unverarbeitet hinterlässt diese schlechte Stimmung Informationen in der Luft, die Unbehagen verbreiten.

Auch in Organisationen gibt es diese Stimmungen, noch bevor beschrieben wird, wer gegen wen ist und was da vor sich geht. Wenn zwischen Ihnen und einer anderen Person eine bestimmte Stimmung in der Luft liegt, können Sie einfach fragen: „Was steht hinter dieser Stimmung?"

Ist jemand niedergeschlagen? Zieht jemand oder etwas diese Person herunter? Welche Teilaspekte wurden nicht laut ausgesprochen?

In der Konsensusrealität besteht diese Bewusstheitsgrenze darin, dass Menschen und Dinge zwar erwähnt, aber nicht erforscht werden. Im träumenden Feld gibt es eine zweite Bewusstheitsgrenze, nämlich die, eine traumähnliche Stimmung zu bemerken, welche Teile enthält, die noch nicht untersucht worden sind.

Eine dritte Bewusstheitsgrenze ist die, Essenzaspekte von Feldern wahrzunehmen, diese großen, stadtweiten oder globalen träumenden Räume. Sie betrachten das Meer: „Ist das nicht schön? So ein herrliches Meer." Oder Sie gehen ins Kino, schauen sich einen Film an, der eine träumende Gefühlsstimmung in Ihnen auslöst. Wenn Sie eine neue Stadt besuchen, ist es manchmal, als umgäbe die ganze Stadt oder das Land eine besondere Stimmung!

Marginalisieren Sie globale Stimmungen und Felder nicht, die Organisationen jeglicher Art umgeben. Erstaunliche Dinge können in Gruppen passieren, wir erleben das ständig. Ich denke da an eine große Organisation, mit der wir gearbeitet haben, in der es um Vielfalt ging. Immer, wenn etwas Eindrucksvolles oder Erstaunliches passierte, breitete sich plötzlich ein Gefühl von „Aaah!" und „Wau!" im ganzen Raum aus. Alle bemerkten es, ließen das Gefühl dann schnell los, und wir machten weiter. Wir versuchen, immer einfach weiterzumachen, was auch in Ordnung ist, aber manchmal braucht diese subtile Atmosphäre auf der Ebene der Essenz mehr Zeit und Beachtung.

Das vorherrschende Paradigma in Bezug auf Führungskräfte geht meistens davon aus, dass der Facilitator hilft und die Führung übernimmt, also die ganze Arbeit allein verrichten muss. Beim neuen Paradigma jedoch versuchen wir, uns die Atmosphäre bewusstzumachen und bitten auch die anderen Beteiligten, das zu tun. Schließlich sind wir alle zusammen auf ähnliche Weise bewusst, wie Bewusstheit selbst Teil des Feldes ist. Als führende Kraft, Facilitatorin, Coach, Therapeutin oder Lehrerin in der Klasse sind Sie zwar zentral, sollten aber nicht vergessen, dass Ihre zentrale Position auch eine gemeinsame Rolle ist. Das Feld, das Universum und damit das Raumzeit-Träumen führt!

PROZESSORIENTIERTE ÖKONOMIE: DIE TIEFE DEMOKRATIE DES GELDES

Lassen Sie uns jetzt unser Wissen auf die Arbeit mit ökonomischen Schwierigkeiten anwenden. Wer von Ihnen hatte schon einmal Geldprobleme? (Viele Hände gehen hoch.) Ökonomie ist ein zentrales Thema, das zu Psychologie, Prozessarbeit, Politik und Ökologie gehört. Ökonomische Unterschiede schaffen in sämtlichen Organisationen Rangunterschiede, die zum Problem werden und die wir erforschen müssen.

Eine prozessorientierte Sicht von Ökonomie ist weder materialistisch noch spirituell, sondern eine Kombination von beidem.

Ökonomische Themen werden immer von denen definiert, die sie darlegen oder diskutieren. Ihre persönliche wirtschaftliche Situation ist individuell und beruht auf Ihrer persönlichen Geschichte. Ihre Gefühle in Bezug auf ökonomische Fragen hängen nicht nur von Ihrer jetzigen finanziellen Situation ab, sondern auch davon, wie Sie aufgewachsen sind und damit von Ihrem sozialen Hintergrund, Ihrer Geschlechtszugehörigkeit und Rasse. Ökonomische Themen sind global mit sozialen Themen verknüpft. Ihre persönliche ökonomische Situation hängt zusammen mit den Ereignissen in Ihrer Umwelt und Ihrem Lebensgefühl.

Ich möchte hier noch einmal der Occupy-Bewegung danken, die mich inspiriert hat, gründlicher über Ökonomie nachzudenken. Die Occupy-Bewegung ist eine internationale Protestbewegung gegen soziale und ökonomische Ungleichheit. Ihr primäres Ziel ist es, die ökonomischen Strukturen und die gesellschaftlichen Machtverhältnisse zugunsten der unteren Klassen umzugestalten. Die Bewegung wurde auch inspiriert vom Arabischen Frühling, dem Kampf gegen diktatorische Herrscher und für mehr Demokratie.

Die Sicht der Konsensusrealität von Finanzen, sei es die persönliche oder die öffentliche, ist (zumindest zunächst einmal) verbunden mit der Frage, wie viel Geld Sie in Ihrem Portemonnaie, in der Bank, unter dem Bett haben, oder wo auch immer Sie Ihr Geld aufbewahren. Welche materiellen Dinge besitzen Sie? Vielleicht haben Sie wenig oder gar kein Geld, aber materiellen Besitz, der in der Konsensusrealität als wertvoll gilt. Besitzen Sie teuren Schmuck? Ist oder war Ihre Familie arm oder reich? Haben Sie Kontakt zu Menschen, die demnächst sterben werden und Ihnen Geld hinterlassen könnten? Besitzen Sie Grundstücke? Oder haben Sie alle diese Dinge nicht? Auch Ihre besonderen Fähigkeiten und Talente gehören zu Ihrem finanziellen Besitz. Funktioniert Ihr Gehirn so gut, dass Sie zuverlässig Geld machen können, anders als Menschen, deren Gehirn nicht so gut arbeitet? Diese Gedanken berühren ökonomische Fragen nur an der Oberfläche.

Welche Besitztümer könnten Sie bei Schulden einlösen? Vielleicht handelt es sich nicht um Geld. In manchen Teilen der Welt tauschen Menschen nach wie vor auch mit Materialien und Gütern. Wenn Sie etwas besitzen, das Sie eintauschen können, sind Sie ein glücklicher Mensch. Sollte das nicht der Fall sein, fühlen Sie sich in Bezug auf Finanzen und Ihren ökonomischen Rang wahrscheinlich nicht besonders gut. Auch die Gesundheit spielt für Ihre Finanzen eine große Rolle; das Gleiche gilt für Alter, Rasse, Geschlecht, sexuelle Orientierung, Religion und so weiter.

Ich welchem Jahr und in welchem Land leben Sie? Vielleicht sind Sie in einem so genannten *Erste-Welt*-Land arm, im Vergleich zu Menschen in anderen Ländern jedoch reich. Vielleicht berührt das Thema Geld Sie nicht weiter und Sie denken: „Finanzen? Wer macht sich darüber schon Sorgen?" Wenn Sie diese Einstellung vertreten, sind Sie in einer glücklichen Lage,

sollten aber wissen, dass diese Losgelöstheit in Bezug auf Finanzen nur bei einem entsprechend hohen finanziellen Rang möglich ist, ob Ihnen dieser nun bewusst ist oder nicht. Menschen, die einen hohen Rang einnehmen, ist das selten wirklich klar. Für sie ist dieser nicht bewusst realisierte Rang so etwas wie ein unsichtbares Privileg.

Erster Teilnehmer: „Wo würden Sie hier Glück ansiedeln?"

Arny: „Glück heißt, die Essenzebene berühren. Glück ist eine große Sache, beides, Glück und Unglück."

Zweite Teilnehmerin: „Meinen Sie damit unsere persönlichen inneren Einstellungen, zum Beispiel, ob wir glauben, Gutes zu verdienen oder eben auch nicht?"

Arny: „Sie sprechen vom Traumland, wo finanzielle Macht mit dem Gefühl verbunden ist, dass wir ein guter und wertvoller Mensch oder nicht so großartig und weniger wert sind. Das Gefühl, reich oder arm zu sein, ist ziemlich komplex und hängt mit unserer persönlichen Geschichte, Alter, Gesundheit und auch Rasse zusammen. Auch die Geschlechtszugehörigkeit spielt hier eine Rolle. Das sind alles entscheidende Faktoren. Wir können über Ökonomie nicht abstrakt reden; wir müssen über Ökonomie im Zusammenhang mit einer bestimmten Kultur, Gruppe und Individuen sprechen, damit die Diskussion sinnvoll ist.

Es gibt viele verschiedene Einstellungen zu Geld. Auf der grundlegenden Ebene der Konsensusrealität ist Geld etwas, womit wir andere Dinge erwerben können. Das heutige Geld hat keinen materiellen Wert, sondern sein Wert beruht darauf, dass eine Regierung dieses Geld innerhalb der Grenzen des Landes als Form der Bezahlung für „alle Schulden, öffentliche wie private" akzeptiert.

Die Tiefe Demokratie der Ökonomie bezieht nicht nur Fakten und Sichtweisen der Konsensusrealität, sondern auch Traumland und die Ebene der Essenz oder des Prozessgeistes mit ein. Wie ich bereits erwähnte, fühlen Sie sich wahrscheinlich sicher, wenn Sie sich auf den obersten Sprossen der Finanzleiter bewegen, sind in der Mitte oder noch weiter unten bei den restlichen 99% jedoch eher nervös. Finanzielle Verluste lösen entsprechende Ängste aus, die sich zu Panik steigern können. Wenn ich Panik sage, meine ich *Pan-ik*. *Pan* ist der mythische Gott, der für „alles" oder „allumfassend" steht. Panik ist also die Erfahrung von allem, was Angst und Entsetzen in Ihnen schürt. Das ist ein ganz wichtiges und schwieriges Thema für alle, die diese Erfahrung machen oder früher einmal gemacht haben. Panik spielt bei allen finanziellen Themen eine große Rolle. Dieses Gefühl kann Sie bewegen, sich unter Druck zu setzen, was noch mehr Angst auslöst. Das kann sehr bedrückend sein.

Wir können und werden über das Gefühl von Losgelöstheit noch ausführlicher sprechen, aber als Erstes müssen wir klären, ob Sie in einem Teil der Welt wie dem heutigen (2012) Griechenland leben oder in einem anderen Land, wo Sie oder Ihr Volk unter finanziellem Stress leidet. Dann passiert es leicht, dass Sie sich polarisiert fühlen und Ihre Führungskräfte sowie andere Länder, die zu der Finanzkrise in Ihrem Land beigetragen haben, ablehnen. Sie können es sich nicht leisten, eine losgelöste Haltung zum Thema Finanzen einzunehmen; jedenfalls anfangs nicht.

Im Traumland können Sie sich, je nach Situation, reich oder arm fühlen. Wie ich in Kapitel 21 erwähnte, haben Amy und ich mit einer kleinen Gruppe der reichsten Menschen im Land gearbeitet und waren erstaunt, wie arm sie sich fühlten und wie viel Angst sie vor dem Leben hatten.

Arny: „Wir haben kein Geld von ihnen genommen, weil wir das Gefühl hatten, sie seien arm."

Amy: „Die Überzeugung, für alles bezahlen zu müssen, war für sie ein großes Thema."

Arny: „Diese Menschen haben viel Geld, hatten aber Panik in Bezug auf alles Mögliche. Das Modell der obersten 1% ist schon richtig, aber es reicht nicht. Unter denen, die in der Konsensusrealität offensichtlich einen hohen Rang einnehmen, haben viele entsetzliche Angst, zum Beispiel um ihre Gesundheit. Die Aussicht, sterben zu müssen, erschütterte und entsetzte sie zutiefst. Sie konnten nicht aufhören, vom Tod zu reden, und alles Geld der Welt kann ihnen hier nicht helfen. Sie waren auch beunruhigt durch Probleme, die mit ihrem Reichtum verbunden waren: „Wie gehe ich mit meinem Geld richtig um?"

Die 1% und die 99% sind Rollen, das heißt, Erfahrungen, die wir alle unbewusst machen. Wir tragen alle Rollen in uns. Reich, die 1%, als Rolle, wird meistens projiziert auf die spezielle Gruppe, die als gierig und konsumgeil gilt: „Ich will immer mehr kaufen, kaufen." Diese Eigenschaften schreiben wir oft Banken und auch Regierungen zu, die fordern: „Erhöht die Steuern, aber senkt sie für die Reichen! Die Armen sind uns egal! Sparen wir Geld, indem wir ihnen die Zuwendungen kürzen! Wir werden sie nicht mehr mittragen!"

Auch die 99%, das heißt die Mittelklasse und die Armen, sind Rollen, verbunden mit Ängsten um die soziale und materielle Sicherheit, vor Depressionen, Hunger und Tod. Wie bereits gesagt, ist Panik ein weiterer Aspekt der Angst vor der Realität oder Vorstellung, arm zu sein. Panik kann gewalttätige Reaktionen auslösen, die eine gefährliche Macht darstellen und bewirken, dass Menschen sich als Opfer fühlen. Wenn Sie sich erniedrigt fühlen, geraten Sie in Zorn und fühlen sich als Opfer, und der damit verbundene Rang treibt Sie an, andere Menschen zu drangsalieren. Das alles sind Aspekte der Tiefen Demokratie der Finanzen.

Wenden wir uns jetzt der Essenzebene von Finanzen zu: Ansteckung, Gemeinschaft, Spiritualität und Schamanismus. *Ansteckung* bezieht sich auf den Prozess, dass die ökonomischen Veränderungen in einem Land sich auch in anderen Ländern verbreiten. Es geht hier um lokale Erfahrungen, die auch an anderen Orten *aufgegriffen* werden. Was heute zum Beispiel in

Athen passiert, ist auch deswegen wichtig, weil damit viel Ansteckung verbunden ist. Wir denken, die Probleme seien auf Athen begrenzt, doch was dort geschieht, hat Einfluss auf die Märkte in Kairo, London, Moskau, Tokio und New York.

Denken Sie an den Zusammenbruch der Wallstreet 2008, der Auswirkungen auf den gesamten Globus hatte und immer noch hat. Wir leben in einer Welt der Ansteckungen, nicht nur mit Viren, sondern auch mit Gefühlen. Eine Tragödie an einem Ort *verbreitet sich wie ein Virus,* überall werden die damit verbundenen Gefühle, Einstellungen und Überzeugungen aufgegriffen. Was Sie in Bezug auf Ihre persönlichen Finanzen beunruhigen mag, kann also durch einen Virus ausgelöst sein, der herumgeht. Ansteckung ist ein kausaler und zum Teil auch nichtlokaler Aspekt von Ökonomie. Sie ist ein Feldeffekt, mal hier, mal dort, wie eine Krankheit auf der Essenzebene.

Die Essenzebene der Ökonomie hat noch einen weiteren Aspekt, den ich als Gemeinschaft bezeichnen würde. Wie kommt es, dass, wenn eine Handvoll der 99% sich erheben und sagen: „Jetzt wollen wir!", immer mehr Menschen auf der Straße diese Botschaft aufgreifen: „Jetzt wollen wir!" Das ist erfreulich! Doch dann kommt ein Journalist von der Zeitung, TV oder Radio mit seinem Mikrophon und fragt: „Was genau wollen Sie?" Und manche Menschen antworten darauf: „Das wollen wir nicht sagen." Was ist an ihrer Antwort richtig? Sie sagen damit, dass das, was sie wollen, nur schwer in Worte zu fassen ist. Was wollen sie? Hören Sie zu, ich werde es wiederholen:

„Jetzt wollen wir!"

(Die Gruppe wiederholt:) „Jetzt wollen wir!"

Welche Botschaft vermittelt dieser Ausruf? Gemeinschaft. Ein Aspekt der Essenzebene, die dieser Botschaft zugrunde liegt, ist das Gefühl von Gemeinschaft, die Sicherheit von „wir, das Volk", wir, die Gemeinschaft, die Atmosphäre der Zusammengehörigkeit. Zusammen sind wir hier und in dieser Gemeinschaft. Natürlich reden diese Menschen unter anderem deswegen so, weil sie kein Mikrofon haben und zeigen wollen, dass sie auch keins brauchen. Aber sie senden der Welt noch eine weitere Botschaft. Gemeinschaft heißt auch, dass finanzielle Gesichtspunkte nicht die Hauptsache sind. Grundlegend gilt: „Lasst uns teilen, was wir haben." Wir brauchen nicht das große Geld, verstehen Sie, wir brauchen Beziehungen, Gemeinschaft eben. Der Beziehungsaspekt ist ein ganz wesentlicher Aspekt bei Finanzen, der meistens übersehen wird. Brauchen Sie zum Beispiel ein Radio oder einen Fernseher oder das musikalische Gefühl, das Sie suchen? Teilen! Das klingt so: „Darf ich dein Radio benutzen? Ich brauche dieses Gefühl, nicht nur das Radio." Das sind einige Essenzaspekte von Finanzen. Deswegen können Menschen sich reich fühlen, wenn sie Teil einer Gemeinschaft sind, auch wenn sie nicht viel besitzen. Das ist eine andere Sichtweise von Finanzen, die sich von der Sichtweise der Konsensusrealität deutlich unterscheidet.

Der andere typische Aspekt der Essenzebene, den ich hier erwähnen möchte, ist die Spiritualität des Mittleren Weges. Ich schätze sehr, wie der Dalai Lama immer wieder den Mittleren Weg des Buddhismus betont. [99] Der Mittlere Weg heißt, dass Dinge weder existieren noch nicht existieren. Was wir in der Konsensusrealität *Dinge* nennen, hat auf der Essenzebene eine paradoxe Existenz. Die Dinge sind nicht real und gleichzeitig nicht unreal. Ich bin eine Person mit einem Körper, und auch ohne einen Körper bin ich noch eine Person. Halten Sie sich nicht an der zustandsorientierten Idee der Dinghaftigkeit fest. Das ist eines der großen Geschenke des Buddhismus: Halten Sie sich nicht an der Dinghaftigkeit fest. Der Dalai Lama nennt dieses Nichfesthalten den *Zwischenzustand* des Mittleren Weges.

Denken Sie auch an Gandhi. Er ging in Bezug auf Besitz davon aus, dass wir weder unsere Schuhe noch unsere Wohnungen, Häuser oder Autos besitzen. Gandhi sagte, wir seien Treuhänder dieser Dinge und benutzen sie für die Zukunft der Welt. Alles, was wir tun, sieht er im Zusammenhang mit zukünftigen Generationen. Ich halte das für ein wirklich tiefgründiges Denkmodell auf der Essenzebene. Wir sind Treuhänder, wir kümmern uns um unseren Besitz und werden ihn mit anderen teilen. Aus dieser Sicht betrachtet, sollten wir uns auch gut um unseren Körper kümmern, denn er gehört zwar uns, doch in gewisser Weise gehört unser Leben allen. Wir sind Treuhänder unserer *Besitztümer* und nutzen sie zu unserem Wohle und zum Wohle anderer.

Gandhi sagte, die Briten in Indien seien nicht allein verantwortlich für die Probleme Indiens gewesen. Er schreibt, seine eigene Yoga-Praxis habe ihn gelehrt, dass nicht die Briten allein die Quelle für Indiens Probleme waren, sondern das Festhalten der Inder am britischen Lebensstil und dem Materialismus, den die Briten ins Land brachten. Die bloße Vertreibung der Briten würde die indischen Probleme nicht lösen. Er erkannte, dass die Briten eine traumähnliche Rolle spielten, und meiner Meinung nach hat er für das indische Volk auf der Essenzebene Losgelöstheit gesucht.

Sagen wir, dieses Stück Land (markiert eine Stelle auf dem Fußboden) gehört mir. Mein Volk lebt hier seit langer Zeit, und jetzt kommen Sie und stellen Ihren Stuhl auf meinen Besitz. Meine „normale" Reaktion darauf wäre, dass ich Sie mit den üblichen Machtstrategien zu vertreiben versuche. Doch die Ökonomie meiner Essenzebene lautet, dass das Problem nicht nur Ihr Stuhl ist, sondern mein Festhalten an dem, wofür Sie stehen. Wenn ich mein Festhalten loslasse, die Besitzhaltung, die wir im Traumland beide haben, können Sie wieder gehen. Sie allein sind nicht das Problem. Das heißt nicht, dass wir Eindringlinge auf unserem Besitz dulden müssen. Bekämpfen Sie diese in irgendeiner Form, doch versuchen Sie sich auch zu lösen von dem, wofür dieser Eindringling steht!

Ein letzter Aspekt von Ökonomie, über den ich hier sprechen möchte, geht zurück auf das arabische Wort *Inschallah*, das Gottes (Allahs) Wille bedeutet. Aus dieser Sicht ist unsere finanzielle Situation

ein weiterer Aspekt dieser Essenzebene, ob wir nun rufen! „Oh mein Gott, welche Katastrophe!" oder „Juchhu! Ich habe Glück!". *Inschallah*, lass den Prozess entscheiden, die Natur weiß es am besten – das ist die taoistische Sicht.

Teilnehmerin: „Heißt *Inschallah* auch Glück?"

Arny: „Ja, *Inschallah*! Die Natur weiß, was Gott will, und Gottes Wille, der Wille der Natur ist immer Teil eines größeren Prozesses. Ich will darauf hinaus, dass alle Ebenen von Ökonomie zum Gesamtprozess aller Individuen und Organisationen gehören.

Gottes Wille, diese Vorstellung geht tief. Versuchen Sie Ihre finanziellen Probleme zuerst in der Konsensusrealität zu lösen und dann auf allen anderen Ebenen. Vielleicht kommen Sie schließlich zu dem Schluss, „Gut, das ist das Tao, mein Prozess." In manchen Augenblicken kann es sehr hilfreich sein, Zugang zu dieser Ebene zu bekommen."

Teilnehmerin: „Ich möchte hier von einer Erfahrung erzählen, die ich vor 15 Jahren machte. Ich schloss gerade die Schule ab, um zu studieren, und lebte mit meinen Kindern im Auto. Das Thema Geld machte mir große Sorgen. Wie sollte ich meine Kinder ernähren? Eines Nachts träumte ich lebhaft, ich hätte im Lotto gewonnen. Trotzdem war ich in dem Traum immer noch in Panik. Ich brauchte eine Weile, um diesen Traum zu verstehen. Die wirklich tiefe Lektion, von der ich heute noch profitiere, war, dass es nicht um Geld geht, sondern um diesen Universalkredit oder Überfluss, zu dem ich trotz meiner äußeren Umstände Zugang habe. Das ging sehr tief. Ich war so arm und zugleich so reich."

Arny: „Ich verstehe…,obwohl Sie sagen, Sie seien immer noch in Panik, sind Sie *reich*."

Teilnehmerin: „Danke."

Arny: „Denken Sie an die Buschmänner. Manche von ihnen behaupteten, in ihrer Gemeinschaft gäbe es keine finanziellen Probleme, weil alle alles miteinander teilen. Die Gemeinschaft kümmert sich um jeden Einzelnen. Das könnten wir als gemeinschaftliche Methode auf der Essenzebene bezeichnen, die den ältesten Eingeborenenvölkern auf diesem Planeten gute Dienste erwiesen hat.

Auch der Schamanismus gehört zur Essenzebene von Geld. Als ich vor Jahren mit Amy in Afrika war, hatte ich nur Schulden, kein Geld. Wir hatten beide kein Geld und brauchten welches. Wir trafen eine Schamanin, die für uns tanzte, in die Wälder ging und dort eine kleine Figur anfertigte, die sie uns gab. Wir haben dieses erstaunliche Geschenk immer noch. Als wir zurück in die Schweiz kamen, hatten wir dort alle möglichen finanziellen Probleme. Wir konzentrierten uns auf das kleine Geschenk der Schamanin, und plötzlich wendetete sich unsere Situation zum Besseren!"

Amy: „Wenn ich mich in schamanistische Zustände begebe, passieren alle möglichen erstaunlichen Dinge. Heißt es nicht bei irgendwelchen Ureinwohnern, dass du, wenn du von einem anderen Menschen etwas Negatives träumst, als Träumende dieser Person etwas schenken musst?"

Arny: „Ja! Das ist die Ökonomie des Traumlands und eine großartige Idee. Wenn Sie von einer anderen Person schlecht träumen, machen Sie dieser am besten ein Geschenk! Diese Person existiert innen wie außen. In dieser Gemeinschaft von Ureinwohnern sind Finanzen eine traumorientierte Arbeit an den Beziehungen und der Gemeinschaft."

Teilnehmerin: „Können Sie noch mehr sagen über dieses Gefühl, dass bestimmte Menschen meine Familie sind… und wie wir zu diesem Gefühl gelangen?"

Arny: „Meistens haben wir dieses familiäre Gefühl in Bezug auf Menschen, die aussehen wie wir, reden wie wir, in ein und derselben Kultur aufgewachsen sind und Ähnliches. Aber wenn Sie für einen Moment tiefer nach innen gehen, spüren und verstehen Sie die andere Person möglicherweise, obwohl Sie noch nie mit ihr gesprochen haben. Das ist eine wichtige Erfahrung auf dem Feld der Essenzebene. Wenn Sie auf der Ebene handeln oder sprechen, können Sie erleben, dass Menschen lächeln, weil für sie etwas Wunderbares geschieht.

Selbst wenn Sie ein äußerst introvertierter, stiller Mensch sind und niemals den Mund aufmachen, können Sie einmal Folgendes ausprobieren: Wenn Sie auf der Straße jemandem begegnen, der seinen Hund ausführt, sagen Sie: „Das ist ein schöner Tag für einen Spaziergang", ohne der Person ins Gesicht zu blicken. Sagen Sie einfach nur: „Das ist ein schöner Tag für einen Spaziergang", und vielleicht sehen Sie die andere Person lächeln. Ich halte solche Augenblicke für wichtig. Sprechen Sie einfach über den Raum, das Feld zwischen sich und anderen.

Ob es Ihnen leichtfällt, Fremde anzusprechen, hängt auch davon ab, wo Sie aufgewachsen sind. Die Tendenz, mit anderen Kontakt herzustellen, haben wir alle, zumindest ansatzweise. Auch wenn Sie ein schüchterner Mensch sind, können Sie überlegen, das einmal auszuprobieren. Jeder von uns hat seinen eigenen Prozess, wenn das für Sie also nicht stimmig ist, probieren Sie es natürlich nicht. Doch selbst wenn Sie schüchtern sind und sehen, wie die Person neben Ihnen das Meer betrachtet, können Sie sagen: „Mein Güte, wie schön das Meer aussieht!" und entlocken ihr damit vielleicht ein Lächeln. Wenn wir uns dem Feld anderer Menschen anschließen, geschieht etwas Erstaunliches! In gewisser Weise ist jeder Mensch Ihre Familie! Experimentieren Sie damit, mit Menschen in Kontakt zu treten, die Sie in der Konsensusrealität nicht als Mitglieder Ihrer Familie empfinden.

Arbeiten wir jetzt an finanziellen Themen. Wenden Sie sich in der nächsten Übung einer schwierigen Situation in Bezug auf Ihre persönlichen Finanzen zu. Was gehört für Sie zu den schwierigsten Aspekten auf diesem Gebiet? Vielleicht gibt es da vieles, aber wählen Sie jetzt einfach ein Thema aus. Was ist für Sie im finanziellen Bereich der schwierigste Aspekt? Ist jemand bereit, mit uns darüber zu sprechen?"

Erster Teilnehmer: „Eigentümer zu sein. Mich schuldig fühlen, weil ich etwas besitze, im Konflikt zu sein, wenn ich an Landbesitz denke und zugleich die Geschichte dieses Landstrichs kenne und von der Vertreibung der Ureinwohner weiß."

Zweite Teilnehmerin: „Immer, wenn ich eine Arbeit habe, gefällt sie mir nicht. Ich arbeite durchaus gern, aber meine augenblickliche Arbeit mag ich einfach nicht, also kann ich nie in einem Job bleiben. Ich habe nie ein festes Einkommen. Für mich ist das Schwierigste, eine Aufgabe zu finden, die ich wirklich gern mache und die ich sinnvoll finde."

Dritte Teilnehmerin: „Ich liebe meine Arbeit, und weil ich mich für den Erziehungssektor entschieden habe, bekomme ich nur halb so viel Geld; wie ich in anderen Positionen verdienen würde. Ich liebe es, Menschen zu unterrichten, aber als Lehrerin wirst du nicht gut bezahlt, und andere Menschen mit der gleichen Ausbildung verdienen auf diesem Sektor viel mehr Geld."

Vierte Teilnehmerin: „Die heute schwierige wirtschaftliche Lage hat unsere Familie getrennt. Mein Mann arbeitet jetzt in einem anderen Bundesstaat, weil es hier, wo wir leben, keine Arbeit für ihn gibt. Wir sind also auf dem besten Weg, getrennte Leben zu führen. Es ist schwierig, unseren Lebensunterhalt zu verdienen und unseren Verpflichtungen nachzukommen. Wie können wir zusammen leben und arbeiten?"

Fünfter Teilnehmer: „Mir fällt es sehr schwer, von Menschen Geld zu nehmen dafür, dass ich mit ihnen arbeite."

Sechste Teilnehmerin: „Ich würde am liebsten alles weggeben, aber das ist mir nicht möglich. Ich mache Akupunktur und Homöopathie."

Siebter Teilnehmer: „Ich arbeite in der Wirtschaft. Da geht es ziemlich rau zu, und ich habe das Gefühl, ich muss die Rolle der 1 % übernehmen. Ich kann mich über meine finanzielle Situation nicht beklagen, aber gleichzeitig fühle ich mich von meinem Herzen und meiner Spiritualität wie abgeschnitten, in gewisser Weise fühle ich mich also arm."

Achte Teilnehmerin: „Manchmal verdiene ich sehr viel Geld, dann wieder sehr wenig. Wie auch immer, alles, was ich einnehme, verschwindet irgendwie. Ich bin nicht verschwenderisch, ich vergeude kein Geld, aber irgendwo geht es hin. Mein Kontostand ist fast immer bei null."

Um an Ihrer persönlichen finanziellen Situation zu arbeiten, überlegen Sie als Erstes, ob Sie in der Konsensusrealität Schritte unternehmen können, um sich oder anderen finanziell zu helfen. Bitte ignorieren Sie dieses Ebene nicht, und denken Sie dann erst an die Ebene des Traumlands. Das Gefühl von Panik, das irgendwo lauert, oder vielleicht Vergesslichkeit, auch das alles gehört zur Arbeit an den Finanzen. Und wichtig ist natürlich auch die Essenzebene wie Buddhas Mittlerer Weg oder ein anderer Aspekt.

Bei der nächsten Übung arbeiten Sie mit den verschiedenen Polaritäten in Ihrer schwierigsten finanziellen Situation und schauen, ob Sie sich hierzu Rat von Ihrem Prozessgeist holen können. Wir werden Sie bitten, sich einem der schwierigsten Aspekte Ihrer Geldsituation zuzuwenden (ob real oder in Ihrer Vorstellung). Vielleicht haben Sie Angst, alles zu verlieren oder überfallen und ausgeraubt zu werden. Vielleicht sind Sie arbeitslos und sozial isoliert. Oder das Thema ist Abhängigkeit: Sie selbst sind finanziell abhängig oder andere, für die Sie aufkommen müssen, sind abhängig von Ihnen. Vielleicht fällt es Ihnen schwer, Ihren Schuldenberg abzutragen, oder Sie haben nicht genug Geld, um den Arzt zu bezahlen.

ÜBUNG: PERSÖNLICHE FINANZEN UND IHR TANZ DES RAUMZEIT-TRÄUMENS

1. Beschreiben Sie eine eigene reale oder befürchtete finanzielle Situation (Abhängigkeit, berufliche Unsicherheit, Nervosität, Arbeitslosigkeit und so weiter) und vergegenwärtigen Sie sich diese. Welcher Aspekt Ihrer finanziellen Lage ist für Sie am schwierigsten?

2. Fühlen Sie jetzt die Atmosphäre, die mit diesem schwierigsten Aspekt Ihrer finanziellen Lage verbunden ist, und finden Sie heraus, welches für Sie in dieser Situation die störendste Energie, X, ist. Fühlen Sie diese X-Energie, machen Sie eine Bewegung, um sie zu beschreiben, und finden Sie ein paar begleitende Worte dazu. Nehmen Sie sich Zeit, diese Energie wirklich zu erforschen: Was bringt sie zum Ausdruck und was will sie? Machen Sie eine Skizze von dieser X-Energie, zeichnen Sie eine kleine Figur, die sie auf dem Blatt darstellt, und geben Sie ihr einen Namen.

3. Welcher Teil in Ihnen, u, stört sich am meisten an dieser X-Energie? Fühlen Sie diese u-Energie, machen Sie eine Bewegung, um sie zu beschreiben, und finden Sie ein paar begleitende Worte dazu. Nehmen Sie sich Zeit, diese Energie zu erkunden und herauszufinden, was sie ausdrückt und will. Fertigen Sie eine Skizze davon an, zeichnen Sie eine kleine Figur, die sie darstellt, und geben Sie ihr dann einen Namen. Nehmen Sie sich einen Moment Zeit, um zwischen den Energien von u + X hin und her zu wechseln, und drücken Sie beide mit Bewegungen und Worten aus. Legen Sie dann das Blatt mit Ihren Übungsergebnissen vor sich auf den Fußboden.

4. Schauen Sie sich im Stehen (wenn Sie können) X + u da auf dem Fußboden vor Ihnen an, um mehr Abstand dazu zu gewinnen, und dann stellen Sie sich vor, sich nach oben zu bewegen und sich selbst im Universum zu spüren. Entspannen Sie sich und lassen Sie Ihr Alltagsdenken ganz allmählich los, während Sie im Raum des Universums fließen und spüren, wie es sich spontan durch Sie zu bewegen und durch Sie zu träumen beginnt (als wären Sie ein Blatt im Wind oder würden von Meereswellen geschaukelt). Spüren Sie, wie das Universum Sie herumkurven lässt und Sie hierhin und dorthin zieht. Achten Sie bei diesen Bewegungen auf kleine, merkwürdige Schlenker und Bewegungsflirts. Folgen Sie diesen und lassen Sie sich davon frei und auf überraschende Weise tanzen. Achten Sie dabei auf sich und die Menschen um Sie herum.

5. Wenn Sie spüren, dass Sie spontan und frei tanzen, lassen Sie Ihren Tanzgeist für sich selbst einen Namen finden. Wer oder was tanzt da auf diese Art und Weise? Während Sie den Tanz als diesen Tanzgeist weiterhin spüren, schauen Sie zurück auf die finanziellen

Energien von $X + u$ auf dem Fußoden unten und erhaschen schnelle Phantasien, spontane Einsichten oder Hinweise, wie Sie mit diesen Energien umgehen könnten. Erlauben Sie diesem Tanzgeist, $X + u$ einen Rat zu geben. Notieren Sie sich diesen Rat und den Namen Ihres Tanzgeistes.

Der Rat, den der Tanzgeist des Universums Ihnen gibt, kann ganz praktisch oder ein gefühlter oder geträumter Ratschlag sein. Wir wissen nicht, was Ihnen geraten wird. Was haben Sie von der Prozessarbeit mit Ihrer persönlichen finanziellen Situation gelernt? Hat jemand Erfahrungen gemacht, die er oder sie auch morgen noch erinnern wird?

Erste Teilnehmerin: „Das ist alles nicht-kognitiv, wie Sie ja auch gesagt haben. Aber die Antwort war klar und deutlich: Nimm mehr Geld und arbeite weniger!"

Zweiter Teilnehmer: „Gehe das Träumen ganz praktisch an und mache kleine Schritte. Mach weiter mit dem Träumen."

Dritte Teilnehmerin: „Immer mehr Wertschätzung und Dankbarkeit für immer weniger."

Vierter Teilnehmer: „Gehe kreativ mit dem Finanzamt um. Ich bin ein Breakdancer, mein Tanz ist zu rigide und ich konnte loslassen."

Fünfter Teilnehmer: „Wie lange kann ich diese Prozessreise weitermachen? Ich praktiziere nach dem tibetischen Buddhismus, wo man in Sadhana geht und meistens mit einem Mantra arbeitet, das

für Energie, Körper und Geist steht. Üblich ist bei dieser Praxis, mit allen drei Ebenen zu arbeiten. Diese Praxis ähnelt also der Prozessarbeit bei dieser Übung, aber ich erlebe sie immer wieder anders. Manchmal bin ich mehr in Berührung mit diesen Räumen, dann wieder drifte ich weg und verliere mich innerlich. Wie lange lassen Sie diesen Prozess hier weitergehen?"

Arny: „Danke für diese Frage. Ich habe da keine feste Formel, nur den Vorschlag, ganz individuell vorzugehen. Manche Menschen begeben sich durch diesen Prozess für kurze Augenblicke in ihren Prozessgeist und kommen dann wieder zurück. Andere verbinden sich länger mit ihrem Prozessgeist und kehren nicht so schnell wieder in ihre Alltagsrealität zurück. Wieder andere können beides zugleich, die Essenzebene wie die Konsensusrealität, länger halten."

Amy: „Manchmal begebe ich mich in diesen Raum und bleibe dort, lasse es fließen, und alle möglichen kreativen Dinge passieren – schreiben, Musik, Tanz, alles Mögliche. Manchmal, wenn ich an einem schwierigen Konflikt arbeite und versuchen muss, schnell Zugang zu diesem Raum zu bekommen, knirscht es ein wenig. Es kann auch sein, dass ich gar keinen Anschluss bekomme, und dann wieder gelingt es mir. Dann entsteht eine wirklich schnelle Verbindung, die mir hilft, Probleme zu bewältigen oder an bestimmten Themen zu arbeiten. Manchmal dauert das aber auch und ich muss länger warten.

KLEINGRUPPENPROZESSE

Wir wollen diese Arbeit jetzt auf ökonomische und finanzielle Gruppenprozesse anwenden. Machen Sie diese Arbeit in Ihrem Familiensystem. Sobald Geldprobleme auftauchen (und das passiert häufig), können Sie mit Ihrer Familie oder Ihren Freundinnen und Freunden Kleingruppenprozesse machen. Wenn Sie als Coach oder Lehrerin arbeiten und das Thema Finanzen kommt auf, können Sie Menschen helfen, ihre Situation bewusster anzugehen und einen Kleingruppenprozess anleiten. Sie arbeiten jetzt in Kleingruppen von etwa drei Personen, um Erfahrungen mit Kleingruppenprozessen in Organisationen zu sammeln.

Erinnern Sie sich bei dieser Gruppenarbeit zum Thema Finanzen an die Idee des Ranges und der Rollen. Denken Sie daran, mit den entsprechenden *Themen* sind, wenn wir sie in anderen Personen sehen oder auf diese projizieren, im Hintergrund immer auch Rollen verbunden.

Denken Sie auch an die 99% – oder geben Sie dieser Rolle nach Belieben einen eigenen Namen. Vergegenwärtigen Sie sich das Problem, bestimmte Ängste in Hinsicht auf die Zukunft und Ihre sozialen Beziehungen. Vielleicht lauert da auch eine Depression, nehmen Sie diese bewusst wahr, wenn sie auftaucht, und wenden Sie sich auch ihr zu. Ob Sie nun wie erstarrt oder schockiert oder in Panik sind angesichts finanzieller Probleme – arbeiten Sie mit allem, was hochkommt.

Denken Sie an die Ranggefühle der 1%: „Wer braucht das schon? Mach dir darum keine Sorgen." In manchen Lebensbereichen denken Menschen, die einen bestimmten Rang einnehmen, die 99%, die protestieren, sollten einfach ihren Mund halten, denn: „Das sind doch sowieso alles nur Idioten." Das ist ein Rangproblem. Und vergessen Sie auch nicht all die Geisterrollen in Bezug auf Immigration, Rasse und Geschlecht!

Denken Sie vor allem aber an das „Wir der menschlichen Gemeinschaft" auf der Essenzebene und das Gemeinschaftsgefühl. Bringen Sie, wenn es Ihnen möglich ist, Ihre Essenzerfahrungen zur Sprache, Ihre Erfahrungen mit dem Prozessgeist und mit Ihren eigenen Begrenztheiten. Nutzen Sie Ihre Bewusstheit, um diese Geisteszustände zu verdeutlichen und mit der Prozessarbeit und allem, was hochkommt, mitzufließen.

Sie können die Energien von X + u nutzen, mit denen Sie in vorigen Übungen schon in Kontakt gekommen sind, oder sich neuen Zuständen zuwenden, die beim Thema Welt und Finanzen hochkommen. Alle zusammen finden wir dann zu unserem Tanz des Universums und schauen bei der Arbeit in diesem gemeinsamen Feld, welchen Rat wir hier für weltweite Finanzthemen bekommen.

Für die folgende Übung tun Sie sich in Dreiergruppen zusammen. Eine Person achtet auf die Zeit und leitet den Prozess an und ist zugleich TeilnehmerIn. Wir möchten, dass Sie alle drei die weltweiten Finanzprobleme diskutieren, die Sie beschäftigen. Vielleicht haben Sie alle unterschiedliche Anliegen oder erörtern Probleme von Gemeinschaften oder übergreifende Themen, die über Ihren persönlichen Horizont hinausgehen.

Dann leitet der Zeitwächter Sie alle zu einer inneren Arbeit an, bei der Sie sich auf ein Thema konzentrieren, das für Sie wichtig ist. So entsteht eine Kombination von innerer und äußerer Gruppenarbeit. Fahren Sie so lange fort, bis Sie eine Einsicht gewinnen oder eine Lösung finden.

ÜBUNG: GELD UND UNIVERSELLER GEIST (IN KLEINGRUPPEN ZU DRITT)

1. (15 Minuten) Alle zusammen: Bestimmen Sie, wer von Ihnen auf die Zeit achten und den Prozess anleiten wird. Diese Person wird zugleich teilnehmen. Diskutieren Sie dann zu dritt: Welches ist für Sie das schlimmste nationale oder weltweite finanzielle Problem (wie zum Beispiel die Zwangsversteigerung von Eigenheimen) und das schlimmste X bei diesem Problem (wie zum Beispiel Depressionen, Gier, Verarmung, Angst)? Vielleicht betrifft dieses Problem eine bestimmte Gemeinde oder Stadt oder ist international. Wählen Sie ein Thema, das über Ihren persönlichen Lebensraum hinausgeht. Sprechen Sie einfach gemeinsam darüber, Sie müssen nicht alle einer Meinung sein.

2. (10 Minuten) Jetzt hören Sie auf zu reden, und die anleitende Person weist Sie alle zu der folgenden inneren Arbeit an.
Allein: Jede und jeder von Ihnen arbeitet jetzt an den folgenden Themenbereichen, bevor Sie als Gruppe wieder zusammenkommen.

a) Wählen und beschreiben Sie für sich wieder das schlimmste reale oder in Ihrer Vorstellung existierende nationale oder weltweite finanzielle Problem. Spüren Sie die Atmosphäre dieser Situation. Wie fühlt sie sich an? Welches ist die störendste Energie, X, in dieser Situation (wie Gier, Depression)? Fühlen Sie X und drücken Sie diese Energie dann mit einer Bewegung und Worten aus. Erforschen Sie sie noch etwas gründlicher, um herauszufinden, was sie wirklich zum Ausdruck bringt und will. Machen Sie eine Skizze von dieser X-Energie und geben Sie ihr einen Namen. Dann fragen Sie sich, welcher Teil von Ihnen (oder der Welt), u, durch diese X-Energie am meisten aufgebracht ist. Fühlen Sie diese u-Energie, um sie dann mit einer Bewegung und Worten auszudrücken, und erforschen Sie sie noch weiter, um herauszufinden, was sie wirklich will und zum Ausdruck bringt. Machen Sie eine Skizze von dieser u-Energie und geben Sie ihr einen Namen.

b) Während Sie bei Ihrer inneren Arbeit bleiben, stehen Sie jetzt auf (wenn Sie können), vergegenwärtigen sich einen Ihrer Lieblingsflecken auf der Erde und stellen sich vor, dort zu sein. Schauen Sie sich um und achten Sie darauf, wo Sie diese beiden Energien an diesem Ort vorfinden. Fühlen Sie diesen Flecken Erde wieder und stellen Sie sich vor, dass er durch Sie atmet und Sie zwischen den beiden Energien von X + u hin und her bewegt und Ihnen vielleicht Worte zu beiden kommen.

c) Entspannen Sie sich, spüren Sie den Raum und das Feld, die diesen Flecken Erde umgeben, und auch zwischen X + u. Dann stellen Sie sich vor, dass Sie über diesem Flecken Erde nach oben ins Universum hochsteigen. Fühlen Sie die Raumzeit des Universums um sich herum und spüren Sie, wie diese durch Sie träumt und Sie bewegt. Entspannen Sie sich noch ein wenig mehr, und während Sie sich weiterbewegen, achten Sie auf kleine, spontane und überraschende Bewegungsflirts oder Schlenker und folgen diesen. Achten Sie dabei auf die anderen um Sie herum.

d) Wenn Sie spüren, dass Sie frei und spontan tanzen, lassen Sie Ihren Tanzgeist für sich selbst einen Namen finden. Als dieser Tanzgeist schauen Sie jetzt zurück auf die Energien von X + u des finanziellen Problems und lassen sich vom Tanz des Universums einen Tipp dafür geben. Notieren Sie sich diesen und den Namen Ihres Tanzgeistes.

3. (Insgesamt 35 Minuten) Gut, jetzt kommen alle wieder zusammen.

4. (25 Minuten) Jetzt machen Sie einen Gruppenprozess und bringen die Familie von u + X nach Hause, indem Sie Ihr Thema als FacilitatorIn begleiten und mit dem Raumzeit-Träumen sprechen.

(Helfer: Lesen Sie, bevor Sie anfangen, den nächsten Absatz ganz vor):

Wir werden den Stift drehen, damit er die Person wählt, auf deren Thema wir uns alle konzentrieren. Diese Person sollte uns die finanzielle Situation, die sie gewählt hat, und die Energien von X + u, mit denen sie gearbeitet hat, schildern. Sie alle erinnern sich an Ihren eigenen Tanz des Universums mit seinen nicht vorhersehbaren Schlenkern und fühlen ihn wieder, spüren den Raum zwischen Ihnen allen. Wenn Sie bereit sind, kann eine oder einer von Ihnen die X- oder u- Energie der gewählten Person spontan ausdrücken. Drücken Sie diese durch Bewegung aus! Dann sollte eine andere Person vortreten, um eine der anderen Energien darzustellen und in Bewegung umzusetzen. Und schließlich folgen Sie alle Ihrem Träumen des Universums, das Sie spontan durch den Raum bewegt, während Sie die verschiedenen Rollen von X + u ausdrücken, zwischen ihnen wechseln, die Energien durchspielen und Geisterrollen hinzunehmen (die ich bereits erwähnte, die Sie aber noch nicht dargestellt haben). Wenn Sie sich verlieren oder zu stark „hineingezogen" werden, spüren Sie wieder die Losgelöstheit und Spontaneität Ihres Tanzgeistes und fahren mit dem Gruppenprozess fort, bis sich eine Lösung oder Einsicht zeigt oder die Zeit um ist.

5. (10 Minuten) Besprechen Sie, was Sie erfahren haben.

ANSCHLIESSEND

Arny: „Ist Ihnen aufgefallen, dass Sie nicht unbedingt linear verfolgen können, wie die Lösungen entstehen? Sie können nicht immer sagen, auf A folgt B. Sie wissen nicht, wie A überhaupt entstanden ist. Kam es nach B oder war es vor B?"

Erster Teilnehmer: „Ich glaube, es war Bruce Lee, der sagte: „Lerne die Form, meistere die Form und vergiss die Form." Das erleben wir hier auch! An einem gewissen Punkt mussten wir das dargestellte Thema einfach vergessen und der Energie folgen. Davor haben wir uns nicht als Team gefühlt, aber als wir uns der Energie des Geschehens überließen, wurde es ziemlich interessant."

Zweite Teilnehmerin: „Ich möchte hier einbringen, was in unserer Gruppe passierte, denn ich denke, es könnte für viele Menschen nützlich sein. Ich sprach über die Kursichtigkeit von Eltern, das heißt, von Eltern, die sich nicht um die Zukunft ihrer Kinder kümmern. Als wir das durchspielten, sagte eine von uns, sie wolle sich nur um ihre eigene Familie kümmern. Ich unterstützte sie darin und sagte: „Ich möchte, dass du dich um deine Kinder, deine Enkel und deine Urenkel und unzählige Generationen kümmerst." Diese Erweiterung der Vorstellung von Familie war für uns alle eine großartige Einsicht. Dann nahm eine von uns die Rolle eines Kindes ein, das sich ein gutes Leben wünscht, was die Eltern von ihrer Kurzsichtigkeit schnell heilte."

Dritter Teilnehmer: „In meiner Gruppe ging es um Krieg und die horrenden Summen an Geld, die in Kriege, Kohlenstoff in der Luft, Massaker und Zerstörung fließen. Und die Energie, die das wirklich störte, das *u*, war die Liebe der Mütter. Bei diesem Prozess erschien die Göttin Athene zunächst als Geisterrolle. Wir spielten sie und sie zeigte uns das größere Bild und sagte, manchmal sei es notwendig, das Herz der Menschheit zu brechen, es aufzubrechen. Unser Ort befand sich in Griechenland, deswegen erschien uns Athene und unterstützte uns darin, zusammenzufinden, indem sie uns half, uns zu öffnen."

Arny: „Danke für Ihren Bericht. Athene sagt also, dass diese Probleme existieren, um unsere Herzen zu öffnen. Das ist eine mögliche Sicht von dem Chaos, das wir hier anrichten, sicherlich nicht die einzige, aber eine wichtige, wenn es um die Wiederherstellung von Gemeinschaft geht."

(Es folgt ein längerer Gruppenprozess)

Arny: „Was haben Sie in diesem stillen Moment gerade erlebt?"

„Ich spürte, wie sich mein Herz öffnete… aufbrach."

„Wir waren in diesem Augenblick alle miteinander verbunden."

„Für einen Augenblick waren wir ein einziges Feld."

Vierte Teilnehmerin: „In unserer Gruppe beschäftigten wir uns mit dem Problem von Armut und Reichtum im Iran. Das Interessante war, dass ein furchteinflößendes, namenloses Gefühl, eine Geisterrolle, auftauchte, die an den Armen wie den Reichen Interesse zeigte, an Menschen, die viel besitzen, und Menschen, die nichts besitzen. Als die Reichen und die Armen anfingen zu streiten, war dieser Geist nicht glücklich darüber. Wir versuchten, diesen Geist als eine Art Kraft zu benennen, und später stellte sich heraus, dass es kein menschliches Wesen war, sondern ein höheres. Ich wurde dann zu dieser gegnerischen Energie oder dieser Wesenheit, die den Konflikt schürt, und mir lag daran, zu verhindern, dass wir miteinander kommunizieren. Ich erinnerte uns an den Tod, der uns alle eines Tages ereilen würde. Ich sagte: „Ich werde eure Kinder fressen. Ich bin mächtig, größer als ihr, unendlich, und ich bin glücklich darüber, dass ich eure Angst bin!" Daraufhin passierte etwas wirklich Schönes. Jemand widersetzte sich mir, diesem garstigen Geist, mit der Frage: „Nun, wovor hast denn du Angst?" Ich sagte: „Vor gar nichts!" Doch plötzlich wurde mir klar, dass ich als Monster Angst hatte zu schrumpfen! Liebe und Licht lassen das Monster schrumpfen. Ich als Monster ernähre mich von Angst. Aber die Menschen, die in unserer Gruppe die Rolle der Liebe spielten, sagten: „Wunderbar! So wie wir aneinander liebevoll Anteil nehmen, können wir auch an dir Anteil nehmen wie an einem Wesen, das wir lieben." Ich spürte das Monster in mir schrumpfen und konnte mich auf die anderen einlassen und ihren Schmerz spüren…. Das war wunderschön, und ich habe so viel davon gelernt."

Arny: „Sie gehörten zur Familie, obwohl Sie ein Monster waren! Ja, das ist großartig!"

DIE MACHT DER GEMEINSCHAFT

Fünfter Teilnehmer: „Ich möchte gern erzählen, was in meiner Dreiergruppe passierte. Eine von uns kommt aus Thailand, einer aus Chile und ich stamme von den Philippinen. Wir haben an der heiklen wirtschaftlichen Lage in unseren Ländern gearbeitet, die dadurch entstanden ist, dass Auswanderer aus dem Ausland Geld ins Land schicken. Menschen, die in Übersee arbeiten, schicken Geld zurück ins Land, das ist in diesen Kulturen weit verbreitet. Aber diese Geldgeschenke untergraben die Selbstversorgung dieser Länder.

Wir arbeiteten also mit einer Person, die Geld braucht, und einer, die es schickt, sowie einer weiteren, die das ablehnt und ihre Landsleute ermutigt, selbständig zu wirtschaften. Das ging wirklich tief, denn wir konnten zwischen diesen Positionen alle drei ganz organisch wechseln. Durch diesen Rollenwechsel mit Hilfe des Prozessgeistes konnten wir die Rollen neu positionieren und depolarisieren. Und dann, an einem gewissen Punkt, trat eine ehrfurchtgebietende Ruhe ein, Stille breitete sich aus… und ich konnte die Verbundenheit zwischen uns Dreien fühlen. Durch dieses tiefe Gefühl von Verbundenheit konnte ich spüren, wie sehr alle unsere Länder diese Art von Prozessarbeit brauchen, um die Bereiche zu depolarisieren, in denen sie festgefahren sind. Wenn wir aktiv Weltarbeit in unseren Ländern leisten, ist es oft so schwer, das zu fühlen."

Sechste Teilnehmerin: „Ich habe in meiner Gruppe die Rolle der X-Energie gespielt: „Gib mir, gib mir. Ich habe nichts. Du hast alles!" Ich habe dabei zum ersten Mal erlebt, wie es ist, wenn Menschen, die Geld haben, sagen: „Ich habe auch nicht alles!" Das stoppte mich, denn mir wurde klar, dass ich auf diese Menschen die Vorstellung projizierte, die Wohlhabenden leben im Paradies und können doch auch abgeben, weil sie *alles* haben.

Als ich sie sagen hörte, dass sie nicht alles haben, musste ich an das denken, was Sie neulich erwähnten, nämlich dass die 1 Prozent und die 99 Prozent innere Rollen von uns allen und zugleich äußere Realitäten sind.

Mir wurde auch klar, wie es ist, mich als Teil der Gemeinschaft zu fühlen, auch wenn wir um Hilfe bitten mussten. Ich habe die so genannte andere Seite gesehen, die reichen Menschen, die nicht haben, was wir haben: Nämlich dass wir imstande sind, uns als Gemeinschaft eins zu fühlen und mit einer Stimme zu sprechen. Plötzlich dämmerte mir, welche Macht Gemeinschaften haben, und da passierte für mich die Veränderung. Eine Gemeinschaft zu haben, die sich, wie in diesem Fall zusammentut, um Hilfe zu erbitten, ist eine ganz reale Macht."

Arny: „Ja, die sogenannten Armen bitten vielleicht um Hilfe und brauchen diese, aber sie haben ihre ganz eigene Macht und ihren ganz eigenen Wohlstand."

Sechste Teilnehmerin: „Ich konnte mit den Prozessen gut mitfließen und plötzlich kam mir einfach…: „Alles ist am richtigen Platz."

Arny: „Alles ist ein ziemlicher Schlamassel, doch aus der tiefsten Sicht ist alles in Ordnung. Es tut gut, Ihre Prozessbeschreibungen zu hören. Es gibt hier einen nichtlinearen Moment, der sich schwer präzise formulieren lässt, den Augenblick, wo die Älteste auftaucht, die verschiedene Seiten sehen und vertreten kann. Niemand verkörpert nur eine Seite… jedenfalls nicht lange."

- Sie oder eine andere Person kann offiziell die Führung haben, doch die eigentliche Führung ist der Raum zwischen uns allen.
- Ökonomie ist etwas ganz Reales! Es geht hier um Geld, Kapital und Rang und verschiedene gemeinsame Rollen wie *reich* und *arm*. Ökonomie ist auch traumgleich und besteht aus guten *Göttinnen* und *Göttern* und *Monstern*.
- Ökonomie umfasst auch eine feldähnliche Essenzebene, auf der Gefühle von Losgelöstheit, Ansteckung, Gemeinschaft und Spiritualität entstehen.

KAPITEL 24

Das größere Bild:

Training in Straßen- und Weltarbeit

In Schulen, Organisationen und Regierungen, in Konfliktgebieten und Stadtteilen weist die augenblickliche Situation (2012) auch längerfristig darauf hin, dass die Welt sich in immer mehr Ländern in Richtung Demokratie bewegt. Ganz offensichtlich ist die Welt auf der Suche nach einer tieferen Demokratie. Um eine Welt zu verwirklichen, die sich ihrer selbst stärker bewusst ist, die in ihren soziologischen und ökologischen Feldern unterschiedliche Positionen schätzt, brauchen wir Älteste, Menschen, die in Berührung sind mit einem größeren Bild. Dieses größere Bild sieht so aus, dass alle und alles ein Zuhause suchen und finden, wo Individuen und Organisationen lernen zu debattieren, sich aber auch als Individuen, Rollen und Aspekte des Universums zu schätzen.

Demokratie braucht mehr Tiefe. Ich würde gern mehr Welttheater sehen. Bitte gehen Sie in Ihre Lieblingsstraße oder Ihr Lieblingscafé und führen Sie dort ein Drei-Minuten-Stück zu einem Thema auf, das Ihnen wichtig ist. Es geht mir hier darum, alle Rollen einzubeziehen: die 1 Prozent und die 99 Prozent! Beziehen Sie alles ein, auch das Universum.

Doch bevor wir weitergehen, lassen Sie uns zuerst einmal wieder meditieren:

- Überlegen Sie sich eine Frage. Sie kann Ihr ganzes Leben betreffen oder Ihr nächstes Mittagessen, was Ihnen in den Sinn kommt. Wählen Sie eine Frage oder ein Problem. Machen Sie sich dazu Notizen auf einem Blatt Papier oder halten Sie diese Frage anders fest.
- Wenn Sie Ihre Frage aufgeschrieben haben, bringen Sie sie in Zusammenhang mit einem der Gegenstände auf dem Fußboden um Sie herum.
- Entspannen Sie sich ein wenig; entspannen Sie Ihren Geist, Ihre Schultern und Ihren Nacken. Lassen Sie Ihr Denken ein wenig verschwimmen. Spüren Sie den Raum, der Sie umgibt, lassen Sie sich davon langsam auf den Gegenstand zubewegen, der Ihre Frage repräsentiert. Lassen Sie sich vom Raum herumkurven und mit kleinen Schlenkern auf die Frage oder das Problem zubewegen. Das Raumzeit-Träumen kann Sie vorwärts, rückwärts, im Kreis, nach oben oder nach unten bewegen; wir wissen nicht, wie. Vertrauen Sie ein-

fach Ihrer Erfahrung… sie wird Ihnen eine Einsicht bringen.

- Halten Sie eine Intuition fest und meditieren Sie darauf. Was sagt Ihnen diese Intuition zu Ihrer Frage?
- Wenn Ihnen Ideen kommen, notieren Sie diese, um sich daran erinnern zu können. Danken Sie Ihrem träumenden Geist, dem Schöpfer der Träume, dem Prozessgeist. Vergessen Sie niemals Ihre magischen Schlenker. Normalerweise bewegt sich unser Geist linear, aber der Schlenker sagt: „Heh! Hier passiert etwas anderes." Sich zu öffnen für dieses Öffnen ist für diese Übung grundlegend: Offen zu bleiben für nicht Vorhersehbares, nicht nur für den einen oder anderen Prozess, sondern den kontinuierlichen, fortlaufenden Fluss von Prozessen. Sonst weichen Sie eher aus, als den Schlenkern zu folgen.

IHR GRÖSSERES BILD ZU FASSEN BEKOMMEN

Welches Bild haben Sie davon, um was es im Leben geht? Das ist für mich nicht nur eine philosophische, sondern auch eine psychologische Frage. Wenn Sie mit schwierigen, angespannten Situationen arbeiten, brauchen Sie ein größeres Bild. Ich denke dabei nicht nur an Gruppenarbeit, Organisationen oder große Foren. Wir alle suchen nach einem größeren Bild, wenn das Leben stressig ist. Wir alle fühlen uns innerlich sicherer, wenn wir eine befriedigende Antwort auf die Frage gefunden

haben, um was es im Leben geht. Jede und jeder von uns muss die Antwort darauf selbst finden. Um was geht es hier überhaupt?

In diesem Buch habe ich versucht, das Modell des globalen Dorfes, das wir alle zusammen bilden, zu aktualisieren mit dem Gedanken, dass wir alle eine Familie sind, die ein Zuhause braucht. Wir leben auf dieser Erde, aber wir nehmen oft nicht wahr, dass sich diese Erde im Universum befindet.

GRENZEN FÜR DAS RAUMZEIT-TRÄUMEN DES PROZESSGEISTES

Viele unserer Probleme gehen darauf zurück, dass wir weltweit nicht offen sind für unterschiedliche Seiten. Wir führen Krieg gegen Konflikte. Oft sehen wir Polaritäten nicht als Familie. Unser aller u ist ein fester und oft rigider Bestandteil dessen, wer wir sind. Die meisten von uns denken, das X, an dem wir uns stören, sei unser Problem. Aber einer der Gründe dafür, dass X so schwierig ist, besteht darin, dass unser Alltagsdenken, unser u, oft unnachgiebig ist, ohne dass uns das bewusst ist. Wir finden den Widersacher oft unmöglich, aber denken Sie daran, auch Widersacher sind Rollen. Das ist ein ganz einfacher Gedanke, und doch muss ich ihn ständig wiederholen. Denken Sie an Demokratie und dann an Tiefe Demokratie. Der Widersacher ist sehr real – nehmen Sie X ernst –, aber er ist auch eine traumähnliche Rolle im Feld, die sich, zumindest vorübergehend, verändern kann.

Sie können eine Rolle nicht töten. Sie können einen Mitarbeiter aus dem Büro entlassen, aber Sie können keine Rolle „entlassen". Rollen existieren, um verarbeitet zu werden. Diktatoren, die durch demokratische Revolutionen gestürzt werden, verschwinden nicht. Sie tauchen im neuen Regime wieder auf! Die *befreiten* Menschen haben dann zu kämpfen mit den eigenen diktatorischen Tendenzen, was für Menschen überall auf der Welt gilt.

Denken Sie daran, Ihr eigenes Raumzeit-Träumen wird oft ebenso häufig pathologisiert, wie es sich manifestiert. Das ist, bis zu einem gewissen Grad, normal, aber ich möchte hier noch einmal sagen, dass schwierige Stimmungen oft eine Chance für das Loslassen sind, eine Chance, tiefer zu gehen, sodass Sie zu einer Beziehung zur Erde und zum Universum finden können. Pathologisieren Sie diese Tendenzen nicht. Leichte chronische Depressionen können verbunden sein mit dem Bedürfnis, tiefer zu gehen oder Ihre Wurzeln im Universum zu finden.

Wir folgen auch deswegen nicht immer unserem tiefsten Selbst, weil das kleine *u* denkt: „Ich muss so vorgehen", „Ich glaube nicht an die Natur. Ich muss das tun, und wenn ich es nicht tue, passiert es nicht." Ihr Ich kann wichtig sein, um Sie in Bewegung zu bringen, damit Sie das tun, was in Ihrem Möglichkeitsbereich liegt, aber seien Sie wachsam. Sie können all diese Dinge *tun*, aber vielleicht marginalisieren Sie bei diesem Prozess andere Aspekte von sich.

Machen Sie sich Polarisierungen klar,

bevor sie in Form von Symptomen oder Beziehungsproblemen auftreten! Achten Sie auf X + *u* und spielen Sie damit. Lassen Sie sich dann in Ihren Prozessgeist fallen. Es ist wichtig, X + *u* auszudrücken, denn die Natur liebt Vielfalt, und Sie können möglicherweise nicht tiefer gehen, wenn Sie diese Vielfalt nicht zunächst einmal würdigen.

Jedes größere Bild enthält viele kleine Bilder. Oben links in Abbildung 24.1 sagt eine Person im Raum: „Das bin alles ich." Das ist eines der kleinen Bilder: „Das bin alles ich. Das ist alles in meinem Kopf." Durch diesen Blickwinkel ist die Psychologie so populär geworden, denn hier ist er sehr hilfreich: „Das ist mein Problem, das ist in meinem Kopf, ich muss an meinen Themen arbeiten – Hilfe!" Dieses Bild ist wichtig, das bin alles ich, aber beachten Sie, dass die Fenster in diesem Raum nach außen hin alle verschlossen sind.

Im zweiten Bild oben rechts stehen die Fenster offen und Sie können draußen einen Baum und andere Dinge sehen. Jetzt befindet sich in dem Raum eine zweite Person. Der zweite Aspekt dieses größeren Bildes ist, „Es geht um uns alle." Man könnte denken, der Übergang vom ersten zu diesem zweiten Bild sei leicht, aber „Wir" zu denken heißt, es geht nicht um „mich" und nicht um „dich", sondern um eine Wir-heit, auf die wir uns ausrichten müssen, einen Raum zwischen uns, ein Feld, was für die meisten Menschen immer noch ein ungewöhnlicher Bezugsrahmen ist. Ja, den einen Moment sieht es so aus, als seien Sie das große Problem, und

1. Es geht nur um mich.

2. Es geht um uns alle.

3. Es geht um *u* + mich

Das Universum ist das Zuhause, der Raum der Beziehungen hinter dem Tanz der Verbundenheit.

24.1.: Das größere Bild.

im nächsten Moment, als sei ich es, aber grundsätzlich gesehen, gibt es ein Feld zwischen uns. Es geht um uns und unsere Gemeinschaft.

Es gibt noch eine größere Perspektive, einen weiteren Aspekt des größeren Bildes, den ich in diesem Buch immer wieder betont habe: den Raum zwischen und jenseits von uns. Sie beginnt mit dem „Wir" in Beziehungen und wird dann zum dritten Bild. Ich denke: „Oh, er ist mein Freund. Und er macht das schon wieder!" Dann, an einem gewissen Punkt, spüre ich, das ist ein Gefühl, bei dem es nicht nur um meinen Freund oder mich geht. Das Gefühl ist etwas dazwischen. In diesem Zwischenraum gibt es ein „*Wir*", das verarbeitet werden

muss. Kurz gesagt, der dritte Aspekt des größeren Bildes besteht darin, sich für das Universum zu öffnen und die Tatsache zu sehen: „Ja, ich bin das alles", und paradoxerweise gleichzeitig zu erkennen: „Ja, es ist zwischen uns". Und auch um den Raum zwischen uns zu wissen: „Es ist die ganze Erde, das Klima, der gesamte Raum". In gewisser Weise ist unsere individuelle Situation universell. Das Universum einzubeziehen, ist eine Frage des persönlichen Bedürfnisses, von Transformation und gemeinschaftlicher Intelligenz.

Letzte Nacht hatte ich dazu einen Traum. Ich träumte von einer Entwicklungsstufe, der Entwicklungsstufe einer taoistischen Nonne oder eines Mönchs. Der Traum zeigte, dass die Person, die mit dem Tao oder dem Raumzeit-Träumen verbunden ist, die nächste Stufe der menschlichen Entwicklung darstellt. In diesem Traum ging es um mich, weil es *mein* Traum war, aber vielleicht ging es auch um uns und das ganze Universum. Die Traumbotschaft zeige ich im vierten Quadranten von Abbildung 24.1. Hier versuche ich deutlich zu machen, dass das Universum ein magischer und taoistischer Raum ist, der uns alle bewegt.

Dabei fällt mir Abbildung 2.5 in Kapitel 2 auf Seite 36 ein, wo eine Frau eine Münze wirft. Das hat nichts besonders Magisches. Die Kraft der Atmosphäre spüren, die Münze sein, die unter dem Einfluss der Felder, in denen wir leben, durch die Luft segelt – das haben Menschen immer gespürt und vielleicht auf Götter projiziert oder mit diesen verbunden. Die Kraft dieses Raumes gehört zum größeren Bild. Menschen geben ihr alle möglichen spirituellen und religiösen Namen. Nennen Sie diese Kraft, wie Sie wollen, der Kontakt damit ist für Sie mit Sicherheit wohltuend. Ich nenne sie Tao, Universum und

Raumzeit-Träumen. Sie ist verantwortlich für den Tanz der Verbundenheit des Prozessgeistes.

In jedem Fall enthält das größere Bild all die kleinen. Wenn Sie hin und wieder dem größeren Bild folgen, können Sie merken, dass die Dinge sich mit Leichtigkeit zusammen bewegen. Sobald Sie jedoch hektisch alles selbst machen müssen – „ICH MUSS DAS TUN" –, spüren Sie schon bald, wie sich etwas gegen Sie wendet. Auch gut, das ist der Anfang vom Abstieg, lassen Sie sich dann einfach fallen, lassen Sie eine klitzekleine *Sintflut* zu, um wieder mit dem Tanz der Verbundenheit in Berührung zu kommen.

Ich möchte den Gesamtprozess hier noch einmal skizzieren. Erinnern Sie sich an Abbildung 4.2. aus Kapitel 4? Ich zeige sie hier noch einmal und nenne sie Abbildung 24.2. Denken Sie daran, die meisten von uns bewegen sich wie das normale kleine *u,* wie ein Segelboot, das auf Z, unser Ziel zusteuert. Das tue ich ständig. Doch während ich auf mein Ziel zusegele, erlebe ich, wie eine störende Energie, X, sich gegen

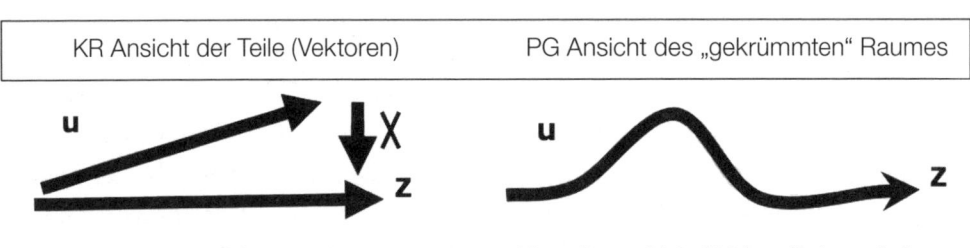

KR Ansicht der Teile (Vektoren)	PG Ansicht des „gekrümmten" Raumes

Hier versucht *u* X zu kompensieren und bekämpft aus diesem Grund den Gegenwind X.

Hier gibt es *Nein*-Kräfte, die im gekrümmten Raum auf *u* einwirken, und *u* bewegt sich mit dem Tanz des PGs voran.

Abbildung 24.2.: Zwei Möglichkeiten, durch das Leben zu segeln.

Der kosmische Tanz des Ursprungs

mich wendet, wie der Wind, der sich mir auf dem von mir eingeschlagenen Weg entgegenstemmt. Ich segele Richtung Z, werde aber vom Wind behindert, der Richtung X weht. So leben die meisten von uns, kämpfen gegen den Wind.

In der zweiten Grafik (in Abbildung 24.2. rechts) sehen Sie eine andere Umgangsweise mit dieser Situation. Sobald ich Richtung Z aufbreche, stellt sich X, der Widerstand, ein, und ich kann loslassen und fühlen: „Aha! Ich nehme wahr, ich bin ein u, das seinen eigenen Kopf hat, und da gibt es ein X, das nicht hundertprozentig übereinstimmt mit dem, was ich vorhabe. Also kann ich loslassen und dem Raumzeit-Träumen und seinem kurvigen, schlängelnden Weg folgen." Mit anderen Worten, bleiben Sie innerlich ausgerichtet auf das, was Sie tun wollen, und lassen Sie sich von der Natur dorthin befördern.

Erste Teilnehmerin: „Ich frage mich gerade, wie man diesen Ansatz auf Kommunikation anwenden kann. Ich denke zum Beispiel an eine Situation, wo es sehr wichtig ist, bestimmte Inhalte zu vermitteln, aber auch sehr riskant, da man möglicherweise auf Widerstand stößt."

Arny: „Fließen Sie mit. Fühlen und erkennen Sie den Widerstand und bringen Sie ihn zum Ausdruck, legen Sie X offen, bevor Ihre Kommunikationspartnerin es tun muss. Nehmen Sie deren Standpunkt ein, dann Ihren eigenen. Folgen Sie Ihrem Prozessgeist. Laden Sie sich dann gegenseitig ein, Dinge zu ergänzen oder zurückzunehmen. Fließen Sie mit dem Prozess mit, als ginge es nicht um das Ziel, das Sie ansteuern, sondern um den Weg, den Sie dahin einschlagen, Ihre Reiseroute sozusagen."

Erste Teilnehmerin: „Wollen Sie damit sagen, dass ich den ganzen Prozess von X + u und den Prozessgeist selbst aufgreifen sollte?"

Arny: „Warum nicht? X + u sind Ihre Familie und liegen beide in der Luft! Wenn Sie befürchten, mit Ihrem Anliegen auf Kritik zu stoßen, bringen Sie diese Kritik am besten zur Sprache, bevor Ihre Kritikerin überhaupt den Mund aufmacht. Kritik ist notwendiger Bestandteil des größerer Prozesses."

Zweite Teilnehmerin: „Ich glaube, mein Sohn ist wie der starke Wind, X, der sich in Ihrer Metapher gegen das Segelboot stemmt. Mein Tag ist fast zu Ende, ich bin erschöpft und muss trotzdem noch das Bad aufräumen. Mein Sohn ist vier Jahre alt. Er räumt seine Sachen nicht weg."

Arny: „Dann greifen Sie dieses Prozess für ihn auf. „Ich will alle diese Sachen nicht aufräumen. Ich mache das einfach nicht! Ich möchte mit meinen Sachen da spielen!" Brüllen und kreischen Sie für ihn! Und schauen Sie, was passiert."

Zweite Teilnehmerin: „Oh, ihm wird das gefallen! Das ist ja ein Spiel!"

u (Mutter) räumt auf. X (Kind) sagt: „Nein!"   Mutter FLIEßT mit dem FELD mit.

Abbildung 24.3.: Mutter fließt mit dem Feld mit.

Es ist normal, nicht mitzufließen; aber wenn Sie nicht mitfließen, lauert irgendwo im Hintergrund ein Unbehagen. Wenn Sie sich, egal auf welchem Feld, auf Dinge zubewegen und einen leichten Widerstand spüren, mit dem Sie nicht mitfließen, kommen Ihnen wahrscheinlich Gedanken wie: „Ich fühle mich heute nicht so gut… ob ich krank werde? Steckt mir eine Erkältung in den Knochen? Was passiert hier?! Ich muss das unbedingt erledigen!" Diese *u*-Destruktion ist in das Feld eingebaut. Die Natur sieht Sie lieber im Fluss, wo Sie das *Nichttun* geschehen lassen.

Denken wir an unsere Kinder, an alle Menschen. Es gibt sieben Milliarden Menschen auf diesem Planeten und am Ende dieses Jahrhunderts werden es neun Milliarden sein. Ich denke sehr oft, neun Milliarden, das bedeutet mehr verschmutztes Wasser, mehr verschmutzte Luft, übervölkerte Städte und noch mehr Klimawandel wie mehr Konflikte in all diesen Bereichen. Ich hoffe, dass Sie, wenn Sie Ihrem Raumzeit-Träumen ein wenig näher kommen, helfen können, diese vielen Konflikte zu depolarisieren, sodass Menschen kreativer damit umgehen können. Ich glaube,

das ist eines der großen Hintergrundsziele der Natur.

Genug Theorie. Wenden wir uns jetzt der Praxis zu. Wir wollen uns auf Beziehungen in Organisationen konzentrieren und dann zur Kleingruppenarbeit übergehen, die eine Erweiterung von Beziehungen ist. Mit alledem bereiten wir uns darauf vor, später an weltweiten Themen zu arbeiten. Beginnen wir also mit Organisationen. Wenn Sie keine Personen in Organisationen kennen, können Sie sich auch anderen Beziehungen zuwenden, aber bitte konzentrieren Sie sich auf Beziehungsprobleme in Organisationen.

Wie schon zuvor, bekommen Sie zunächst einmal ein Gefühl für das Problemfeld zwischen Ihnen und der Person in der Organisation. Das ist der wirklich wichtige Teil. Fühlt sich dieses Feld angespannt, aufgeladen, wie erstarrt oder explosiv an? Wie auch immer es sich anfühlt, wir bitten Sie dann herauszufinden, wie die schwierigste X-Energie hier aussieht und wie *u* in diesem Feld reagiert. Dann werden wir uns wieder unserem Tanz des Universums zuwenden, sehen, wie er uns fließend und überraschend bewegt und Momente enthält, wo wir aus dem Gleichgewicht geraten. Beachten Sie, wie Sie sich bewegen und wann Sie ein wenig ins Schwanken kommen. Dann schauen wir wieder aus der Entfernung zurück, um noch mehr Abstand zu gewinnen und zu sehen, welche Hinweise wir aus dieser Perspektive zu dieser Beziehung bekommen. Sorgen Sie dafür, dass Sie bei Ihrem Tanz des Universums alle spontanen Einsichten oder Ratschläge, die schnell vorbeiflitzen, wirklich zu fassen bekommen. Fangen Sie sie!

(Arny führt diese Arbeit dann mit einer Teilnehmerin vor, die eine Beziehung zu einer Person in einer Organisation hat, die sich sehr gemein verhält. Die Teilnehmerin ist sehr liebevoll. Ihr Prozessgeist zeigt ihr, wie sie die Gemeinheit und Macht der anderen Person so nutzen kann, dass es beiden zugute kommt.)

Arny: „Danke dafür, dass Sie Ihre Familie, sich und diese Beziehung in einer Organisation *nach Hause* gebracht haben. Die Entdeckung war, dass bestimmte Aspekte dieser Situation für Sie tatsächlich perfekt waren. Das ist hier der grundlegendste Gedanke. Deswegen würde ich zu der schwierigen Person sagen: „Wie wunderbar, dass Sie sich so stark für etwas einsetzen, auch wenn ich selbst nicht daran glaube! Aber Ihr engagierter Einsatz ist für mich ein großartiges Vorbild. Jetzt kann und muss ich noch sagen: ‚Ich kann Sie nicht ausstehen!' Wau!" Und lassen Sie dann die Dinge fließen. Wechseln Sie weiter zwischen diesem *Macht-*

verhalten und Ihrer normalen liebevollen Art. Machen Sie aus Ihrer Beziehung zu dieser Person aus einer Organisation einen aufregenden (und nicht nur leidvollen) Prozess, bei dem alle Beteiligten zur *Familie* gehören und im Universum zuhause sind."

FRAGEN ZUM BUDDHISMUS

Erster Teilnehmer: „Ich frage mich, wie wir wissen können, ob wir wirklich mit dem Prozessgeist verbunden sind. In meinem Land, Thailand, widmen sich viele Menschen der buddhistischen Vipassana-Meditation, manche ihr Leben lang, 20 oder 30 Jahre, und versuchen sich mit dem Prozessgeist zu verbinden, indem sie mentale Konstrukte und Phantasien als solche enthüllen. Vielleicht verbringen wir bei uns sogar mehrere Leben damit. Aus eigener Erfahrung weiß ich, dass ich verbunden bin, wenn ich erkenne, dass mein Atem, meine Gefühle, meine Gedanken und alles, was in meinem Traumkörper passiert, nicht meins ist, sondern Teil des Universums und der Natur. Aber in Bewegung will mir das nicht gelingen. Jedenfalls im Moment noch nicht."

Arny: „Wenn wir lernen, uns in Bewegung mit dem Raumzeit-Träumen zu verbinden, ist auch das eine Meditation. Das braucht Zeit, wie Sie auch sagen. Ich habe Jahre gebraucht, um dort hinzukommen, und manchmal hab ich's und dann wieder nicht. Aber wenn ich dort bin und andere dort sind… dann weiß ich das, weil ich spüre, dass etwas in mir träumt. Nicht dass ich einen Traum hätte oder ich mich bewege, sondern ich bin tatsächlich in Berührung mit dem, was in mir träumt, was mich bewegt, mich atmet. Das ist ähnlich wie das, was Sie beschrieben haben. Ich fühle, wie etwas durch mich träumt.

Das ist ein Aspekt. Dem Fluss folgen, offen sein für das, was geschieht. Manchmal erlebe ich das bei meiner Arbeit mit Menschen, manchmal sogar in großen Gruppen. Ich habe dann plötzlich das Gefühl: „Warum nicht dies? Warum nicht das?". Ich sage Menschen nie, dass sie sich auch so fühlen und beide Seiten einnehmen sollten, aber sie können es fühlen."

Erster Teilnehmer: „Das ist anders als bei meiner buddhistischen Praxis, denn hier folgen wir dem Fluss nicht, den wir beobachten."

Arny: „Ich liebe diesen Aspekt des Zeugen im Buddhismus. Als Zeuge gibt es auch einen Moment, wo ich etwas völlig Paradoxes erkenne. Ich könnte schon loslachen, wenn ich nur daran denke. Wenn ich vom Raum bewegt werde, weiß ich, dass es mir genau darum geht, aber gleichzeitig kann ich erkennen, dass das Leben tatsächlich gar nicht meine eigene Angelegenheit ist! (lacht). In diesen Momenten bin ich Zeuge und fließe zugleich mit. Dann lässt die Verbindung zum Prozessgeist nach, und ich kehre wieder in die Konsensusrealität zurück. Das ist ein Prozess."

Abbildung 24.4.: Das Leben ist vorhersehbar und nicht vorhersehbar.

Zweite Teilnehmerin: „Können Sie dazu noch mehr sagen?"

Arny: „Das Leben in diesem Tanz der Verbundenheit ist für meine normale Identität, meine generelle Identität – ich muss und will das tun – meine eigene Angelegenheit. Aber diese Sicht der Dinge ist ermüdend. Dann lasse ich zu, bewegt zu werden, durch einen Prozess zu gehen, und diesen Prozess gleichzeitig als Zeuge zu beobachten. Dabei kommt der Gedanke auf, dass mein Leben gar nicht meine Angelegenheit ist. Und dieser Gedanke macht mich glücklich. Ich liebe diesen Aspekt von Vipassana: Es ist nicht mein Atem, nicht mein Herzschlag, mein Prozess ist nicht meine Angelegenheit. Die Bewegung passiert, aber es gibt niemanden, der sich bewegt.

Doch ich beharre nicht darauf, dass Menschen das programmatisch verfolgen. Sie lächeln, wenn ich das sage. Das Leben ist vorhersehbar, weil es eine generelle Richtung gibt, aber wie Sie sich bewegen, hängt vom jeweiligen Moment ab!"

Erster Teilnehmer: „Dann haben Sie einen Beobachter in sich?"

Arny: „Ja, aber im tiefsten Zustand meines Prozessgeistes ist es eher, als ob etwas sich selbst betrachtet. Wo der Buddhis-

Der kosmische Tanz des Ursprungs

mus vom Zeugen spricht, sage ich, das Universum betrachtet sich selbst. Es sagt: ‚Oh, das passiert also gerade, gut!' Es entdeckt sich zusammen mit mir. Welch große Fragen. Wenn Sie mir die nicht stellen würden, würde ich über diese Themen nicht öffentlich sprechen!"

Erster Teilnehmer: „Haben Sie schon einmal etwas von *Nirwana* gehört?"

Arny: „Ja, ich habe davon gehört. Ich liebe *Nirwana*! Das ist der Zustand der Stille, frei von Leid. Die Befreiung von der Diktatur Ihres kleinen *u*, von seinem Ehrgeiz, seiner Gier, seinem Hass und so weiter."

Erster Teilnehmer: „Ich würde gern hören, was Sie aus der Sicht der Prozessarbeit über *Nirwana* denken."

Arny: „Ha! Ich will mehr davon. Ich liebe es. Ja. Hmmm. Ich will diese Frage einmal mir selbst stellen: ‚Arny, was denkst du über Nirwana?' Aha! Plötzlich wandert mein Blick zu Amy. Es ist dieses Gefühl von Wohlbehagen, Frieden und Zeitlosigkeit! Ich habe es für kurze Momente. Wir alle haben es für kurze Momente. Wie ich bereits sagte, ist das vielleicht unser vierter großer Instinkt. Menschen suchen danach mit Drogen und allem Möglichen, es ist also ein wirklich starker Antrieb. Der Prozessgeist schenkt uns Frieden, selbst wenn wir am Machen und Tun sind. Aber *Nirwana* ist in der Prozessarbeit nicht das Endziel. Unsere normalen menschlichen Prozesse suchen *Nirwana* und dann wieder suchen sie die Vielfalt des *irregeleiteten* Geistes. Lernen Sie beides schätzen, ohne das eine

oder andere zum vorrangigen Ziel zu machen, das meine ich mit Erleuchtung. Keine Hierarchien!"

Erster Teilnehmer: „Im Buddhismus, in meinem Land, gehen wir da ein wenig anders heran und Erleuchtung hat eine andere Bedeutung. Aber mir gefällt Ihre Antwort!"

Arny: „Ich wuchs mitten in der Großstadt auf und musste lernen, mich durchzusetzen, das war gut. Aber ich wusste immer, dass ich noch mehr brauchte. Eine meiner Hoffnungen ist, in alle Augenblicke des Lebens mehr Fließen zu bringen, *Nirwana* mitten im Konflikt mit anderen zu erleben, mich zu erinnern, dass jeder und jede meine Familie ist.

Ich litt darunter, Menschen, die mich verletzen wollten, feindselig zu behandeln. Ich lernte zu kämpfen, und das war gut, aber es war nicht genug. Wenn ich damals doch hätte sagen können: ‚Klar, du versuchst Macht auszuüben, aber du kämpfst auch um dein Leben und versuchst für dich einzustehen!' Aber das konnte ich nicht sagen. Ich umarmte alle diese Menschen später innerlich, aber das war mir nicht früh genug. Ich hätte das alles mit fünf Jahren wissen sollen! Und Menschen können das mit fünf Jahren lernen. Das ist mein Ziel für Kindergärten!"

Erster Teilnehmer: „Würden Sie uns erzählen, wie Sie zum ersten Mal die Erfahrung machten, mit Ihrem Prozessgeist verbunden zu sein?"

Arny: „Ja, ich kann mich erinnern, wir alle erinnern uns an unser erstes Mal!

(Lachen) Meine erste Erfahrung in der Richtung hatte ich, glaube ich, im Alter von drei Jahren. Damals sagte ich mir: ‚Die Erwachsenen führen uns an der Nase herum. Sie sehen alle so steif und komisch aus!‘ Jetzt erlebe ich den Prozessgeist mitten in der Nacht, jede Nacht träumt er durch mich. Und das erleben wir alle. Etwas bewegt Sie zu träumen. Mir gefallen Ihre Fragen!

Ich sagte bereits, die alte Vorstellung von Führung ist, dass eine Führungskraft oder ein spiritueller Meister am bewusstesten ist oder die meiste Macht hat. Aber mein Gefühl ist, dass wir an Bewusstheit alle teilhaben. Das ist mir nicht immer gegenwärtig, aber wenn ich das verliere, springt Amy ein. Wenn Amy es verliert, übernehmen Sie. Es geht hier um eine gemeinschaftliche Erfahrung, eine Welterfahrung, würde ich sagen. Wir alle haben teil an Macht und Bewusstheit."

STRASSENARBEIT UND DAS THEATER DER WELTVERÄNDERUNG

Wir, ich und Sie, sind dabei, zu lernen, mit unserem tiefsten Selbst inmitten von Spannungen verbunden zu sein. Können Sie als FacilitatorIn ein Zuhause für Menschen schaffen, wo diese ihre Arbeit tun können, wie auch ein Zuhause für die vielen verschiedenen Seiten, die sich in den Problemen der Welt zeigen? Auf dieses Thema richten wir unseren Fokus als Nächstes.

Manche Menschen können dieses Zuhause für alle Seiten schaffen, ohne jemals irgendein Training gemacht zu haben. Ich bin mir keinesfalls sicher, ob wir diese Fähigkeit trainieren können, denn sie geht weit über das Niveau unserer üblichen Fähigkeiten hinaus. Jeder von uns hat das Potenzial dafür und entwickelt dieses ab und zu in seinem Leben automatisch. Ich möchte, dass Sie dieses Potenzial stärker entwickeln. Schaffen Sie für sich selbst und Ihre Kritiker ein Zuhause und nutzen Sie deren Energien, nicht die Inhalte, sondern die Energien. Auf diese Weise können Sie das Vertrauen vieler Menschen mit unterschiedlichen kulturellen Hintergründen, Rassen, Lebensaltern, sexuellen Orientierungen, gesundheitlichen und psychischen Zuständen gewinnen. Versuchen Sie mit Menschen zu kommunizieren, mit denen Sie sich normalerweise gar nicht zutrauen, sprechen zu können!

Bilden Sie Gruppen von vier, fünf Personen, um an einem der für Sie schwierigsten sozialen, nationalen oder weltweiten Themen zu arbeiten. An welchen Themen würden Sie gern arbeiten?

- Die Weisheit von Ureinwohnern wird von westlichen Kulturen oft abgelehnt oder verfälscht.
- Die Spannungen mit dem Iran in Bezug auf Atomwaffen und die Möglichkeit, dass die USA eine Attacke starten. Die Bombe selbst ist eine Geisterrolle.
- Afghanistan und dass das US-Militär dort den Koran verbrennt.
- Menschenhandel ist hier in Portland ein großes Thema. Ich arbeite mit Mäd-

chen, die davon betroffen sind. Das ist heute weltweit das zweitgrößte illegale Geschäft. Sklaverei und Prostitution kommen bereits an zweiter Stelle hinter Drogen. Ich habe mit Jugendlichen gearbeitet, die Opfer dieses Handels sind und deren Denken über weltweite Themen wie männlich und weiblich davon geprägt ist. Was treibt Menschen, diesen Handel global zu betreiben?

- Mehr Weiblichkeit in die Machtzentren bringen, um ein besseres Gleichgewicht zu schaffen und Sexismus abzubauen.
- Die Scham des Kolonialisten, der über entsprechende Probleme hinweggeht und damit verhindert, dass Schritte nach vorn getan werden.

Teilnehmerin: „Wenn ich einfach nur auf die Gefühle achte, die bei solchen Themen hochkommen, muss ich innerlich schon ganz viel halten und mir anhören!"

Arny: „Danke, das ist sehr hilfreich. Wir wollen uns also nur noch ganz kurz ein, zwei weitere Themen anhören, damit wir anfangen können."

- Die Zerstörung der Ethnosphäre einschließlich Sprachen und Kulturen.
- Der Mittlere Osten, die Situation in Palästina, die Spannungen in der muslimischen Welt. Die weltweiten religiösen Spannungen und die mangelnde Offenheit für Vielfalt.

Gut, sorgen Sie jetzt dafür, mit Ihrem Raumzeit-Träumen möglichst eng in Berührung zu sein. Gestern hieß es hier, dass durch das Raumzeit-Träumen andere oder neue Aspekte eingebracht werden, statt dass wir nur bestimmte Rollen durchspielen und uns nur auf diesem Weg entsprechenden Themen nähern.

ÜBUNG: IHRE IRDISCHE FAMILIE NACH HAUSE BRINGEN

Kleingruppen und Straßentheater mit vier oder fünf Personen

1. (15 Minuten) Alle zusammen: Lassen Sie den Stift kreisen, um eine Person zu wählen, die bei dieser Übung Zeitwächterin und Teilnehmerin ist. Diskutieren Sie gemeinsam 10 Minuten über weltweite Themen, die für Sie schwierig sind. Dann drehen Sie den Stift noch einmal, um zu bestimmen, auf welches Thema Sie sich als Gruppe konzentrieren wollen. Die Person, auf die der Stift zeigt, wählt das für sie wichtigste Thema aus und teilt den anderen mit, welches für sie bei diesem Thema die schwierigste Energie, X, ist. Sie machen dann mit dem Thema erst einmal nicht weiter, sondern trennen sich, damit alle sich zunächst der eigenen inneren Arbeit zuwenden.

2. (10 Minuten) Innere Arbeit

 a) Jede und jeder von Ihnen vergegenwärtigt sich noch einmal das gewählte, schwierigste nationale oder weltweite Problem und stellt es sich innerlich vor. Wie fühlt sich die Atmosphäre hier für Sie an? Spüren Sie diese Atmosphäre und fragen Sie sich, welches für Sie in dieser Atmosphäre die schwierigste Energie, X, ist. Fühlen Sie diese X-Energie, drücken Sie sie mit einer Bewegung aus und beschreiben Sie sie mit ein par Worten, um herauszufinden, was sie wirklich will und zum Ausdruck bringt. Als Nächstes machen Sie eine Skizze von dieser X-Energie und geben ihr einen Namen. Dann fragen Sie sich, welcher Teil von Ihnen, u, sich an dieser X-Energie am meisten stört. Fühlen Sie diese u-Energie, bringen Sie sie mit einer Bewegung zum Ausdruck und sagen Sie ein paar Worte dazu, um herauszufinden, was diese Energie ausdrückt und will. Machen Sie eine Skizze davon und geben Sie ihr auf Ihrem Blatt einen Namen.

 b) Wählen Sie jetzt im Stehen (wenn Sie können) einen Lieblingsflecken auf der Erde. Schauen Sie sich um und achten Sie darauf, wo Sie die Energien von $X + u$ dort vorfinden. Fühlen Sie wieder die Erde und stellen Sie sich vor, dass sie beginnt, durch Sie zu atmen und Sie hin und her zu bewegen, während Sie die Energien von $X + u$ ausdrücken.

 c) Jetzt fühlen Sie und stellen sich vor, dass Sie in den Raum über der Erde steigen und sich immer weiter nach oben ins Universum begeben. Fühlen Sie den Raum des Universums, der Sie überall umgibt, und spüren Sie, wie er sich durch Sie auf unvorhersehbare Weise bewegt und tanzt. Achten Sie auf die Augenblicke, wo Sie aus dem Gleichgewicht geraten und ins Schwanken kommen. Warten Sie, bis Sie sich ganz locker fühlen und Ihr Tanz überraschend und nicht vorhersehbar wird. Achten Sie dabei auf sich und die anderen um Sie herum.

 d) Bringen Sie diesen Tanz jetzt zurück auf die Erde, indem Sie auf die Energien von $X + u$ zurückschauen. Fahren Sie fort zu tanzen, bis Ihnen Ihr universeller Geist einen Hinweis zu der Beziehung zwischen $X + u$ gibt, der Ihnen hilft, dieses Thema als FacilitatorIn zu begleiten. Machen Sie sich dazu Notizen. Und dann kommen alle wieder zusammen.

3. (Insgesamt 45 Minuten) Alle zusammen: Gruppenprozess

 a) (25 Minuten) Gewählter Wächter der Zeit: Lesen Sie diesen ganzen Absatz vor, bevor Sie anfangen. Bringen Sie jetzt Ihre Erdenfamilie nach Hause ins Universum. Fühlen Sie alle noch einmal Ihren Tanz des Universums mit seinen nicht vorhersehbaren Schlenkern. Jetzt sollte die Person, deren Thema Sie gewählt haben, ihre X- + u-Energien ausdrü-

Der kosmische Tanz des Ursprungs

cken. Dann schließen die anderen sich ihr mit ihren Xs + *u*s an. Sie alle können die Rollen tauschen und Geisterrollen einbringen, während Sie den Prozess weiterhin mit Ihren Tänzen des Universums begleiten. Wenn Sie sich verlieren oder zu sehr *hineinziehen* lassen, nehmen Sie sich einen Moment Zeit, um Ihren Tanz des Universums und seine Losgelöstheit noch einmal zu fühlen und sich davon weiter leiten zu lassen. Fahren Sie so fort, bis Ihnen eine Lösung oder Einsicht kommt oder die Zeit herum ist.

b) (20 Minuten) Schließlich besprechen Sie, was Sie oder wir gelernt haben, und entwickeln aus einem wichtigen Moment oder einer Lösung bei Ihrem Gruppenprozess ein zwei bis vier Minuten langes Straßentheaterstück. Wählen Sie einen Erzähler, der zuerst ein paar Sätze über das Problem sowie das mögliche Lernen und die Lösung sagt. Und zum Schluss entscheiden Sie, wie Sie dieses Stück als Straßentheater für die Welt aufführen wollen.

ANSCHLIESSEND

Die Gruppen haben ihr Straßentheater vorgeführt; die Teilnehmer haben Rollen durchgespielt und kurze, drei Minuten lange Parodien entwickelt, in denen sie über ein weiteres Weltproblem gesprochen und dann Lösungen aufgezeigt haben.

STRASSENTHEATER IN GRIECHENLAND

Als wir in Griechenland gearbeitet haben, hat uns der Schmerz der Menschen, die eine schwere wirtschaftliche Depression durchmachen, sehr bedrückt. Die Selbstmordrate in diesem Land ist um 40 Prozent gestiegen. Aber das Straßentheater der Griechen war für uns wirklich erstaunlich.

Erstaunt hat uns auch ihre Widerstandskraft. Aus der großen Gruppe in Athen trat eine der kleinen Gruppen vor und verkündete allen, dass sie zu Arbeitslosigkeit geprobt hatte. Sie alle hatten ihren Job verloren und damit auch ihre sexuelle Lust. Diese kleine Gruppe zeigte uns, was ihnen der Tanz der Verbundenheit gebracht hatte. Eine Person spielte den Chef, der Leute feuerte. Dann griffen alle diese Rolle auf und feuerten sich gegenseitig mit dem Ergebnis, dass alle flach am Boden lagen. Einige Minuten vergingen, während wir alle zuschauten und uns fragten: „Und was kommt jetzt?" Dann erhoben sich aus der Stille einzelne, zunächst langsam, einer nach dem anderen. Plötzlich fingen sie an, langsam und sinnlich zu tanzen. Sie tanzten minutenlang vor allen und zeigten: Ja, wir waren am Boden zerstört, aber wir haben wieder zu unserer Sinnlichkeit gefunden! Sie steckten alle in der Halle zum Mittanzen an und machten damit deutlich, dass sie sich von der äußere Finanzkrise und der entsprechenden Atmosphäre nicht tyrannisieren ließen. Das war ein hoffnungsvoller und erstaunlicher Schlussmoment für unsere Arbeit in Griechenland.

Wenige Tage später stimmten die Griechen über ihre Zukunft ab. Ein Resultat davon war, dass mehr Liberale ins Parlament gewählt wurden als je zuvor. Griechenland hatte gelitten und war zusammengebrochen, zeigte 2012 aber Anzeichen einer Wiedergeburt. Und sogar eine Person aus der großen Straßentheatergruppe wurde ins griechische Parlament gewählt.

Themen wie Depressionen, Tod und Sterben haben wir während der globalen Wirtschaftskrise 2012 bei vielen Gruppen erlebt. Vielleicht können wir alle aus solchen Zeiten lernen. Vielleicht ist es hin und wieder für alle gut, zu sterben oder

zusammenzubrechen! Weltweit bemühen Menschen sich nach Kräften, den Tod zu verhindern. *Der Tod* als Geisterrolle steht, einfach gesagt, dafür, nicht mehr daran festzuhalten, wer Sie in einem bestimmten Moment zu sein glauben. Lassen Sie sich hin und wieder sterben in der Position, die Sie einnehmen, und wechseln Sie die Rollen, um kreative Lösungen zu finden und mehr Gemeinschaft zu schaffen.

Ich weiß, wir sollten die Medien nicht überschätzen, aber ich würde gern einige der Sketche, die Sie vor Ihren Gruppen aufgeführt haben, in die Medien bringen.

Ich staune, wie Sie alle zusammenkommen und kreative Lösungen für eine neue Welt vorführen können! Vielen Dank dafür.

....

RÜCKBLICK AUF KAPITEL 24

- Seien Sie Sie selbst, die andere Person und das Feld zwischen Ihnen.
- Verändern Sie Organisationen, indem Sie die verschiedenen, in den Gruppen vertretenen Seiten für die anderen durchspielen.
- Im größeren Bild sind alle kleineren Bilder zuhause.

- *Nirwana* ist ein Augenblick im Prozess, wo Sie für Ihre Familie, für alle Beteiligten an einer Konfliktsituation ein Zuhause sind.
- *Sterben* Sie mindestens einmal am Tag, um bei guter Gesundheit zu bleiben.
- Ihr Leben ist möglicherweise nicht Ihre Angelegenheit.

Der kosmische Tanz des Ursprungs

ZUM ABSCHLUSS
Was? Das Leben ist nicht meine Angelegenheit?

Bitte kämpfen Sie nicht gegen Konflikte, sie sind nicht unser zentrales Problem. Wir werden Sie niemals verhindern können. Wenn Sie im Konflikt mit Konflikten stehen, bringt das auf die Dauer nichts. Es ist nur ein erster Schritt. Dieser erste Schritt ist jedoch inzwischen eine alte Geschichte. In dieser alten Geschichte schaffen die *Bösen* einen Konflikt und die *Guten* müssen sie daran hindern. Gut, die alte Geschichte ist ein erster Schritt. Doch der nächste Schritt besteht darin, jede Seite der Vielfalt, die das eigentliche Thema hinter dem Konflikt ist, schätzen zu lernen. Nutzen Sie diese Energien besser. Und schreiben Sie dann eine neue Geschichte, die von einer Facilitatorin oder einem Facilitator handelt.

In der neuen Geschichte werden wir als FacilitatorInnen wie das Universum selbst – zum Zuhause für alles, was existiert. Werden Sie zu einem Zuhause für alle Seiten von sich. Seien Sie ein offener Raum für die vielen verschiedenen Energien in Ihren Beziehungen und familiären Situationen. Seien Sie als FacilitatorIn für Organisationen ein Vorbild für Nachhaltigkeit. Seien Sie die Person, die das Gefühl von Zuhause verkörpert und selbst alle die verschiedenen Seiten und Energien ist.

In der neuen Geschichte besteht die Welt immer noch aus festen, rigiden Dingen, doch nicht nur. Sie ist auch verflochten durch den Tanz der Verbundenheit. Betrachten Sie Ihre Stadt als einen realen Ort, aber vergessen Sie nicht, dass sie auch ein lebendiges Wesen ist. Ökonomische Probleme, ökologische Schwierigkeiten und praktische Hindernisse aller Art suchen und brauchen ein größeres Bild, in dem der Tanz der Verbundenheit des Universums – für den Sie Vorbild sind – die einzelnen Teile schätzt und uns an den eigenen Tanz

Abbildung C.1.: Der neue Facilitator [100]
Der neue Facilitator schafft ein Zuhause, indem er zeigt, dass Teile Aspekte eines einzigen Tanzes sind.

erinnert. Er erinnert uns daran, dass wir uns oft verrennen in scheinbar unlösbare Probleme, die zum Teil deswegen unlösbar sind, weil sie nicht nur zwischen uns, sondern auch zwischen verschiedenen Energien, den Quadraten und Krümmungen des Universums angesiedelt sind.

Ich weiß, diese Sicht ist gewagt. Aber aus meiner Sicht gehen wir damit noch gar nicht weit genug. Es ist nicht so leicht, über ein Tao, das nicht genannt werden kann, zu reden oder zu schreiben. Kein linearer, rein rationaler Geist eines Menschen kann dieses Tao total verstehen, auch meiner nicht. Unser Körper und unsere Träume jedoch verstehen. Sie erinnern uns daran, in die Stille zu gehen, zu phantasieren, zu fließen, aufzustehen und zu tanzen. Als Erwachsene fällt es uns allen schwer, uns

daran zu erinnern, während wir auf diesem komplexen kleinen Planeten, von dem wir fester Bestandteil sind, unserer Arbeit nachgehen. Aber das Kind in uns erinnert sich. Gehen Sie gradlinig voran, aber lassen Sie das Universum gelegentlich einen *Hüpfer* machen!

Wenn Sie sich als Erwachsener scheuen, spontan wie ein Kind zu sein, sind Sie damit nicht allein. Selbst Einstein scheute sich, seine Allgemeine Relativitätstheorie zu veröffentlichen, für die nicht nur Zeit und Raum eine Einheit sind, sondern der Raum, den man bislang für linear hielt, gekrümmt ist. Gekrümmt? Ja, in einer Welt, die das rationale, stringente Vorwärtsdenken schätzt, ist die Krümmung ein anderer Bewusstseinszustand. Ich habe diesen nahezu ekstatischen Zustand den vierten

Abbildung C.2.: Die Stadt des neuen Facilitators

Der kosmische Tanz des Ursprungs

großen Antrieb genannt. Denken Sie daran, achten Sie darauf, begeben Sie sich bewusst in diesen Zustand hinein, ohne Drogen zu nehmen. Seien Sie ein vollständiges menschliches Wesen mit sämtlichen Ebenen der Bewusstheit, mit Ihrem Quantenselbst und Ihrem Alltagsgeist.

Meditieren Sie, während Sie für sich und die Welt mediieren. Sollten Sie das vergessen, hilft es Ihnen vielleicht, sich hin und wieder klarzumachen, dass auch Sie eine Welle ohne Anfang und Ende sind. Nicht ganz so wie Schrödingers Quantenwelle, aber auch nicht so anders. Denn auch Sie können in ein und demselben Moment lebendig und tot sein. Wie diese Welle hat auch etwas von Ihnen nie angefangen und wird wahrscheinlich niemals enden. Das mag heutzutage etwas merkwürdig klingen. Oder? Vergessen Sie die Traumzeit der Ureinwohner und die tibetischen Bardos nicht, die von der Wichtigkeit der Zeit zwischen den Dingen und der Magie des Raumes zwischen uns allen ausgehen.

Achten Sie auf sich und denken Sie auch daran, dass Ihr Leben möglicherweise gar nicht Ihre Angelegenheit ist. Warten Sie nicht auf eine Nahtoderfahrung oder eine Reise ins Weltall, um sich an die Macht der Kraftfelder, die uns umgeben, den Raum im Universum zu erinnern. Das ist eine generelle Metrik, und wenn Sie diese fühlen, können Sie mit anderen am besten kommunizieren. Aus dieser Sicht sind Personen, die wir normalerweise für Menschen halten, Schauspieler auf einer Bühne, die paradoxerweise selbst ein Schauspieler ist.[101] Wir sind auf dieser Bühne immer

noch wir selbst und zugleich diejenigen, die den Tanz der Verbundenheit tanzen. Durch diesen Tanz rückt das Universum unserer Alltagsrealität auf der Erde näher.

Überall auf der Welt kämpfen Menschen heute für Demokratie und bringen ihre Hoffnung auf gleiche Rechte und Freiheit für alle zum Ausdruck. Diese Demokratie ist ein entscheidender erster Schritt. Aber Demokratie ist schwach, wenn es um Beziehungsfähigkeiten geht. Denken Sie also daran, sich für das Recht zu träumen einzusetzen und sich an die Essenz der Tiefen Demokratie zu erinnern: den Tanz der Verbundenheit.

Ich bin heute, nach vielen Erfahrungen mit Menschen aus allen Kulturen, kleinen und großen Organisationen und Nationen, überzeugt davon, dass unsere gesamte Familie – Sie, ich und alle, die wir hier leben und mit denen wir Konflikte haben – es schätzt, wenn sie angeleitet wird, zum Raumzeit-Träumen des Universums und damit *nach Hause* zu finden.

Abbildung C.3.: Das Universum auf Erden

ANHANG 1
Das Paradigma der Prozessarbeit

DIE GESCHICHTE DES TRAUM-KÖRPERS (Für Menschen, die die Prozessarbeit noch nicht kennen)

Ende der 1970er Jahre begriff ich, dass Prozesse ihre eigenen Lösungen enthalten. Haben Sie ein Symptom? Bekämpfen Sie es erst einmal und folgen Sie ihm dann. Der Natur zu folgen wurde für meine Arbeit zentral. 1980 zeigte ich, wie Körpererfahrungen und Symptome in unseren Träumen auftauchen [102] und Träume in unseren Körpersignalen sichtbar werden.[103] Dann erkannte ich, dass wir ein neues Paradigma brauchen, um zwischen Geist und Körper eine Brücke zu schlagen. Die Prozessarbeit, auch als prozessorientierte Psychologie bekannt, ist ein solches Paradigma, das eine Brücke zwischen Psyche und Materie, innen und außen schlägt. Die grundlegende Idee hier ist, dass die beobachtbare empirische Realität auch durch Träume und den Traumprozess strukturiert wird. Träume sind nicht nur *abwegige Phantasien*, sondern wir können sie als momentane Körpersignale in der Alltagsrealität beobachten.

Durch Erweiterungen des Prozessparadigmas wird es möglich, den Schamanismus zu verstehen, mit psychiatrischen Patienten, Nahtodsituationen und komatösen Zuständen wie auch mit Konflikten in kleineren und größeren Gruppen und der Organisationsentwicklung zu arbeiten. [104] Das Prozessdenken hat sich als hilfreich erwiesen für das Verständnis der Psychologie der Quantenphysik [105], der menschlichen Psychologie und der Ansätze für einheitliche Feldtheorien. [106]

In meinem 1982 erschienenen Buch *Dreambody* zeige ich auf, dass körperliche Symptome und Signale von einem *Feld* strukturiert werden, das ich den „Traumkörper" nenne. Später habe ich Methoden entwickelt, mit sichtbaren Körpersignalen zu arbeiten, um diesen Bewegungen, diesem tanzenden Prozess zu folgen, während wir durch den Tag gehen und nachts träumen. Bei der Arbeit mit dem Traumkörper liegt die Betonung auf körperlichen Empfindungen oder der Propriozeption. In diesem vorliegenden Buch wird der Gedanke des Raumzeit-Träumens zu einer Erfahrung des Traumkörpers auf der Essenzebene. In meinem Buch *Die Verbindung mit dem Urgrund des Seins* schreibe ich darüber, wie das Feld der Erde uns bewegt. Das Raumzeit-Träumen im vorliegenden Buch vermittelt uns eine noch universellere Sicht auf diese Erfahrungen mit der Erde.

Mein Modell vom Prozessgeist war bereits in meinen frühen Arbeiten enthalten und hat sich im Lauf der Jahre weiterentwickelt. In meiner ersten Arbeit, als ich mich noch als jungianischer Analytiker verstand, nannte ich ihn das „Unbewusste", später bekannt als „Traumkörper". Während sich die Prozessarbeit entfaltete, bezeichnete ich Aspekte dieses strukturierenden Prinzips als „globalen Traumkörper", „Quantengeist", „intentionales Feld" und „großes *U*" (einen Vektor, der auf die Erfahrungen dieses strukturierenden Prinzips verweist, wie Psychologie, Quantenphysik und Schwerefeld es sehen). Es handelt sich hier um ein interdisziplinäres Konzept, das versucht, viele Felder zusammenzubringen, wie die folgende Darstellung zeigt (siehe Abbildung A.1).

Abbildung A.1.: Raumzeit-Träumen
Felder in Wissenschaften, Organisationen und spirituellen Erfahrungen.

ANHANG 2
Erläuterung der Raumzeit

Laut Newtons Theorie der Schwerkraft (1687) „ziehen" alle Massen sich mit einer unsichtbaren Kraft namens „Schwerkraft" gegenseitig an. Diese Kraft ist eine aller Materie innewohnende Eigenschaft und direkt proportional zur Masse eines Objekts. In unserem Sonnensystem erstreckt sich die Reichweite der Sonne über enorme Entfernungen und „zieht" kleinere Massen wie Planeten, Kometen und Asteroide mit Hilfe ihrer Schwerkraft in ihre Umlaufbahn.

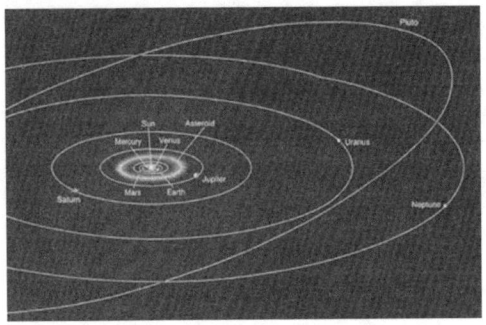

Abbildung A.2: Die Schwerkraft der Sonne erzeugt planetarische Umlaufbahnen

Zu Beginn der 1920er Jahre stieß Einstein auf einen Widerspruch zwischen Newtons Theorie der Schwerkraft und seiner eigenen speziellen Relativitätstheorie (1905). In seiner speziellen Relativitätstheorie stellt die Lichtgeschwindigkeit die Geschwindigkeitsbegrenzung für sämtliche Energien im Universum dar. Ganz gleich, um welche Energie es sich handelt, sie kann das Universum nicht schneller als mit 299.792 Kilometern pro Sekunde durchqueren. Newtons Theorie ging aber davon aus, dass die Schwerkraft der Sonne *sofort* auf die Planeten übertragen wird, und zwar viel schneller als mit Lichtgeschwindigkeit. War die Schwerkraft mit ihrer Fähigkeit, durch das Universum zu fliegen, einzigartig, oder reagierten Massen aus einem anderen Grund aufeinander?

((1916 veröffentlichte Einstein seine Allgemeine Relativitätstheorie, in der er die newtonsche Idee vom Raum als große Leere, die nichts enthält als die unsichtbare Schwerkraft, welche die Bewegungen von Materie lenkt, in das ephemere Gewebe der Raumzeit umwandelte, welche die Materie „packt" und ihren Verlauf durch das Universum steuert. Das Gewebe der Raumzeit umspannt das gesamte Universum und ist eng verbunden mit sämtlicher Materie und Energie, die es enthält.))

Wie erklärt dieser Denkwechsel die Planetenbewegungen oder die Umlaufbahnen des Mondes und der Satelliten, welche die Erde umkreisen? Wenn eine Masse in dieses Gewebe der Raumzeit eingebettet ist, verändert sie, theoretisch gesehen, die Form des Gewebes selbst wie auch die Gestalt des Raumes, der sie umgibt, und den Verlauf der Zeit. Im Fall der Sonne würde das Raumzeit-Gewebe sich um die Sonne krümmen und eine „Senke" in der Raumzeit erzeugen. Während die Planeten (Kometen und Asteroiden) durch das Raumzeit-Gewebe reisen, reagieren sie auf diese Senke, folgen der Krümmung in der Raumzeit und kreisen und kreisen um die Sonne. Solange sie niemals langsamer werden, behalten die Planeten ihre regelmäßigen Umlaufbahnen um die Sonne bei und verlaufen niemals spiralförmig nach innen auf die Sonne zu oder fliegen von ihr weg in den äußeren Raum.

Für weitere Informationen, Kommentare oder Fragen nehmen Sie Kontakt mit GP-B auf unter www.@relgyro.stanford.edu oder schauen Sie nach unter http://einstein.stanford.edu/

Mit Dank an die National Aeronautics and Space Administration (NASA) (Einschübe ((…))von mir)

Ein einfaches Modell dieser Ideen sieht so aus, dass Sie in die Mitte eines aufgehängten Bettlakens ein schweres Gewicht legen. Rollen Sie an unterschiedlichen Punkten kleine Bälle über das Laken und beobachten Sie, wie deren Bahnen sich zum zentralen Gewicht hin krümmen.

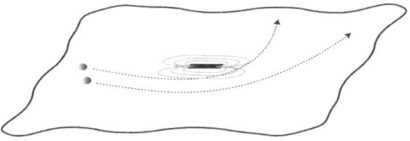

Die Bälle werden von der Schwerkraft der Masse nicht nach innen „gezogen", sondern folgen einfach der Krümmung der Raumzeit, die durch die vorhandene Masse erzeugt wird.

ANMERKUNGEN

1 Edgar Mitchell in seiner Rede für die Stadt Petaluma, nachdem er deren Schlüssel für den Stadtpreis überreicht bekommen hat. http://vimeo.com/53941638

2 Eine Äußerung von Einstein von 1930, gefunden in L. Kostro, Einstein and the Ether. *Electronics & Wireless Word*, 94, S. 238f.

3 Einstein, *Äther und Relativitätstheorie*. Rede, gehalten am 5. Mai 1920 an der Reichs-Universität zu Leiden. Berlin: Springer, 1920, S. 15.

4 John Wheeler, *Gravitation und Raumzeit: die vierdimensionale Ereigniswelt der Relativitätstheorie*. Heidelberg: Spektrum, Akademie-Verlag, 1992, S. 31. Hier zitiert er den chinesischen Poeten Su Tung-p'o aus dem 10. Jahrhundert und seine Beschreibung einer Segelfahrt auf dem Yangze-Fluss.

5 Max Tegmark erläutert die „mathematische Demokratie" in ähnlicher Weise, wie ich mein Modell der Tiefen Demokratie verstehe: „Mathematische Existenz und physische Existenz sind Äquivalente, sodass alle mathematischen Strukturen auch physisch existieren." (2003)

6 Aus einem Interview mit John Wheeler in *The Science Show*, Radio National Australia, 2003. Danke an Susan Kocen, die dieses Zitat gefunden hat.

7 *Die Verbindung mit dem Urgrund des Seins. Ein Zugang zur unerschöpflichen Kreativität des Universums*. Petersberg: Via Nova, 2010.

8 Die Gaia-Hypothese, auch bekannt als Gaia-Theorie oder Gaia-Prinzip, geht davon aus, dass alle Organismen und ihre nichtorganischen Umgebungen auf der Erde eng zusammenhängen und ein einziges, sich selbst regulierendes, komplexes System bilden, das die Lebensbedingungen auf dieser Erde aufrecht erhält. Siehe http://en.wikipedia.org/wiki/Gaia_hypothesis

9 Siehe C.G. Jung, Synchronizität als ein Prinzip akausaler Zusammenhänge. *Gesammelte Werke* Bd. 8. Olten: Walter, 1971, S. 47ff.

10 W. Heisenberg, *Der Teil und das Ganze*. München: Piper 1996, S.

11 Laotse, *Tao Te King*. Eine zeitgemäße Version für westliche Leser. Mit Vorwort und Kommentar von Stephen Mitchell) Kapitel 25. München: Goldmann 2003. Siehe auch online zum Beispiel http://academic.brooklyn.cuny.edu/core9/phalsall/texts/taote-v3.html

12 Siehe zum Beispiel mein Buch *Mitten im Feuer. Großgruppenkonflikte kreativ nutzen*. München: Hugendubel, 1997

13 Die Entwicklung der Prozessarbeit ist bereits für sich genommen eine aufregende Geschichte, die ich in Ausschnitten erzähle in meinen früheren Büchern über zahlreiche verschiedene Themen von innerer Arbeit, der Arbeit mit Beziehungen und Komapatienten bis zu psychotischen Zuständen, Großgruppenkonflikten, Quantenphysik… viele An-

wendungen. Siehe auch die Bücher von Amy Mindell und von Arlene und Jean Claude Audergon, Julie Diamond und Lee Sparks Jones, Gary Reiss und Pierre Morin, um nur einige wenige zu erwähnen. Siehe auch die verschiedenen Ausbildungszentren weltweit unter: http://www.iapop.com/centers/

14 John Wheeler, A.a. O., S. 31. Hier zitiert er den chinesischen Poeten Su Tung-p'o aus dem 10. Jahrhundert und seine Beschreibung einer Segelfahrt auf dem Yangze-Fluss.

15 Stephen Hawking, *Eine kurze Geschichte der Zeit*. Reinbek: Rowohlt, 1988.

16 Siehe John Wheelers und Richard Feynmans Gedanken über Felder http://en.wikipedia.org/wiki/Field_%28physics%29#cite_ref-Feynman_2-1

17 John Wheelers Wal finden Sie in meinem Buch *Die Verbindung mit dem Urgrund des Seins*. A.a.O., S. 76.

18 Ich werde die Relativität in Kapitel 7 noch detaillierter erläutern. Siehe auch Anhang 2.

19 Albert Einstein, a.a.O. Einstein, der hier über die „Macht" des Raumes schreibt, sagte, das Universum beeinflusse auf mysteriöse Weise das Reich der Materie. „Der Äther der Allgemeinen Relativitätstheorie ist ein Medium, das selbst keinerlei mechanische und kinematische Eigenschaft besitzt, jedoch hilft, mechanische (und elektromagnetische) Ereignisse zu bestimmen."

20 Siehe zum Beispiel Marx Tegmarks Artikel von 2011 in *Science American* unter http://teachphysiscs.org/wp/max-tegmark-and-parallel-universes-scientific-american-pdf-download/

21 http://en.wikipedia.org/wiki/File:Hasegawa_Tohaku,_Pine_Trees.jpg

22 Jungs Autobiografie, *Erinnerungen, Träume, Gedanken*. Herausgegeben von Aniela Jaffe. Zürich, Stuttgart: Rascher, 1972, S. 212f.

23 Lao Tse, *Tao Te King*. A.a.O.

24 Siehe das Interview zum Thema der Konferenz: *Edges of experience: Jung, process work and collective change: Luisetta Mudie interviewt Arnold Mindell* unter http://www.cgjungpage.org/index.php?option=com_content&task=view&kid=587&Itemid=401

25 Siehe zum Beispiel June Singers Interview mit Amy und Arny Mindell unter http://www.aamindell.net/download/2009/03/JuneSingerinterview.pdf

26 C.G. Jung, *Erinnerungen, Träume, Gedanken*. A.a. O., S.212.

27 C.G. Jung, Die Lebenswende. *Gesammelte Werke* Bd. 8. Olten: Walter, 1971, § 771.

28 Wie zitiert in John Boslough, *Stephen Hawkings Universum*. Reinbek: Rowohlt Verlag, 1985.

29 Bradford Keeney, *Ropes to God: Experiencing the Bushman Spiritual Universe*, zitiert aus dem Vorwort. Leete's Island Books, 2003.

30 http://www.nationalpost.com/opinion/columnists/Physics+metaphysics+knowledge+wisdom/3134524/story.html#xzz0qskeYuE5

31 E. Salaman, „A Talk with Einstein". *The Listener*, 54 (1955), S. 370f.

32 Darauf weist Jung hin in seinem Seminar über das, was er „Kinderträume" nennt. Seminare 2001. Stuttgart: Walter Verlag.

33 *Die Verbindung mit dem Urgrund des Seins*. A.a.O., S. 53.f.

34 Ebd., S.89.

35 Dieser Satz stammt ursprünglich von dem polnisch-amerikanischen Wissenschaftler

und Philosophen Alfred Korzybski, http://en.wikipedia.org/wiki/The_map_is_not_the_territory, was bedeutet, Modelle von Realität sind nicht die Realität.

36 Einstein, *Äther und Relativitätstheorie.* A.a.O.

37 Aus dem Werk von Laotses Schüler Zhuang Tse und Konfuzius' Enkel Zisi zitierend, erzählt Mitchell von dem taoistischen Meister „Shadow", der dem Studenten „Penumbra" auf seine Frage antwortet: „Wenn sich das Tao bewegt, bewegt Ihr euch; wenn es innehält, haltet Ihr inne. Findet Ihr es nicht deprimierend, selbst keine Macht zu haben?" Shadow antwortete: „Im Gegenteil. Wenn ich keine Entscheidungen treffen muss, ist mein Geist immer entspannt. Ich muss lediglich folgen. Du kannst dir nicht vorstellen, welche Freiheit darin liegt, einfach nur mitzugehen..." (In: Stephen Mitchell, *Second Book of the Tao*, Penguin, NYC, 2009.)

38 Bei Wikipedia können wir im Januar 2012 lesen: Dè/Te # bedeutet wörtlich „Tugend" im Sinne von „persönlicher Charakter", „innere Stärke" (Virtuosität) oder „Integrität". Die Semantik dieses chinesischen Wortes ähnelt dem englischen Wort „virtue" (Tugend), das sich aus der (inzwischen altertümlichen) Bedeutung „innere Kraft" oder „göttliche Macht" ableitet. Siehe http://en.wikipedia.org/wiki/Tao_Te_Ching#Title

39 Siehe mein Buch *Der Verborgene Code des Bewusstseins. Der Quantengeist in der Naturwissenschaft und in der Psychologie.* Petersberg: Via Nova, 2010. „Abschnitt III: Der Taoismus in der Relativitätstheorie".

40 Albert Einstein, „Mein Weltbild". Der Titel gebende Aufsatz seines Buches *Wie ich die Welt sehe.* Zürich: Europa Verlag 2005, S. 9f.

41 Danke an http://atropos.as.arizona.edu/aiz/teaching/a250/bh.html

42 Chapter 5 von Edmund Bertschinger, Edwin F. Taylor und John Wheeler, herausgegeben von Addison Wesley, San Francisco, CA, USA. Das gesamte Zitat von Einstein lautet: „Die grundlegende Forderung der speziellen Relativitätstheorie (Invarianz der Gesetze laut der Lorentz-Transformationen) ist zu eng gefasst, das heißt, eine Invarianz der Gesetze muss relativ zu nichtlinearen Transformationen für die Koordinaten im vierdimensionalen Kontinuum postuliert werden... Das passierte 1908. Warum waren für die Entwicklung der Allgemeinen Relativitätstheorie weitere sieben Jahre erforderlich? Der Hauptgrund besteht in der Tatsache, dass es nicht so leicht ist, sich von der Idee freizumachen, dass Koordinaten eine unmittelbare metrische Bedeutung haben müssen."

43 Isaac Jacobson, *His life and universe.* S. 320.

44 Einstein, *Äther und Relativitätstheorie.* A.a.O.

45 In: Einstein, Lorentz, Weyl, Minkowski, 1953 (Erstausgabe 1923).

46 Dies ist ein abgewandeltes Zitat von John A. Wheeler, *Gravitation und Raumzeit: die vierdimensionale Ereigniswelt der Relativitätstheorie.* Heidelberg: Spektrum, Akademie-Verlag, 1992.

47 Edwin Taylor, *Physik der Raumzeit.* Heidelberg: Spektrum, 1994.

48 Die Inkas in den Anden betrachteten Raumzeit als Einheit namens *pacha* (Quechua: pacha, Aymara: pacha)(2)(3)(4). Siehe Stephen Hart, *Peruvian Cultural Studies* (in Arbeit). Paul Richard Steele, Catherine J. Allen, *Handbook of Inca mythology.* Santa

Barbara, CA: ABC-CLIO, 2004, S. 86. Shirley Ardener von der Universität Oxford ist in ihrem Buch *Women and Space: Ground Rules and Social Maps.* Berg Publishers, 1993, S. 36, bei dieser Auffassung bis heute geblieben. Siehe auch R.C. Archibald, „Time has a fourth dimension". *Bulletin of the American Mathematical Society* 20 (1914), S. 409.

49   Siehe Shirley Ardener, a.a.O.

50   In: L.P. Hughston und K.P. Tod, "An Introduction to General Relativity". London Math Society, *Student Texts* 5. New York: Cambridge University Press, 1990, S. 2.

51   In: "The Bardo", Selected Writings. *The Collected Works of Chögyam Trungpa*, Volume six. Boston MA: Shambala, 2004.

52   *Die Verbindung mit dem Urgrund des Seins.* A.a.O., S. 19f.

53   Ebd. Danke für die Arbeit von Garbriela Samadhi; siehe http://gabrielasamadhi.files. wordpress.com/2012/04/lightbody.jpg

54   http://lightworkers.org/blog/103997/twelve-light-bodies

55   Mein Buch *Dreambody* erschien 1982 und damit zehn Jahre, bevor der Dalai Lama den Begriff „Traumkörper" im tibetischen Buddhismus für diesen Lichtkörper oder subtilen Körper benutzte. Siehe sein Buch *Kultiviere einen klaren Geist.* München: Otter 2003.

56   A. Mindell, *Schlüssel zum Erwachen: Menschen im Koma erreichen und ihnen beistehen.* Ostfildern: Patmos, 2013.

57   http://www.soundstrue.com/podcast/transcripts/lamasurya-das. php?camefromhome=camefromhome

58   Siehe meine Erläuterungen über die Regenbogenmedizin in Kapitel 11 meines Buches *Die Verbindung mit dem Urgrund des Seins* und die dortige Abbildung 11.1, a.a.O., S. 140.

59   Heinz Rölleke (Hrsg.), *Brüder Grimm: Kinder- und Hausmärchen.* Stuttgart: Reclam 2009.

60   *Dreambody*, Sigo Press, S. 98ff; zweite Ausgabe Lao Tse Press, 2000; dritte Ausgabe Deep Democracy Exchange, 2011.

61   Den Vortrag, in dem er zum ersten Mal sagte: „Turn on, tune in, drop out" (Bring dich in Stimmung, stimm dich ein und steig aus, Anm.d.Ü.) hielt Leary vor 30.000 Hippies im Golden Gate Park in San Francisco. http://en.wikipedia.org/wiki/Turn_on,_tune_in,_drop_out

62   Siehe mein Buch *Schlüssel zum Erwachen.* A.a.O.

63   „Das Prinzip der kleinsten Wirkung ist eine Aussage über die Natur der Bewegung, die uns einen alternativen Ansatz zur Mechanik bietet, der völlig unabhängig von Newtons Gesetzen ist. Das Prinzip der kleinsten Wirkung bietet uns nicht nur ein Mittel, die klassische Mechanik flexibler und wirkungsvoller zu formulieren als die Newton'sche Mechanik es vermag, sondern Abwandlungen dieses Prinzips haben sich auch in der Allgemeinen Relativitätstheorie, der Quantenfeldtheorie und der Teilchenphysik als nützlich erwiesen. Die Folge davon ist, dass dieses Modell zu weiten Teilen den Kern der zeitgenössischen theoretischen Physik bildet." Thomas A. Moore, „Least-Action Principle", in *Macmillan Encyclopedia of Physics.* Hrs. John Rigden. Simon & Schuster Macmillan, 1996, Volume 2, S. 840.

64   Ich bin Professor Edwin Taylor vom MIT

dankbar für seine Ausführungen über dieses grundlegende physikalische Prinzip.

65 Edwin Taylor, a.a.O.

66 Edwin Taylor und Jon Ogron, Institute of Physics, "Quantum Physics Explains Newton's Law of Motion", wo es heißt: „Die tiefsten Prinzipien der nichtrelativistischen Quantenmechanik – Erforsche alle Wege! – bis zum tiefsten Prinzip der klassischen Mechanik… Folge dem Weg der kleinsten Wirkung… Die alten Wahrheiten der klassischen Welt gehen direkt aus den neuen Wahrheiten der Quantenwelt hervor."

67 Siehe Edwin Taylors Artikel im Journal of Physics, „A call to action". *American Journal of Physics*, Vol. 71, No. 5, S. 423ff, May 2003. Dieses „Fliegen" ist meine Interpretation des maximalen Weges zu altern. Beachten Sie auch, dass die Idee, alle Wege auszuprobieren, ursprünglich auf Richard Feynman zurückgeht. Siehe auch: "When action is not least", von C.G. Gray und Edwin Taylor. *American Journal of Physics*, Vol. 75, No.5, May 2007, S. 434ff. Wirkung ist ein Minimum auf einer hinreichend kurzen Weltlinie bei sämtlichen Potenzialen und bei manchen Potenzialen entlang von Weltlinien jeglicher Länge. Für hinreichend lange Weltlinien in einer Mehrheit von Potenzialen jedoch ist die Wirkung ein Sattelpunkt, das heißt, ein Minimum in Hinsicht auf einige nahegelegene alternative Krümmungen und ein Maximum in Hinsicht auf andere. Die Wirkung ist niemals ein wahres Maximum.

68 Eine ausführlichere Erläuterung von Feynmans Gedanken finden Sie in meinem Buch *Die Verbindung mit dem Urgrund des Seins*, S. 119f.

69 Wie zitiert beim *Symposium on Basic Research* von Dael Lee Wolfle, Columbia Universität, 1959, S. 66.

70 Dank an meinen Internetgastgeber vom Madness Radio, Will Hall, der mich zum Thema extreme Bewusstseinszustände interviewt hat. Ein Teil dieses Kapitels geht auf dieses Interview zurück. http://www.madnessradio.net/madness-radio-physics-dreaming-and-extreme-states-arnold-mindell

71 Danke an Stephen Hawking und Leonard Mlodinow für ihr Buch *Der große Entwurf*. Reinbek: Rowohlt 2010, wo sie diese Geschichte über Wölfe erwähnen. „In der Mythologie der Vikinger jagen Skoll und Hati Sonne und Mond. Erwischen die Wölfe einen der beiden, gibt es eine Eklipse. Wenn das passiert, eilen die Menschen auf der Erde herbei, um Sonne oder Mond zu retten, indem sie so viel Lärm machen, dass die Wölfe abgeschreckt werden."

72 Siehe das Interview mit Will Hall, a.a.O.

73 In meinem Buch *Die Verbindung mit dem Urgrund des Seins* gehe ich ebenfalls davon aus, auf der Grundlage der Quantenphysik, nicht der Relativitätstheorie: „Die Nichtlokalität in Physik und Psychologie weist auf den Grund hin, weshalb innere Arbeit ebenfalls äußere Arbeit ist. Alle unsere innere Arbeit ist Weltarbeit, und Weltarbeit ist innere Arbeit. Ihre Psyche spielt sich nicht innerhalb von körperlichen Grenzen ab; Sie können keine persönliche Psyche besitzen, die nur Ihnen gehört. Dies bedeutet, dass in jenem veränderten Bewusstseinszustand, der für den Traumprozess charakteristisch ist, Teile des Universums zu Ihrer Familie und Ihrer Gemeinschaft werden." A.a.O., S. 244.

74 Siehe zum Beispiel www.en.wikipedia.org/wiki/Naropa.

75 Amy Mindell definiert Metafähigkeiten als die hinter Fähigkeiten stehenden Gefühlseinstellungen in ihrem Buch *Die Weisheit der Gefühle: Metafähigkeiten – die spirituelle Kunst in der Therapie*. Petersberg: Via Nova, 1998.

76 Paul Davies, *The Eerie Silence: Renewing Our Search for Alien Intelligence*. New York: Houghton, Mifflin, Harcourt, 2010.

77 Dank an http://www.theoservice.org/node/290 für dieses alchemistische Bild.

78 Siehe C.G. Jung, Psychologie und Alchemie. *Gesammelte Werke* Band 12. Ostfildern: Patmos, 2001. Siehe zum Beispiel http://www.jungiananalyticpraxis.com/individuation.htm

79 Ich danke Dr. Joe Goodbread, der mich auf diese Situation hingewiesen hat.

80 In seinem Buch *Yoga: Unsterblichkeit und Freiheit* spricht Mircea Eliade davon, ein „im Leben Toter" zu sein. Frankfurt am Main: Insel, 2004, S. 281.

81 Mircea Eliade, *Die Geschichte der religiösen Ideen*. Band 1. Freiburg/Basel/Wien: Herder 2002.

82 Theodore Rozack, *Ökopsychologie – Der entwurzelte Mensch und der Ruf der Erde*. Stuttgart: Kreuz 1997.

83 Tyler Volk, CO2 Rising, #2, http://www.youtube.com/watch?v=2T7LSbyQ3bs

84 Hier finden Sie Amy Mindells "Coastal Town": http://www.youtu.be/ofDqq6gbd9c

85 Näheres siehe Mark Freier, "Time Measured by Kairos and Kronos". C Whatif Enterprises, LLC, 2006.

86 Dank an Ellen und Max Schupbach vom Institute for Deep Democracy dafür, dass sie dieses Forum geschaffen haben.

87 Mindell, *Der verborgene Code des Bewusstseins*. A.a.O.

88 Von James und Margaret Adams Leeming. New York: Oxford Press, 1994.

89 An früherer Stelle erläuterte ich Stephen Hawkings Frage: „Warum gibt es statt des Nichts etwas?" und gelangte zu dem Schluss, dass hinter dem Konzept der Konsensusrealität ein kontinuierlicher Prozess steht. (Kap. 6, S. 87-101).

90 James und Margaret Adams Leeming, a.a.O.

91 David M. Raup und J.John Sepkoski, "Mass Extinctions in the Marine Fossil Record", *Science*, Ner Series, 215(4539), 1982, S. 1501ff.

92 November 20011, Wikipedia on Extinction Event http://www.en.wikipedia.org/wiki/Extinction_event#Causes

93 http://www.epa.gov/oia/toxics/asgm.html

94 Quecksilber ist ein chemischer Stoff mit dem Symbol Hg, auch bekannt als Hydrargyrum, denn "hydr-" bedeutet Wasser und "Argyros" Silber. Quecksilber ist das einzige Metall, das bei normalen Temperaturen flüssig ist. Man kann es in Bergen ausgraben.

95 Siehe Wikipedia unter „Alchemie" für weitere allgemeine Informationen.

96 Mindell, *Den Pfad des Herzens gehen. Traumkörperarbeit, schamanistische Praktiken und moderne Psychologie*. Petersberg: Via Nova, 2013.

97 Ebd.

98 Amy Mindell, a.a.O.

99 Der Dalai Lama schreibt über den „Mittleren Weg" in seinem Buch mit gleichnamigem Titel: *Der Mittlere Weg. Glaube und*

Vernunft in Harmonie. München: Diederichs, 2010.

100 Danke an iCLIPART.com für die Abbildungen auf dieser Seite, die ich für dieses Buch übernommen habe.

101 Dank noch einmal an John Wheeler, a.a.O., für den Gedanken, dass die Raumzeit ein Schauspieler ist, und an IPAD free wallpaper, siehe http://www.ipadwallpaper.eu/wallpapers/2/new-moon-city-nights.jpg

102 Siehe meine Bücher *Dreambody* (Sigo Press, 1980; Lao Tse Press, 2000) und *Der Leib und die Träume: prozessorientierte Psychologie in der Praxis.* Paderborn: Junfermann, 1987.

103 Siehe mein Buch *Der Traumkörper in Beziehungen. Prozessorientierte Psychologie in Praxis und Theorie.* Basel: Sphinx, 1994.

104 Siehe meine Bücher *Schatten in der Stadt. Prozessorientierte Psychologie in Aktion.* Paderborn: Junfermann, 1998; *Schlüssel zum Erwachen: Menschen im Koma erreichen und ihnen beistehen.* A.a.O.; *Der Weg durch den Sturm: Weltarbeit im Konfliktfeld der Zeitgeister.* Petersberg: Via Nova 1997*; Mitten im Feuer. Großgruppenkonflikte kreativ nutzen.* München: Hugendubel, 1997; *Der verborgene Code des Bewusstseins. Der Quantengeist in der Naturwissenschaft und der Psychologie.* A.a.O.

105 Siehe mein Buch *Der verborgene Code des Bewusstseins.* A.a.O.

106 Siehe meine Bücher *Earth-Based Psychology* und *Die Verbindung mit dem Urgrund des* Seins. A.a.O.

107 Danke an die NASA und Stanford, downloaded April 2012 unter http://science.nasa.gov/media/medialibrary/2004/04/10/16Nov_gpb_resources/Vip_Lithos-2pdf

BIBLIOGRAPHIE

Ardener, Shirley, *Women and Space: Ground Rules and Social Maps.* University of Oxford, UK: Berg, 1993.

Dalai Lama und Geshe Thupten Jinpa, *Der Mittlere Weg. Glaube und Vernunft in Harmonie.* München: Diederichs, 2010.

Ders., *Traum, Schlaf und Tod. Der Dalai Lama im Gespräch mit westlichen Wissenschaftlern.* München: Piper 2006.

Ders., *Kultiviere einen klaren Geist.* München: Otter 2003

Davies, Paul, *The Eerie Silence: Renewing Our Search for Alien Intelligence.* New York: Houghton, Mifflin, Harcourt, 2010.

Einstein, Albert, *Äther und Relativitätstheorie.* Rede, gehalten am 5. Mai 1920 an der Reichs-Universität zu Leiden. Berlin: Springer, 1920

Ders., "On the Generalized Theory of Gravitation". *Scientific American,* 182(4), 1950, S. 13.

Ders., *Wie ich die Welt sehe.* Zürich: Europa Verlag 2005.

Ders., *Cosmic Religion: With Other Opinions and Aphorisms.* New York: Dover, 1922/2007.

Ders., „Brief an Max Born", 4. Dezember 1926, in: *Albert Einstein Max Born. Briefwechsel 1916 – 1955.* Reinbek: Rowohlt, 1972.

Ders., H.A. Lorentz, H. Minkowski, *Das Relativitätsprinzip.* Leipzig: B.G. Teubner, 1913.

Eliade, Mircea, *Yoga: Unsterblichkeit und Freiheit.* Frankfurt am Main: Insel, 2004.

Feynman, Richard, *QED: The Strange Theory of Light and Matter.* Princeton, NJ: Princeton University Press, 1988.

Goswami, Amit, Richard E. Reed, Maggie Goswami, *Das bewusste Universum: wie Bewusstsein die Welt erschafft.* Stuttgart: Lüchow 2007.

Gribbon, John, *Die Quantenrevolution: Neue Nachrichten aus der Teilchenphysik.* München: dtv, 2004.

Heinz Rölleke (Hrsg.), *Brüder Grimm: Kinder- und Hausmärchen.* Stuttgart: Reclam 2009.

Harris, I.C., *The Laughing Buddha of Tofukuji: The Life of Zen Master Keido Fukushima.* Bloomington, IN: Word Wisdom, 2004.

Hawking, Stephen und Leonard Mldinow, *Der große Entwurf.* Reinbek: Rowohlt 2010.

Hawking, Stephen, *Eine kurze Geschichte der Zeit. Die Suche nach der Urkraft des Universums.* Reinbek: Rowohlt 1988

Heisenberg, Werner, *Der Teil und das Ganze.* München: Piper 1996.

Hughston, L.P. und K.P. Tod, *An Introduction to General Relativity*. New York: Cambridge University Press, 1990.

Wilhelm, Richard, *I Ging. Das Buch der Wandlungen*. Neu herausgegeben von Ulf Diederichs; München: dtv, 2013.

Isaacson, Walter, *Einstein: Genie und Popstar*. München: Bucher 2010.

Jung, C.G., *Erinnerungen, Träume, Gedanken*. Herausgegeben von Aniela Jaffe. Zürich, Stuttgart: Rascher, 1972.

Ders., „Kinderträume", Seminare. Stuttgart: Walter 1930/2001.

Ders., „Die Struktur und Dynamik des Selbst". Gesammelte Werke 9/11. Düsseldorf: Walter-Patmos 1983

Ders., *Synchronizität als ein Prinzip akausaler Zusammenhänge*. Gesammelte Werke Bd. 8. Olten: Walter, 1971.

Keeney, Bradford, *Ropes to God: Experiencing the Bushman Spiritual Universe*. Leete's Island Books, 2003.

Kostro, L., "Einstein and the Ether". Electronics & Wireless World, 94, 238f, 1988.

Lao Tse, *The Tao Te Ching*. Siehe online: http://www.duhtao.com/translations.html.

Laotse, *Tao Te King*. Eine zeitgemäße Version für westliche Leser. Mit Vorwort und Kommentar von Stephen Mitchell. München: Goldmann 2003

Leeming, David Adams, und Margaret Adams Leeming, *Ecyclopedia of Creation Myths* (2nd ed.) Santa Barbara: CA: ABC-CLIO.

Mindell, Amy, "Bringing Deep Democracy to Life: An Awareness Paradigm for Deepening Political Dialogue, Personal Relationships, and Community Interactions". *Psychotherapy and Politics Interactions*, 6(3). S. 212ff., 2008.

Dies., "World Work and the Politics of Dreaming, or Why Dreaming Is Crucial for World Process", November 2007, http://www.aamindelnet/blog/ww-themes.

Dies., *Die Weisheit der Gefühle: Metafähigkeiten – die spirituelle Kunst in der Therapie*. Petersberg: Via Nova, 1998.

Mindell, Arnold, *Die Verbindung mit dem Urgrund des Seins. Ein Zugang zur unerschöpflichen Kreativität des Universums*. Petersberg: Via Nova, 2010.

Ders., *Earth-Based Psychology: Path Awareness from the Teachings of Don Juan, Richard Feynman und Laotse*. Portland, OR: Lao Tse Press, 2007.

Ders., „The Edges of Experience: Jung, Processwork and Collective Change". Luisetta Mudie interviewt Arnold Mindell unter http://www.cgjungpage.org/index.php?option=com_content&rask=view&id=587&Itemid=401.

Ders., *Der Verborgene Code des Bewusstseins. Der Quantengeist in der Naturwissenschaft und in der Psychologie*. Petersberg: Via Nova, 2010.

Ders., *The Deep Democracy of Open Forums. How to Transform Qrganizations into Communities*. Charlottesville. VA: Hampton Roads, 2002.

Ders., *24 Stunden luzid träumen. Techniken, um den nichtdualistischen, träumenden Hintergrund der Alltagsrealität wahrzunehmen*. Petersberg: Via Nova, 2002.

Ders., *Der Verborgene Code des Bewusst-*

seins. *Der Quantengeist in der Natur-wissenschaft und in der Psychologie.* Petersberg: Via Nova, 2010.

Ders., *Mitten im Feuer. Großgruppenkon-flikte kreativ nutzen.* München: Hugen-dubel, 1997.

Ders., *Den Pfad des Herzens gehen. Traumkörperarbeit, schamanistische Praktiken und moderne Psychologie.* Petersberg: Via Nova, 2013.

Ders., *Der Weg durch den Sturm: Weltar-beit im Konfliktfeld der Zeitgeister.* Pe-tersberg: Via Nova, 1992.

Ders., *Schlüssel zum Erwachen: Menschen im Koma erreichen und ihnen beistehen.* Ostfildern: Patmos, 2013.

Ders., *Das Jahr eins. Ansätze zur globalen Heilung unseres Planeten.* Olten: Walter, 1991.

Ders., *Der Traumkörper in Beziehungen. Prozessorientierte Psychologie in Praxis und Theorie.* Basel: Sphinx, 1994.

Ders., *Dreambody: The Body's Role in Revealing the Self.* Boston: MASAD Sigo Press, 1982. Neu aufgelegt von Vi-king-Penguin-Arkana. London & New York, 1986: Lao Tse Press, Portland, OR, 2000; Deep Democracy Exchange, Portland, OR, 2011.

Mitchell, Stephen, *Second Book of the Tao.* New York: Penguin, 2009.

Moore, A., "Least-Action Principle", in: *Macmillan Encyclopedia of Physiscs.* (Vol 2), Hrsg. John Rigden. New York: Simon & Schuster Macmillan, 1996.

Onsager, Lars, "Reciprocal Relations in Irreversible Processes". *Physics Review,* 37, S. 405ff, 1931.

Pauli, Wolfgang, „Der Einfluss archety-pischer Vorstellungen auf die Bildung naturwissenschaftlicher Theorien bei Kepler". In: *Studien aus dem C.G. Jung-Institut IV.* Zürich 1952.

Platon, *Timaios.* Nach der Übersetzung von Friedrich Schleiermacher und Hi-eronymus Müller. Siehe http://www.alenck.de/pdf/26_Platon_Timaios.pdf.

Radin, Dean, *Entangled Minds: Extra-sensory Experience in Quantum Real-ity.* New York: Paraview Pocket Books, 2006.

Rozack, Theodore, *Ökopsychologie – Der entwurzelte Mensch und der Ruf der Erde.* Stuttgart: Kreuz 1997.

Siegel, R.K., *Intoxication: Life in the Pur-suit of Artificial Paradise.* Rochester, VT: Park Street Press. Neu aufgelegt un-ter dem Titel, *The Universal Drive for Mind Altering Substances.* Rochester, VT: Inner Traditions International, 2005.

Steele, Paul Richard, Catherine J. Allen, *Handbook of Inca mythology.* Santa Bar-bara, CA: ABC-CLIO, 2004.

Stuart, Cheshire, "Collected Quotes from Albert Einstein." Dec 2004, unter http://www.rescomp.stanford.edu/-cheshire/EinsteinQuotes.html.

Suzuki, Shunryu, *Zen-Geist, Anfänger-Geist.* Berlin, Zürich, München, Berlin: Theseus, 1975.

Taylor, Edwin F., Edmund Bertschinger und John Wheeler, *Exploring Black Holes. An Introduction to General Rela-tivity.* San Francisco, CA: Person Addi-son Wesley, erscheint demnächst in einer Neuauflage.

Ders., "A Call to Action". *American Journal of Physics*, 71 (5), 423-425.

Tegmark, Max, "Parallel Universes". In: *Science and Ultimate Reality: From Quantum to Cosmos, honoring John Wheeler's 90th birthday*. J. D. Barrow, P.C.W. Davies und C.L. Harper (Hrsg.). Cambridge, UK: Cambridge University Press.

Ders., 2012 in *Scientific American* unter http://teachphysiscs.org/wp/max-tegmark-and-parallel-universes-scientific-american-pdf-download/.

Trungpa, Chögyam, *The Collected Works of Chögyam Trungpa*. Boston MA: Shambala, 2004.

Wheeler, John, Edwin F. Taylor und John Archibald Wheeler, *Exploring Black Holes: Introduction to General Relativity*. New York: Addison Weseley Longman, 2000.

Ders., *Gravitation und Raumzeit: die vierdimensionale Ereigniswelt der Relativitätstheorie*. Heidelberg: Spektrum, Akademie-Verlag, 1992.

Ders., *Information, Physics, Quantum: The Search for Links*. Proceedings of the 3rd International Symposium on the Foundation of Quantum Mechanics. Tokyo, Japan.

Wolf, Fred Alan, *Die Physik der Träume: von den Traumpfaden der Aborigines bis ins Herz der Materie*. München: dtv, 1997.

Ders., *Star Wave: Mind, Consciousness, and Quantum Physics*. New York: Macmillan, 1984.

ÜBER DEN AUTOR

Arnold Mindell, Doktor der Philosophie mit Abschlüssen am MIT (Massachusetts Institute for Technology) und dem C.G. Jung-Institut in der Schweiz, ist Autor von über zwanzig Büchern, darunter *Riding the Horse backwards: Processwork in Theory and Practice* (zusammen mit Dr. Amy Mindell, Lao-Tse Press, 2001), *Dreambody: The Body's Role in Revealing the Self* (Deep Democracy Exchange, 2011), *Den Pfad des Herzens gehen. Traumkörperarbeit, schamanistische Praktiken und moderne Psychologie* (Petersberg: Via Nova 2013), *Der Verborgene Code des Bewusstseins. Der Quantengeist in der Naturwissenschaft und in der Psychologie* (Petersberg: Via Nova, 2010) und *Die Verbindung mit dem Urgrund des Seins. Ein Zugang zur unerschöpflichen Kreativität des Universums* (Petersberg: Via Nova, 2010).

Er ist weltweit bekannt für seine innovative Synthese von Träumen und Körperarbeit und verbindet jungianische Therapie, Gruppenprozesse, Bewusstsein, Schamanismus, Quantenphysik und Konfliktlösungsmethoden.

In den 1970er Jahren begann Mindell die Prozessarbeit zu entwickeln, auch bekannt als prozessorientierte Psychologie. Durch seine Arbeit entstand ein neues Paradigma mit Anwendungsmöglichkeiten in vielen verschiedenen Bereichen wie Einzeltherapie, persönliche Meditationspraxis, Medizin (einschließlich der Arbeit mit Komapatienten und Nahtoderfahrungen), Großgruppen, Veränderungsmanagement und Umweltthemen.

Dr. Mindell gibt zusammen mit seiner Partnerin und Mitforscherin Dr. Amy Mindell Workshops an vielen Orten in den USA und weltweit und tritt häufig auf Fachkonferenzen, im Fernsehen und in Rundfunksendungen auf. Die beiden leben in Oregon, USA, und arbeiten weltweit als Berater und Facilitatoren für Gruppen, Städte und Regierungen.

WILLKOMMEN

Willkommen zu diesem Buch, das ursprünglich von Deep Democracy Exchange, dem Verlag des Deep Democracy Institute, veröffentlich wurde.

Wir produzieren Bücher, Filme, Musik, bildende Kunst und andere Medien, die zur Erforschung und Entwicklung transdisziplinärer Ansätze zur Bewältigung von Herausforderungen beitragen, mit denen wir als Spezies und als Planet konfrontiert sind und von denen wir lernen können. Auch wenn diese Herausforderungen manchmal überwältigend zu sein scheinen, dienen sie auch als Katalysatoren, um neues Wissen hervorzubringen und andere, bislang unwahrscheinliche Verbindungen herzustellen, sowohl in Gemeinschaften als auch im wissenschaftlichen Denken. Mit der wachsenden Komplexität unserer Welt können wir auch ein zunehmendes Interesse an holistischen, alles einbeziehenden Perspektiven beobachten, das unserer Sehnsucht entgegenkommt, uns als Individuen wie als Teile eines Ganzen zu verstehen.

Deep Democracy Exchange betrachtet sich selbst als Kreuzung, an der sich Wissenschaftler, Mystikerinnen, Führungskräfte und gewöhnliche Reisende auf dieser Suche treffen können.

In diesem Geist sind wir stolz, Arnold Mindells *Der Tanz der Verbundenheit* als erstes Buch unserer Reihe TOE (Theorie von Allem) zu veröffentlichen.

DEEP DEMOCRACY INSTITUTE EIN GLOBALER THINKTANK

Wir erforschen, entwickeln und realisieren Deep Democracy Lösungen für Organisationen, Regierungen, Gemeinschaften, Teams und Individuen überall auf der Welt.

Als BeraterInnen, FacilitatorInnen, Coach und TrainerInnen wenden wir den Ansatz der Tiefen Demokratie und der Prozessarbeit in den USA, Europa, Russland, Afrika, im Mittleren Osten, Südamerika und Zentralasien an.

Nehmen Sie mit uns Kontakt auf unter:
info@deepdemocracyinstitute.org

Oder informieren Sie sich über die Termine unserer Veranstaltungen unter:
www.deepdemocracyinstitute.org

Nehmen Sie Kontakt mit uns auf unter:
ddx@deepdemocracyexchange.com

Oder finden Sie unsere Veröffentlichungen unter:
www.deepdemocracyexchange.com